"一带一路"国家知识产权

澳大利亚知识产权法

重庆知识产权保护协同创新中心
西南政法大学知识产权研究中心 ◎组织翻译

曹 伟◎译

易健雄◎校

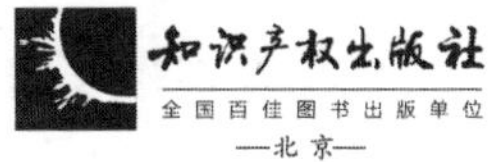

图书在版编目（CIP）数据

澳大利亚知识产权法/重庆知识产权保护协同创新中心，西南政法大学知识产权研究中心组织翻译；曹伟译．—北京：知识产权出版社，2025.2．—（“一带一路”国家知识产权法译丛）．—ISBN 978－7－5130－9631－7

Ⅰ．D961.134

中国国家版本馆 CIP 数据核字第 2025A8Z066 号

内容提要

本书收录了澳大利亚的版权法、外观设计法和商标法的中文译本，详细介绍了澳大利亚在知识产权保护方面的法律框架和实施细节。本书不仅可以帮助学者、法律从业者和企业管理者理解和掌握澳大利亚知识产权保护的具体措施和政策，而且有助于他们研究和处理在澳大利亚的法律事务和商业运营。本书可作为知识产权领域从业人员、高校法学院师生的工具书。

责任编辑：章鹿野　王玉茂　　　**责任校对**：潘凤越

封面设计：杨杨工作室·张　冀　　　**责任印制**：刘译文

澳大利亚知识产权法

重庆知识产权保护协同创新中心
西南政法大学知识产权研究中心　组织翻译

曹　伟　译

易健雄　校

出版发行：知识产权出版社有限责任公司　　**网　　址**：http：//www.ipph.cn

社　　址：北京市海淀区气象路50号院　　**邮　　编**：100081

责编电话：010－82000860转8338　　**责编邮箱**：zhluye@163.com

发行电话：010－82000860转8101/8102　　**发行传真**：010－82000893/82005070/82000270

印　　刷：三河市国英印务有限公司　　**经　　销**：新华书店、各大网上书店及相关专业书店

开　　本：720mm×1000mm　1/16　　**印　　张**：36

版　　次：2025年2月第1版　　**印　　次**：2025年2月第1次印刷

字　　数：622千字　　**定　　价**：185.00元

ISBN 978－7－5130－9631－7

序　言

自我国于2013年提出“一带一路”倡议以来，我国已与多个国家和国际组织签署了200多份合作文件。“一带一路”倡议的核心理念已被纳入联合国、二十国集团、亚太经济合作组织、上海合作组织等诸多重要国际机制的成果文件中，成为凝聚国际合作共识、持续共同发展的重要思想。国际社会业已形成共建“一带一路”的良好氛围，我国也在基础设施互联互通、经贸领域投资合作、金融服务、人文交流等各项“一带一路”建设方面取得显著成效。国家也号召社会各界对加入“一带一路”建设的各个国家和国际组织的基本状况、风土人情、法律制度等多加介绍，以便相关人士更好地了解这些国家和国际组织，为相关投资、合作等提供参考。

基于此背景，重庆知识产权保护协同创新中心与西南政法大学知识产权研究中心（以下简称“两个中心”）响应国家号召，结合自身的专业特长，于2017年7月启动了“一带一路”国家知识产权法律的翻译计划。该计划拟分期分批译介“一带一路”国家的专利法、商标法、著作权法等各项知识产权法律制度，且不做“锦上添花”之举，只行“雪中送炭”之事，即根据与中国的经贸往来、人文交流的密切程度，优先译介尚未被翻译成中文出版的“一带一路”国家的知识产权法律制度，以填补国内此类译作的空白。确定翻译方向后，两个中心即选取了马来西亚、斯里兰卡、巴基斯坦、哈萨克斯坦、以色列、希腊、匈牙利、罗马尼亚、捷克、澳大利亚等十国的专利法、商标法、著作权法作为翻译对象。第一期的专利法、第二期的商标法、第三期的著作权法翻译工作已经完成，并先后于2018年10月、2021年7月、2023年7月各出版两辑。六辑译作出版后，得到了良好的社会评价，《中国知识产权报》在 2022 年 1 月 14 日第 11 版和 2023 年 8 月 18 日第 11 版分别对该译作作了专题报道。

2018 年 10 月至今，十国知识产权法多有修订之处，同时为了方便读者集中查询一国专利、商标、著作权等知识产权法律规定，两个中心随即以前三期翻译工作为基础，启动了第四期以国别为单位的翻译工作，并确定由各国专利法、商标法、著作权法的原译者分别负责该国知识产权法律的译介工作，包括根据相关法律最新修订文本重新翻译、对该国的知识产权法律状况作一整体的勾勒与评价等。该项工作历经前期整理、初译、校对、审稿、最终统校等多道程序后，终于完成，以国别为单位分成十本图书出版，“国名 + 知识产权法”即为书名。

众所周知，法条翻译并非易事。尽管译校者沥尽心血，力求在准确把握原意基础之上，以符合汉语表达习惯的方式表述出来，但囿于能力、时间等各方面因素，最终的译文恐仍难完全令人满意，错漏之处在所难免。在此恳请读者、专家批评指正。无论如何，必须向参与此次译丛工作的师生表示衷心的感谢。按国别对译者记录如下：牟萍（马来西亚），王广震（斯里兰卡），马海生（巴基斯坦），田晓玲、陈岚、费悦华（哈萨克斯坦），康添雄（以色列），廖志刚、廖灵运（希腊），秦洁、肖柏杨、刘天松、李宇航（匈牙利），郑重、陈嘉良、黄安娜（罗马尼亚），张惠彬、刘诗蕾（捷克），曹伟（澳大利亚）。此外，易健雄老师承担了此次翻译的主要组织工作，并为译稿作了最后的审校。最后，感谢知识产权出版社的大力支持，使译稿得以出版。

2024 年是共建“一带一路”奔向下一个金色十年的开局之年。唯愿这四期“一带一路”国家知识产权法律翻译工作能为“一带一路”的建设稍尽绵薄之力，在中国式现代化建设中实现两个中心的专业价值。

重庆知识产权保护协同创新中心
西南政法大学知识产权研究中心
2024 年 11 月 26 日

前　言

澳大利亚知识产权法在其发展的早期与英国的相关法律机制存有千丝万缕的联系。

以澳大利亚版权法的发展历程为例。英国版权法最早可以追溯到17世纪后期。当时，英国书商公会在早期特许经营性质的许可法案失效后丧失了对图书印刷行业的法定垄断利益，为了弥补这一巨大的利益损失，书商们花巨资成功游说英国议会于1709年出台了世界上第一部版权法《安娜法令》。1901年澳大利亚联邦成立时，其国内已有多个地区颁布了各自的版权法。在此基础上，澳大利亚在1912年制定了版权法。这部法案几乎全盘纳入了英国在1911年制定的版权法的主要内容，并在20世纪上半叶为澳大利亚版权产业的发展提供了有效的法治保障。

20世纪50年代末，澳大利亚开始着手修改1912年版权法，并确定了加入《保护文学和艺术作品伯尔尼公约》等国际条约所需修改的若干项内容。随后，澳大利亚通过了1968年版权法，该法自1969年施行。20世纪80年代以来，新技术的出现在全球引发了一系列产业格局的重组，各国版权法纷纷对此作出响应。澳大利亚也顺应国际发展形势，紧跟版权产业发展的潮流，对版权法进行了高频次的修改扩容，加入了网络传播、软件版权、平行进口等新内容。由于澳大利亚版权法在2021年进行了较大幅度的修订，但修订后的版权法仍然保留1968年版权法的体系，因此被视为1968年版权法的衍生修订版本。2022年，澳大利亚版权法又进行了一些修改，但大部分修改为措辞微调，保留了2021年文本的原有架构。

澳大利亚外观设计立法的发展历程也极具特色。澳大利亚的专利主要包含三种类型：标准专利、创新专利和外观设计专利。澳大利亚的外观设计是其专利制度中的一个独立组成部分，因此通过专门立法的模式对外观设计进行规制和保护。澳大利亚采取这种立法模式将保护对象确定为产品的可视性外观，包括产品的形状、构造以及图案、修饰等。该法采用登记制，在授权前须对申请进行审查。这一立法最早可溯源至1906年工业品外观设计法。

澳大利亚在外观设计领域的立法经历了多年的发展。现行法律以2003年外观设计法为基础进行了修改。2003年外观设计法全文共12章161条，于2004年6月17日生效实施。这部法案采用了世界主流的外观设计认定标准与规制方式，奉行先注册后审查的原则，在注册之前只对外观设计进行形式审查，在申请人提出明确的请求后才进入实质审查。澳大利亚在2004年6月10日颁布了工业品外观设计法实施细则，对其外观设计的审查流程和审查标准作出了更为详细而具体的规定。澳大利亚的外观设计法在2020年、2021年分别进行小幅度修改，但都秉承了此前的立法架构。

与之相映成趣的是，澳大利亚商标法的发展和版权法一样受英国相关法律的影响颇深。澳大利亚的第一部商标法于1955年诞生。尽管这部商标法在很大程度上仍然是英国1938年商标法的映射，但也体现出一些自身的特色，与英国商标法在一些关键性要素上存在一定的差别。

此后，澳大利亚接连颁行了两部商标法案，1994年商标法迅速被1995年商标法所替代。1995年商标法较之澳大利亚的第一部商标法有了长足的进步，自此，澳大利亚开始步入世界商标保护的前列。1995年商标法所确立的架构中不仅容纳了商品商标、服务商标、集体商标、防御商标等商标类型，而且包含了立体商标、气味商标、声音商标等具有先进性的商标类型。1995年商标法还采取了注册在先原则为主、使用在先原则为辅的申请原则，引入了注重跨国保护价值的优先权机制。进入21世纪以后，澳大利亚商标法在2013年、2020年分别进行了多次小幅度修改，但仍旧保持了原有的立法架构。

正如上文所述，澳大利亚知识产权领域修法速度之频密，令人咋舌。究其原因，实乃澳大利亚的知识产权制度纯系舶来之物，其立法多有对标英国、美国、加拿大等国家或地区。众多源头国家但凡有修法新动作，澳大利亚总会迅速吸收借鉴，以打补丁的方式对其原有法律进行更新。这种“框架不变、内容常新”的立法修法模式也是澳大利亚知识产权法的一大特色。

澳大利亚作为海上贸易的重要节点，值得我们高度重视。为此，译者对澳大利亚的知识产权法进行了系统的整理并逐步进行翻译，以便更全面地介绍“一带一路”辐射区域内各个国家、地区的知识产权制度。在翻译时，译者特意选取了以上提及的版权法、外观设计和商标法立法领域中的三部框架性法律。之所以译此三法，盖因澳大利亚知识产权立法深受英国知识产权立法的浸染与滋润，并独立发展出自我的亮色。我国发展至今，保护创新、鼓励竞争的知识产权理念日益成为主流共识。由此观之，澳大利亚的立法源流和法律制度对我国构建并优化自身机制实有可兹学习借鉴之处。

令人遗憾的是，澳大利亚知识产权法律体系中的专利法暂未被选为翻译对象。原因有三：其一，澳大利亚近年为适应新经济时代的到来而试图对其现有专利立法进行大幅度的革新，其专利法板块的修法动作极为频繁，缺乏一个相对稳定的文本用于对比借鉴，极有可能陷入刚刚译出原文便已经修订的尴尬境地。其二，澳大利亚在专利领域的立法水准相较于上述特色鲜明、制度精巧之三法不免稍有逊色。其三，前述三法的翻译文本已然是庞然巨牍，本书实在没有容纳专利法译文的空间。种种思量之下，译者决意权以此三法为先，嗣后待澳大利亚专利领域的修法动态告一段落后再行译注其专利法。留此念想，作为对自己下一步工作的鞭策。

得益师友亲朋万千鼓励以及门内诸弟子接续助力，方成本书。不胜感激之余，容译者逐一记录他们的名字：杨文慧、卢青松、李相仪、陈梦如、段佳芮、王子薇、马珂珂、刘薇、刘梦雪、王丽娟、邵建鹏、杜诗语、唐晓芸、朱晟男、孟翔、王永芳、杨雄、张天、贾兴康、张琪、丁濛、包杉杉、杨植涵、李思雨、余浪、谢万秋、石涵、张丁文、张榕榕、段一凡、赵皓若。在此，一并致意！

译者在翻译时力求贴近原文本义，遣词用句均一再斟酌，但力有不逮，疏漏之处定是挂一漏万，万望各路朋友海涵。恭书此序，愿读者于此书有所收获，则译文所遇之诸多困厄聊有可慰矣。更希冀赓续后文，尽快完成对澳大利亚知识产权制度的全面整理和翻译。这，算作一个约定吧。

曹　伟

2024 年 7 月于宝圣湖畔

译者简介

曹伟，重庆江津人。法学博士，西南政法大学民商法学院（知识产权学院）教授、硕士生导师，北京师范大学博士后，美国华盛顿大学访问学者。面向本科生和研究生教授知识产权法、电子商务法、知识产权总论、知识产权分论、商业秘密保护、知识产权贸易法律制度等课程。入选重庆市级优秀教学团队，主讲的知识产权法被评为重庆市级精品课程。著有《智能技术中的数据脱敏很重要》《互联网平台治理中的算法规制》《加强监管治理，让算法推荐“向上向善”》《集成电路知识产权保护评析》等多篇学术论文，并发表在《光明日报》《现代法学》《华东政法大学学报》《知识产权》《法学杂志》《中国版权》等报纸和期刊上；参编、参译《知识产权法》《知识产权理论与实务》《“一带一路”国家知识产权法律译丛（第二辑）》《“一带一路”国家知识产权法（第三辑）》《“一带一路”国家知识产权法（第五辑）》等多部著作；出版个人学术专著《计算机软件版权保护的反思与超越》《专利确权与无效诉讼制度研究》；主持完成的发明专利“一种法律证据智能展示系统”“一种法律证据智能存储系统”获得授权。此外，还承担了“国家知识产权战略”“大数据时代的人工智能知识产权保护问题研究”“‘成渝地区双城经济圈’智能化纠纷解决机制构建研究”等多项国家级、省部级课题项目的研究工作。主要从事人工智能、数据网络、集成电路、软件等法学前沿领域的教学和研究工作。

出版说明

重庆知识产权保护协同创新中心和西南政法大学知识产权研究中心于2017年组织开展了“一带一路”建设主要国家知识产权法律法规的翻译工作，形成了这套“‘一带一路’国家知识产权法译丛”，凝聚了两个中心众多专家学者的智慧和心血。

本套丛书采用国家分类的编排方式，精选“一带一路”建设主要国家最新的知识产权法律法规进行翻译，包括著作权法、专利法、商标法等，旨在为中国企业、法律工作者、研究人员等提供权威、准确的法律参考，助力“一带一路”建设。然而，由于各国法律体系、文化背景、语言习惯上的差异，其知识产权法律法规的翻译工作也面临着诸多挑战，例如有些国家法律文件的序号不够连贯。有鉴于此，在本套丛书翻译和编辑出版过程中，对遇到的疑难问题、文化差异等，会进行必要的注释说明，帮助读者更好地理解原文。本套丛书翻译过程中始终坚持以下原则。

第一，以忠实原文为第一要义，力求准确传达原文含义，避免主观臆断和随意增减。在翻译过程中，各位译者参考了大量权威法律词典、专业文献和案例，确保术语准确、表述规范。

第二，充分尊重各国法律体系和文化背景的差异，在忠实原文的基础上，尽量保留原文的语言风格和表达方式。

第三，在保证准确性的前提下，力求译文通顺流畅、易于理解，方便读者阅读和使用。

真诚期待各位读者对本套丛书提出宝贵意见。

目　　录*

版权法

* 此目录由本书收录的法律文件正文提取，序号遵从原文，仅便于读者查阅。——编辑注

外观设计法

商标法

版权法

·1968 年第 63 号法律·

版权法*

包括直至 2021 年第 54 号法律所作修订。

该版本为 1968 年澳大利亚联邦版权法的汇编，显示了经修订并于 2021 年 9 月 1 日（汇编日期）前生效的法律文本。

本法涉及版权和保护某些表演及其他目的。

第 1 部分　序　　言

第 1 条　简　　称

本法可称为 1968 年版权法。

第 2 条　生　　效

本法于公告确定的日期开始生效。

第 4 条　延伸适用于外部领地

本法延伸适用于所有外部领地。

第 5 条　1911 年版权法的排除适用

（1）本法排除适用 1911 年版权法。

（2）就 1901—1966 年法律解释法第 8 条而言，1911 年版权法应视为由英国联邦议会通过，并被本法废除。第 11 部分的颁布不视为影响 1901—1966 年法律解释法第 8 条的实施，因为该法第 8 条根据本款就该部分所不适用的事项而实施。

---

* 本译文根据澳大利亚联邦（以下简称“澳大利亚”）立法网公布的澳大利亚版权法［Copyright Act 1968（No. 63，1968；Compilation No. 60）］的英文版本翻译。

本书各条款项中的编号层级与原文保持一致，未作修改，下文不再赘述。——译者注

第6条　版权法的废除

下列法律被废除：

1912年版权法；

1933年版权法；

1935年版权法；

1963年版权法。

第7条　本法对官方具有约束力

除第7部分另有规定外，本法对官方具有约束力，但本法任何规定均不会使官方因犯罪而被提起公诉。

第8条　非根据本法不享有版权

非根据本法不享有版权，但本法第8A条另有规定的除外。

第8A条　官方针对版权的特权

（1）除第（2）款另有规定外，本法不影响官方的任何特权。

（2）官方因版权而对作品或其出版版本享有权利或特权的，如果官方的权利或特权本不存在于作品或其出版版本，但根据本法规定，该作品或其出版版本存在版权且由官方以外的人所拥有，该人在未获得作品或其出版版本所有者许可的情况下采取或授权采取该行为不会侵犯该所有者在作品或出版版本中的版权，则该人在未获得官方许可的情况下，采取或授权采取与该作品或其出版版本有关的行为并不侵犯该权利或特权。

（3）第（2）款规定不得视为限制官方在作品或其出版版本中以版权方式享有的权利或特权的期限。

第9条　其他法律的实施

（1）本法不影响直接或间接从联邦或各州获得所有权的人，出售、使用或以其他方式处理根据联邦或各州法律已经或正在被没收的物品的权利。

（2）本法不影响有关违反信托或信任的法律的实施。

第9A条　刑法典的适用

刑法典第2部分适用于本法所创设的所有犯罪。

注：刑法典第2部分规定了刑事责任的一般原则。

第2部分　解　　释

第10条　解　　释

（1）在本法中，除非有反例，否则以下词汇的含义为：

访问控制技术保护措施，指下列装置、产品、技术或组件（包括计算机程序）：

（a）在澳大利亚或具有资格的国家：

（ⅰ）由经作品或其他客体的版权人或独占被许可人的许可或代表其使用；且

（ⅱ）针对版权的行使而使用；且

（b）在其正常工作过程中，控制对作品或其他客体的访问；但不包括下列情形的装置、产品、技术或组件：

（c）该作品或其他客体是电影或计算机程序（包括计算机游戏）的，通过防止在澳大利亚播放在澳大利亚以外获得的该作品或其他客体的非侵权复制件来控制地域市场分割；或

（d）该作品是包含在机器或装置中的计算机程序的，限制与该机器或装置有关的货物（该作品除外）或服务的使用。

就本解释而言，计算机程序，具有第47AB条规定的含义。

配件，就物品而言，指下列一项或多项：

（a）贴在该物品上、展示在该物品上、融入物品表面或伴随物品的标签；

（b）包装或容纳该物品的包装或容器；

（c）贴在包装或容纳物品的包装或容器上、展示在其表面或附在其表面的标签；

（d）随物品提供的书面说明、保修单或其他资料；

（e）随物品提供的包含教学录音的唱片或教学电影作品的复制件；

但不包括复制奥林匹克标志（含义见1987年奥林匹克徽章保护法）的任

何标签、包装或容器。

注：有关配件在某些进口物品方面的扩大含义，参见第10AD条。

改编指：

（a）就非戏剧形式的文学作品而言，指该作品的戏剧形式的版本（无论是以其原始语言还是以另一种语言表达）；

（b）就戏剧形式的文学作品而言，指该作品的非戏剧形式的版本（无论是以其原始语言还是以另一种语言表达）；

（ba）就属于计算机程序的文学作品而言，指该作品的版本（无论是否以该作品最初所用的语言、代码或符号表达），而非该作品的复制件；

（c）就文学作品（无论非戏剧形式或戏剧形式版本）而言：

（ⅰ）该作品的译文；或

（ⅱ）作品的一个版本，其中故事或情节完全或主要通过图片传达；且

（d）就音乐作品而言，指该作品的编曲或转录。

替代争端解决机制，指解决争端的程序和服务，包括：

（a）会议；和

（b）调解；和

（c）中立评价；和

（d）案件评估；和

（e）和解；和

（f）条例规定的程序或服务；

但不包括：

（g）仲裁；或

（h）法庭程序或服务。

本款定义的（b）项至（f）项并不限制本款定义的（a）项。

批准标签，指根据下列条款批准的标签：

（a）各州或澳大利亚北部领地的农用和兽用化学品法第2章；或

（b）1994年农用和兽用化学品法意义范围内的参与领地的农用和兽用化学品法第2章。

档案馆指：

（a）下列机构保管的档案材料：

（ⅰ）澳大利亚国家档案馆；或

（ⅱ）根据1960年新南威尔士州档案法设立的新南威尔士州档案局；或

（ⅲ）根据1973年维多利亚州公共记录法设立的公共记录办公室；或

（ⅳ）根据1965年塔斯马尼亚州档案法设立的塔斯马尼亚档案局；或

（aa）根据1983年档案法第64条所述安排，由个人（国家档案馆除外）保管的档案材料；或

（b）本款因第（4）款而适用的文件或其他材料集合。

艺术作品指：

（a）绘画、雕塑、素描、雕刻或照片，无论作品是否具有艺术性；

（b）建筑物或建筑物模型，无论该建筑物或模型是否具有艺术性；或

（c）工艺美术作品，无论是否在（a）项或（b）项中提及；

但不包括1989年电路布图法中所指的电路布图。

澳大利亚包括外部领地。

作者，就照片而言，指照片拍摄人。

获授权人，就图书馆或档案馆而言，指负责该图书馆或档案馆的人或该人授权代表其行事的人。

在线可得，就国家图书馆的资料而言，具有第195CF条规定的含义。

管理机构指：

（a）下列机构：

（ⅰ）该机构是法人团体的，指该机构；或

（ⅱ）该机构不是法人团体的，指对管理该机构负有最终责任的团体或个人（包括官方）；或

（b）图书馆或档案馆：

（ⅰ）图书馆或档案馆是档案馆解释中（aa）项所指的档案馆的，指按照该项所述相关安排保管档案的人；或

（ⅱ）图书馆或档案馆不是档案馆解释中（aa）项所指的档案馆的，指对管理图书馆或档案馆负有最终责任的团体（无论是否属于法人团体）或个人（包括官方）。

广播，指1992年广播服务法意义下向公众传播的广播服务。为将本定义适用于根据宽带卫星接入（BSA）许可提供的服务，假设不存在与该服务相关的附条件接收系统。

注：广播服务不包括下列内容：

（a）仅提供数据或仅提供文本（具有或不具有相关联的图像）的服务（包括图文电视服务）；或

(b) 在点对点的基础上按需提供节目的服务，包括拨号服务。

广播收费协会，指根据第 113V 条生效且第 113V 条第（4）款（a）项（ⅱ）目对其适用的通过声明宣布其为收费协会的团体。

建筑物，包括任何类型的构筑物。

运输服务提供商，具有 1997 年电信法规定的含义。

承运人，具有 1997 年电信法规定的含义。

化学产品，具有 1994 年农用和兽用化学品法附表中规定的含义。

电影作品，指包含在某一物品或事物中的视觉图像集合，以便通过使用该物品或事物能够：

(a) 作为活动影像放映；或

(b) 包含在另一物品或物件内，通过使用该物品或物件可显示该物品或物件；

且包括在与该视觉图像相关联的声道中体现的声音集合。

技术保护措施的规避装置，指具有以下特征的装置、部件或产品（包括计算机程序）：

(a) 以规避技术保护措施为目的或用途而加以推广、宣传或营销的；或

(b) 仅具有有限的商业意义的目的或用途，或除规避技术保护措施外并无该目的或用途的；或

(c) 主要或完全为了能够或便利规避技术保护措施而设计或生产的。

就本解释而言，计算机程序，具有第 47AB 条规定的含义。

技术保护措施规避服务，指下列服务：

(a) 以规避技术保护措施为目的或用途而加以推广、宣传或营销的；或

(b) 仅具有有限的商业意义的目的或用途，或除规避技术保护措施外并无该目的或用途的；或

(c) 主要或完全为了能够或便利规避技术保护措施而设计或生产的。

收费协会指：

(a) 作品收费协会；或

(b) 广播收费协会；或

(c) 根据第 135ZZT 条生效的声明宣布为第 5C 部分所指的收费协会的团体；或

(d) 根据第 135ZZZO 条生效的声明宣布为第 5D 部分所指的收费协会的团体；或

（e）根据第153F条生效的声明宣布为第7部分第2分部所指的收费协会的公司。

通信，指以在线或电子方式（无论是通过某种途径或多种途径的组合，由物质实体或其他方式）传输作品或其他客体，包括本法意义内的表演或现场表演。

计算机程序，指在计算机中为了实现某种结果而直接或间接使用的一组指令或指示。

建设，包括架设，且重建具有相应的含义。

控制获取，指若需要经作品或其他客体的版权人或独占被许可人的允许，才能应用信息或程序来获取作品或其他客体时，控制获取作品或其他客体的装置、产品、技术或部件（包括计算机程序）。

复制件指：

（a）就作品而言，指其复制件；或

（b）就录音而言，指体现该录音或该录音实质部分的记录，直接或间接来自制作该录音的记录；或

注：另见第（6）款。

（c）就电影作品而言，指包含构成该胶片的视觉影像或声音的任何物品或物件；或

注：另见第（5）款。

（d）就广播而言，包括：

（ⅰ）载有整个或部分广播录音的记录；或

（ⅱ）整个或部分广播的电影作品的复制件。

版权材料指享有版权的任何东西。

注：本定义不适用于第6部分第3分部第E次分部或第7部分第2分部第C次分部为皇家使用版权材料：参见第153DF条和第182B条。

交付期间，具有第195CD条第（2）款规定的含义。

装置，包括制板。

戏剧作品，包括：

（a）舞蹈表演或其他哑剧表演；和

（b）电影胶片或脚本；但不包括与电影胶片或脚本不同的电影。

绘图，包括示意图、地图、图表或平面图。

教育机构指：

（aa）提供学前或幼儿园标准教育的机构；或

（a）提供全日制初等教育或全日制中等教育，或同时提供全日制初等教育和全日制中等教育的学校或类似机构；或

（b）大学、高等教育学院或技术和继续教育机构；或

（c）以函授或对外学习方式开办初等、中等或高等教育课程的机构；或

（d）护理学院；或

（e）医院内的企业，若该企业在提供下列服务方面开展学习或培训课程：

（ⅰ）医疗服务；或

（ⅱ）医疗服务附带的服务；或

（f）教师教育中心；或

（g）主要职能是为下列任何目的提供学习课程或培训的机构：

（ⅰ）通识教育；

（ⅱ）为某一特定职业或专业做好准备；

（ⅲ）从事某一特定职业或专业的人的继续教育；

（ⅳ）向母语非英语的人教授英语；或

（h）管理教育机构内业务的企业，如果：

（ⅰ）教育机构属于本定义前项所述类型；且

（ⅱ）机构的主要职能或主要职能之一是向受聘于本定义前款所述一种或多种类型的教育机构中担任教员的人员提供教师培训；或

（i）管理本定义前项所述类型教育机构的机构或企业，如果：

（ⅰ）机构或企业的主要职能或主要职能之一，是向本定义前项所述一种或多种类型的教育机构提供材料；且

（ⅱ）开展活动的目的是帮助该等机构实现其教学目的。

电子文学或音乐作品指：

（a）电子形式的图书；或

（b）电子形式的期刊；或

（c）电子形式的乐谱；无论是否有打印版本。

电子权利管理信息，针对作品或其他客体而言，指下列信息：

（a）电子的；且

（b）符合下列任一条件：

（ⅰ）是或曾经附于或包含于该作品或客体的复制件；或

（ⅱ）针对作品或客体的传播或针对向公众提供作品或客体的传播而出现

或曾经出现；且

（c）符合下列任一条件：

（ⅰ）识别作品或客体及其作者或版权人（包括以数字或代码表示的信息）；或

（ⅱ）确定或表明可使用该作品或客体的全部或部分条款和条件，或表明该作品或客体的使用受条款或条件（包括以数字或代码表示的此类信息）的约束。

合格权利人，具有第113V条第（9）款规定的含义。

雕刻，包括蚀刻、石版画、照相凹版制品、木刻、印刷品或类似作品，但不是照片。

独占许可，指由版权人或潜在所有人或其代表签署的书面许可，授权被许可人在排除其他人的情况下，做出版权人根据本法规定在没有许可的情况下有独家权利做出的行为；独占被许可人具有相应含义。

免费广播指：

（a）1992年广播服务法意义内的国家广播服务、商业广播服务或社区广播服务提供的广播；或

（b）由1992年广播服务法意义内的广播服务提供的广播，其内容仅限于传送澳大利亚本土电视有限公司提供的节目材料。

未来版权，指在未来时间或未来事件发生时所产生的版权。

公之于众，指在不限制作品作者的身份何时公之于众的情况下，若可以通过合理的查询来确定，则该身份是公之于众的。

政府，具有第182B条第（1）款规定的含义。

政府复制件，具有第182B条第（1）款规定的含义。

侵权复制件指：

（a）就作品而言，指该作品或该作品的改编作品的复制件，而该复制件并非该作品或改编作品的电影作品的复制件；

（b）就录音而言，该录音并非与构成电影作品一部分的视觉影像有关联的声道的复制件；

（c）就电影作品而言，指该胶片的复制件；

（d）就电视广播或声音广播而言，指该广播的电影作品复制件或载有该广播录音的记录；且

（e）就作品的出版版本而言，指该版本的传真复制件；

其为任何物品（可以是该作品、录音、电影、广播或版本的电子复制件或复制件），其制作构成侵犯该作品、录音、电影、广播或版本的版权，或者就未经版权人许可进口的物品而言，若该物品是由进口商在澳大利亚制造则构成侵犯版权的物品，但不包括：

（f）其进口不构成侵犯该版权的非侵权图书；或

（g）其进口不构成侵犯该版权的非侵权配件；或

（h）其进口不侵犯该版权的非侵权录音复制件；或

（i）其进口不侵犯该版权的非侵权计算机程序复制件；或

（j）其进口不侵犯该版权的非侵权电子文学或音乐作品复制件。

机构，包括教育机构。

国际协定指：

（a）澳大利亚为缔约国的公约；或

（b）澳大利亚与外国之间的协议或安排，包括部长与外国官员或当局之间的协议、安排或谅解。

本法适用的国际组织，指根据以第186条为目的而制定条例并宣布适用本法的国际组织，包括：

（a）被宣布为国际组织的机构或办事处；和

（b）由该组织或机构设立的委员会、理事会或其他机构。

重点文化机构，具有第113L条规定的含义。

联邦法律，包括澳大利亚领地的法律。

许可复制或传播，具有第113Q条第（2）款规定的含义。

文学作品包括：

（a）以文字、数字或符号表示的表格或汇编；和

（b）计算机程序或计算机程序汇编。

公开，具有受第29A条影响的含义。

手稿，就文学、戏剧或音乐作品而言，指体现作者最初创作作品的文件，无论该文件是硬拷贝形式、电子形式还是任何其他形式。

物质形式，就作品或作品改编而言，包括该作品或改编版，或是作品或改编版的实质部分存储的任何形式（无论是否可见，无论作品或改编作品本身或其实质部分是否可以复制）。

国家图书馆资料，具有第195CE条规定的含义。

国家图书馆馆长，指实施1960年国家图书馆法的馆长。

非侵权配件，指在下列国家制造的配件：

（a）是1886年9月9日在瑞士伯尔尼缔结并不时修订的《保护文学和艺术作品伯尔尼公约》的缔约国；或

（b）其法律针对下列内容与《与贸易有关的知识产权协定》规定一致的世界贸易组织成员：

（ⅰ）作品、录音制品和电影的版权或邻接权的所有权和期限；和

（ⅱ）版权人或邻接权人拥有与复制该作品、录音或电影作品有关的权利；

其中：

（c）制作作品的任何复制件，或复制作品的任何已出版版本，而其上或其内包含该配件；或

（d）制作包含录音的任何唱片或作为配件的电影作品的任何复制件；

由该成员作品、版本、录音或电影（视情况而定）的版权人授权。

非侵权图书，指在为施行第184条第（1）款而订立的规例中所指明的国家制作的图书（根据强制特许制作的图书除外），该图书的制作不构成侵犯该国法律规定的作品或作品出版版本中存在的任何版权。

非侵权复制件指：

（a）就录音而言，具有第10AA条规定的含义；且

（b）就计算机程序而言，具有第10AB条规定的含义；且

（c）就电子文学或音乐作品而言，具有第10AC条规定的含义。

主管人员指：

（a）就档案而言，指档案管理员或其他在当时对组成该档案的合集有即时照管和控制权的人；且

（c）就图书馆而言，指在当时对组成该图书馆的藏书有即时照管和控制的图书馆馆长或其他人。

助残组织指：

（a）教育机构；或

（b）以助残为主要职能的非营利组织（无论该组织是否具有其他主要职能）。

原始形式，指如果材料是以体现材料作者或材料制作者最初准备的材料的形式而纳入图书馆或档案馆藏品持有，则图书馆或档案馆拥有原始形式的版权材料。

例如：文学、戏剧或音乐作品的手稿。

注：本定义不适用于第3部分第6分部：参见第54条第（6）款。

议会，具有第12条规定的含义。

残疾人，指在阅读、观看、聆听或理解特定形式的版权材料方面具有困难的残疾人。

摄影，指摄影产品或类似摄影过程的产品，但其中包含构成电影作品一部分的视觉图像的物品或事物除外，包括静电复印产品，且照相，具有相应含义。

制版，包括刻板、石头、块、模具、母版、转印、底片或其他类似的器具。

私人和家庭用途，指在住宅楼宇内外的私人及家庭用途。

预期所有人指：

（a）就并非第197条第（1）款所述种类的协议标的的未来版权而言，指在其版权存在时将成为版权人的人；或

（b）就作为该协议标的的未来版权而言，指依据该款产生该版权时将归属于其的人。

符合条件的成员指：

（a）1886年9月9日在瑞士伯尔尼缔结并不时修订的《保护文学和艺术作品伯尔尼公约》的缔约国；或

（b）其法律针对下列内容与《与贸易有关的知识产权协定》规定一致的世界贸易组织成员：

（ⅰ）作品、录音制品和电影的版权或邻接权的所有权和期限；和

（ⅱ）版权人或邻接权人享有与复制该作品、录音或电影的相关权利。

接收设备，指其单独或与其他设备一起运行，使人能够听到或看到所传播的作品或其他客体的设备。

唱片，包括光盘、磁带、纸张、电子文件或其他包含声音的设备。

包含录音记录的唱片指：

（a）在录音制作时的记录；或

（b）符合下列条件的记录：

（ⅰ）包含录音；且

（ⅱ）直接或间接来自在制作该录音时制作的记录。

注册慈善机构，指根据2012年澳大利亚慈善机构和非营利委员会法作为该法第25－5条第（5）款所列表格第1项第一栏中所述实体类型注册的

实体。

司法常务官，指第 170 条规定的审裁处司法常务官。

报酬通知指：

（a）第 113Q 条所述通知；或

（b）第 135ZZL 条所述通知；或

（c）第 135ZZZJ 条所述通知。

转播，就广播而言，指广播的转播，其中：

（a）广播的内容不变（即用于实现转播的技术与用于实现原始传输的技术不同）；且

（b）符合下列任一条件：

（ⅰ）在任何情况下，转播与原始传输同时进行；或

（ⅱ）若转播所在区域的当地时间与原始传输区域的当地时间完全或部分不同，则转播将延迟至不迟于等效的当地时间。

集体管理组织的规则，指该协会的章程。

卫星 BSA 许可，指根据 1992 年广播服务法第 38C 条分配的商业电视广播许可。

卫星 BSA 被许可人，指卫星 BSA 许可的被许可人。

雕塑，包括为雕塑目的制作的铸件或模型。

联播，指根据 1992 年广播服务法或与数字广播有关的任何立法规定的要求，以模拟和数字形式同时提供广播服务。

声音广播，指除了作为电视广播一部分的声音广播。

录音，指记录中包含的声音的集合。

音轨，就构成电影作品一部分的视觉图像而言，指：

（a）包含该等视觉图像的任何物品或物件中载有声音的部分；或

（b）载有声音的光碟、磁带或其他装置，由电影的制作者提供，与载有该等视觉图像的物品或物件一并使用。

充分确认，指就作品而言，通过作品的名称或其他描述识别该作品的类型，除非该作品是匿名或假名的，或者作者事先同意或指示不公开其姓名，否则还应确认作者的身份。

技术保护措施指：

（a）访问控制技术保护措施；或

（b）下列装置、产品、技术或部件（包括计算机程序）：

（ⅰ）由作品或其他客体的版权人或独占被许可人，经其许可或代表其在澳大利亚或符合资格国家使用的；且

（ⅱ）在其正常运作过程中，防止、禁止或限制做出构成该版权的作为；

但不包括下列范围内的设备、产品、技术或部件：

（ⅲ）作品或其他客体是电影或计算机程序（包括计算机游戏）的，通过禁止在澳大利亚境内播放在澳大利亚境外获得的作品或其他客体的非侵权复制件来控制地域市场分割；或

（ⅳ）该作品是包含在机器或装置中的计算机程序的，限制与该机器或装置有关的货物（该作品除外）或服务的使用。

就本规定而言，计算机程序，与第47AB条所述定义相同。

电视广播，指通过电视广播的视觉图像，以及与视觉图像共同广播以供听众接收的声音。

澳大利亚广播委员会，指根据1942年广播电视法成立的澳大利亚广播委员会。

澳大利亚广播公司，指根据1983年广播公司法成立的澳大利亚广播公司。

联邦，包括领地的管理部门。

1911年版权法，指被称为1911年版权法的皇家法。

版权法庭或法庭，指第6部分规定的澳大利亚版权法庭，包括行使该法庭权力的法庭成员。

官方，包括行使州权利的官方和行使澳大利亚首都领地和北领地权利的官方，亦包括除澳大利亚首都领地或北领地以外的其他领地政府。

国家图书馆，指根据1960—1967年国家图书馆法建立的国家图书馆。

特别广播服务，指1991年特别广播服务法第5条所述的特别广播服务。

特别广播服务公司，指根据1991年特别广播服务法第5条保留并继续作为广播服务公司存在的法人团体。

对公众开放，指对澳大利亚境内或境外的公众开放。

《与贸易有关的知识产权协定》，指1994年4月15日在摩洛哥马拉喀什签订的《建立世界贸易组织的马拉喀什协议》附件1C规定的《与贸易有关的知识产权协定》。

注：《建立世界贸易组织的马拉喀什协议》英文文本载于1995年澳大利亚条约汇编第8号。

遗嘱，包括遗嘱附录。

作品，指文学、戏剧、音乐或艺术作品。

合作作品，指由两位或两位以上作者合作创作的作品，其中每位作者的贡献与另一位作者的贡献或其他作者的贡献不相分离。

作品集体管理组织，指根据第113V条生效的声明宣布为集体管理组织且第113V条第（4）款（a）项（i）目对其适用的团体。

书写，指以可视的形式表示或再现文字、图形或符号的一种方式，书面具有相应的含义。

（1A）在不限制本法中教育目的一词含义的情况下，作品或其他客体的全部或部分的复制件，就该表达出现的规定而言，在下列情况中，应当视为为了教育机构的教育目的而制作、使用或保留的（视情况而定）：

（a）其制作或保留用于该机构提供的特定教学课程，或与该机构提供的特定教学课程相关而使用；或

（b）其制作或保留用于收录，或已经收录于该机构的图书馆藏书中。

（2）在不限制本法中合理部分一词含义的情况下，文学、戏剧或音乐作品（计算机程序除外）包含在该作品的出版版本中，而该版本不少于10页的，若该版本复制的页数存在下列任一情况，则该版本中出现的该作品部分的复制件应被视为仅包含该作品的合理部分：

（a）总计不超过该版本页数的10%；或

（b）作品分为章节的，总页数超过该版本页数的10%，但仅包含作品全部或部分单个章节。

（2A）在不限制本法中合理部分一词含义的情况下，复制下列作品的部分：

（a）已出版的文学作品（计算机程序或电子汇编除外，如数据库）；或

（b）已出版的戏剧作品；

作为电子形式的作品，存在下列任一情况的，复制件应被视为仅包含该作品的合理部分：

（c）复制的字数总计不超过作品字数的10%；或

（d）作品分为章节的，复制的字数总计超过作品字数10%，但复制件仅包含作品全部或部分单个章节。

（2B）已出版的文学作品或戏剧作品包含在该作品的已出版版本中，并以电子形式单独提供的，则该作品的一部分的复制件，如根据第（2）款或第

（2A）款被视为仅包含该作品的合理部分，则无论该复制件是否根据该两款都是如此，亦被视为仅包含该作品的合理部分。

（2C）如果：

（a）复制已发表的文学或戏剧作品的一部分；且

（b）根据第（2）款或第（2A）款，该复制件被视为仅包含该作品的合理部分；

第（2）款或第（2A）款不适用于该人其后对同一作品的任何其他部分所作的复制。

（3）在本法中，除非出现相反的意图：

（e）凡提及行使州权利的官方，应理解为包括提及行使澳大利亚首都领地和北部领地权利的官方；且

（g）凡提及以复印复制方式制作作品的全部或部分的文件复制件，应理解为提及制作该文件或作品的全部或部分的传真复制件，无论其大小或形式；且

（j）凡提及作品的全部或部分的缩微复制件，应理解为提及通过缩小将构成该作品的图形符号而产生的该作品的全部或部分的复制件；且

（k）凡提及定期出版物，须理解为提及该定期出版物的某一期；凡提及同一期定期出版物所载的文章，应理解为提及该期定期出版物所载的文章；且

（ma）凡提及与依据第49条而制作作品的全部或部分的复制件有关的声明，应理解为提及：

（ⅰ）如该复制件是依据第49条第（2）款制作的，第49条第（1）款所提及的与制作该复制件有关的声明书；或

（ⅱ）如该复制件是依据第49条第（2C）款制作的，第49条第（2C）款（b）项提及的种类的声明，而该声明是就该复制件的制作而作出的；或

（ⅲ）在任何情况下，第49条第（5）款提及的种类的声明，而该声明是就该复制件的制作而作出的；且

（n）凡提及州，应理解为包括澳大利亚首都领地及北部领地，而凡提及领地，应理解为不包括澳大利亚首都领地或北部领地。

（3A）就本法目的而言，第（1）款中档案定义（aa）项所涵盖的任何档案收藏中持有的或构成其一部分的任何物品，均视为不在澳大利亚国家档案馆收藏中持有，也不构成其一部分。

注：档案定义的（aa）项涵盖根据1983年档案法第64条所述的安排由澳大利亚国家

档案馆以外的人保管的档案材料。

（4）符合下列要求的：

（a）由团体（无论是否为法人或非法人团体）保管的具有历史意义或公共利益的文件或其他材料的收藏，由该团体保管，以保存该等文件或其他材料；且

（b）该团体并非为获取利润而维持及经营该项收藏工作；

则第（1）款中档案的定义的（b）项适用于该收藏工作。

例如：博物馆和画廊是可能拥有档案定义（b）项所述收藏的机构的示例。

（5）凡提及电影作品的复制件，包括提及电影作品或电影作品的实质部分的任何形式（无论是否可见）的存储（无论电影的复制件或电影的实质部分是否可复制）。

（6）凡提及录音的复制件，包括提及录音或录音实质部分的任何形式（无论是否可见）的存储（无论录音的复制件或录音实质部分是否可复制）。

第10AA条　录音的非侵权复制件

◆ 最低要求

（1）录音复制件，只有由下列人员或经其同意制作的，才是非侵权复制件：

（a）在录音制作国（复制国）的版权人或邻接权人；或

（b）在录音制作国（原始录音国）录音版权或相关权利的所有人，而该复制国的法律在制作该录音时并没有对该录音的版权或相关权利作出规定；或

（c）录音制作者，如果复制国的法律和原始录音国的法律（无论这些国家是否不同）都没有规定录音制作时录音的版权或相关权利。

◆ 受澳大利亚版权保护的作品录音复制件的额外要求

（2）若录音作品是在澳大利亚享有版权的文学、戏剧或音乐作品，则只有在下列情况中，该复制件才是非侵权复制件：

（a）根据复制国法律，该作品享有版权；

（b）复制件的制作不侵犯复制国法律规定的作品版权；

（c）复制国符合第（3）款的要求。

为避免产生疑问，本款的规定是对第（1）款规定的补充。

♦ **对复制国的要求**

（3）第（2）款中所述的复制国必须是：

（a）1886年9月9日在瑞士伯尔尼缔结并不时修订的《保护文学和艺术作品伯尔尼公约》的缔约国；或

（b）其法律针对下列内容与《与贸易有关的知识产权协定》规定一致的世界贸易组织成员：

（ⅰ）文学、戏剧和音乐作品版权的所有权和期限；且

（ⅱ）该作品的版权人享有与该作品复制有关的权利。

♦ **澳大利亚版权可能源于法案或条例**

（4）就第（2）款而言，无论作品的版权是否因本法或是因第184条的目的而制定的条例而存在于澳大利亚，都不重要。

第10AB条　计算机程序的非侵权复制件

只有在下列情况中，计算机程序的复制件才是非侵权复制件：

（a）是在符合资格的国家制造的；且

（b）根据该国法律，其制作不构成对作品版权的侵犯。

第10AC条　电子文学或音乐作品的非侵权复制件

只有在下列情况中，电子文学或音乐作品的复制件才是非侵权复制件：

（a）是在符合资格的国家制造的；且

（b）根据该国法律，其制作不构成对作品或作品出版版本的任何版权的侵犯。

第10AD条　进口物品的配件

♦ **附　　件**

（1）若某人进口到澳大利亚：

（a）载有计算机程序复制件的物品；或

（b）载有电子文学或音乐作品复制件的物品；或

（c）载有录音复制件的物品；

任何作品或其他客体（故事片除外）的复制件，如在进口该物品时，在该物品上、包含在该物品内或包括在该物品内，即被视为该物品的配件。

注：另见第44C条和第112C条（关于属于进口物品的附属物的作品或其他标的物的

版权不受侵犯)。

◆ 定　　义

(2) 在本条中:

故事片,指下列电影:

(a) 以下列情况为目的,全部或主要制作:

(ⅰ) 在电影院或通过电视广播向公众展览;或

(ⅱ) 向公众出售或出租,前提是假设合理地观看该影片(不涉及该影片的电子互动)将是任何此类出售或出租的主要目的;且

(b) 持续时间超过 20 分钟。

◆ 解　　释

(3) 本条不限制第 10 条第(1)款中配件的含义。

第 11 条　在不受暂时离开影响的国家居住

就本法而言,经常居住在某国(包括澳大利亚)但暂时不在该国的人应被视为当时居住在该国。

第 12 条　提及议会

本法中对议会的提及应理解为对澳大利亚的联邦议会、州议会或领土立法机构的提及。

第 13 条　版权所包含的行为

(1) 本法中对作品或其他客体的版权所包含的行为的提及应理解为对版权人根据本法享有专有权的任何行为的提及。

(2) 就本法而言,就作品、作品改编或任何其他题材做出行为的专有权包括授权某人就该作品、作品改编或其他题材做出上述行为的专有权。

第 14 条　就作品的实质部分或其他题材部分做出的行为应被认为是对作品整体所做的行为

(1) 在本法中,除非出现相反的意图:

(a) 凡提及对某作品或其他客体事项做出作为,须理解为提及对该作品或其他客体事项的实质部分做出该作为;且

(b) 凡提及某作品的复制、改编或复制件,须理解为提及对作品的实质

部分（视情况而定）的复制、改编或复制件。

（2）本条并不影响对第32条、第177条、第187条及第198条中任何提及发表或不发表作品的释义。

第15条　凡提及经版权人许可而做出的行为

就本法而言，如该行为是经对版权人具有约束力的许可授权做出的，则该行为应被视为经版权人许可而做出的。

第16条　凡提及版权的部分转让

本法中提及版权的部分转让应理解为提及以任何方式受到限制的版权转让。

第17条　法定雇佣

就本法而言，根据澳大利亚联邦或某一州的法律，而非根据服务合同或学徒合同雇用某人或雇用某人作为学徒，应视为根据服务合同雇用或根据学徒合同雇用（视情况而定）。

第18条　以营利为目的设立或经营的图书馆

就本法而言，不得仅以图书馆为营利性经营人所有为由，认为图书馆是以营利为目的而设立或经营的。

第19条　本法条款中提及的1911年版权法

在本法生效之前的任何时间，为将该条款适用于某一个州或某一个领地，应理解为引用1911年版权法，并适用于当时的州或领地。

第20条　作品发表时使用的名称

（1）本法中提及的作品在发表时使用的一个或多个名称应理解为提及作品中指定的一个或多个作者的姓名或作品的作者。

（2）就本法而言，以两个或两个以上名称出版的作品不得被视为假名，除非所有这些名称都是假名。

第21条　作品和其他题材的复制和拷贝

（1）就本法而言，若一部文学、戏剧或音乐作品是以该作品录音或电影作品制作的，则该作品应被视为以实质形式复制，而任何载有该等录音的记录及该电影作品的复制件，均应视为该作品的复制件。

（1A）就本法而言，若作品是被转换成数字形式、其他电子机器可读形式或从数字或其他电子机器可读形式转换而来的，则该作品应视为已被复制，且以这种形式体现该作品的任何物品应被视为该作品的复制件。

注：将作品转换为数字或其他电子机器可读形式包括作品的首次数字化。

（2）第（1）款和第（1A）款适用于作品的改编，一如其适用于作品一样。

（3）就本法而言，艺术作品在下列情况中应被视为已被复制：

（a）对于二维形式的作品，若该作品的版本是以三维形式制作的；或

（b）对于三维形式的作品，若该作品的版本是以二维形式制作的；

而如此制作的作品版本应视为该作品的复制件。

（4）除第3部分第7分部的规定，前一款规定具有效力。

（5）就本法而言，计算机程序在下列情况中应被视为已复制：

（a）程序的目标代码版本是通过包括编译在内的任何过程从源代码中的程序中导出的；或

（b）程序的源代码版本是通过任何过程（包括反编译）从目标代码中的程序中导出的；

任何这样的版本都被视为程序的复制。

（6）就本法而言，若录音或电影作品被转换成数字或其他电子机器可读形式，抑或从数字或其他电子机器可读形式转换而来，则视为已被复制，并且以这种形式体现录音或电影的任何物品被视为录音或电影的复制件。

注：凡提及将录音或电影作品转换成数字或其他电子机器可读形式的，包括该录音或电影的首次数码化。

第22条　关于制作作品或其他客体的规定

◆ 文学、戏剧、音乐或艺术作品

（1）在本法中提及下列时间或期限，如该作品是文学、戏剧、音乐或艺术作品，则须视为指该作品首次转为书面形式或其他物质形式的时间或期间（视情况而定）。

（2）就本法而言，如文学、戏剧或音乐作品是以声音形式存在于某一物品或事物中的，应被视为已缩减为物质形式，并在该物品或事物中包含这些声音时已被缩减为物质形式。

◆ 录　　音

（3）就本法而言：

（a）除现场表演录音以外的录音，应视为在制作载有该录音的第一次记录时已制作；且

（b）录音制作人是当时拥有该录音的人。

（3A）就本法而言，现场表演录音的制作者是：

（a）录音时拥有录音所用记录的一人或多人；且

（b）在该表演中表演的一名或多名表演者［（a）项已涵盖的表演者除外］。

注：表演者可能有根据第116AAA条向拥有该记录的人支付补偿的法律责任。

（3B）如果：

（a）制作现场表演的录音；且

（b）表演者根据其受雇于另一人（雇主）的服务或学徒合同的条款在该表演中表演；则根据第（3A）款（b）项而言，该雇主应被视为制造者，而非表演者。

（3C）第（3B）款可因为表演者与雇主之间的协议予以排除或修改。

◆ 电影作品

（4）就本法而言：

（a）对电影作品制作的提及应理解为对制作电影第一份拷贝所必需的事情的提及；且

（b）该电影的制作人是为制作该电影作品而作出所需安排的人。

◆ 广播和其他通信

（5）就本法而言，广播被视为由提供广播服务的人制作。

（6）就本法而言，除广播外的通信应被视为是由负责确定通信内容的人员进行的。

（6A）为避免产生疑问，就第（6）款而言，任何人不应仅因为下列目的采取一个或多个步骤而负责确定通信内容：

（a）获取通信中其他人在线提供的内容；或

（b）接收构成通信的电子传输。

例如：不只因为某个人点击了一个链接以获得对该网页的访问权，而确定其对与该网页的人的通信内容承担责任。

◆ 定　　义

(7) 在本条中：

现场表演指：

(a) 戏剧作品或其部分的表演（包括即兴表演），包括使用木偶进行的表演；或

(b) 音乐作品或其部分的表演（包括即兴创作）；或

(c) 文学作品或其部分的阅读、背诵或交付，或即兴文学作品的背诵或交付；或

(d) 舞蹈表演；或

(e) 马戏表演、杂耍表演或任何类似的展示或表演；或

(f) 民间文学艺术的表演；

现场表演，无论是在观众面前还是在其他场合。

现场表演中的表演者指：

(a) 指对表演声音作出贡献的每个人；且

(b) 如该表演包括音乐作品的表演，则该音乐作品的表演包括该指挥家。

现场演出的录音，指现场演出时制作的由表演声音组成或包括演出声音的录音。

第 23 条　录音和记录

(1) 就本法而言，与构成电影作品一部分的视觉图像相关的音轨中包含的声音不应视为录音。

(2) 除非出现相反的意图，否则本法中提及的作品或其他客体的记录应理解为可通过其表演该作品或其他客体的记录。

第 24 条　提及物品中包含的声音和视觉图像

就本法而言，声音或视觉图像应被视为已包含在物品或物品中，若该物品或物品对这些声音或视觉图像的处理方式与这些声音或视觉图像相关，以致这些声音或视觉图像无论是否借助其他手段，都能够从该物品或物品中复制出来。

第 25 条　与广播有关的规定

(1) 除非出现相反的意图，否则本法中提及的广播应理解为通过声音广播或电视方式进行的广播。

(2) 本法中提及的通过接收电视广播或声音广播而进行的行为应理解为通过接收广播进行的行为:

(a) 通过广播进行的传输;或

(b) 不是通过广播方式进行的传输,但与上一段所述的传输同时进行;广播的接收是否直接来自有关的传输或来自任何人从任何地方进行的再传输。

(3) 凡载有录音或电影作品复制件的记录用作广播(在本款中称为“主要广播”),则借接收及重新传输下列各项资料而作出广播(在本款中称为“次要广播”):

(a) 进行主要广播的传输;或

(b) 并非以广播方式进行但与上一段所提及的传送同时进行的传输;

就本法而言,应视为未将记录或复制件用于次要广播。

(4) 在本法中:

(a) 凡提及电视广播中的电影作品应理解为包括对该广播中任何视觉图像的电影作品或照片;且

(b) 凡提及电视广播的电影作品复制件,须理解为包括提及任何该等影像的电影作品复制件或照片的复制件。

第27条　表　　演

(1) 根据本条规定,本法中对表演的提及应:

(a) 理解为包括对任何视觉或听觉呈现方式的提及,无论该呈现方式是通过使用接收设备、放映电影作品、使用记录或任何其他方式来进行;且

(b) 就演讲、演说、发言或布道而言,须理解为包括提及发表;

本法中提及的表演作品或改编作品具有相应的含义。

(2) 就本法而言,向公众传播作品或其他客体不构成:

(a) 表演;或

(b) 导致视觉图像被看到或声音被听到。

(3) 当视觉图像或声音由任何接收设备显示或发出时,图像或声音通过任何接收设备直接或间接传送的操作,对于接收设备,应视为不构成表演,也不构成导致看到视觉图像或听到声音,但只要图像或声音的显示或发出构成表演,或导致看到图像或听到声音,则视为表演,或视情况而定,导致图像被看到或声音被听到,应视为受到接收设备操作的影响。

(4) 在不影响前两款的前提下,若通过操作前两款中提及的任何设备或

通过使用记录复制声音的任何设备，表演作品或改编作品，或导致看到视觉图像或听到声音，设备由设备所在场所的占用人提供或经其同意提供，就本法而言，该场所的占用人应被视为进行表演或使人看到图像或听到声音的人，无论他或她是否操作设备。

（5）本条不适用于第11A部分所指的表演。

第28条　教育教学过程中作品或其他客体的表演和交流

（1）凡是文学、戏剧或音乐作品：

（a）在课堂上或在观众面前表演；且

（b）由教师在教育教学过程中（并非为营利而提供的教学）或由学生在接受该等教学过程中进行的；

就本法而言，若观众仅限于参与教学或与教学地点直接相关的人员，则该表演不得视为公开表演。

（2）就本条而言，教师在非营利的教育场所所作的教育教学，不得仅以教师因教学而获得报酬为理由而被视为营利教学。

（3）就本条而言，任何人不得仅因其是在该地方接受教育的学生的父母或监护人而被视为与该地方有直接联系。

（4）前三款适用于录音和电影作品，其适用方式与适用于文学、戏剧和音乐作品的方式相同，但在上述款项适用于此类录音或电影时，凡提及表演，应理解为对导致相关声音被听到或视觉图像被看到的行为的提及。

（5）就本法而言，文学、戏剧或音乐作品、录音或电影的传播不应视为与公众的传播，前提仅仅是为了促进该传播：

（a）作品的表演由于本分部的规定，该表演不是公开表演；或

（b）导致构成录音一部分的声音被听到的行为，而由于本分部的规定，该行为并非导致该录音被公开听到的行为；或

（c）导致构成电影作品一部分的视觉图像或声音被看到或听到的行为，而由于本分部的规定，该行为并非导致该电影在公众场合被看到或听到的行为。

（6）就本法而言，电视广播或声音广播的传播在下列情况中不被视为向公众传播该广播或该广播中包含的作品或其他客体：

（a）该传播仅仅是为了方便观看和收听电视广播，或在教育教学过程中，在课堂上或在观众在场的情况下听到的声音广播：

（ⅰ）由教师提供；且

（ⅱ）并非为获利而给予；且

（b）观众仅限于参与该教学的人或以其他方式与发出该教学的地方有直接联系的人。

（7）就本法而言，艺术作品的传播在下列情况中不被视为向公众传播作品：

（a）传播只是为了方便在课堂上或以其他方式在有观众在场的情况下，在教育教学过程中看到作品，该教育教学过程：

（ⅰ）由教师提供；且

（ⅱ）并非为获利而给予；且

（b）观众仅限于参与该教学的人或以其他方式与发出该教学的地方有直接联系的人。

第29条　出　　版

（1）就本法而言，根据本分部规定：

（a）文学、戏剧、音乐、艺术作品或该作品的版本，若（但仅限于）已向公众提供该作品或版本的复制件（无论是通过销售还是其他方式），则应视为已出版；

（b）若（但仅限于）电影的复制件已向公众出售、出租、提供或公开出售或出租，则电影应被视为已出版；且

（c）若（但仅限于）向公众提供了（无论是通过销售还是其他方式）载有该录音或其一部分的录音，则该录音应被视为已出版。

（2）就第（1）款（a）项而言，在确定某作品或版本的复制件是否已向公众提供时，第14条不适用。

（3）就本法而言，文学、戏剧或音乐作品的表演，向公众提供（无论是通过出售还是其他方式）文学、戏剧或音乐作品的记录，展览艺术作品，建造建筑或建筑模型，或（无论是通过出售还是其他方式）向公众提供建筑物的照片或版画、建筑物模型或雕塑，均不构成该作品的出版。

（4）就本法而言，仅为色彩而并非旨在满足公众合理要求的出版物，除非其可能构成侵犯版权或违反第9部分规定的责任外，应不予考虑。

（5）就本法而言，在澳大利亚或其他国家的出版物，若两次出版期间不超过30日，则不得仅因在其他地方的较早出版而被视为首次出版以外的出版物。

（6）就本法而言，在确定：

（a）作品或其他客体是否已出版；

（b）作品或其他客体的发表是否为该作品或其他客体的首次发表；或

（c）作品或其他客体是否在某人有生之年发表或以其他方式处理；

任何未经授权的出版物或任何其他未经授权的行为均应不予理会。

（7）除第52条另有规定外，就上一款而言，只有在下列情况中，发表或其他行为应被视为未经授权：

（a）作品或其他客体中存在版权，而相关行为不是由版权人或在版权人许可下进行的；或

（b）版权并不存在于该作品或其他客体中，而有关作为并非由下列人员或在下列人员的许可下作出：

（ⅰ）作者，或（如某作品的录音、电影或作品版本）制作人或出版商（视情况而定）；或

（ⅱ）向作者、制作人或出版商合法主张权利的人。

（8）前两款中的任何一款均不影响本法中与版权行为或构成版权侵权的行为相关的任何规定或第9部分任何规定。

第29A条　公　开

（1）在不限制作品何时公开的情况下，当：

（a）该作品或该作品的改编作品是：

（ⅰ）出版、公开演出、广播或以其他方式向公众传播时；或

（ⅱ）该作品是公开展出的艺术作品；或

（b）如该作品是包括在电影中的艺术作品，且该电影是公开观看的；或

（c）若作品是建筑物，且该建筑物已经建造；或

（d）该作品或该作品改编的记录：

（ⅰ）向公众提供（无论是否出售）；或

（ⅱ）为向公众出售而披露的。

（2）在不限制公开作品以外的版权材料的情况下，该材料在下列情况中即被公开：

（a）出版；或

（b）若材料是录音材料，则为：

（ⅰ）被公开听到；或

（ⅱ）向公众传播；或

（c）若材料是电影，则为：

（ⅰ）公开被看到（仅限于视觉图像）；或

（ⅱ）公开被听到（仅限于声音）；或

（ⅲ）向公众传播；或

（d）材料的复制如下：

（ⅰ）向公众提供（无论是否出售）；或

（ⅱ）为向公众出售而披露的。

（3）就本条而言，第29条第（4）款至第（7）款适用于公开，其适用方式与该等条款适用于出版的方式相同。

第30条　为特定目的而拥有版权

若版权（无论是由于部分转让或其他原因）的所有人不同，则该版权适用于：

（a）不同行为或不同类别行为的实施；或

（b）在不同国家或不同时间进行一项或多项行为或一类行为；

就本法而言，版权人应被视为可以实施特定行为或一类行为，或者是在特定的国家或特定的时间（视情况而定）实施特定行为或一类行为的版权所有者。并且本法所提及的未来版权的预期所有人在不同人成为预期所有人时具有相同的含义。

第30A条　商业租赁安排

（1）在本法中，就录音作品的复制件而言，商业租赁安排指具有下列特征的安排：

（a）该安排无论表达形式如何，其实质上是一项安排，根据该安排，任何人可获得该录音的复制件，但条件是该录音复制件有归还的可能性；

（b）该安排是在业务开展过程中作出的；

（c）该安排规定需提供其复制件：

（ⅰ）以金钱或金钱价值支付；或

（ⅱ）作为以金钱或金钱价值支付的服务条款的一部分。

（2）在本法中，与录音或计算机程序而言，商业租赁安排指具有下列特征的安排：

(a) 无论该安排如何表达，其实质上是一项安排，根据该安排，任何人可获得该录音或计算机程序的复制件，但条件是该复制件有归还的可能性；

(b) 该安排是在业务开展过程中作出的；

(c) 该安排规定提供该复制件：

(ⅰ) 以金钱或金钱价值支付；或

(ⅱ) 作为以金钱或金钱价值支付的服务条款的一部分。

(3) 就第(1)款或第(2)款而言，澳大利亚联邦议会无意将贷款安排视为商业租赁安排。

(4) 若无论一项安排以何种方式表达，其真正性质是出借某录音或计算机程序的复制件的安排，则根据该安排，除应当支付保证金用于保证该复制件的返还以外，无须支付其他任何款项。

第3部分　原创文学、戏剧、音乐和艺术作品的版权

第1分部　作品版权的性质、期限和归属

第31条　原创作品的版权性质

(1) 就本法而言，除非出现反例，否则版权对于作品是排他性权利：

(a) 就文学、戏剧或音乐作品而言，做出下列全部或任何行为：

(ⅰ) 以实质形式复制作品；

(ⅱ) 发表作品；

(ⅲ) 公开表演作品；

(ⅳ) 向公众宣传该作品；

(ⅵ) 对作品进行改编；

(ⅶ) 就首述作品的改编作品而言，做出(ⅰ)目至(ⅳ)目所指明的与首述作品有关的任何行为；且

(b) 就艺术作品而言，做出下列全部或任何行为：

(ⅰ) 以实质形式复制该作品；

(ⅱ) 发表作品；

(ⅲ) 向公众宣传该作品；且

(c) 就文学作品(计算机程序除外)、音乐作品或戏剧作品而言，则就该等以录音方式复制的作品订立商业租赁安排；且

（d）若属于计算机程序，则就该程序订立商业租赁协议。

（2）第（1）款（a）项（ⅰ）目的普遍性不受第（1）款（a）项（ⅵ）目的影响。

（3）若该计算机程序在该机器或装置的正常使用过程中无法复制，则第（1）款（d）项不适用于就装有计算机程序的机器或装置订立商业租赁协议。

（4）第（3）款中所提及的装置，并不包括通常用于存储计算机程序的装置（例如光盘，通常称为 CD－ROM 的装置或集成电路）。

（5）若计算机程序不是租赁的主要对象，则第（1）款（d）项不适用于签订商业租赁协议。

（6）在下列情况中，订立商业租赁协议不适用第（1）款（c）项：

（a）有关录音的复制件是在 1994 年版权法（世界贸易组织修正案）第 2 部分生效之前由个人（录音所有人）购买的；且

（b）商业租赁协议是在录音所有人开展正常业务过程中订立的；且

（c）在购买复制件时，录音所有人正在从事相同的业务，该业务包括或包括作出同类的商业租赁安排的其他业务。

（7）在下列情况中，第（1）款（d）项不适用于就计算机程序订立商业租赁协议：

（a）计算机程序的副本是在 1994 年版权法（世界贸易组织修正案）第 2 部分生效前由某人（程序所有者）购买的；

（b）商业租赁协议是在程序所有者进行的正常业务过程中签订的；

（c）当计算机程序被购买时，程序所有者正在进行与包括制订有关计算机程序的商业租赁协议相同的业务或其他业务。

第 32 条　享有版权的原创作品

（1）根据本法，版权存在于未发表的原创文学、戏剧、音乐或艺术作品中，且作者：

（a）在制作作品时是符合资格的人员；或

（b）若该作品的制作延展超过某一期间，但在该期间的大部分时间内是符合资格的人员。

（2）根据本法，若已经发表了原创文学、戏剧、音乐或艺术作品：

（a）该作品存在版权；或

（b）如该作品的版权在紧接其首次发表前存在，则该作品的版权继续存在；

如果，但仅限于：

（c）该作品的首次发表发生在澳大利亚；

（d）该作品的作者在该作品首次发表时是一名符合资格的人员；或

（e）提交人在此之前死亡，但是在他或她死亡之前是符合资格的人员。

（3）尽管有上一款的规定，但是根据本法的其他规定，版权存在于：

（a）位于澳大利亚的建筑物的原创艺术作品；或

（b）附属于该建筑物或构成该建筑物一部分的原创艺术作品。

（4）在本条中，“符合资格的人员”指澳大利亚公民或居住在澳大利亚的人员。

第 33 条　原创作品的版权期限

（1）本条适用于根据本部分存在于作品中的版权。

◆ 2019 年 1 月 1 日前首次公开的作品

（2）若作品在 2019 年 1 月 1 日前首次公开，下表有效。

2019 年 1 月 1 日前首次公开的版权作品的期限		
项目	第一栏：如果……	第二栏：版权继续存在，直到……
1	本表其他项目均不适用	该作品的作者去世的日历年后 70 年
2	（a）作品为： （ⅰ）文学作品（计算机程序除外）；或 （ⅱ）戏剧作品；或 （ⅲ）音乐作品；或 （ⅳ）雕刻；且 （b）该作品的作者已经去世； （c）该作品在作者去世前未首次公开； （d）第 3 项不适用	该作品首次公开的日历年后 70 年
3	在作品首次公开的日历年之后的 70 年结束之前的任何时候，作品作者的身份都不为人所知	该作品首次公开的日历年后 70 年

◆ 作品从未公开，且在 2019 年 1 月 1 日或之后首次公开

（3）若作品在 2019 年 1 月 1 日之前未首次公开，下表有效。

2019年1月1日之前未首次公开的版权作品的期限		
项目	第一栏：如果……	第二栏：版权继续存在，直到……
1	本表其他项目均不适用	该作品的作者去世的日历年后70年
2	(a) 作者的身份在制作该作品的日历年后70年终结前的任何时间并不为人所普遍知悉；且 (b) 该作品在其创作的日历年之后的50年结束之前未首次公开	自该作品制作的日历年起计70年
3	(a) 在作品首次公开的日历年之后70年结束之前的任何时候，作者的身份都不为人所知；且 (b) 该作品在其制作的日历年后的50年终结前首次公开	自作品首次公开的日历年后70年

第35条　原创作品版权的归属

(1) 本条在符合第7部分和第10部分的规定下具有效力。

(2) 在符合本条的规定下，文学、戏剧、音乐或艺术作品的作者是凭借本部分而存在于作品中的任何版权的所有人。

(3) 就某一作品的版权而言，可通过协议而排除或修改其后三款中任何一款的适用。

(4) 若文学、戏剧或艺术作品：

(a) 由作者根据其受雇于报纸、期刊或类似期刊的所有者的条款，根据服务合同或学徒合同所创作：且

(b) 是为刊登在报纸、期刊或类似期刊而创作的；

下列各项适用：

(c) 只有在版权与下列方面有关的情况下，作者才是版权的所有人：

(ⅰ) 复制该作品以供收录在图书内；或

(ⅱ) 以硬拷贝传真形式复制的作品（作为传输过程的一部分制作的纸质传真除外），或从报纸、期刊或类似期刊的纸质版制作的另一份纸质传真复制作品，但不包括所有人为与报纸、期刊或类似期刊的出版有关的目的而进行的复制；

(d) 除(c)项另有规定外，所有人是版权的所有人。

(5) 除上述最后一款另有规定外，凡：

(a) 任何人以有价值对价与另一人订立协议，由另一人为私人或家庭目

的拍摄照片、绘画或绘制肖像或雕刻；且

(b) 该作品是依据该协议进行的；

首述的人是凭借本部分而存在于该作品中的任何版权的所有人，但如在订立协议时，该人以明示或默示方式将该作品所需的目的告知该作品的作者，则该作者有权限制该作品的版权所包含的任何行为（并非为该目的)。

(6) 凡前两款均不适用的文学、戏剧或艺术作品或音乐作品是由作者根据服务合同或学徒合同由另一人的雇佣条款制作的，该另一人是凭借本部而存在于该作品中的任何版权的所有。

(7) 在本条中：

硬拷贝传真，就文学、戏剧或艺术作品而言，指不使用任何装置而使人能够看到该作品的实物形式的传真。

私人或家庭用途，包括家庭成员、婚礼或孩子的肖像。

第 2 分部　作品版权侵权

第 36 条　通过实施版权规制的行为的侵权

(1) 除本法另有规定外，某人如果不是文学、戏剧、音乐或艺术作品的版权人，而在没有版权人许可的情况下，在澳大利亚做出或授权他人在澳大利亚做出任何该版权规制的行为，即属于侵犯该作品的版权。

(1A) 为第（1）款的目的，在确定某人是否在未经版权人许可的情况下授权在澳大利亚进行作品版权中所规制的任何行为时，必须考虑的事项包括：

(a) 该人阻止做出有关行为的权利范围（如有)；

(b) 该人与做出有关行为的人之间存在的任何关系的性质；

(c) 该人是否采取任何合理措施防止或避免该行为的发生，包括该人是否遵守任何相关行业行为准则。

(2) 接下来的 3 条规定不影响本条规定的普遍性。

第 37 条　因出售或出租而进口的侵权行为

(1) 除第 3 分部另有规定外，任何人在没有版权人的特许下，以下列情况为目的将物品进口到澳大利亚，即属侵犯文学、戏剧、音乐或艺术作品的版权：

（a）出售、出租或通过贸易方式为出售或出租而提供或公开该物品；

（b）分发该物品：

（ⅰ）出于贸易目的；或

（ⅱ）出于任何其他目的，在一定程度上会对版权人造成不利影响；或

（c）以贸易方式公开展示该物品；

若进口商知道或应当知道，若该物品是由进口商在澳大利亚制造的，则该物品的制造将构成对版权的侵权。

（2）就作为或包括作品复制件的物品的配件而言，如该物品是在制作该复制件的国家内未经该作品的版权人许可而制作的，则第（1）款具有效力，犹如省略了“该进口商知道或理应知道”等字句一样。

第38条　销售和其他交易的侵权

（1）除第3分部另有规定外，下列人员在澳大利亚未经版权人许可，侵犯文学、戏剧、音乐或艺术作品的版权：

（a）出售、出租或通过贸易方式为出售或出租提供或公开该物品；或

（b）以贸易方式公开展示物品；

若该人知道或应当知道该物品的制造构成了对版权的侵权，或者对于进口物品，若该物品是由进口商在澳大利亚制造的，则该人将构成此类侵权。

（2）就上一款而言，任何物品的分发：

（a）出于贸易目的；或

（b）为对有关版权人有不利影响的任何其他目的；

应视为该等物品的销售。

（3）在本条中：

物品，包括作品或其他客体的复制件或拷贝，包括电子形式的复制件或拷贝。

第39条　允许公共娱乐场所用于表演作品的侵权行为

（1）任何人准许公众娱乐场所用于公开表演某文学、戏剧或音乐作品，而该表演构成侵犯该作品版权的，即属侵犯该作品的版权。

（2）凡准许该场所如此使用的人确立下列情况，本条并不适用：

（a）他或她不知道并且没有合理理由怀疑该表演会侵犯版权；或

（b）他或她无偿给予许可，或收取的代价只是象征性的，或若超过象征

性的，则不超过他或她因使用该场所进行表演而产生的合理费用。

（3）在本条中，公共娱乐场所包括主要为公共娱乐以外的目的而占用，但不时可供出租，用于公共娱乐目的的场所。

第39A条　在安装在图书馆和档案馆的机器上制作的侵权复制件

其中：

（a）任何人在机器（包括计算机）上制作作品的侵权复制件或部分作品的侵权复制件，而该机器是由管理图书馆或档案馆的机构安装的，或经其批准安装在该图书馆或档案馆内的，或在该等处所以外，以方便使用图书馆或档案馆的人；且

（b）在使用机器的人容易看见的地方，或在机器的紧邻处，按照订明格式，贴上订明尺寸的告示；

管理该图书馆或档案馆的机构或负责该图书馆或档案馆的人员，不得仅以该复制件是在该机器上制作为理由而被视为已授权制作该侵权复制件。

第39B条　使用某些设施进行通信

任何人（包括承运人或运输服务提供商）为制作或便利制作通信提供设施，不得仅仅因为另一人使用所提供的设施来做版权中包括的有权做的事情，而被视为授权侵犯作品的版权。

第3分部　不构成侵犯作品版权的行为

第40条　为研究或学习目的而进行的公平交易

（1）为研究或学习目的对文学、戏剧、音乐或艺术作品，或对其改编作品所进行的公平交易并不构成对该作品版权的侵权。

（1A）对文学作品（课堂讲稿除外）的公平处理，若该作品是为某教育机构已登记注册的校外学生所学习或研究的批准课程而进行，则不构成对该作品版权的侵权。

（1B）在第（1A）款中，课堂讲稿指在学习或研究过程中或在与之有关的情况下，授课的人为该过程而制作的任何文学作品。

（2）就本法而言，在确定处理文学、戏剧、音乐、艺术作品或对其进行改编时，通过复制或改编作品的全部或部分的方式处理，若构成为研究或学

习目的对作品或改编作品的公平处理，需要考虑以下事项，包括：

（a）处理的目的和性质；

（b）作品或改编作品的性质；

（c）在合理时间内以普通商业价格获得作品或其改编作品的可能性；

（d）处理对作品或其改编作品的潜在市场或价值所产生的影响；且

（e）在仅复制部分作品或改编作品的情况下，复制部分相对于整个作品或改编的数量和实质性。

（3）尽管有第（2）款的规定，但是为了研究或学习目的，对期刊中的文章中所载的文学、戏剧或音乐作品或其改编作品的全部或部分进行复制，被视为以研究或学习目的对该作品或改编进行公平处理。

（4）若为了不同的研究或学习目的，出版物中的另一篇文章也被复制的，则第（3）款不适用。

（5）尽管有第（2）款的规定，但是为研究或学习，对于不超过表中某一项目所述的作品或改编作品（该作品为载于定期刊物中）的合理部分进行复制，应视为公平处理。为此目的，合理部分指下表中项目所述的数量。

作品、改编作品及合理部分		
项目	作品或改编作品	合理部分之量
1	文学、戏剧或音乐作品（电脑程式除外），或该等作品的改编本，其出版版本至少为10页	（a）该版页数的10%；或 （b）如果该作品或改编本分为若干章节，则为单一章节
2	以电子形式出版的文学作品、戏剧作品及其改编作品（计算机程序或电子汇编除外，如数据库）	（a）作品或改编作品中字数的10%；或 （b）若作品或改编分为章节，则为单个章节

（6）第（5）款适用于该款表格中两个项目所述作品或改编作品的复制，即使复制的作品或改编作品的数量不超过仅基于其中一个项目的合理部分(如该款所界定的)。

（7）如果：

（a）任何人复制已出版的文学或戏剧作品或其改编作品的一部分；且

（b）该复制件不超过该作品或改编作品的合理部分［如第（5）款所界定］；

第（5）款不适用于该人随后复制同一作品或改编作品的任何其他部分。

(8) 第10条第(2)款、第(2A)款、第(2B)款和第(2C)款不影响本条第(5)款、第(6)款或第(7)款的适用。

第41条　出于批评或评论目的的公平处理

对文学、戏剧、音乐、艺术作品或其改编作品进行公平处理，若是出于对该作品或其他作品进行批评或评论的目的，并且对该作品作出充分确认，则不构成对该作品版权的侵犯。

第41A条　出于戏仿或讽刺目的的公平处理

对文学、戏剧、音乐、艺术作品或其改编作品进行公平处理，若是出于戏仿或讽刺的目的，则不构成对作品版权的侵犯。

第42条　出于报道新闻目的的公平处理

(1) 在下列情况中，对文学、戏剧、音乐、艺术作品或其改编作品进行公平处理，不构成对作品版权的侵犯：

(a) 其目的是在报纸、期刊或类似的期刊上报道新闻，或与该目的有关，并且对该作品作出充分确认；或

(b) 其目的是通过通信方式或在电影中报道新闻，或与该目的有关。

(2) 就本条而言，若音乐作品的播放不构成所报道新闻的一部分，则在通过通信方式或电影进行新闻报道的过程中播放该音乐作品不属于对该作品的公平处理。

第43条　为司法程序或专业意见而复制

(1) 为司法程序或司法程序报告的目的所做的任何事情，并不侵犯文学、戏剧、音乐或艺术作品的版权。

(2) 公平处理文学、戏剧、音乐或艺术作品，并不构成侵犯该作品的版权，但该公平处理是为了由下列人员提供专业意见：

(a) 法律执业者；或

(b) 根据1990年专利法注册为专利律师的人；或

(c) 根据1995年商标法注册为商标律师的人。

第43A条　在通信过程中进行的临时复制件

(1) 作为制作或接收通信的技术过程的一部分而临时复制或改编，并不侵犯作品或改编作品的版权。

(2) 若制作通信或制作通信的技术过程的一部分是侵犯版权的，则第(1)款不适用于制作作品或该作品的改编作品的临时复制件。

第43B条　作为技术使用过程中一部分作品的临时复制件

(1) 除第(2)款另有规定外，若作品的临时复制件是作为该复制件的技术使用过程的必要部分而偶然制作的，则该临时复制件并不侵犯该作品的版权。

(2) 第(1)款不适用于：

(a) 作品的临时复制件的制作来自：

(ⅰ) 该作品的侵权复制件；或

(ⅱ) 在另一个国家制作的作品复制件，若该复制人是在澳大利亚制作的，则该复制件将是该作品的侵权复制件；或

(b) 作品的临时复制件，作为使用该作品复制件的技术过程的必要部分，若该使用构成对该作品版权的侵犯。

(3) 第(1)款不适用于作品临时复制件的任何后续使用，但作为临时复制件制作的技术过程的一部分除外。

第43C条　以不同形式在图书、报纸和期刊出版物中复制作品供私人使用

(1) 本条适用于下列情况：

(a) 图书、报纸或期刊出版物的所有人复制了其中包含的作品（主要复制件）；且

(b) 主要复制件是供其私人和家庭使用，而非图书、报纸或期刊出版物中的作品；且

(c) 主要复制件以不同于图书、报纸或期刊出版物中体现作品的形式来体现作品；且

(d) 该图书、报纸或期刊本身或该作品的出版版本不是该作品的侵权复制件；且

(e) 在所有人制作主要复制件时，所有人并没有完成或正在制作另一份与主要复制件基本相同的形式体现作品的复制件。

出于此目的，不考虑将偶然制作的临时复制件作为制作主要复制件的技术过程的必要部分。

（2）制作主要复制件并不侵犯作品或该作品的出版版本的版权。

◆ **处理主要复制件可能使其成为侵权复制件**

（3）若主要复制件存在下列情况，则认为第（2）款从未适用：

（a）出售；或

（b）出租；或

（c）为出售或出租目的而提供或公开的交易方式；或

（d）为交易或其他目的而分发的。

注：若主要复制件是按第（3）款所述方式处理的，则版权不仅可因主要复制件的制作而被侵权，亦可因主要复制件的处理而被侵权。

（4）为避免产生疑问，第（3）款（d）项不适用于贷款人将主要复制件借给贷款人家庭成员，供其私人和家庭使用。

◆ **以主要复制件来复制作品可能侵犯版权**

（5）为确定本条是否再次适用于从主要复制件复制该作品的另一复制件，第（2）款并不阻止主要复制件成为侵权复制件。

◆ **图书等处置可使主要复制件成为侵权复制件**

（6）若图书、报纸或期刊出版物的所有人（以制作主要复制件的形式）将其处置给另一人，则第（2）款视为从未适用。

◆ **临时复制的法律地位**

（7）若第（2）款仅因忽略了作为制作主要复制件技术过程必要部分的临时复制而适用于制作主要复制件，则：

（a）若临时复制件在制作主要复制件期间或之后在第一个切实可行的时间内被销毁，则临时复制件的制作不侵犯作品或作品出版版本的版权；或

（b）若临时复制件当时未被销毁，则临时复制件的制作始终被视为侵犯了作品及其出版版本中存在的版权（如有）。

第44条　将作品纳入在教育场所使用的藏品

（1）在下述情况下，将已出版的文学、戏剧、音乐或艺术作品的简短摘录或其改编作品的简短摘录，列入文学、戏剧、音乐或艺术作品的收藏，并拟在教育场所使用，并不属于侵犯该作品的版权：

（a）藏品在图书中有适当位置，且体现在录音制品中的标签上或电影中，

说明该藏品是拟在教育场所使用的；

(b) 该作品或改编作品并非为在教育场所使用而出版；

(c) 该藏品主要由版权不存在的事项组成；且

(d) 对该作品或改编作品作了充分的确认。

(2) 在下列情况中，前一款并不适用于作品的版权，除有关摘录外，由第一个提及作品的作者（即在作品集出版时版权存续的作品）摘录或改编而来的2个或2个以上的其他摘录，均载于该文集内，或与拟在教育场所使用，并由同一出版商在紧接着第一个提及作品集出版前5年内出版的每一同类文集（如有）一并载于该作品集内。

第44A条　图书进口等

(1) 未经版权人许可，为第37条第（1）款（a）项、（b）项或（c）项所述目的将非侵权图书进口到澳大利亚的人，并不侵犯在开始日当日或之后首次出版的海外作品的版权。

(2) 除本条另有规定外，下列作品的版权：

(a) 在开始日前首次发表的海外作品；或

(b) 首次在澳大利亚出版的作品，无论是在开始日之前、当日或之后；

在下列情况中，即使未经版权人许可，为第37条第（1）款（a）项、（b）项或（c）项所述目的，将非侵权图书的精装本或平装本的复制件（在本款中称为“进口复制件”）进口到澳大利亚的人不侵犯该权利：

(c) 该人已以书面形式从版权人、被许可人或代理人处订购该版本图书的一份或多份复制件（不是二手复制件，也不是满足该人合理要求所需的复制件）；且

(d) 当该人订购进口复制件时，（c）项所述的原始订单未被该人撤回或取消，或在该人同意下撤回或取消，并且：

(ⅰ) 自该人发出原始订单起至少已过7日，而版权人、被许可人或代理人并未以书面形式通知该人，其原始订单将在下订单后90日内完成；或

(ⅱ) 自该人发出原始订单起最少已过90日，而版权人、被许可人或代理人并未填写订单。

(3) 如果进口的目的是填写书面订单或由该人的客户提供的可核实的电话订单，在下列情况中，即使未经版权人许可，将非侵权图书的单一复制件进口到澳大利亚的人员不得侵犯已出版作品的版权（无论是在开始日之前、

当日还是之后首次出版)：

(a) 如果是书面订单，则该订单应当包含有客户签署的声明；或

(b) 如果是电话订单，客户须作出可核实的声明；

用以表示客户不打算将本图书用于第37条第(1)款(a)项、(b)项或(c)项所述的目的。

(4) 在下列情况中，即使未经版权人许可，将2本或2本以上非侵权图书进口到澳大利亚的人员，并不侵犯已出版作品的版权(无论是在开始日期之前、当日还是之后首次出版)：

(a) 进口是为了填写由图书馆或其代表向该人发出的书面订单或可核实的电话订单，但为个人或组织营利(直接或间接)的图书馆除外；且

(b) 如果是书面订单，则该订单应当包含一份由下单者所签署的声明，用以表明图书馆无意将任何该图书用于第37条第(1)款(a)项、(b)项或(c)项所述的目的；且

(c) 如果是电话订单，则下订单者应当作出(b)项所提及的可核实声明；且

(d) 如此进口的复制件数量不超过如此订购的复制件数量。

(5) 就本条而言，在不限制根据第(3)款或第(4)款作出的电话订单，或根据第(3)款(b)项或第(4)款(c)项作出的与该订单有关的声明可予核实的方式的原则下，如下订单或被作出声明者，在下订单或作出声明(视情况而定)之时或之后，立即书面记录订单或声明的详细信息，则该订单或声明须视为可予核实。

(6) 其中：

(a) 为第37条第(1)款(a)项、(b)项或(c)项所述目的将图书进口到澳大利亚；且

(b) 根据本条，该进口并不构成对已发表作品的版权的侵犯；

为任何该目的而使用该图书并不侵犯该作品的版权，而第38条第(1)款并不适用于该图书。

(7) 如果版权人、被许可人或其代理人能够在澳大利亚提供足够数量的平装本图书复制件以满足任何合理订单，则第(2)款不适用于将非侵权图书的精装本复制件进口到澳大利亚。

(8) 就第(2)款(d)项而言，除非版权人、被许可人或其代理人将该图书的一份、多份或所有复制件(视情况而定)送交，否则不得视为该版权

人、被许可人或其代理人已经发出订单。

(9) 在本条中：

图书，不包括：

(a) 主要内容为一件或多件音乐作品的图书，无论是否有任何相关的文学、戏剧或艺术作品；或

(b) 与计算机软件一起出售以供与该软件相关使用的手册；或

(c) 公开出版的期刊。

开始日期，指1991年版权法修正案生效之日。

海外作品指：

(a) 首次在澳大利亚以外的国家出版的作品；

(b) 在澳大利亚首次出版后30日内未在该另一国家出版。

注：就本法而言，如果作品在其他地方提前出版后，30日内在澳大利亚出版，则可以在澳大利亚首次出版。关于首次出版的含义，参见第29条，特别是第29条第(5)款。

第44B条　化学品容器许可标签上文字的复制

对化学品容器上标签上出现的任何文字的复制，并不侵犯根据本部分规定的就该文字存在的任何版权。

第44BA条　与某些药物相关的规定

(1) 下列行为不侵犯根据本部分规定的1989年医疗用品法第25AA条批准的，与药物相关的产品信息的作品所存在的任何版权：

(a) 根据该法而做出的与产品信息相关的行为：

(ⅰ) 受限制药品；或

(ⅱ) 根据该法注册该药品的申请人已收到该法第25条第(1)款(da)项(ⅱ)目所述种类的药品；或

(ⅲ) 该法第25AA条第(2)款或第(3)款适用的药品；

(b) 属于(a)项所述行为的附属或附带行为。

(2) 下列行为不侵犯根据本部分存在的任何版权，该作品是根据1989年医疗用品法第25AA条批准的与药品有关的产品信息：

(a) 在澳大利亚提供根据该条批准的与药品有关的全部或部分产品信息；

(b) 在澳大利亚复制(a)项中提及的全部或部分信息；

(c) 在澳大利亚出版(a)项中提及的全部或部分信息；

（d）在澳大利亚传播（a）项中提及的全部或部分信息；

（e）在澳大利亚改编（a）项中提及的全部或部分信息；

只要提供、复制、出版、传播或改编是为了与（a）项所述药物的安全和有效使用有关。

（3）在澳大利亚作出的属于第（2）款所提及的提供、复制、出版、传播或改编的附属或附带的任何行为，并不侵犯对根据本部分第（2）款所提及的作品中的任何版权。

（4）就本条而言，"药品"、"产品信息"和"限制性药品"的含义与1989年医疗用品法中的含义相同。

第44BB条　为医疗保健或相关目的而共享的作品中存在的版权

（1）在下列情况中，版权所包含的行为不侵犯该作品的版权：

（a）行为或被授权做出的行为是：

（ⅰ）出于2012年我的健康记录法所要求或授权收集、使用或披露健康信息的目的；或

（ⅱ）存在1988年隐私权法第16A条第（1）款的表格第1项中允许的一般情况（对生命、健康或安全的严重威胁），或如果该行为是由为该法目的的一个实体做出或授权做出，则将存在这种情况；或

（ⅲ）在1988年隐私权法第16B条规定的存在允许健康状况的情况下，或如果该行为是由做出该行为的组织实体做出或授权做出，则该情况将存在；或

（ⅳ）出于条例规定的与保健有关的或是与保健信息的交流或管理有关的任何其他目的；且

（b）任何一种：

（ⅰ）该作品实质上由健康信息组成；或

（ⅱ）该作品允许存储、检索或使用健康信息，并且在可能侵犯该作品版权的情况下，采取或授权采取行动是合理必要的。

（2）在本条中：

医疗保健的含义与2012年我的健康记录法中的含义相同。

健康信息的含义与2012年我的健康记录法中的含义相同。

第44C条　存在于进口物品的配件等中的版权

（1）如果作品的复制件是在或包含在非侵权物品配件上的，则进口该配件时不会侵犯该复制件的版权。

注：配件的定义参见第10条第（1）款，配件在某些进口物品方面的扩展含义也参见第10AD条。

（2）第38条不适用于任何作品的复制件，而正本是在或包含在物品的非侵权配件中，则进口该配件并不侵犯该作品的版权。

第44D条　进口非侵权录音复制件并不侵犯已录制作品的版权

（1）任何人如有下列情况，则不属侵犯文学、戏剧或音乐作品的版权：

（a）向澳大利亚进口该作品的非侵权录音复制件；或

（b）做出第38条所述的行为，涉及作品录音的非侵权复制件，并由任何人进口到澳大利亚。

注：在侵犯版权的民事诉讼中，除非被告证明录音制品是侵权复制件，否则录音制品的复制件被推定为非侵权复制制品。参见第130A条。

（2）本条仅适用于录音的复制件，前提是当复制件进口到澳大利亚时，该录音已经出版：

（a）在澳大利亚；或

（b）在另一个国家（出版国），经下列人员同意：

（ⅰ）在出版国的录音制品版权人；或

（ⅱ）录音制作国（原始录音国）的录音版权或相关权利的所有人，如果出版国的法律没有规定出版时录音的版权或相关权利；或

（ⅲ）如果出版国的法律或原始录音国的法律（无论这些国家是否不同）均未规定出版时录音的版权或相关权利，则为录音制作者。

注：第29条第（6）款涉及未经授权的出版。

（3）在第（2）款中：

录音制品版权或相关权利的所有人指录音出版时的所有人。

（4）第38条对物品的定义不影响本条。

第44E条　计算机程序复制件的进口和销售等

（1）文学作品中的版权：

（a）是计算机程序；且

（b）已在澳大利亚或符合条件的国家出版；

未被下列人员侵犯其权利：

（c）将载有该程序非侵权复制件的物品进口到澳大利亚；或

（d）实施第 38 条所述的行为，该行为涉及将载有该程序非侵权复制件的物品进口到澳大利亚。

注：第 130B 条规定了被告在侵犯版权的民事诉讼中承担的举证责任。

（2）第 38 条对物品的定义不影响本条。

第 44F 条　电子文学或音乐作品复制件的进口和销售等

（1）作品中的版权：

（a）即为电子文学或音乐作品或其一部分；且

（b）已在澳大利亚或符合条件的国家出版；

未被下列人员侵犯其权利：

（c）将载有电子文学或音乐作品的非侵权复制件的物品进口到澳大利亚；或

（d）实施第 38 条所述行为，该行为涉及将载有电子文学或音乐作品的非侵权复制件的物品进口到澳大利亚。

注：第 130C 条规定了被告在侵犯版权的民事诉讼中承担的举证责任。

（2）第 38 条对物品的定义不影响本条。

第 4 分部　不构成侵犯文学、戏剧和音乐作品版权的行为

第 45 条　在公共场合或广播中朗读或背诵

公开朗读或背诵，或在声音广播或电视广播中从已出版的文学、戏剧作品或其改编作品中摘录的合理长度的朗读或背诵，如果对作品作出了充分的确认，则不构成对作品版权的侵犯。

第 46 条　在有人居住或睡觉的场所的表演

凡是文学、戏剧、音乐作品或其改编作品，是在有人居住或睡觉的场所，通过操作接收设备或通过使用唱片的方式公开演出，并以此作为专门为该场所的居民或囚犯，或为这些居民、囚犯客人提供的便利设施的一部分，则该表演不构成对该作品版权的侵犯。

第47条　以广播为目的的复制

（1）任何人对文学、戏剧、音乐作品或其改编作品的广播，不会构成对该作品版权的侵犯（无论是由于转让或许可，还是由于本法规定的实施），但本款另有规定的除外，制作该作品或改编的录音或电影将构成该侵权行为，该人仅为广播该作品或改编作品而制作录音或电影，并不侵犯该作品的版权。

（2）如载有该录音或电影复制件的记录用于除下列目的外的目的时，则上述最后一款不适用于该录音或电影：

（a）在不构成侵犯作品版权的情况下（无论是由于转让、许可，还是由于本法规定的实施）播放作品或改编作品；或

（b）为在这种情况下播放该作品或改编而制作包含该电影的录制或复制的进一步记录。

（3）凡载有该录音或电影的复制件并非由该录音或电影的制作者人为播放，则第（1）款不适用，除非该制作者已向该版权人支付同意的金额，或在没有协议的情况下，已向版权人作出书面承诺，否则向版权人支付版权法庭应其中任何一人的申请而厘定的金额，该金额是就制作该录音或电影而向拥有人支付的合理报酬。

（4）在版权法庭已确定承诺涉及的金额后，作出上一款所述承诺的人有责任向作品版权人支付该款项，而版权人可在有管辖权的法院以债权人身份向该人追讨该款项。

（5）本条第（1）款的规定不适用于任何录音或电影，除非在体现该录音的任何记录或电影的任何复制件按照该款首次用于广播该作品或改编之日起的12个月期限届满之前，或在录音或电影制作人与作品版权人之间约定的后续期限（如有）届满之前，所有录音的记录或电影的复制件被销毁，或经澳大利亚国家档案馆馆长同意，移交给澳大利亚国家档案馆保管（在1983年档案法的含义范围内）。

（6）澳大利亚国家档案馆馆长不得同意按照第（5）款将包含录音或电影复制件的记录移交给澳大利亚国家档案馆保管，除非已证明该录音或电影具有特殊的记录性质。

（7）在本条中：

广播不包括联播。

第47AA条　以联播为目的进行复制

（1）如果广播文学、戏剧、音乐作品或其改编作品，则不会因为任何原因而构成对该作品版权的侵犯，但除本款外，制作该作品或改编作品的录音或电影会构成侵权，只有在以数字形式联播作品或改编作品而制作此类录音或电影不会侵犯作品的版权。

（2）如果载有该录音的记录或电影的复制件被用于下列其他目的，则第（1）款不适用于该录音或电影：

（a）在不因任何原因构成对该作品版权的侵犯的情况下，对该作品进行联播或改编；或

（b）为在该情况下联播该作品或进行改编而制作载有该录音的进一步记录，或该电影的进一步复制件。

（3）第（1）款不适用于任何录音或电影，除非根据该款制作的所有包含该录音的记录或该电影的所有复制件在有关规定所指明的有关日期当日或之前销毁。

（4）为施行第（3）款，有关规定可就不同类别的录音或电影指定不同的日期。

第4A分部　不构成侵犯计算机程序版权的行为

第47AB条　计算机程序的含义

在本分部中：

计算机程序包括任何文学作品，其：

（a）编入计算机程序或与计算机程序有关联；且

（b）对该计算机程序的某项功能的有效实施至关重要。

第47B条　正常使用或学习计算机程序的复制件

（1）除第（2）款另有规定外，在下列情况中，复制属于计算机程序的文学作品并不侵犯该作品的版权：

（a）该复制是为程序的设计目的，作为运行程序复制件的技术过程的一部分而附带和自动进行的；且

（b）该复制件的转印是由复制件的所有人或被许可人，或其代表进行的。

（2）第（1）款不适用于下列情况中复制计算机程序：

（a）来自该计算机程序的侵犯版权复制件；或

（b）违反该计算机程序版权的所有人或其代表在复制件的所有人或被许可人取得复制件时向正本的所有人或被许可人发出的明确指示或特许。

（3）除第（4）款另有规定外，在下列情况中，复制属于计算机程序的文学作品并不侵犯该作品的版权：

（a）为了研究程序背后的思想及其实施方式，作为运行程序复制件的技术过程的一部分，附带和自动地复制该程序；且

（b）该复制件的转印是由复制件的所有人或被许可人，或其代表进行的。

（4）第（3）款不适用于从计算机程序的侵犯版权的复制件复制该计算机程序。

（5）在本条中：

就计算机程序而言，复制不包括第21条第（5）款（b）项所提述的那种程序的版本。

第47C条　计算机程序的备份复制件

（1）除第（4）款另有规定外，在下列情况中，复制属计算机程序的文学作品并不侵犯该作品的版权：

（a）复制是由复制所根据的复制件（正本）的所有人或被许可人作出的，或由其代表作出的；且

（b）该复制件只供复制件的所有人或被许可人或其代表使用；且

（c）复制件是为下列任何目的而制作的：

（ⅰ）使正本的所有人或被许可人能够使用复制件代替正本，并储存正本；

（ⅱ）使正本的所有人或被许可人在正本遗失、销毁或变得不能使用时，可储存复制件以代替正本；

（ⅲ）使正本的所有人或被许可人在正本或其他复制件遗失、毁灭或变得无法使用时，可使用复制件代替正本或另一复制件。

（2）除第（4）款另有规定外，在下列情况中，复制属于计算机程序的文学作品，且与该程序一起保存在同一计算机系统上的任何作品或其他客体，并不侵犯该程序或该作品或其他客体的版权：

（a）复制是由复制所根据的复制件（正本）的所有人或被许可人作出

的，或由其代表作出的；且

（b）出于安全目的而进行的复制是正常备份复制资料的一部分。

（3）第（1）款适用于为第（1）款（c）项（iii）目所提述的目的而制作的作品的复制件，不论该作品的其他复制件先前是否为同一目的而由同一复制件制作。

（4）第（1）款及第（2）款不适用于复制计算机程序：

（a）来自该计算机程序的侵犯版权复制件；或

（b）如该计算机程序的版权人设计该程序，以致不修改该程序便不能复制其程序；或

（c）计算机程序版权所有人或其代表在获得正本时向正本的所有人授予的使用正本的许可证已过期或终止。

（5）就本条而言，凡提述计算机程序的复制件，即提述以重要形式复制该计算机程序的任何物品。

（6）在本条中：

就计算机程序而言，复制不包括第21条第（5）款（b）项所提述的那种程序的版本。

第47D条　复制计算机程序以制造可交互操作的产品

（1）除本条另有规定外，在下列情况中，复制或改编属于计算机程序的文学作品，并不侵犯该作品的版权：

（a）复制或改编是由用于复制或改编的程序（原始程序）的复制件的所有人或被许可人作出的，或由其代表作出的；且

（b）复制或改编是为了获取必要的信息，使所有人或被许可人或其代表能够独立制作另一个程序（新程序）或物品，以便与原始程序或任何其他程序连接、一起使用，或以其他方式与原始程序或任何其他程序交互操作；且

（c）复制或改编只在为取得（b）项所提及的资料而在合理需要的范围内进行；且

（d）在新程序复制或改编原始程序的范围内，只在使新程序能够与原始程序或其他程序连接、一起使用或以其他方式与原始程序或其他程序交互操作所必需的范围内复制或改编原始程序；且

（e）本款（b）项所提及的资料在复制或改编时，并不容易为所有人或

被许可人从另一来源取得。

（2）第（1）款不适用于从计算机程序的侵犯版权复制件复制或改编计算机程序。

第47E条　再现计算机程序以纠正错误

（1）除本条另有规定外，任何属计算机程序的文学作品的版权，如在1999年2月23日或之后在下列情况中，复制或改编的作品：

（a）复制或改编是由用于复制或改编的程序的复制件（原始复制件）的所有人或被许可人作出的，或由其代表作出的；且

（b）复制或改编的目的是纠正原始复制件中妨碍其运行（包括与其他程序或硬件一起运行）的错误：

（ⅰ）作者的意图；或

（ⅱ）按照与原始复制件一起提供的任何规格或其他文件；且

（c）复制或改编只在为纠正（b）项所提及的错误而合理需要的范围内进行；且

（d）在进行复制或改编时，如（b）项所述，该程序的另一复制件并不能在合理时间内以一般商业价格提供给所有人或被许可人。

（2）第（1）款不适用于从计算机程序的侵犯版权复制件复制或改编计算机程序。

第47F条　复制用于安全测试的计算机程序

（1）除本条另有规定外，在下列情况中，复制或改编属于计算机程序的文学作品，并不侵犯该作品的版权：

（a）复制或改编是由用于复制或改编的程序的复制件（原始复制件）的所有人或被许可人作出的，或由其代表作出的；且

（b）复制或改编是以下列情况为目的而作出的：

（ⅰ）善意地测试原始复制件的安全性，或测试原始复制件所属的计算机系统或网络的安全性；或

（ⅱ）善意地调查或纠正原始复制件或原始复制件所属的计算机系统或网络中的安全缺陷，或容易受到未经授权访问的漏洞；且

（c）复制或改编只在为达到（b）项所提及的目的而合理需要的范围内进行；且

（d）在做出复制或改编时，所有人或被许可人并不容易从另一来源取得因做出复制或改编而产生的资料。

（2）第（1）款不适用于从计算机程序的侵犯版权复制件复制或改编计算机程序。

第 47G 条　未经授权使用复制件或资料

（1）如果：

（a）根据规定的条文复制或改编属于计算机程序的文学作品；且

（b）该复制或改编或从该复制或改编而得来的任何资料，未经该计算机程序的版权人同意，而被使用、出售或以其他方式提供予任何人，以作规定的条文所指明的目的以外的目的；

规定的条文不适用于复制或改编的制作，亦被视为从未适用于复制或改编的制作。

（2）为施行本条，第 47B 条、第 47C 条、第 47D 条、第 47E 条及第 47F 条为规定的条文。

第 47H 条　不包括某些规定的实施的协议

排除或限制第 47B 条第（3）款或第 47C 条、第 47D 条、第 47E 条或第 47F 条的实施，或具有排除或限制其实施效果的协议或协议条文，均无效力。

第 4B 分部　不构成侵犯艺术作品版权的行为

第 47J 条　以不同格式复制照片供私人使用

（1）本条适用于下列情况：

（a）照片（原始照片）的所有人，为其私人和家庭使用而复制该照片（主要复制件），以代替原始照片；且

（b）原始照片本身并非作品的侵犯版权复制件或作品的出版版本；且

（c）任何一个：

（ⅰ）原始照片为硬拷贝，主要复制件为电子版；或

（ⅱ）原始照片为电子版，主要复制件为硬拷贝；且

（d）所有人在制作主要复制件时，没有完成也不是正在制作以与主要复

制件形式基本相同的形式体现原始照片的另一复制件。

为此目的，不考虑在制作主要复制件技术过程中的必要部分而偶然制作的原始照片的临时复制。

（2）在下列情形中，主要复制件的制作没有侵犯版权：

（a）原始照片；或

（b）在作品或作品的出版版本中，包括在原始照片中。

♦ 处理主要复制件可能使其成为侵权复制件

（3）如果主要复制件用于下列用途，则不适用第（2）款：

（a）出售；或

（b）出租；或

（c）以贸易方式为出售或出租而提供或展示；或

（d）为贸易或其他目的而分发的。

注：如果主要复制件按第（3）款所述进行处理，则版权不仅可能因制作主要复制件而受到侵犯，也可能因处理主要复制件而遭到侵犯。

（4）为避免产生疑问，第（3）款（d）项不适用于贷款人将主要复制件借予其家庭或住户的成员，以供该成员的私人及家庭用途。

♦ 复制主要复制件可能侵犯版权

（5）第（2）款并不阻止该主要复制件成为侵犯版权复制件，以确定本条是否再次适用于该主要复制件的复制。

♦ 处置正本可能使主要复制件成为侵权复制件

（6）如原始照片的所有人将其处置给另一人，则第（2）款即视为从未适用。

♦ 暂时性复制的情况

（7）如第（2）款只适用于主要复制件的制作，不考虑将原始照片的临时复制属于主要复制过程的必要部分，则：

（a）如该临时复制件在制作主要复制件期间或之后的第一个切实可行的时间内被销毁，则该临时复制件的制作并不侵犯该原始照片或该原始照片所包括的作品或作品的出版版本的版权；或

（b）如该临时复制件在当时没有销毁，则该临时复制件的制作始终被视为侵犯了原始照片或原始照片所包括的作品或作品的出版版本所存在的版权（如有）。

第 5 分部　复制图书馆或档案馆中的作品

第 48 条　释　　义

在本分部中，对期刊中文章的引用应理解为对此类出版物中出现的任何事物（艺术作品除外）的引用。

第 48A 条　议会图书馆供议会议员复印

任何图书馆的获授权人员，如仅为协助身为议会议员的人履行该人作为该议员的职责而做出任何事情，而该图书馆的主要目的是为该议会议员提供图书馆服务，则不属侵犯作品的版权。

第 49 条　图书馆和档案馆为了而用户复制和传播作品

（1）任何人可向主管图书馆或档案馆的人员提出：

（a）提供期刊所载文章的复制件或部分复制件，或提供图书馆或档案馆馆藏的期刊或已发表作品以外的已发表作品的全部或部分复制件的书面请求；且

（b）由其签署的声明，说明：

（ⅰ）他或她要求复制件是为了研究或学习的目的，而不会将其用于任何其他目的；且

（ⅱ）图书馆或档案馆的获授权人员先前未曾向该人提供同一物品或其他作品的复制件，或该物品或其他作品的同一部分（视情况而定）。

（2）除本条另有规定外，凡第（1）款所提及的要求及声明是向主管图书馆或档案馆的人员提供的，则该图书馆或档案馆的获授权人员可作出或安排作出该项要求所涉及的复制件，并将复制件提供给提出该项要求的人，除非该项声明载有据他或她所知在该项上属于不真实的陈述。

注：根据第 113H 条第（1）款（保存）的规定，在不侵犯版权的情况下，可以从图书馆或档案馆收藏的文章或已出版作品的另一复制件中进行复制。

（2A）任何人可向图书馆或档案馆的获授权人员提出：

（a）要求提供期刊所载文章或文章部分的复制件，或提供不属于期刊的已发表作品的全部或部分作品的复制件，而该出版物或已发表作品是图书馆或档案馆收藏的期刊或已发表作品；且

（b）声明（大意如下）：

（ⅰ）该人要求复制复制件是为了研究或学习的目的，而不会将其用于任何其他目的；

（ⅱ）该人先前并无由图书馆或档案馆的获授权人员提供同一物品或其他作品的复制件，或该文章或其他作品的同一部分（视情况而定）；且

（ⅲ）由于该人的位置偏远，该人不能方便地将第（1）款所提及的与复制件有关的要求及声明尽快提供给该图书馆或档案馆的主管人员，使该复制件能在该人所要求的时间之前提供给该人。

（2B）第（2A）款所提及的要求或声明无须以书面形式作出。

（2C）本条除另有规定外，凡：

（a）第（2A）款所提及的要求及声明是由某人向图书馆或档案馆的获授权人员提出的；且

（b）获授权人员作出声明，列明该人提出的要求及声明的详情，并述明：

（ⅰ）该人就第（2A）款（b）项（ⅰ）目和（ⅱ）目所指明的事项而作出的声明，并无载有据获授权人员所知在要项上属于不真实的陈述；且

（ⅱ）获授权人员确信该人就第（2A）款（b）项（ⅲ）目所指明的事项所作的声明是真实的；

图书馆或档案馆的获授权人员可制作或安排制作该项要求所涉及的复制件，并将复制件提供予该人。

注：根据第113H条第（1）款（保存）的规定，在不侵犯版权的情况下，可以从图书馆或档案馆收藏的文章或已出版作品的另一复制件中进行复制。

（3）凡就制作及提供根据第（1）款或第（2A）款提出的要求所涉及的复制件而收费的，如收费金额超过制作及提供复制件的费用，则第（2）款或第（2C）款（视情况而定）不适用于该项要求。

（4）第（2）款或第（2C）款不适用于复制同一期刊所载的2篇或多篇文章的部分内容，除非要求复制该文章是为了同一研究或学习课程。

（5）第（2）款或第（2C）款不适用于复制整件作品（载于期刊内的文章除外）的请求，或不适用于复制该作品的某部分的请求，而该部分包含的内容超出了该作品的合理部分，除非：

（a）该作品构成图书馆或档案馆收藏的一部分；且

（b）在复制前，获授权人员经合理调查后，已作出声明，表明他或她确信不能在合理时间内以合理价格获得该作品的复制件（不属于二次复制件）。

（5AA）就第（5）款而言，如该作品的特性使第10条第（2）款或第

(2A) 款与该复制件是否只包含该作品的合理部分的问题有关，则该问题只需参照第 10 条第 (2) 款或第 (2A) 款，而非参照合理部分的通常含义决定。

(5AB) 就第 (5) 款 (b) 项而言，在决定是否不能在合理时间内以合理价格取得该作品的复制件（不属于二次复制件）时，获授权人员必须顾及：

(a) 要求复制的人要求复制的时间；且

(b) 以合理价格向该人交付该作品的复制件（不属于二次复制件）的时间；且

(c) 能否在合理时间内以合理价格获得该作品的电子复制件。

(5A) 如期刊所载的文章或已发表的作品（期刊所载的文章除外）是以电子形式取得的，作为图书馆或档案馆馆藏的一部分，则图书馆或档案馆的主管人员可在图书馆或档案馆的场所内以在线方式提供该物品，使用者不能使用图书馆或档案馆所提供的任何设备：

(a) 以电子形式复制该物品或作品；或

(b) 传播该文章或作品。

(6) 就根据第 (1) 款或第 (2A) 款提出的要求而言，按照第 (2) 款或第 (2C) 款（视情况而定）制作该文章的复制件或该文章的一部分的复制件，并不属侵犯载于期刊内的文章的版权，除非复制件是提供予提出该要求的人以外的人。

(7) 就根据第 (1) 款或第 (2A) 款提出的要求而言，按照第 (2) 款或第 (2C) 款（视情况而定）制作该作品的复制件或该作品的一部分的复制件，并不侵犯该已发表作品的版权，除非复制件是给提出该要求的人以外的人。

(7A) 第 (6) 款及第 (7) 款不适用于根据第 (2) 款或第 (2C) 款制作下列文章的电子复制件：

(a) 期刊所载的文章或文章的一部分；或

(b) 已发表作品的全部或部分，但该文章除外；

就根据本条提出的向提出该要求的人传达信息的要求而言，除非：

(c) 在向该人传达复制件之前或之时，按照条例通知该人：

(i) 复制件是根据本条制作的，并且该文章或作品可能根据本法受到版权保护；且

(ii) 规定的其他事项（如有）；且

(d) 在复制件传达给该人后，在切实可行范围内尽快销毁根据第（2）款或第（2C）款制作并由图书馆或档案馆保存的复制件。

(7B) 按照第（2）款、第（2C）款或第（5A）款传播，并不侵犯期刊所载文章的版权或已发表作品的版权。

(8) 条例可排除第（6）款的适用，或第（7）款在条例所指明的情况下的适用。

(9) 在本条中：

档案，指公众可查阅其全部或部分收藏的档案。

图书馆，指公众可以直接或通过馆际互借获得全部或部分藏书的图书馆。

提供，包括通过通信的方式提供。

注：根据第 203F 条，就本条而言，作出虚假或误导性声明是违法行为。第 203A 条和第 203G 条规定了与保存为本条目的作出的声明有关的违法行为。

第 50 条　图书馆或档案馆为其他图书馆或档案馆复制和传播作品

(1) 在下列情形下，任何图书馆的主管人员可要求或安排另一人要求另一图书馆的主管人员向前者的主管人员提供期刊所载文章的复制件或部分复制件，或提供期刊所载文章以外的已发表作品的全部或部分复制件，而该作品是图书馆收藏的期刊或已发表作品：

(a) 为将复制件列入前一图书馆的收藏的目的；

(aa) 如果前一图书馆的主要目的是为议会议员提供图书馆服务，则为此目的协助该议会议员履行其议员职责；或

(b) 以向根据第 49 条提出复制要求的人提供复制件的目的。

(2) 除本条另有规定外，凡某图书馆的主管人员或其代表根据第（1）款向另一图书馆的主管人员提出要求，则另一图书馆的获授权人员可制作或安排制作该项要求所涉及的复制件，并将复制件提供给前一的图书馆的主管人员。

注：根据第 113H 条第（1）款（保存）的规定，复制件可以从另一图书馆收藏的文章或已出版作品的另一复制件中进行，而该复制件是在不侵犯版权的情况下进行的。

(3) 凡某图书馆的获授权人员根据第（2）款制作或安排制作某作品（包括期刊所载文章）的全部或部分复制件，并按照根据第（1）款提出的要求，将其提供给另一图书馆的主管人员：

(a) 就本法的所有目的而言，复制应被视为代表另一图书馆的获授权官

员为达到要求复制的目的而进行的；且

（b）不得因制作或提供复制件而对管理前一图书馆的团体或该图书馆的任何人员或雇员提出侵犯版权的诉讼。

（4）除本条另有规定外，如期刊所载文章或任何其他已发表作品的全部或部分复制件凭借第（3）款被视为代图书馆的获授权人员制作，则该文章或其他作品的版权并未被侵犯：

（a）复制；或

（b）如果该作品是根据第（2）款以通信的方式提供的，则该通信的制作不构成侵权。

（5）在条例所指明的情况下，条例可排除第（4）款的适用。

（6）凡就制作及提供根据第（1）款提出的要求所涉及的复制件而收取费用的，如该项收费的金额超过制作及提供复制件的费用，则第（3）款不适用于该项要求。

（7）凡：

（a）某文章的复制件或其一部分，或另一作品的全部或部分的复制件（在本款中称为“有关复制”）根据第（2）款提供给图书馆的主管人员；且

（b）先前已根据第（2）款提供同一文章或其他作品的复制件，或该文章或其他作品的同一部分的复制件（视情况而定），以供列入图书馆的收藏；

除非在根据第（1）款提出有关复制的要求后，图书馆的获授权人员在切实可行范围内尽快作出声明，否则第（4）款不适用于或涉及有关复制：

（c）列出该项要求的详情（包括要求复制有关资料的目的）；且

（d）述明（b）项所提及的复制件已遗失、毁坏或损坏（视情况而定）。

（7A）如果：

（a）复制是某作品（不包括期刊所载文章）的全部或该作品的一部分进，而该部分所包含的内容超过该作品的合理部分；且

（b）复制所根据的作品是硬拷贝形式的；且

（c）复制件是根据第（2）款提供给图书馆的主管人员的；

第（4）款不适用于复制，除非：

（d）如图书馆的主要目的是为议会议员提供图书馆服务，则提供复制件是为了协助身为议会议员的人履行议员职责；或

（e）在根据第（1）款提出有关复制的要求后，图书馆的获授权人员在切实可行范围内尽快作出声明：

（ⅰ）列出要求的详情（包括要求复制的目的）；且

（ⅱ）述明经合理调查后，获授权人员确信不能在合理时间内以合理价格取得该作品的复制件（不属于二次复制件）。

（7B）如果：

（a）复制某作品（包括期刊所载的文章）的全部或该作品的一部分，不论该部分所包含的内容是否超过该作品的合理部分；且

（b）复制所依据的作品是电子形式的；且

（c）复制件是根据第（2）款提供给图书馆的主管人员的；

第（4）款不适用于复制，除非：

（d）如图书馆的主要目的是为议会议员提供图书馆服务，则如此提供复制件是为了协助身为议会议员的人履行议员职责；或

（e）在根据第（1）款提出有关复制的要求后，图书馆的获授权人员在切实可行范围内尽快作出声明：

（ⅰ）列出要求的详情（包括要求复制的目的）；且

（ⅱ）如复制的作品并非文章，而是作品的全部或超过合理部分，须说明经合理调查后，获授权人员确信不能在合理时间内，以一般商业价格用电子形式取得该作品；且

（ⅲ）如复制的是文章以外的作品的合理部分或少于合理部分，须说明经合理调查后，获授权人员确信不能在合理时间内，以合理价格用电子形式单独或连同合理数量的其他材料获得该部分；且

（ⅳ）如复制的是某文章的全部或部分，须说明经合理调查后，获授权人员确信不能在合理时间内以合理价格用电子形式自行取得该物品。

（7BA）就第（7A）款及第（7B）款而言，如果作品的特征是第10条第（2）款或第（2A）款与复制作品是否只包含作品的合理部分的问题有关，则该问题只需参照第10条第（2）款或第（2A）款，而不是参照合理部分的通常含义来决定。

（7BB）就第（7A）款（e）项（ⅱ）目及第（7B）款（e）项（ⅱ）目、（ⅲ）目和（ⅳ）目而言，在决定是否不能在合理时间内以合理价格取得该作品、该作品、该作品的部分或该文章（视情况而定）的复制件时，获授权人员必须顾及：

（a）根据第49条要求复制的人要求复制的时间；且

（b）以合理价格向该人交付该作品的复制件（不属于二次复制件）的时

间；且

（c）复制件、作品、部分或文章能否在合理时间内以合理价格用电子形式获得。

（7C）如果：

（a）由图书馆的获授权人员或其代表以电子形式复制某作品的全部（包括期刊所载的文章）或该作品的一部分；且

（b）复制件是根据第（2）款提供给另一图书馆的主管人员的；

第（3）款不适用于此复制件，除非在复制件提供给另一图书馆后，在切实可行范围内尽快销毁为提供而制作并由首次提及图书馆持有的复制件。

（8）第（4）款不适用于复制或传播载于同一期刊内并为同一目的而提出要求的2篇或多篇文章的全部或部分，除非：

（a）目的是第（1）款（aa）项所述的目的（协助议会议员履行其职责）；或

（b）目的是第（1）款（b）项所述的目的（向根据第49条要求复制该文章的人提供复制件以供研究或学习之用），而根据第49条要求复制该文章是为了同一研究或学习过程。

（10）在本条中：

图书馆指：

（a）公众可直接或透过馆际互借查阅全部或部分藏书的图书馆；或

（b）主要目的是为议会议员提供图书馆服务的图书馆；或

（c）公众可查阅其全部或部分收藏的档案馆。

提供指通过通信的方式。

注：根据第203F条，就本条而言，作出虚假或误导性声明是违法行为。第203A条和第203G条规定了与保存为本条目的作出的声明有关的违法行为。

第51条　复制和传播图书馆或档案馆中未出版的作品

（1）凡在文学、戏剧、音乐或艺术作品的作者去世的日历年结束后超过50年，该作品仍有版权，但是：

（a）作品尚未发表的；且

（b）该作品的复制件，或者如果属于文学、戏剧或音乐作品，则为该作品的手稿，存放在图书馆或档案馆的馆藏内，而该馆藏的任何条例规限下，是公开供公众查阅的；

作品中的版权未受侵犯：

（c）为研究或学习的目的或为出版，制作或传播该作品的复制件；或

（d）由该图书馆或档案馆的主管人员或其代表制作或传播该作品的复制件，而复制件是（无论是以通信或其他方式）提供给一个人，而该人令该图书馆或档案馆的主管人员确信该人需要该复制件是为了研究或学习，或为了出版，并且该人不会将该复制件用于任何其他目的。

（2）如果未发表的论文或者其他类似的文学作品的手稿或者是复制件，存放在大学或者其他类似机构的图书馆或档案馆内，由图书馆或档案馆的主管人员或其代表制作或传播该论文或其他作品的复制件（无论以通信或其他方式），而该复制件是提供给令图书馆或档案馆的获授权人员确信他或她需要该复制件是为了研究或学习的目的的人，则该复制件并不侵犯该论文或其他作品的版权。

第51AA条　复制和传播澳大利亚国家档案馆保管的作品

（1）保存在第10条第（1）款的档案定义（a）项（ⅰ）目或（aa）项所涵盖的档案收藏中的作品，如可供公众查阅，则由档案馆主管或其代表制作或传达，并不侵犯该作品的版权：

（a）该作品的一份工作复制件；或

（b）向澳大利亚国家档案馆中央办事处提供该作品的一份参考复制件；或

（c）在档案馆区域办事处的澳大利亚国家档案馆工作人员书面要求提供该作品的参考复制件时，如主管人员确信该作品的参考复制件以前没有提供给该区域办事处，则向该区域办事处提供该作品的单一参考复制件；或

（d）如主管人员确信提供给澳大利亚国家档案馆区域办事处的作品的参考复制件遗失、损坏或毁坏，而该区域办事处的档案馆干事书面要求提供该作品的替换复制件，则须提供该作品的单一替换复制件，以便提供给该区域办事处；或

（e）如主管人员确信提供给澳大利亚国家档案馆中央办事处的作品的参考复制件遗失、损坏或毁坏，则须提供该作品的单一替代复制件，以提供给该中央办事处。

（2）在本条中：

参考复制件，就作品而言，指由工作复制件制成的作品复制件，以供澳大利亚国家档案馆中央办事处或地区办事处使用，供该办事处向公众提供查

阅该作品的机会。

替换复制件，就作品而言，指为替换遗失、损坏或毁坏的该作品的参考复制件而从工作复制件中复制的该作品的复制件。

工作复制件，就作品而言，指为使澳大利亚国家档案馆能够保留该复制件，并将其用于制作该作品的参考复制件和替代复制件而制作的该作品的复制件。

第 52 条　出版保存在图书馆或档案馆的未出版作品

（1）凡：

（a）任何已发表的文学、戏剧或音乐作品（在本条中称为“新作品”），将第 51 条第（1）款在紧接该新作品发表前所适用的作品（在本条中称为“旧作品”）的全部或部分纳入其中；

（b）在新作品发表前，已就拟发表该作品发出规定的通知；且

（c）在紧接新作品发表前，新作品的出版商并不知道旧作品版权人的身份；

那么，就本法而言，新作品的首次出版，和新作品的任何后续出版，不论是以相同的形式还是以改变的形式，只要构成旧作品的出版，就不应视为侵犯旧作品的版权，也不应视为旧作品未经授权出版。

（2）前款不适用于新作品的后续出版，该新作品包含了未包括在新作品的首次出版中的旧作品的一部分，除非：

（a）如无本条，第 51 条第（1）款会适用于紧接后续出版前的旧作品的该部分；

（b）在后续出版前，已就拟出版的刊物发出规定的通知；且

（c）在紧接后续出版前，该后续出版的出版者并不知道旧作品版权人的身份。

（3）如任何作品或作品的一部分已出版，而由于本条的规定，该出版被视为不侵犯该作品的版权，则在出版发生后，如有下列情况，该人并不侵犯该作品的版权：

（a）广播该作品或该部分作品；或

（b）以电子方式传送该作品或该部分作品（广播除外），费用须支付予做出该传送的人；或

（c）公开表演该作品或该部分作品；或

（d）就该作品或该部分作品制作记录。

第53条　本分部在文章及其他作品插图中的应用

凡任何文章、论文或文学、戏剧、音乐作品附有为解释或图解该文章、论文或其他作品而提供的艺术作品（在本条中称为“插图”），本分部前面各条适用，比如：

（a）凡该条文中的任何一条规定该文章、论文或作品的版权没有被侵犯，则提及该版权时包括提及插图中的任何版权；且

（b）在第49条、第50条或第51条中，凡提及该文章、论文或作品的复制件，包括提及该文章、论文或作品的复制件连同该插图的复制件；且

（c）在第49条或第50条中，凡提及复制该文章或作品的某部分，包括提及复制该文章或作品的该部分，连同为解释或图解该部分而提供的插图的复制件；且

（d）在第52条中，凡提及就该作品做出任何行为，包括连同插图提及就该作品做出该行为。

第6分部　音乐作品的录制

第54条　解　　释

（1A）在本分部中：

录音，指包含声音的光盘、磁带、纸张或其他装置。

（1）就本分部而言：

（a）凡提及任何音乐作品，须理解为提及该作品的原始形式或该作品的改编；

（b）凡提及文学、戏剧或音乐作品的版权人，除非看来有相反的意图，否则须理解为提及有权授权将文学、戏剧或音乐作品的复制件在澳大利亚制作或进口到澳大利亚的人；且

（c）凡提及以零售方式出售录音或提及零售录音，须理解为不包括下列情况：

（ⅰ）以并非全部由金钱组成的对价出售；或

（ⅱ）由并非通常经营制作或出售录音业务的人出售。

（2）就本分部而言，凡音乐作品部分包含在一份录音制品内，部分包含

在另一份录音或其他录音内，则所有录音须视为构成一份录音。

（3）在本分部中，凡提及音乐作品的录音，并不包括提及与构成电影一部分的视觉影像有关联的声道。

（4）除第（5）款另有规定外，本分部适用于音乐作品一部分的录音，一如其适用于整部作品的录音。

（5）第55条：

（a）不适用于整件作品的记录，除非第55条第（1）款（a）项所提及的先前记录是整件作品的记录；且

（b）不适用于作品某部分的记录，除非该先前记录是该作品该部分的记录。

◆ 原始形式

（6）第10条第（1）款对原始形式的定义不适用于本分部。

第55条　制造商制作音乐作品录音的条件

（1）除本分部另有规定外，在澳大利亚制作音乐作品记录的人（在本条中称为“制造商”）如有下列情况，则不侵犯该作品的版权：

（a）作品的录音：

（ⅰ）曾在澳大利亚制造或进口到澳大利亚做销售用途，并由该作品的版权人制造或进口，或在该作品的版权人的特许下制造或进口；

（ⅱ）曾在澳大利亚制作，用于制作其他记录作销售用途，并由该作品的版权人或在该作品的版权人的特许下制作；

（ⅲ）曾为销售目的而在澳大利亚以外的国家制作或进口，而该国家在先前制作或进口时，在条例中指明为本分部适用的国家，并由根据该国家的法律是该作品的版权人的人制作或进口，或在该人的特许下如此制作或进口；或

（ⅳ）曾在澳大利亚以外的国家制作，以用作制作其他记录作销售用途，而该国家在先前制作时在条例中指明为本分部所适用的国家，并且是由根据该国家的法律是该作品版权人的人或在该人的特许下制作的；

（b）在制作该记录前，拟制作该记录的规定的通知已发给该版权所有人；

（c）该制造商拟以零售方式出售该记录，或为使该记录由该制造商以外的人以零售方式出售而提供该记录，或拟将该记录用作制作拟以零售方式出售或提供的其他记录；且

(d) 如该记录是由制造商如此出售或提供的：

(ⅰ) 该项售卖或提供是在版权人的特许下进行的；且

(ⅱ) 规定的特许使用费是按照制造商与版权人之间协议的方式支付给版权人的，或如无协议，则按照版权审裁处根据第152B条决定的方式支付给版权人的。

(3) 第(1)款(d)项(ⅰ)目不适用于任何作品的记录（为表演而制作的作品，或已与戏剧作品一起表演的作品，或已包括在电影内的作品除外），如该售卖或提供是在下列日期中最早的一个日期后的规定的期限届满后做出的：

(a) 在第(1)款(a)项(ⅰ)目或(ⅱ)目所提及的情况下，该作品的先前记录首次在澳大利亚制作或首次进口到澳大利亚的日期；

(b) 在第(1)款(a)项(ⅲ)目或(ⅳ)目中提及的国家或地区首次向公众提供（通过销售或其他方式）制作或进口作品的先前记录的日期，在该目所述情况下的那个国家。

(4) 为施行上一款而规定期间的条例，可就不同类别的记录规定不同的期间。

(5) 如除本款外，根据本条就记录须支付的特许使用费金额少于1美分，则该特许使用费金额为1美分。

(6) 在本条中：

规定的版税，就音乐作品的录音而言，指：

(a) 制造商与该作品的版权人之间协议的特许使用费金额，或如无协议，则由版权审裁处根据第152A条厘定的特许使用费金额；或

(b) 如该协议或裁定并无生效，等于该记录销售售价的6.25%。

第57条　关于一份记录内有2件或多件作品的版税

凡一份录音包括2件或多件的音乐作品，不论该录音是否包括任何其他事项：

(a) 如该记录包括版权并不存在的作品或版权并不存在的多件作品，则除下一项另有规定外，就该记录而须支付的特许权使用费，若非有本条的规定，即与版权存在的记录内作品数目与记录内作品总数所占的比例相同的特许权使用费所占的比例相同的金额；且

(b) 如该记录包括2件或多件有版权存在的作品：

（ⅰ）除本分部另有规定外，就该记录而须支付的特许费，就该记录内有版权存在的每件作品而言，不得少于1美分；且

（ⅱ）如有版权存在的记录内的作品的版权人是不同的人，则须就该作品向每一作品的版权人支付一笔金额，该金额是以就该记录而须支付的特许权使用费的金额除以该记录内有版权存在的作品的数目而确定的。

第59条　制造这可以在音乐作品的录音中包含部分文学或戏剧作品的条件

（1）凡：

（a）任何人在澳大利亚制作一份录音，该录音包括演奏一首音乐作品，其中歌词是与该音乐一起演唱的，或与该音乐一起附带或相关联地说出的，不论该录音是否包括任何其他事项；

（b）该作品并无版权存在，或如有版权存在，则第55条第（1）款所指明的规定已就该版权而获遵从；

（c）该文字构成或形成有版权存在的文学或戏剧作品的一部分；

（d）该音乐作品的记录，其中唱出该字句或与该字句大致相同的字句，或附带于该音乐中或与该音乐有关联地说出该字句：

（ⅰ）曾为销售目的在澳大利亚制造或进口至澳大利亚，和在该文学或戏剧作品的版权人或在其特许下如此制造或进口；

（ⅱ）曾在澳大利亚，以作销售用途而制作其他记录，并且是由该文学或戏剧作品的版权人或在该版权人的特许下制作的；

（ⅲ）曾为销售目的而在澳大利亚以外的国家制造或进口，而该国家在先前制造或进口时，在条例中指明为本分部所适用的国家，并由根据该国家的法律是该文学或戏剧作品的版权人的人制造或进口，或在该人的特许下如此制造或进口；或

（ⅳ）先前已在澳大利亚以外的国家制作，制作为销售目的的其他记录，而该国家在先前制作时在条例中指明为本分部所适用的国家，并且是由根据该国家的法律是该文学或戏剧作品的版权人的人或在该人的特许下制作的；且

（e）已向该文学或戏剧作品的版权人发出第55条第（1）款（b）项规定须向该音乐作品的版权人（如有）发出的相同通知，并已向该文学或戏剧作品的版权人支付按照本条确定的金额（如有）；

该记录的制作不构成对文学或戏剧作品版权的侵犯。

（2）凡版权并不存在于该音乐作品中，则须就该文学或戏剧作品支付的金额，相等于若非有本条，如果版权存在于该音乐作品中，本应就该音乐作品支付的特许权使用费。

（3）凡音乐作品及文学或戏剧作品均有版权：

（a）如该作品的版权由同一人拥有，则无须就该文学或戏剧作品支付款额；或

（b）如该作品的版权由不同的人拥有，如没有本条的规定，本应就该音乐作品支付的特许权使用费，须按他们同意的方式在他们之间分摊；如无协议，则按版权审裁处应他们任何一方的申请而厘定的方式分摊。

（4）凡音乐作品的版权人与文学或戏剧作品的版权人，并不就金额在他们之间的分配方式达成协议，但制作该记录的人以书面方式向每名所有人做出承诺，将该金额中版权审裁处裁定须赋予他或她的部分付给他或她，则：

（a）本条第55条第（1）款（d）项及第（1）款（e）项的效力，如这些条款项中所提及的金额已经支付一样；且

（b）在某承诺所涉及的金额厘定后，制作该记录的人有法律责任将该金额支付给该承诺的版权人，而该所有人可在具有司法管辖权的法院向制作该记录的人追讨该金额，作为欠该所有人的债项。

第60条　部分为零售而部分为无偿处置制作的记录

凡任何人在澳大利亚制作多张包含同一录音的录音，而该录音是音乐作品或构成文学或戏剧作品或其一部分的文字的录音，意图如下：

（a）以零售方式销售或由另一人以销售方式提供大部分记录（在本条中称为“销售而制作的记录”）；且

（b）无偿处置该记录的余下部分，或将该记录的余下部分提供给另一人无偿处置；

本分部适用于为销售而制作的记录以外的记录，比如：

（c）该记录是意图以零售方式出售或由另一人以零售方式提供以供出售而制作的；

（d）该记录的制造者无偿处置该记录，或该记录的制造者提供该记录以供另一人无偿处置，均属以零售方式出售该记录；且

（e）该记录的销售价与以零售为目的的记录的销售价相同。

第 61 条　就以往记录进行查询

凡：

（a）任何人按规定进行查询，以确定某音乐作品的记录，或某音乐作品的记录，其中所唱或所说的文字组成或形成该音乐作品或文学或戏剧作品的一部分（视情况而定），是否由版权人或在版权人的特许下先前曾在澳大利亚制作或进口到澳大利亚，以供销售或用于制作其他记录以供销售；且

（b）在规定的期间内没有收到对该查询的答复；

就本分部的适用而言，该音乐作品的记录，或该作品中所唱或所说的文字的记录（视情况而定）须：

（c）就进行查询的人而言；或

（d）就制作该音乐作品的记录的人，或制作其中所唱或所说的文字或实质上相同字句的该作品的记录的人，为的是将该记录提供予依据该人之间为制作该记录而订立的协议而进行查询的人；

须视为先前在该版权人的特许下，以零售为目的或以零售为目的而制作其他记录（视情况而定）而在澳大利亚制作或进口至澳大利亚。

第 64 条　第 55 条和第 59 条在裁定进口记录是否构成侵权时不予考虑

就本法关于进口物品的任何规定而言，在确定于澳大利亚境外制作的记录如果是由进口商在澳大利亚制作的是否构成侵犯版权时，第 55 条和第 59 条应不予考虑。

第 7 分部　不构成侵犯艺术作品版权的行为

第 65 条　公共场所的雕塑及若干其他作品

（1）本条适用于第 10 条艺术作品的定义（c）项所提及的雕塑及艺术工艺作品。

（2）本条所适用的作品如暂时位于公共场所或开放给公众的场所以外的地方，则该作品的版权并不因制作该作品的绘画、绘图、雕刻或照片而受到侵犯，亦不因将该作品纳入电影或电视广播而受到侵犯。

第 66 条　建筑物和建筑物模型

对建筑物或建筑物模型进行绘画、绘图、雕刻或拍照，或将建筑物或建

筑物模型纳入电影或电视广播，均不侵犯建筑物或建筑物模型的版权。

第 67 条　附带拍摄或播放艺术作品

在不影响前面两条的情况下，将艺术作品纳入电影或电视广播中，如果其纳入电影或广播中只是附带于电影或广播中所表现的主要事项，则不侵犯艺术作品的版权。

第 68 条　艺术作品出版

如凭借第 65 条、第 66 条或第 67 条，制作某绘画、绘图、雕刻、照片或电影并不构成侵犯该艺术作品的版权，则出版该绘画、绘图、雕刻、照片或电影并不侵犯该艺术作品的版权。

第 70 条　为将作品加入电视广播中而进行的复制

(1) 凡将艺术作品纳入由某人制作的电视广播内（无论是由于转让、特许还是由于实施本法规定）不会构成侵犯该作品的版权，但除本款外，该人制作该作品的电影会构成侵犯该作品的版权，则该人纯粹为将该作品纳入电视广播内而制作该电影，并不侵犯该作品的版权。

(2) 如电影的复制件用于下列其他目的，则前一款并不适用于该电影：

(a) 在不构成侵犯作品版权的情况下（无论是由于转让、许可还是由于实施本法规定）将作品纳入电视广播；或

(b) 为将该作品纳入该广播而制作该电影的进一步复制件。

(3) 如任何电影的复制件是为将该作品纳入并非该电影制作者的人所制作的电视广播而使用的，则第 (1) 款不适用于该电影，除非该制作者已向该作品的版权人支付他们所同意的金额，或在没有协议的情况下，已向所有人做出书面承诺，向所有人支付版权审裁处应其中任何一人的申请而厘定的款额，该金额为制作该电影而向所有人支付的合理酬金。

(4) 已作出上一款所提及的承诺的人，在版权审裁处裁定该承诺所涉及的金额后，有法律责任将该金额支付予该作品的版权人，而该版权人可在具有司法管辖权的法院向该人追讨该金额，作为欠该版权人的债项。

(5) 第 (1) 款不适用于任何电影，除非在按照该款首次使用该电影的任何复制件，以将该作品纳入电视广播之日起计的 12 个月期限届满前，或在电影制作者与作品版权人商定的更长期限（如有）到期之前，电影的所有复

制件都被销毁或在澳大利亚国家档案馆馆长的同意下移交给澳大利亚国家档案馆保管（在1983年档案法的含义内）。

（6）澳大利亚国家档案馆馆长不得同意根据第（5）款将电影复制件移交给澳大利亚国家档案馆保管，除非他或她已证明该电影具有特殊的记录性质。

第72条　在后期作品中复制部分作品

（1）同一作者在创作后来的艺术作品时，如果作者没有重复或模仿在先作品的主要设计，则不侵犯该艺术作品的版权。

（2）即使较早作品的一部分在较后作品中复制，而在复制较后作品时，作者使用了为较早作品的目的而制作的模具、铸件、草图、平面图、建筑物模型或研究，但前一款仍具有效力。

第73条　重建建筑物

（1）凡版权存在于建筑物内，则该建筑物的重建并不侵犯该版权。

（2）凡建筑物是按照存在版权的建筑图纸或平面图建造的，而且是由该版权的所有人建造的，或在该所有人的特许下建造的，则其后参照该图纸或平面图重建该建筑物，并不侵犯该版权。

第8分部　设　　计

第74条　相应设计

（1）在本分部中：

就艺术作品而言，相应设计指形状或配置的视觉特征，当这些视觉特征在产品中体现时，会导致该作品的复制，无论这些视觉特征是否构成可根据2003年澳大利亚外观设计法注册的设计。

（2）就第（1）款而言：

在产品中体现，就产品而言，包括编织到产品中、印在产品上或加工到产品中。

第75条　相应外观设计注册时的版权保护

除第76条另有规定外，凡艺术作品（无论是在本条生效日期前或以其他方式制作的）存在版权，而相应的外观设计在生效日期或之后已根据1906年外观设计法或2003年外观设计法注册，则通过在产品中体现该外观设计或任何其他相应的外观设计来复制该作品，并不侵犯该版权。

第76条　根据2003年外观设计法对工业品外观设计进行虚假注册

（1）本条适用于下列情况：

（a）根据本法对存在版权的艺术作品提起的诉讼（版权诉讼法）；且

（b）根据2003年外观设计法注册了相应的外观设计；且

（c）在版权法律程序开始前，该外观设计的专有权尚未届满；且

（d）在版权法律程序中确定：

（ⅰ）该注册外观设计的注册所有人并不是就该外观设计享有权利的人；且

（ⅱ）该所有人并无在该艺术作品的版权人知情的情况下注册。

（2）除第（3）款另有规定外，就版权诉讼目的而言：

（a）外观设计被视为从未根据2003年外观设计法注册；且

（b）第75条不适用于就该外观设计所做的任何事情；且

（c）2003年外观设计法中的任何规定均不构成抗辩。

（3）如在版权诉讼中确定作出了该诉讼有关的行为，则无须考虑第（2）款：

（a）由该注册外观设计的所有人的受让人或根据该注册外观设计的所有人所授予的许可；且

（b）善意地依赖该项注册，而无须通知撤销该项注册或更正在外观设计注册记录册内有关该项外观设计的记项的任何法律程序（无论是否在法院进行）。

第77条　未经外观设计注册而将艺术作品申请为工业品外观设计

（1）本条适用于下列情况：

（a）任何艺术作品（建筑物、建筑物模型或艺术工艺作品除外），无论是在本条生效日期前或以其他方式制作的，均有版权存在；

（b）任何相应的外观设计，无论是在澳大利亚或其他地方，还是在本条生效日期之前或之后，由工业应用场所的版权人或在该所有人的特许下，正在或曾经在工业上应用；且

（c）在本条生效日期当日或之后的任何时间，在澳大利亚或其他地方出售、出租、提供或展示以供出售或出租应用相应外观设计的产品（以相应外观设计制造的产品）；且

（d）当时，根据2003年外观设计法，相应设计不可注册，或尚未根据2003年外观设计法或1906年外观设计法注册。

（1A）本条亦适用于下列情况：

（a）一份完整的说明书，其中披露了按照相应设计制造的产品；或

（b）按相应设计制作并包括在设计申请中的产品的表示；

在澳大利亚发表，不论就相应设计而言是否符合第（1）款（b）项及（c）项的规定。

（2）在下列日期或之后复制该艺术作品，不侵犯该艺术作品的版权：

（a）按相应设计制造的产品首先出售、出租、提供或展示以供出售或出租；或

（b）在澳大利亚首次出版了一份完整的说明书，其中披露了按照相应设计制造的产品；或

（c）根据相应设计制作并包括在设计申请中的产品的代表首次在澳大利亚发表；

通过在产品中体现该设计或任何其他相应设计。

（3）本分部不适用于任何物品或产品，在其出售、出租、提供或展出以供出售或出租时，根据1906年外观设计法或2003年外观设计法制定的条例将相应的有关注册外观设计排除，并且为了根据本法进行的任何诉讼的目的，在下列情况中，应断然推定注册外观设计已被排除：

（a）在诉讼开始前，根据1906年外观设计法就该产品或根据2003年外观设计法就该产品提出的外观设计注册申请已被拒绝；

（b）拒绝的理由或理由之一是根据该法订立的条例将该法注册的外观设计排除；且

（c）当诉讼展开时，对拒绝的上诉并无获准或待决。

（4）条例可指明就本条而言，某项外观设计须视为在工业上应用的情况。

（5）在本条中：

建筑物或建筑物模型，不包括轻便建筑物，例如棚屋、预先建造的游泳池、可拆卸建筑物或类似的轻便建筑物。

完整的说明书，与1990年专利法中的含义相同。

外观设计申请，与2003年外观设计法中的含义相同。

表现形式，就外观设计而言，其含义与2003年外观设计法一样。

第77A条　艺术作品的某些复制件并不侵犯版权

(1) 复制艺术作品，或传播该复制作品，并不侵犯版权，如果：

(a) 复制件源自体现与艺术作品相关的相应设计的三维产品；且

(b) 复制是在下列情况中进行的或附带进行的：

(ⅰ) 制造一个产品（非侵权产品），而该产品的制造并没有或不会因本分部的实施而侵犯该艺术作品的版权；或

(ⅱ) 出售或者出租非侵权产品，或者为出售或者出租而提供或者展示非侵权产品。

(2) 在下列情况中，制作包含与艺术作品有关的相应设计的铸件或模具，并不侵犯该艺术作品的版权：

(a) 铸件或模具是为制造产品的；且

(b) 该产品的制作不会因本分部的实施而侵犯版权。

第9分部　合作作品

第78条　对所有合作作者的提及

除本分部另有明文规定外，本法中对作品作者的提及，在与合作作品有关的情况下，应理解为对作品所有作者的提及。

第79条　对任何一个或多个合作作者的提及

第32条对某作品的作者的提述，如该作品合作作品，则视为对该作品的任何一位或多位作者的提述。

第79A条　不为普遍所知的合作作者的提及

下列任何一项规定中，如作品是合作作品，凡提及不为人们普遍所知的作品作者身份，则视为提及不为人们普遍所知的该作品的所有作者的身份：

(a) 第33条第(2)款表格的第3项；

(b) 第33条第(3)款表格的第2项或第3项。

第 80 条　合作作者中最后去世的一位的提及

在下列任何条文中，凡提及某作品的作者，如该作品是第 81 条并不适用的合作作者作品，即视为提及最后去世的作者：

（a）第 33 条第（2）款表格的第 1 项或 2 项；

（b）第 33 条第（3）款表格的第 1 项；

（c）第 51 条。

第 81 条　以笔名发表的合作作品

（1）本条适用于首次以 2 件或多件名称发表的合作作品，其中 1 件、2 件或多件（并非全部）名称为笔名。

（2）本条亦适用于首次以 2 件或多件的名称发表的合作作品，而该名称均为笔名，如在该作品首次发表的日历年结束后 70 年内的任何时间，已普遍知道其中一位或多位（并非全部）作者的身份。

（3）在第（3A）款所述的任何条文中，凡提及作品的作者，即视为提及：

（a）身份被披露的作者；或

（b）如有 2 位或多位作者的身份被披露（以该作者中最后去世者为准）。

（3A）有关规定如下：

（a）第 33 条第（2）款表格的第 1 项或第 2 项；

（b）第 33 条第（3）款表格的第 1 项。

（4）就本条而言，如有下列情况，作者的身份须当作已披露：

（a）作品出版时所用的姓名之一是该作者的姓名；或

（b）该作者的身份是众所周知的。

第 82 条　有不符合资格的作者的合作作品的版权

（1）第 35 条第（2）款对于其中 1 位、2 位或多位（并非全部）作者是不符合资格的人的合作作品，具有效力，如其他一位或多位作者是该作品的一位或多位作者（视情况而定）。

（2）就上一款而言，任何人如仅是该作品的作者，则该作品的版权便不会凭借本部分而存在，则该人就该作品而言，即为不符合资格的人。

第83条　将合作作品纳入供教育场所使用的收藏

第44条第（2）款提及摘录作者的作品的其他摘录或改编：

（a）须理解为包括提及有关摘录的作者与任何其他人合作而对其作品所作的摘录或改编；或

（b）如有关的摘录来自或改编自合作作品，则该摘录须理解为包括提及有关摘录的任何一位或多位作者，或该作者中任何一位或多位与任何其他人合作的作品的摘录或改编自该作品的摘录。

第4部分　作品以外的客体的版权

第1分部　序　　言

第84条　定　　义

在本部分中：

现场表演指：

（a）戏剧作品或部分戏剧作品的表演（包括即兴表演），包括使用木偶进行的表演；或

（b）音乐作品或其部分的表演（包括即兴创作）；或

（c）朗读、朗诵或演讲文学作品或该作品的一部分，或朗诵、演讲即兴创作的文学作品；或

（d）舞蹈表演；或

（e）马戏表演或综艺表演的表演或任何类似的演示或表演；或

（f）民间文学艺术的表演；

不论是在有观众在场的情况下还是其他情况下。

现场表演中的表演者：

（a）指对表演的声音作出贡献的每一个人；且

（b）如该表演包括音乐作品的表演，则包括指挥。

合格人员指：

（a）澳大利亚公民或居住在澳大利亚的人（法人团体除外）；或

（b）根据澳大利亚联邦或各州的法律成立的法人团体。

现场表演录音，指在现场表演时制作的由表演声音组成或包括表演声音的录音。

第 2 分部　作品以外的客体的版权性质

第 85 条　录音制品版权的性质

（1）就本法而言，除非有反例，否则与录音有关的版权是进行下列所有或任何行为的专有权利：

（a）制作录音复制件；

（b）安排公开聆听该录音；

（c）向公众传播录音；

（d）就该录音订立商业租赁协议。

（2）第（1）款（d）项并不延伸至就录音订立商业租赁协议，如果：

（a）该录音的复制件是由个人（记录所有人）在 1994 年版权法（世界贸易组织修正案）第 2 部分生效日期前购买的；且

（b）商业租赁协议是在录音所有人经营的正常业务过程中订立的；且

（c）在购买录音制品时，该录音所有人正在经营同一业务或另一业务，该业务由其构成或就录音制品的复制件做出商业租赁协议。

第 86 条　电影版权的性质

为本法的目的，除非出现相反的意图，否则电影的版权是从事下列所有或任一行为的专有权利：

（a）复制该电影；

（b）安排在该电影由视觉图像组成的范围内公开观看，或在该电影由声音组成的范围内公开聆听；

（c）向公众宣传电影。

第 87 条　电视广播及声音广播的版权性质

为了本法的目的，除非出现相反的意图，否则与电视广播或声音广播有关的版权是专有权利：

（a）如属于电视广播，而该广播是由视觉影像组成的，制作该广播的电影或该胶片的复制件；

（b）如属于声音广播，或如属于由声音组成的电视广播，则须制作该广播录音或录音的复制件；且

（c）如属于电视广播或声音广播，则须以广播以外的方式将其重播或向公众传达。

第 88 条　作品出版版本的版权性质

为了本法的目的，除非出现相反的意图，否则 1 件文学、戏剧、音乐或艺术作品的出版版本，或 2 件或多件文学、戏剧、音乐或艺术作品的版权是制作该版本的传真复制件的专有权利。

第 3 分部　享有版权的客体（作品除外）

第 89 条　享有版权的录音制品

（1）除本法另有规定外，如录音者在制作录音时是符合资格的人，则该录音的版权即存在。

（2）在不损害前一款的原则下，除本法另有规定，如录音是在澳大利亚制作的，则该录音享有版权。

（3）在不影响前两款的情况下，根据本法，如果录音的首次出版是在澳大利亚进行的，则已出版的录音的版权仍然存在。

第 90 条　享有版权的电影

（1）除本法另有规定，如电影制作者在电影制作期间的全部或大部分时间内是符合资格的人，则电影的版权存在。

（2）在不损害前一款的原则下，除本法另有规定，电影如在澳大利亚制作，其版权即存在。

（3）在不影响前两款的情况下，根据本法，如果电影的首次出版是在澳大利亚进行的，则已出版的电影的版权仍然存在。

第 91 条　享有版权的电视广播及声音广播

根据本法，从澳大利亚某地制作的电视广播或声音广播享有版权：

（a）根据 1992 年广播服务法获得许可证或类别许可证的授权；

（b）由澳大利亚广播公司或特别广播服务公司提供。

第 92 条　享有版权的作品的出版版本

（1）除本法另有规定，1 件文学、戏剧、音乐或艺术作品，或 2 件或多件文学、戏剧、音乐或艺术作品的出版版本，在下列情况中，即拥有版权：

（a）该版本的首次出版在澳大利亚进行；或

（b）在该版本首次出版的日期，该版本的出版人是符合资格的人。

（2）前一款不适用于复制同一作品以前版本的版本。

第 4 分部　作品以外的客体的版权期限

第 93 条　录音制品和电影的版权期限

（1）本条适用于根据本部分存在于版权材料中的版权，而该材料是：

（a）录音；或

（b）电影。

◆ 于 2019 年 1 月 1 日前首次公开的版权资料

（2）如版权资料于 2019 年 1 月 1 日前首次公开，则版权持续存续至该资料首次公开的日历年后 70 年。

◆ 版权资料从未公开，且在 2019 年 1 月 1 日或之后首次公开

（3）如版权资料未能在 2019 年 1 月 1 日前首次公开，下表生效。

2019 年 1 月 1 日前首次公开的版权资料的有效期		
项目	第一栏：如果……	第二栏：版权继续存在，直到……
1	版权材料在该材料制作日历年后 50 年结束前首次公开	该材料首次公开的日历年后 70 年
2	第 1 项不再适用	该版权材料制作日历年后 70 年

第 95 条　电视广播及声音广播的版权期限

（1）凭借本部分而存在于电视广播或声音广播中的版权继续存在，直至做出该广播的日历年届满后的 50 年届满为止。

（2）只要电视广播或声音广播是第 91 条所适用的先前电视广播或声音广播的重复（无论是首次或其后的重复），而该广播是借广播任何物品或物件所包含的视觉图像或声音而作出的：

（a）如该广播是在作出上一次广播的日历年届满后的 50 年期限届满前作

出的，则在该广播内存在的任何版权在该期间届满时届满；且

（b）如该作品是在该期间届满后制作的，版权并不凭借本部分而在该作品中存在。

第96条　作品已出版版本的版权期限

凭借本部分而存在于1件或多件作品的已出版版本的版权继续存在，直至该版本首次出版的日历年届满后的25年届满为止。

第5分部　作品以外的客体的版权归属

第A次分部　作品以外的客体的版权归属

第97条　录音制品版权的归属

（1）除第7部分和第10部分另有规定外，本条具有效力。

（2）除第（3）款另有规定，录音的制作者是凭借本部分而存在于该录音内的任何版权的所有人。

（2A）如现场表演的录音有多个版权人，则版权人以同等份额作为共同出租人。

（3）凡：

（a）任何人有偿与另一人订立协议，由该另一人制作录音；且

（b）该录音是依据该协议做出的；

在没有任何相反协议的情况下，首次提及的人是凭借本部而存在于该录音内的任何版权的所有人。

第98条　电影作品版权的归属

（1）除第7部分及第10部分另有规定外，本条具有效力。

（2）除下一款另有规定外，电影的制作者是凭借本部分而存在于该影片内的任何版权的所有人。

（3）凡：

（a）任何人有偿与另一人订立协议，由该另一人制作电影；且

（b）该电影是依据该协议制作的；

在没有任何相反协议的情况下，前一人是凭借本部分而存在于该电影中的任何版权的所有人。

(4) 如该电影并非委托制作的电影，则在第（2）款中提及该电影的制作者，即包括提及该电影的每一位导演。

(5) 如任何导演是根据与另一人（雇主）签订的服务合约或学徒训练合约的雇佣条款执导该电影的，则在没有相反协议的情况下，就第（4）款而言，须以雇主代替导演。

(6) 如某人成为该版权的所有人：

(a) 由于第（4）款的实施；或

(b) 由于第（4）款及第（5）款的实施；

只有在版权包括将电影纳入免费广播的重新传输的权利的情况下，该人才成为版权人。

(7) 在本条中：

委托制作的电影，指第（3）款（a）项及（b）项所述制作的电影。

导演的含义与第 9 部分中的含义相同。

重新传输，指第 5C 部分适用的重新传输（如第 10 条所定义）。

第 99 条　电视广播及声音广播版权的归属

除第 7 部分和第 10 部分另有规定外，若该电视广播或声音广播存在任何版权，则制作者是该版权的所有人。

第 100 条　作品出版版本的版权归属

除第 7 部分和第 10 部分另有规定外，出版或发行某部作品的版权，将由版权所有方持有此版权。

第 B 次分部　与现场表演开始前录音的版权归属有关的特定条文

第 100AA 条　申　　请

此次分部适用于现场表演录音，如果：

(a) 在本条开始生效之日，该录音的版权仍然存在；且

(b) 至少有一人会根据第 100AD 条第（1）款（b）项或第 100AD 第（2）款成为该录音的制作者。

第 100AB 条　定　　义

在该次分部领域：

现场表演的录音的版权的前所有人指第 100AD 条第（1）款（a）项所述的人。

现场表演录音版权的新所有人指下列人员：

（a）根据第 100AD 条第（1）款（b）项成为录音的制作者的人；

（b）如第 100AD 条第（2）款适用，根据该款成为录音制作人的雇主。

注：本条例中使用的其他表达式在第 84 条中定义。

第 100AC 条　第 100AD 条和第 100AE 条的适用

第 100AD 和 100AE 条在第 7 部分及第 10 部分的规定下具有效力。

第 100AD 条　现场演出开始前录音的制作者

（1）就第 100AE 条而言，现场表演录音的制作者是：

（a）在紧接本条生效日期前拥有该录音所存在的版权的人；且

（b）在该表演中表演的 1 位或多位表演者［（a）项已涵盖的表演者除外］。

♦ 雇主可能是录音的制造者

（2）如果：

（a）制作现场表演的录音；且

（b）另一人（雇主）根据服务合同或学徒合同的雇用的条件在该表演中表演的表演者；

则就第（1）款（b）项而言，该雇主被视为制作者而非该表演者。

（3）第（2）款可借表演者与雇主之间的协议（无论是在现场表演之前或之后订立）而予以排除或修改。

第 100AE 条　制作现场表演录音制品的版权归属

♦ 版权的所有权

（1）在本条生效当日及之后，任何现场表演的录音的制作者均为该录音凭借本部分而存在的任何版权的所有人。

♦ 版权所有权分割

（2）该版权的前所有人及该版权的新所有人作为共同租户各拥有该版权的一半，按 2 份相等的份数享有。

（3）前所有人拥有其一半版权的比例，与其在紧接本条生效日期前拥有全部版权的比例相同。

（4）新所有人作为共同承租人，以平等份额拥有其一半的版权。

（5）第（3）款及第（4）款并不限制第196条。

（6）在其他方面，第（3）款并不影响前所有人拥有其一半版权的条款。

◆ 如果新的所有者已经离世，版权将移交

（7）如新所有人在本条生效当日已经离世，则为施行第（2）款及第（4）款，由该新所有人在紧接前所有人去世前拥有的该版权本应转予的人取代。

如版权本应转予多人，则就第（2）款及第（4）款而言，该人须视为单一新所有人。

第100AF条　前所有者可继续做出与版权有关的任何行为

（1）在本条生效当日及之后，任何现场表演的录音的版权的前所有人可：

（a）做出构成版权的行为；或

（b）做出与版权有关的任何其他行为；

例如版权的每个新所有人已向前所有人授予特许或许可（无论如何描述），以做出该行为。

注：原版权所有人在做出该行为前，可能仍需取得其他原版权所有人的同意。

（2）第（1）款适用于：

（a）前所有人的被许可人及所有权继承人；且

（b）任何获前所有人授权的人；且

（c）任何由前所有人的被许可人或所有权继承人授权的人；

就像它适用于前所有人一样。

（3）第（1）款及第（2）款可借前所有人与新所有人之间的协议（无论在本条生效之前或之后订立）而予以排除或修改。

第100AG条　版权新所有人的诉讼

如果现场演出录音的版权新所有人根据本法就版权提起诉讼，新所有人无权获得下表中所列的补救措施。

本法项下的行为		
项目	在这个项目……	新所有权人无权：
1	该诉讼是为了侵犯第115条规定的版权	（a）损害赔偿（额外损害赔偿除外）；或 （b）利润账目

续表

本法项下的行为		
项目	在这个项目……	新所有权人无权：
2	根据第 116 条的规定，该诉讼是为了转换或拘留	（a）损害赔偿（额外的除外）；或 （b）利润账目；或 （c）任何其他金钱救济（费用除外）；或 （d）交付侵权复制件
2A	该诉讼是根据第 116AN 条、第 116AO 条或第 116AP 条提起的	（a）损害赔偿（额外损害赔偿除外）；或 （b）利润账目；或 （c）销毁或交付规避装置
3	该诉讼是根据第 116B 条或第 116C 条提起的	（a）损害赔偿（额外损害赔偿除外）；或 （b）利润账目

第 100AH 条　对录音版权人的提及

就下列条文而言，现场表演录音的版权新所有人不得视为该版权的所有人：

（a）第 107 条、第 108 条及第 109 条（第 4 部分）；

（b）第 119 条及第 133 条（第 5 部分）；

（c）第 136 条第（1）款及第 150 条、第 151 条、第 152 条、第 153E 条、第 153F 条、第 153G 条、第 159 条及第 163A 条（第 6 部分）中有关特许及特许人的含义；

（d）第 183 条（第 7 部分）。

注：现场表演录音的版权新所有人既不是第 113V 条第（9）款规定的符合资格权利所有人，也不是第 135ZZI 条或 135ZZZF 条规定的相关版权所有人。

第 6 分部　作品以外的客体的版权侵权

第 100A 条　解　　释

在本分部中，视听作品，指录音制品、电影、声音广播或者电视广播。

第 101 条　做出构成版权的行为而构成侵权

（1）除本法另有规定外，凭借本部分规定存在的版权，如任何人不是该版权的所有人，而没有该版权的所有人的特许，在澳大利亚做出或授权在澳大利亚做出任何构成该版权的行为，即属侵犯该版权。

（1A）为施行第（1）款，在决定某人是否已授权在澳大利亚做出凭借本部分而存在的版权所构成的任何行为而无须版权人的特许时，必须考虑的事项包括下列事项：

（a）该人阻止做出有关行为的权力的范围（如有）；

（b）该人与做出有关行为的人之间存在的任何关系的性质；

（c）该人是否采取任何其他合理措施以防止或避免做出该行为，包括该人是否遵守任何有关的行业实务守则。

（2）接下来的两条不影响上一款的一般性。

（3）第（1）款适用于就录音而做出的行为，无论该行为是直接或间接使用载有该录音而做出的。

（4）第（1）款适用于就电视广播或声音广播而做出的行为，无论该行为是接收该广播而做出的，还是借使用任何物品或物件而做出的，而该物品或物件已包含该广播所包含的视觉图像及声音。

第 102 条　为出售或租用而进口物的侵权行为

（1）除第 112A 条、第 112C 条、第 112D 条及第 112DA 条另有规定外，任何人在没有版权人特许的情况下，以下列情况为目的将物品进口到澳大利亚，即属侵犯凭借本部分而存在的版权：

（a）为出售或出租该物品，或为出售或出租而以贸易的方式提供或展示该物品；

（b）分发该物品：

（ⅰ）为贸易目的；或

（ⅱ）作任何其他目的，而该等目的的程度会对版权人造成不利影响；或

（c）以贸易方式公开展示该物品；

如果进口商知道或理应知道，如果该物品是由进口商在澳大利亚制造的，则该物品的制造将构成侵犯版权。

（2）就属于或包括凭借本部分而存在版权的客体复制件的物品的配件而言，如该复制件是在没有版权人的特许下在该复制件制造的国家制造的，则第（1）款具有效力，如同省略了“进口商知道或理应知道”等字句。

第 103 条　销售及其他交易的侵权行为

（1）除第 112A 条、第 112C 条、第 112D 条及第 112DA 条另有规定外，任何凭借本部分而存在的版权，如在澳大利亚而无版权人的特许，即属侵权：

（a）出售、出租或以交易方式提供或公开为出售或出租物品；或

（b）以商业方式公开展示某物品；

如该人知道或理应知道该物品的制造构成侵犯版权，或如属进口物品，假若该物品是由进口商在澳大利亚制造，则该人会构成侵犯版权。

（2）就上一款而言，任何物品的分发：

（a）为贸易目的；或

（b）为任何其他目的而作出的决定，其程度对有关版权的所有人有不利影响；

应视为该等物品的销售。

（3）在本条中：

物品，包括作品或其他客体的复制件或副本，为电子形式的复制件或副本。

第 103A 条　以批评或审查为目的的合理使用

以批评或审查为目的，合理使用视听作品，无论是对首次提及的视听项目、其他视听项目还是其他作品，若对首次提及的作品作了充分确认，则不构成侵犯该作品或该作品所包括的任何作品或其他视听作品的版权。

第 103AA 条　以谐仿或讽刺为目的的合理使用

以谐仿或讽刺为目的，合理使用视听作品，不构成侵犯该作品或该作品所包含的任何作品或其他视听作品的版权。

第 103B 条　为报道新闻而进行的合理使用

（1）在下列情况中，合理使用视听作品并不构成侵犯该项目或该项目所包括的任何作品或其他视听作品的版权：

（a）是为了报纸、期刊或类似期刊的新闻报道，或与该新闻报道有关联，而该首述视听作品已获得足够的确认；或

（b）是为了以传播方式或在电影中报道新闻，或与报道新闻有关联。

第 103C 条　为研究或学习目的而进行的合理使用

（1）如为研究或学习目的而合理使用视听作品，并不构成侵犯该项目的版权或该项目所包括的任何作品或其他视听作品的版权。

（2）为本法的目的，在确定为研究或学习目的处理视听物品是否构成合理使用时应考虑的事项包括：

（a）处理的目的及性质；

（b）视听作品的性质；

（c）在合理时间内以合理价格获得视听物品的可能性；

（d）该项处理对该视听物品的潜在市场或价值的影响；以及

（e）在只复制该视听作品的部分的情况下，就整个项目而言，所复制的部分的数量和实质。

第 104 条　为司法程序目的而做出的行为

凭借本部分而存续的版权，并不因下列任何情况而被侵犯：

（a）为司法程序或司法程序报告的目的；或

（b）为寻求下列人员的专业意见：

（ⅰ）法律执业者；或

（ⅱ）根据 1990 年专利法注册为专利律师的人；或

（ⅲ）根据 1995 年商标法注册为商标律师的人；或

（c）为提供专业意见的目的或在提供专业意见的过程中，由：

（ⅰ）法律执业者；或

（ⅱ）根据 1990 年专利法注册为专利律师的人；或

（ⅲ）根据 1995 年商标法。

第 104A 条　议会图书馆为议员所做的行为

凭借本部分而存续的版权，如仅为协助身为议会议员的人履行该人作为议员的职责而由图书馆的获授权人员做出任何事情，而该图书馆的主要目的是为该议会议员提供图书馆服务，则不属侵权。

第 104B 条　在安装于图书馆及档案馆的机器上制作的侵犯版权复制件

如果：

（a）任何人在机器（包括电脑）上制作视听作品或作品的出版版本的侵犯版权复制件或其部分的侵犯版权复制件，而机器是由管理图书馆或档案馆的团体或经其批准而装置于该图书馆或档案馆的处所内，或在该处所外为方便使用该图书馆或档案馆的人而装置的；以及

（b）在使用机器的人容易看见的地方，或在机器的紧邻处，按照订明格式，贴上订明尺寸的告示；

管理图书馆或档案馆的机构，或管理图书馆或档案馆的人员，都不能仅仅因为该复制件是在该机器上制作的，就被视为授权制作侵犯版权的复制件。

第104C条　为医疗保健或相关目的而共享的录音制品及电影的版权

（1）在下列情况中，电影或录音制品的版权所包含的行为并不侵犯该电影或录音制品的版权：

（a）作出或授权作出的行为：

（ⅰ）为2012年我的健康档案法要求或授权收集、使用或披露健康信息的目的；或

（ⅱ）存在1988年隐私权法第16A条第（1）款表格第1项所允许的一般情况（对生命、健康或安全的严重威胁），或者如果从事该行为的实体为该法目的的应用程序实体，就会存在这种情况；或

（ⅲ）根据1988年隐私权法第16B条存在允许的健康状况，或者如果从事该活动的实体是该法目的的组织，就会存在这种状况；或

（ⅳ）条例规定的与保健有关的任何其他目的，或与保健信息的交流或管理有关的任何其他目的；以及

（b）任何一种：

（ⅰ）该影片或录音基本上由健康信息组成；或

（ⅱ）该影片或录音允许储存、检索或使用健康信息，而在本会侵犯该作品版权的情况下做出该行为或授权做出该行为是合理必要的。

（2）在本条中：

医疗保健与2012年我的健康记录法中的含义相同。

健康信息与2012年我的健康记录法中的含义相同。

第105条　某些录音的版权不会因在公共场所或广播中听到录音而被侵犯

仅凭借第89条第（3）款而存在的录音的版权，并不因安排公开聆听该录音或广播该录音而被侵权。

第106条　导致录音在宾馆或俱乐部被听到

（1）凡有人在公众场合听到任何声音记录：

（a）在有人居住或睡觉的场所，作为专为该场所的住客或囚犯或为该住客或囚犯及其客人而提供的便利设施的一部分；或

（b）作为注册慈善机构活动的一部分，或为注册慈善机构的利益而进行；

致使该录音被如此听取的行为不构成对该录音的版权的侵权。

（2）第（1）款不适用于：

（a）就第（1）款（a）项所提及的任何种类的场所而言，如进入该场所内拟聆听记录的部分已缴付特定费用；或

（b）就第（1）款（b）项所提及的任何类别的注册慈善机构而言，如有人就进入聆听该录音的地方而收取费用，而该费用的任何收益并非为该注册慈善机构的目的而应用。

（3）在第（2）款中，凡提及为接纳而作出的特定押记或押记，包括提及部分为入场而作出的特定押记或部分为其他目的而作出的押记。

第107条　为广播目的制作录音复制件

（1）凡任何人广播某录音制品（无论是由于转让、特许还是由于实施本法规定）不会构成侵犯该录音制品的版权，但该人制作该录音制品的复制件会，除本款外，该人仅为广播与其他事项有关的录音而制作与其他事项有关的录音的复制件，并不构成该等侵权行为，因此并不侵犯该录音的版权。

（2）如录音复制件用于下列情况，则不适用于该复制件：

（a）在不构成侵犯录音版权的情况下（无论是由于转让、许可还是由于实施本法规定）播放录音；或

（b）为在该情况下广播该录音而制作该录音的进一步复制件。

（3）如录音复制件是由并非该复制件的制作者的人为广播该录音而使用的，则第（1）款不适用于该复制件，除非该制作者已向该录音的版权人支付他们所同意的金额，或在没有协议的情况下，已向所有人作出书面承诺，向

所有人支付版权法庭应其中任何一人的申请而厘定的金额，该金额是就制作该复制件而向所有人支付的合理报酬。

(4) 已作出上一款所提及的承诺的人，在版权法庭裁定该承诺所涉及的金额后，有法律责任将该金额支付予该记录内的版权人，而该所有人可在具有司法管辖权的法院向该人追讨该金额，作为欠该所有人的债项。

(5) 第 (1) 款不适用于录音的复制件，除非在按照该款制作的任何复制件首次用于按照广播该录音的日期起计的 12 个月期限届满前，或在复制件制作者与录音版权人商定的进一步期限（如有）到期之前，根据该款制作的所有复制件均被销毁，或经澳大利亚国家档案馆馆长同意，移交给澳大利亚国家档案馆保管（在 1983 年档案法的意义内）。

(6) 澳大利亚国家档案馆馆长不得同意根据第 (5) 款将录音复制件移交给澳大利亚国家档案馆保管，除非他或她已证明该录音具有特殊的记录性质。

(7) 在本条中：

广播，不包括联播。

第 108 条　公开表演不侵犯已出版录音的版权，但须支付合理报酬

(1) 在下列情况中，任何人安排公开聆听已发表的录音，并不侵犯该录音的版权：

(a) 该人已向该录音的版权人支付他们协议的金额，或在没有协议的情况下，已向该所有人作出书面承诺，向该所有人支付版权法庭应他们任何一方的申请而厘定的金额，该金额是就安排该录音公开聆讯而向该所有人支付的合理报酬；且

(b) 如属于首次在澳大利亚以外地方发表的录音，该录音已在澳大利亚发表，或该录音首次发表日期后的订明期间已届满。

(2) 已作出上一款所提及的承诺的人，在版权法庭裁定该承诺所关乎的金额后，有法律责任将该金额支付予该录音内的版权人，而该所有人可在具有司法管辖权的法院向该人追讨该金额，作为欠该所有人的债项。

(3) 为施行第 (1) 款 (b) 项而订明期间的条例，可就不同类别的录音制品订明不同的期间。

第 109 条　在某些情况下广播不侵犯已出版录音的版权

（1）除本条另有规定外，在下列情况中，制作广播（向制作该广播的人支付费用而传送的广播除外）并不侵权已发表录音的版权：

（a）如版权法庭并无根据第 152 条有效的命令就该广播的制作时间而适用于该广播的制作者，则该广播的制作者已向该录音的版权人作出书面承诺，向该所有人支付下列情况所指明的金额（如有），或版权法庭根据该条就制作者在该广播的期间内广播其版权由该人拥有并包括该录音的已发表录音作出的命令而裁定；或

（b）凡版权法庭有根据该条做出的有效命令，就该广播的制作时间而适用于该广播的制作者：

（ⅰ）该录音的版权由该命令指明的人所拥有，而该命令所指明的金额或按照该命令所厘定的金额须在其中一人中分开的，而该广播的制作者则按照该命令向该人付款；或

（ⅱ）该录音的版权由该命令没有如此指明的人拥有。

（2）如录音的广播是按照广播的制作者与该录音的版权人之间的协议作出的，则不适用于该广播。

（3）第（1）款不适用于尚未在澳大利亚发表的录音的广播，如该广播是在该录音首次发表日期后的订明期间届满前作出的。

（4）为施行上一款而订明期间的条例，可就不同类别的录音订明不同的期间。

（5）在下列情况中，第（1）款不适用于没有在澳大利亚发表的录音的广播：

（a）该录音由或包括有版权存在的音乐作品组成；

（b）该音乐作品是为与戏剧作品一起演出而制作的，或已与戏剧作品一起演出，或已纳入电影；且

（c）该音乐作品的录音并未（无论以出售或其他方式）提供予澳大利亚公众。

（6）就第（5）款（c）项而言，如提供音乐作品的记录并非由该作品的版权人作出，或并非在该作品的版权人的特许下作出的，则该提供须不予理会。

第109A条　为私人及家庭用途复制录音资料

（1）本条适用于下列情况：

（a）录音的复制件（较早复制件）的所有人使用该较早复制件制作该录音的另一复制件（较晚复制件）；且

（b）制作后一复制件的唯一目的，是拥有者在私人和家庭使用后一复制件的装置，该装置须：

（ⅰ）是可用来使录音被听到的装置；且

（ⅱ）他或她拥有；且

（c）先前的复制件不是通过互联网下载无线电广播或类似节目的数字录音而制作的；且

（d）较早的复制件不是该录音、广播或包括在该录音中的文学、戏剧或音乐作品的侵犯版权的复制件。

（2）较后复制件的制作并不侵犯该录音的版权，或该录音所包括的文学、戏剧或音乐作品或其他客体的版权。

（3）如较早的复制件或较后的复制件是下列情况，则第（2）款视为从未适用：

（a）出售；或

（b）出租；或

（c）以贸易方式为出售或出租而提供或展示；或

（d）为贸易或其他目的而分发的；或

（e）用于使该录音在公众场合被听到；或

（f）用于广播录音。

注：如果较早或较晚的复制件是按前述第（3）款所述处理的，不仅可能因制作较晚的复制件而侵权，而且可能因处理该较晚复制件的处理方式而侵权。

（4）为免生疑问，第（3）款（d）项不适用于版权人将较早的复制件或较晚的复制件借予其家庭或住户的成员，以供该成员的私人及家庭用途。

第110条　与电影有关的条文

（1）凡构成电影一部分的视觉图像全部或主要由在其首次出现于某物品或事物时是传达新闻的手项的图像组成的，则在该影片所描绘的主要事件发生日届满后50年，致使该影片在公众面前被观看或听到，或同时被观看和听到，并不侵犯该影片的版权。

（2）凡电影的版权凭借本部分而存在，则任何人在该版权届满后安排公众观看和聆听该影片，或安排公众观看和聆听该影片，并不因这样做而侵犯任何文学、戏剧、音乐或艺术作品凭借第3部分而存在的版权。

（3）凡包含在与构成电影一部分的视觉图像相关联的声道中的声音也包含在一张录音中，但该声道或直接或间接源自该声道的录音除外，则对该录音的任何使用并不侵犯该电影的版权。

第110AA条　复制不同格式的电影供私人使用

（1）本条适用于下列情况：

（a）包含模拟形式电影的录像带的所有人以电子形式制作该影片的复制件（主要复制件），以供其私人和家庭使用，而不是该录像带；且

（b）录像带本身并不是该影片或广播、录音、作品或作品的出版版本的侵犯版权复制件；且

（c）所有人在制作该主要复制件时，没有制作也没有正在制作另一个以电子形式体现该影片的复制件，该电子形式与在主要复制件中体现该影片的电子形式基本相同。

为此目的，不应将偶然制作的电影临时复制件视为制作主要复制件的技术过程的必要部分。

（2）制作主要复制件并不侵犯电影或该影片所包括的作品或其他客体的版权。

◆ 处理主要复制件可能使其成为侵权复制件

（3）如主要复制件存在下列情况，则第（2）款不适用于：

（a）出售；或

（b）出租；或

（c）以贸易方式为出售或出租而提供或展示；或

（d）为贸易或其他目的而分发的。

注：如果主要复制件是按第（3）款所述处理的，那么版权不仅可能因制作主要复制件而受到侵犯，也可能因处理主要复制件而受到侵犯。

（4）为免生疑问，第（3）款（d）项不适用于出借人将主要复制件借予其家庭或住户的成员，以供该成员的私人及家庭用途。

◆ **处置录像带可使主要复制件成为侵犯版权复制件**

(5) 如该录像带的所有人将该录像带处置给另一人，则第 (2) 款即视为从未适用。

◆ **临时复制件的状态**

(6) 如第 (2) 款只因不理会附带制作该电影的临时复制件是制作该主要复制件的技术程序的必要部分，而适用于制作该主要复制件，则：

(a) 如该临时复制件在制作主要复制件期间或之后的第一个切实可行时间被销毁，制作该临时复制件并不侵犯该电影或该电影所包括的任何作品或其他客体的版权；或

(b) 如该临时复制件在当时没有销毁，则该临时复制件的制作始终被视为侵犯了存在于该电影及该电影所包括的任何作品或其他客体的版权(如有)。

第 110A 条　复制和传播图书馆或档案馆未出版的录音制品和电影

凡在录音或电影制作时间或期间届满后 50 年以上，该录音或电影仍有版权，但是：

(a) 录音或者电影尚未出版的；且

(b) 载有该录音的记录或该电影的复制件保存在图书馆或档案馆的馆藏中，而该馆藏受条例规制，可供公众查阅；

该录音或电影的版权，以及该录音或电影所包括的任何作品或其他客体的版权，均未受侵犯：

(c) 任何人为研究或学习目的或为出版而复制或传播该录音或电影；或

(d) 由图书馆或档案馆的主管人员或其代表制作录音或电影的复制件或将该复制件传送，而该复制件是提供或传送给一个人，而该人使该主管人员确信他或她需要该复制件是为了进行研究或学习，或为了出版，并且他或她不会将该复制件用于任何其他目的。

第 110C 条　为联播而制作录音或电影的复制件

(1) 如广播录音或电影不会因任何理由而构成侵犯该录音或影片的版权，但制作该录音或影片的复制件，则除本条外会构成侵犯该版权，则在下列情况中，制作该录音或影片的复制件并不侵犯该版权：

(a) 制作该复制件所用的录音或影片是模拟形式的；且

(b) 制作该复制件纯粹是为了以数码形式同时转播该录音或影片。

(2) 如任何录音或影片的复制件用于下列情况，则第(1)款不适用于该复制件：

(a) 在不因任何理由而构成侵犯该录音或影片的版权的情况下，同时转播该录音或影片；或

(b) 在该情况下，为同时转播该录音或影片而制作该录音或影片的进一步复制件。

(3) 第(1)款不适用于任何录音或影片的复制件，除非根据该款制作的录音或影片的所有复制件在条例所指明的有关日期或之前销毁。

(4) 为施行第(3)款，条例可就不同类别的录音制品或电影指明不同的日期。

第 111 条　录制广播，以便在更方便的时间重播

(1) 如任何人只为私人及家庭用途而制作电影或广播的录音，而该电影或录音是在较制作广播的时间更方便的时间观看或收听该广播的资料，则本条适用。

注：第 10 条第(1)款将广播定义为 1992 年广播服务法所指的广播服务向公众提供的传播。

◆ 制作电影或录音并不侵犯版权

(2) 制作该影片或录音并不侵犯该广播或该广播所包括的任何作品或其他客体的版权。

注：即使该电影或录音的制作没有侵犯该版权，但如果制作了该电影或录音的复制件，该版权也可能受到侵犯。

◆ 处理电影或录音的体现

(3) 如载有该影片或录音的物品或物件符合下列情况，则第(2)款即视为从未适用：

(a) 出售；或

(b) 出租；或

(c) 以贸易方式为出售或出租而提供或展示；或

(d) 为贸易或其他目的而分发的；或

(e) 用于使该电影或录音被公开观看或聆听；或

(f) 用于播放该电影或录音。

注：如体现电影或录音的物品或物件是按第（3）款所述处理的，则版权不仅可能因制作该物品或物件而受到侵犯，而且可能因处理该物品或物件而受到侵犯。

（4）为免生疑问，第（3）款（d）项不适用于出借人将该物品或物件借予该出借人的家庭或住户的任何成员，以供该成员私人及家庭使用。

第 111A 条　传播过程中的临时复制

（1）在制作或接收传播的技术过程中制作视听制品的临时复制件，不侵犯根据本部分存在的版权。

（2）如传送属侵犯版权行为，则第（1）款不适用于作为传送技术过程的一部分而制作视听作品的临时复制件。

第 111B 条　作为技术使用过程的一部分的临时复制

（1）除第（2）款另有规定外，如某客体的临时复制件是作为使用该客体的复制件的技术过程的必要部分而偶然制作的，则制作该客体的临时复制件并不侵犯该客体的版权。

（2）第（1）款不适用于：

（a）某客体的临时复制件是由下列材料制作而成，

（ⅰ）该临时复制件即为该客体的侵权复制件；或

（ⅱ）客体的复制件是在另一国家制作的，但如果制作该复制件的人是在澳大利亚制作的，该复制件将是该客体的侵犯版权复制件；或

（b）制作某客体的临时复制件，作为使用该客体复制件的技术过程的必要部分，该项使用构成侵犯该客体的版权。

（3）第（1）款不适用于任何客体的临时复制件的任何后续使用，但作为制作该临时复制件的技术过程的一部分的使用除外。

第 112 条　作品的复制件

如复制一件或多件作品的已出版版本，而复制该版本的全部或部分，并不侵犯该版本的版权，但该复制是在下列过程中进行的除外：

（a）某版本只包含一件作品：

（ⅰ）对该作品的处理，即根据第 40 条、第 41 条、第 42 条、第 43 条、第 44 条或者第 113E 条并不侵犯该作品的版权；或

（ⅱ）因第 49 条、第 50 条、第 113F 条、第 113H 条、第 113J 条、第

113K 条、第 113M 条、第 113P 条或第 182A 条而使用该作品的全部或部分，不侵犯该作品的版权；或

（b）包含 2 件以上作品：

（ⅰ）对于其中的 1 件作品或对于部分或全部的作品，由于第 40 条、第 41 条、第 42 条、第 43 条、第 44 条或者第 113E 条，并不侵犯该等作品或该等作品的版权；或

（ⅱ）由于第 49 条、第 50 条、第 113F 条、第 113H 条、第 113J 条、第 113K 条、第 113M 条、第 113P 条或第 182A 条，不侵犯该作品或该等作品的版权的使用，或部分或全部作品的全部或部分的使用。

第 112A 条　图书的进口与销售

（1）任何人如在没有版权人的特许的情况下，有第 102 条第（1）款（a）项、（b）项或（c）项目的。

（2）除本条另有规定外，下列版权：

（a）在开始日期之前首次出版的海外版；或

（b）作品的已出版版本，而该版本是在开始日期之前、当日或之后首次在澳大利亚出版的；

为第 102 条第（1）款（a）项、（b）项或（c）项所述的目的而将非侵权图书的精装或平装版的复制件（在本条中称为“进口复制件”）进口到澳大利亚的人，在下列情况中，不构成侵权：

（c）该人已书面向版权人或其代理订购该版本的 1 本或多本图书（并非二手复制件或多于满足该人合理要求所需的复制件）；且

（d）当该人订购进口复制件时，（c）项所述的原始命令并没有由该人或经该人同意撤回或取消，或者虽然撤回或者取消，但是：

（ⅰ）自该人发出原始订单后至少 7 日，版权人、特许所有人或代理并没有书面通知该人会在发出原始订单后 90 日内完成该订单；或

（ⅱ）自该人发出原始订单起，最少已过 90 日，而版权人、被许可人或代理人仍未填写该订单。

（3）作品的已出版版本（无论该版本在开始出版日之前、当日还是之后首次出版）的版权，未经版权人许可，进口复制的非侵权图书至澳大利亚，如果进口的目的是填补书面订单，并不侵犯该作品的已出版版本的版权：

（a）是书面订单的，该订单载有由客户签署的陈述书；或

（b）是电话订单的，客户须做出一份可核实的声明；

声明大意为：客户并不打算将图书用于第 102 条第（1）款（a）项、（b）项或（c）项所述的目的。

（4）任何人在没有版权人的特许的情况下，将任何非侵犯版权图书的 2 本以上进口到澳大利亚，下列情况中，该作品的已出版版本（无论该版本是在开始日期之前、当日或之后首次出版）的版权未被侵犯：

（a）进口的目的是填写由图书馆或代表图书馆向该人发出的书面订单或可核实的电话订单，但图书馆为某人或组织（直接或间接）营利的除外；且

（b）就书面订单而言，该订单载有一项由下订单的人签署的声明，大意是图书馆不打算将任何图书用于第 102 条第（1）款（a）项、（b）项或（c）项所述的目的；且

（c）属于电话订购的，发出订购的人作出（b）项所提述的可核实声明；且

（d）如此进口的复制件数目不多于如此订购的复制件数目。

（5）在不限制根据第（3）款或第（4）款发出的电话订单或根据第（3）款（b）项和第（4）款（c）项作出的声明的方式下可以核实，而就本条而言，如接受该订单的人或作出该声明的人在作出该订单或声明（视情况而定）时，或紧接其后就该订单或声明的详情作出书面记录，则该订单或声明须视为可予核实。

（6）在下列情况中：

（a）为第 102 条第（1）款（a）项、（b）项或（c）项所述目的而将图书进口到澳大利亚；

（b）根据本条，进口不构成对已出版作品的版权的侵犯；

为任何上述目的而使用本书并不构成对出版作品版权的侵犯，并且第 103 条第（1）款不适用于该图书。

（7）版权人或其许可人及代理人能够在澳大利亚供应足够的平装本图书以填补任何合理订单的，第（2）款不适用于将精装本图书进口到澳大利亚。

（8）版权人或其特许授权人或代理人能够在澳大利亚供应足够的平装本图书以填补任何合理订单的，第（2）款不适用于将精装本图书进口到澳大利亚。

（9）本条中，图书不包括：

（a）以 1 件或多件音乐作品为主要内容的图书，包括或不包括任何相关的文学、戏剧或艺术作品；或

（b）与计算机软件一起销售，用于该软件使用的说明书；或

（c）期刊。

生效日指1991年版权法修正案生效之日。

海外版指作品的出版版本：

（a）首次在澳大利亚以外的国家出版的版本；且

（b）在其他国家首次出版后30日内没有在澳大利亚出版的。

注：就本法而言，作品的一个版本可以在澳大利亚首次出版，前提是该版本在澳大利亚先于其他地方的一个版本在30日内出版。关于首次出版的含义，参见第29条，特别是第29条第（5）款。

第112B条　复制化学产品容器的批准标签上的文字

在化学产品容器的标签上复制任何出现在批准标签上的文字，并不侵犯根据第92条就该文字而存在的任何版权。

第112C条　进口配件等的版权

（1）下列情况中的版权：

（a）作品的已出版版本，而该作品的复制件位于或包含在某一物品的非侵权配件中；或

（b）电影，而该电影的复制件是某物品的非侵权配件；或

（c）录音，而该录音是物品的非侵权配件；

随商品进口配件不构成侵权。

注：配件的定义见第10条第（1）款，配件在某些进口物品方面的扩展含义也参见第10AD条。

（2）第103条不适用于：

（a）作品已出版版本的复制，即在一件物品的非侵权配件上或包含在该配件内的复制；或

（b）电影的复制件，即属于物品的非侵权配件的复制件；或

（c）包含录音的唱片，该唱片是一件物品的非侵权配件；

如果进口配件并不侵犯该电影或录音的版权（视情况而定）。

（3）第103条对物品的定义不影响本条。

第112D条　进口非侵权录音复制件不侵犯该录音制品的版权

（1）下列行为不侵犯该录音制品的版权：

（a）进口该录音制品的非侵权复制件；或

（b）作出第103条所述的行为，涉及任何人已进口到澳大利亚的非侵权录音复制件的物品。

注：在侵犯版权的民事诉讼中，除非被告证明其为非侵权复制品，否则该复制品被推定为侵权复制品。参见第130A条。

（2）本条仅适用于下列情况：当录音复制件进口到澳大利亚时，该录音复制件已在下列情况中出版：

（a）在澳大利亚；或

（b）在另一个国家（出版国），或经下列人员同意；

（ⅰ）在出版国的录音的版权或相关权利的所有者；或

（ⅱ）录音制品出版国法律未规定录音制品出版时版权或者有关权利的，该录音制品的版权人或者有关权利的所有人；或

（ⅲ）在录音制品出版时，出版国和原录音国（无论是否不同）的法律均未就录音制品的版权或相关权利做出规定的，为录音制品的制作者。

注：第29条第（6）款涉及未经授权的出版物。

（3）在第（2）款中：

录音制品的版权或者有关权利的所有人，指录音制品发表时的所有人。

（4）第103条对物品的定义不影响本条。

第112DA条　电子文学或音乐作品的复制的进口和销售等

（1）关于作品的已出版版本：

（a）该作品是或属于电子文学或音乐作品的一部分；且

（b）该版本已在澳大利亚或具有资格的国家出版；

（c）向澳大利亚进口含有该电子文学或音乐作品的非侵权复制件的物品；或

（d）作出第103条所述的行为，涉及在其中包含电子文学或音乐作品的非侵权复制件并已由任何人进口到澳大利亚的物品。

注：第130C条涉及被告在侵犯版权的民事诉讼中所承担的举证责任。

（2）第103条对物品的定义不影响本条。

第112E条　利用某些设施进行传播

提供制造或便利制造下列物品的设施的人（包括承运人或运输服务提供

者)：传播不会仅仅因为另一人使用该传播所提供的设施去做版权所包含的权利所做的事，而被视为授权侵犯音像制品的版权。

第 7 分部　其他事项

第 113 条　版权独立存在

(1) 除第 110 条第 (2) 款另有规定外，凡凭借本部分而任何客体存在版权，则本部分的规定不得视为影响第 3 部分就该客体全部或部分源自的文学、戏剧、音乐或艺术作品的施行，而凭借本部分而存在的任何版权，是附加于凭借第 3 部分而存在的任何版权，并独立于凭借第 3 部分而存在的任何版权。

(2) 在本部分任何规定下的版权不影响本部分任何其他规定的运作。

第 113A 条　代理人可代表表演者团体行事

(1) 本条适用于表演者团体中对现场表演的录音的版权有权益的所有成员。

(2) 该团体的所有成员均被视为已向某人授予特许或许可（无论如何描述）：

(a) 做出版权范围内的行为；或

(b) 做出与版权有关的任何其他行为；

如果团体的代理人在其实际或表面权力范围内行事，已向该人颁发许可证或准许该人从事该行为。

注：有关人员在作出该行为前，仍可能需要取得其他版权所有人的特许或许可。

第 113B 条　同意使用现场表演的录音

在下列情况中，一个人被认为已获得表演者特许或许可（无论如何描述）使用现场表演的录音。

(a) 表演者已同意为特定目的录制表演；且

(b) 该录音是根据同意条款用于该目的。

注：在使用该现场表演的录音制品之前，该人仍可能需要取得该录音制品的其他版权所有人的同意。

第 113C 条　无法找到使用出版录音制品等的所有者

(1) 属于已发表录音的现场表演的录音的版权所有人（第一所有人），

如有下列情况，即视为已获该版权的另一所有人批给特许或许可（无论如何描述），以做出构成该版权的作为，或做出与该版权有关的任何其他行为：

（a）第一所有人已与另一所有人订立协议以进行该行为；且

（b）第一所有人在做出合理查阅后，未能发现另一所有人或其代表的身份或住址。

注：第一个版权所有人仍可能需要取得现场表演录音版权其他所有人的许可。

（2）如第一所有人做出该行为，则该人必须在该协议订立之日起计4年内，以信托方式持有并收取另一所有人任何金额的份额（除非该金额在该日之前已分配予该另一所有人或代该另一所有人分配）。

（3）如果在4年内，确定并找到了其他所有人，第一所有人必须将信托持有的金额分配给其他所有人或代表其他所有人分配。4年结束，其他所有人仍未确认或下落不明时，第一所有人可以保留该金额。

（4）第一所有人在初步作出合理查询后，无须在4年内继续作出合理查询。

（5）在协议有效期内，如果确定或找到了其他所有人，其他所有人不能阻止第一所有人作出版权规定的行为。

第4A部分　不侵犯版权的使用

第1分部　本部分简要概述

第113D条　本部分的简要概述

下列内容不侵犯任何版权材料的版权：

（a）障碍者的特定使用；

（b）图书馆、档案和主要文化机构的某些用途；

（c）教育机构的某些用途。

注1：本法的其他条款，包括第3部分、第4部分、第5部分、第7部分和第10部分，规定对版权材料的某些其他使用不侵犯版权。

注2：任何人可以规避访问控制技术保护措施，使其能够实施在本部分不侵犯版权的行为［如果该行为是为第116AN条第（9）款（c）项的目的所规定的］。

第 2 分部　障碍者可使用或者为障碍者服务

第 113E 条　为障碍者的获得目的的合理使用

(1) 如果以使用为目的的一个或多个障碍者获得版权材料（是否通过这些人中的任何一个或由另一个人进行使用），则公平处理版权材料并不侵犯版权材料。

(2) 就本条而言，在决定该使用是否属合理使用时，必须考虑的事项包括下列事项：

(a) 该使用的目的及性质；

(b) 版权资料的性质；

(c) 使用对该材料的潜在市场或价值的影响；

(d) 如果只处理部分材料，则处理部分的数量和实质，以相对于整个材料而言。

第 113F 条　协助障碍者的机构使用受版权保护的资料

协助障碍者的机构，或代表该机构行事的人，在下列情况中使用受版权保护的资料并不侵犯版权，如果：

(a) 使用的唯一目的是帮助障碍者访问一个或多个材料的人因为残疾所需要的格式（无论该访问是由或代表组织或由其他团体或个人）；且

(b) 该机构或代表该机构行事的人信纳该材料（或该材料的有关部分）无法在合理时间内以普通商业价格以该格式取得。

第 3 分部　图书和档案

第 A 次分部　公共图书馆、议会图书馆和档案馆

第 113G 条　图书馆

本次分部适用于下列情况，如果：

(a) 公众可以直接或通过馆际互借获得图书馆的全部或部分馆藏；或

(b) 图书馆的主要目的是为议会议员提供图书馆服务。

注 1：关于议会的参考，参见第 12 条。

注 2：本次分部也适用于档案（如第 10 条所指）。

第113H条　保　　存

（1）在下列情况中，图书馆或档案馆的获授权人员在使用受版权保护的资料时，并不侵犯该资料的版权：

（a）使用该资料是为了保存图书馆或档案馆的馆藏；且

（b）下列任何一项或两项均适用：

（ⅰ）授权人员的图书馆或档案保存的材料是原始形式；

（ⅱ）获授权人员确信，无法获得该材料的复制件，其版本或格式符合保存该等收藏的最佳做法。

（2）在下列情况中，图书馆或档案室的获授权人员将保存复制件提供给图书馆或档案室查阅，并不侵犯版权资料（保存复制件）的版权：

（a）第（1）款适用于制作保存复制件，因为制作该复制件是为了保存包括图书馆或档案的藏书；且

（b）保存复制件为电子形式；且

（c）管理图书馆或档案的机构采取合理措施，确保在图书馆或档案查阅保存本的人不会侵犯保存本的版权。

注：由于本法的其他规定，如第49条（图书馆和档案馆为用户复制和传播作品），对研究复制品的其他使用可能不侵犯版权。

第113J条　研　　究

（1）在下列情况中，图书馆或档案馆的获授权人员在使用版权材料时不会侵犯版权：

（a）该材料构成图书馆或档案馆馆藏的一部分；且

（b）图书馆或档案馆以原始形式保存资料；且

（c）该用途是在该图书馆或档案馆或另一图书馆或档案馆进行研究。

（2）在下列情况中，图书馆或档案馆的获授权人员将受版权保护的资料（研究复制件）提供给图书馆或档案馆查阅，并不侵犯其版权：

（a）第（1）款适用于研究复制件的制作，因为该复制件是以在图书馆或档案馆进行研究为目的而制作的；

（b）研究复制件为电子形式；且

（c）管理图书馆或档案的机构采取合理措施，确保在图书馆或档案查阅研究复制件的人没有侵犯该研究复制件的版权。

注：由于本法的其他规定，如第 49 条（图书馆和档案馆为用户复制和传播作品），对研究复制件的其他使用可能不侵犯版权。

第 113K 条馆藏的管理

如果图书馆或档案馆的获授权人员使用的是与保管或控制由图书馆或档案馆组成的馆藏直接相关的材料，则该材料的使用不侵犯版权。

第 B 次分部　重点文化机构

第 113L 条　重点文化机构的含义

如果图书馆或档案馆是一个重点文化的管理机构：

（a）根据澳大利亚联邦、州或领地的法律，具有开发和维护图书馆或档案馆馆藏的职能；

（b）为本项的实行而由条例订明。

第 113M 条　保　　存

（1）在下列情况中，主要文化机构的获授权人员在使用版权材料时不会侵犯版权：

（a）该材料是主要文化机构收藏的一部分；且

（b）获授权人员确信该材料对澳大利亚具有历史或文化意义；且

（c）该用途是为保存该物料；且

（d）下列任何一项或两项均适用：

（ⅰ）重点文化机构保存原始资料的；

（ⅱ）获授权人员信纳无法以符合保存该版权资料的最佳做法的版本或格式取得该资料的复制件。

注：如果版权材料的使用不符合本款要求，获授权人员可以转而依赖第 113H 条第（1）款。

（2）在下列情况中，主要文化机构的获授权人员通过向主要文化机构提供版权资料（保存复制件），不会侵犯版权资料（保存复制件）的版权：

（a）第（1）款适用于制作保存复制件，因为是为了保存构成主要文化机构藏品一部分的版权资料；且

（b）保存复制件为电子形式；且

（c）管理主要文化机构的机构采取合理措施，确保在主要文化机构查阅

保存本的人不会侵犯保存本的版权。

注：由于本法的其他规定，如第49条（图书馆和档案馆为用户复制和传播作品），对保存复制件的其他使用可能不侵犯版权。

第4分部　教育机构——法定许可

第113N条　本分部简要概述

教育机构可为教育目的复制或传播某些版权材料，前提是管理该教育机构的团体同意向收款团体支付公平的报酬。

第113P条　复制、传播作品和广播作品

◆ 作　　品

(1) 在下列情况中，管理教育机构的团体没有通过复制或传播部分或全部的作品而侵犯作品的版权：

(a) 适用于第113Q条规定的教育机构和工作的报酬通知；

(b) 下列作品除外：

(ⅰ) 计算机程序；

(ⅱ) 计算机程序的汇编；

(ⅲ) 广播中包含的作品；

(c) 复制或传播仅出于下列以教育为目的的情况：

(ⅰ) 教育机构；

(ⅱ) 其他教育机构，根据第113Q条的规定，报酬通知适用于该其他教育机构且工作有效的；且

(d) 复制或传播的作品的数量不会不合理地损害版权人的合法利益；且

(e) 复制或传播符合：

(ⅰ) 有关的作品集体管理组织与管理该教育机构的团体之间的任何有关协议；且

(ⅱ) 版权法庭根据本条第(4)款作出的有关裁决。

◆ 广　　播

(2) 在下列情况中，管理教育机构的团体复制或传播广播的全部或部分的复制件，并不侵犯版权材料的版权；

(a) 适用于该教育机构的报酬通知，根据第113Q条生效版权材料的版权；且

(b) 该材料是:

(ⅰ) 广播;

(ⅱ) 广播所包含的作品、录音或电影; 且

(c) 复制或传播仅出于下列以教育为目的的情况:

(ⅰ) 教育机构; 或

(ⅱ) 其他教育机构, 报酬通知适用于其他教育机构, 且该材料根据第113Q条生效; 且

(d) 复制或传播符合:

(ⅰ) 广播集体管理组织与管理教育机构的团体之间的任何有关协议; 且

(ⅱ) 版权法庭根据本条第 (4) 款作出的有关裁决。

(3) 就第11A部分而言, 演出中的每一位表演者均被视为已授权复制或传播:

(a) 演出的全部或部分; 或

(b) 该表演广播的内容;

如第 (2) 款适用于复制或传播。

注: 本款的效力是, 在第11A部分 (表演者的保护) 下, 复制或传播不存在诉讼权利, 也不存在犯罪。

◆ 版权法庭裁定的问题

(4) 在下列情况中, 版权法庭可裁定第 (1) 款或第 (2) 款所述与复制或传播有关的问题:

(a) 有关收款团体及有关管理教育机构的团体未能根据第 (1) 款 (e) 项 (ⅰ) 目和第 (2) 款 (d) 项 (ⅰ) 目以协议方式决定有关问题; 且

(b) 社团或团体向法庭申请由法庭决定该问题。

注: 第153A条订明版权法庭处理有关申请的程序。

◆ 用于其他目的的复制和传播

(5) 第 (1) 款、第 (2) 款和第 (3) 款不适用于任何管理教育机构的团体复制或传播一份复制件, 而该复制件在该团体的同意下是:

(a) 用作教育机构的教育目的以外的目的; 或

(b) 在没有适用于其他教育机构的报酬通知, 且有关版权资料根据第113Q条属于有效的情况下, 给予管理其他教育机构的团体; 或

(c) 为赚取财务利润而出售或以其他方式供应。

◆ **确定传播的内容**

（6）本条适用于广播的内容与以相同方式适用于广播，如果广播的内容是：

（a）与广播同时或基本上同时使用互联网以电子方式传送的；或

（b）若广播是免费广播，由广播机构在广播的同时或之后在网上提供。

第113Q条　报酬通知

（1）报酬通知指书面通知：

（a）管理教育机构的团体向集体管理组织发出的书面通知；且

（b）该机构承诺：

（ⅰ）向社会支付许可复制或传播的合理报酬；且

（ⅱ）对社会给予合理帮助，使社会能够收取和分配公平的报酬。

注：关于公平报酬，参见第113R条。

（2）第113P条第（1）款和第（2）款所述的复制或传播，如该复制或传播并非仅因第113P条而侵犯版权，则属许可复制或传播。

（3）根据本条向收款协会发出的报酬通知，适用于：

（a）该团体管理的教育机构；且

（b）该协会为集体管理组织的版权资料。

注：参见第113V条第（4）款（a）项。

（4）但是，如果第113P条第（1）款（b）项所适用的团体不是该作品版权的符合资格权利人的作品集体管理组织，则该通知不适用于该作品。

注：参见第113V条第（4）款（b）项。

（5）根据本条发出的报酬通知：

（a）自下列日期起生效：

（ⅰ）通知有关催收团体之日；或

（ⅱ）通知中指明的较后日期；且

（b）撤销前仍然有效。

（6）管理教育机构的团体可随时撤销该团体根据本条向收款团体发出的报酬通知。该团体以书面通知该协会，撤销该报酬通知。撤销生效：

（a）向社会发出撤销通知之日起计的3个月内届满；或

（b）在撤销通知所指明之后的日期。

第113R条　合理报酬

（1）管理教育机构的团体根据第113Q条向收款团体发出报酬通知，承诺为授权复制或传播支付的合理报酬的金额为：

（a）该团体与该团体之间约定的金额；或

（b）由版权法庭根据第（2）款裁定。

（2）下列情况下，版权法庭可裁定合理报酬的金额：

（a）协会和团体未能根据第（1）款（a）项通过协议裁定金额；且

（b）协会或团体向法庭申请，由法庭决定有关金额。

注：第 153A 条订明版权法庭处理有关申请的程序。

（3）法庭根据第（2）款作出的裁决书，可表示就在作出裁决书当日之前所作的复制或传播而言，具有效力。

第 113S 条　教育机构必须协助集体管理组织

（1）如果根据第 113Q 条适用于某一教育机构的报酬通知生效，有关集体管理组织可以书面（进入通知）通知管理该教育机构的团体，在通知所指明的日期，进入该教育机构的场所，以审查该机构是否遵守下列规定：

（a）报酬通知；且

（b）第 113P 条第（1）款（e）项和第（2）款（d）项所述的任何相关协议和决定。

（2）获集体管理组织书面授权的人员，可在集体管理组织向该团体发出进入通知后，为第（1）款所述目的进入该教育机构的处所。

（3）根据第（2）款进入场所只能发生在：

（a）在教育机构的正常工作时间内；且

（b）在进入通知所指明的日期，该通知不得早于发出进入通知之日后 7 日。

（4）如下述情况，版权法庭可根据本条裁定与进入教育机构场所有关的问题：

（a）有关的收款团体和管理教育机构的团体未能通过协议就该问题作出裁定；且

（b）社团或团体向版权法庭申请由法庭决定该问题。

注：第 153A 条订明版权法庭处理有关申请的程序。

（5）管理教育机构的机构必须：

（a）确保根据第（2）款进入该教育机构场所的人获得一切合理和必要的设施及协助，以有效检讨该机构是否遵守第（1）款（a）项和（b）项所述的报酬通知、协议及裁定；且

（b）遵从版权法庭根据第（4）款作出的任何裁定。

（6）管理教育机构的团体如违反第（5）款，即属犯罪。

处罚：5个罚金单位的罚金。

第113T条　自愿许可

（1）本分部丝毫不影响版权资料的版权人发出许可证，授权管理教育机构的团体使用该等资料的权利。

（2）本分部任何规定均不影响表演者在表演（在第11A部分的含义内）中授权教育机构管理机构的权利；

（a）制作或促使他人制作该表演的录音或电影影片；且

（b）传播或安排传播该录音或电影。

第113U条　代表教育机构管理机构的人员

除第113S条第（6）款第一次提述以外，本分部对管理教育机构的团体的提述包括对代表该团体行事的人的提述。

第5分部　集体管理组织

第A次分部　集体管理组织声明

第113V条　集体管理组织声明

◆ 申　　请

（1）一个机构可以以书面形式向部长申请：

（a）集体管理组织：

（ⅰ）所有合格的权利持有人；或

（ⅱ）指定类别的合资格权利持有人；或

（b）广播集体管理组织。

◆ 声　　明

（2）在收到申请后，部长必须做下列事项：

（a）声明该团体是集体管理组织；

（b）声明该团体不是集体管理组织；

（c）两者：

（ⅰ）以条例所订明的方式将申请转介版权法庭；且

（ⅱ）将转介通知团体。

（3）如部长根据第（2）款（c）项向版权法庭提交申请，版权法庭可宣布该团体为集体管理组织。登记官必须将声明通知部长。

注：第153A条订明版权法庭处理转介的程序。

（4）根据本条宣布该团体为集体管理组织的声明必须宣布该团体为集体管理组织：

（a）下列情况中：

（ⅰ）就第113P条第（1）款（b）项所适用的工程；或

（ⅱ）第113P条第（2）款（b）项适用的版权材料；且

（b）对于：

（ⅰ）如本款（a）项（i）目适用，指明类别的符合资格权利持有人；或

（ⅱ）在任何一种情况下，所有合格的权利持有人。

（5）部长必须以可通知的文书，就根据本条作出的声明发出通知。

◆ 现有集体管理组织

（6）如果：

（a）某机构被宣布为符合资格的权利持有人的作品集体管理组织；且

（b）后来宣布另一个机构为符合资格的版权持有人的作品集体管理组织；第一份声明于第二份声明开始生效前的当日（终止日）停止生效，只要第一份声明与符合资格的权利持有人有关。

（7）如果：

（a）根据第113Q条向第一机构发出的报酬通知：

（ⅰ）在终止日生效；

（ⅱ）适用于作品；且

（b）符合资格的版权持有人拥有该作品的版权；如果该通知适用于该作品，则该通知在终止日停止有效。

（8）不能在宣布某一机构为广播集体管理组织的同时，宣布另一机构为广播集体管理组织。

◆ 符合资格的版权持有人

（9）在本法中：

符合资格的版权持有人指：

（a）集体管理组织指作品版权的所有人；或

（b）下列任一情况，对于作品集体管理组织而言：

（ⅰ）作品、录音或电影的版权人（第100AB条所指现场表演录音的版权的新所有人除外）；

（ⅱ）表演（如第11A部分所指）中的表演者。

第113W条 对集体管理组织声明的规定

部长和版权法庭不能根据第113V条声明一个团体是一个集体管理组织符合资格的版权持有人，除非：

（a）该机构是一个担保有限公司，并根据澳大利亚联邦、州或领地有关公司的法律注册成立；

（b）所有符合资格的权利持有人或其代理人均有权成为其成员；

（c）其规则禁止向其成员支付股息；

（d）其规则包含条例所规定的其他条款，这些条款是确保作为符合资格权利持有人的集体管理组织成员或其代理人的利益得到充分保护所必需的条款，包括关于：

（ⅰ）根据第113Q条向社会发出的报酬通知收取应支付的合理报酬；且

（ⅱ）从该组织收取的款项中支付该组织的行政费用；

（ⅲ）其收取的款项的分配；

（ⅳ）由社会信托持有非其成员的合格权利持有人的数额；

（ⅴ）会员查阅组织记录。

第113X条 撤销声明

（1）第（2）款适用于部长信纳根据第113V条声明为集体管理组织的机构：

（a）没有充分发挥其作为集体管理组织的职能；或

（b）不按照其规则行事，或不符合其作为符合资格权利持有人或其代理人的成员的总体利益行事；或

（c）已更改其规则，使其不再符合第113W条（c）项及（d）项；或

（d）在无合理辩解的情况下拒绝或未能遵守第113Z条或第113ZA条。

（2）部长可以：

（a）撤销声明；或

（b）按条例所订明的方式，向版权法庭提出是否应撤销声明的问题。

（3）在下列情况中，法庭可撤销声明：

(a) 部长根据第 (2) 款 (b) 项将问题提交版权法庭；且

(b) 法庭信纳第 (1) 款 (a) 项、(b) 项、(c) 项或 (d) 项适用于该机构。

登记官必须将撤销通知部长。

注：第 153A 条订明版权法庭处理转介的程序。

(4) 根据本条提出的撤销，必须指明该撤销生效的日期。

(5) 部长必须通过可通知的文书，根据本条发出撤销通知。

(6) 1901 年法律解释法第 33 条第 (3) 款不适用于根据本法第 113V 条作出声明的权力。

第 B 次分部　集体管理组织的运作

第 113Y 条　本次分部适用范围

本次分部适用于：

(a) 作品集体管理组织；

(b) 广播集体管理组织。

第 113Z 条　年度报告及账目

(1) 集体管理组织必须在每个财政年度结束后，在切实可行范围内尽快：

(a) 拟备一份有关该财政年度内的运作报告；且

(b) 将报告的复制件送交部长，以便提交议会。

(2) 集体管理组织必须保存正确记录和说明该组织的各项使用（包括作为受托人的任何使用）和该组织的财务状况的会计记录。

(3) 会计记录的保存方式，必须能够不时地编制真实和公平的社会账目，并能方便和适当地审计这些账目。

(4) 集体管理组织必须：

(a) 在每个财政年度结束后，在切实可行范围内尽快安排一名非集体管理组织成员的审计师审核集体管理组织的账目；且

(b) 必须将其经审计的账目复制件送交部长。

(5) 集体管理组织必须让其成员合理地查阅根据本条拟备的所有报告和经审计的账目的复制件。

(6) 本条不影响集体管理组织根据其成立为组织时所依据的法律而拟备

及提交周年申报表或账目的任何义务。

第113ZA条　规则的修改

集体管理组织必须在其修改规则后21日内，将一份修改后的规则复制件送交部长，并附上一份声明，说明：

（a）修改的效果；且

（b）作出该决定的原因。

第113ZB条　版权法庭审核分销安排

（1）集体管理组织或该协会的成员可向版权法庭申请审核该协会已采用或拟采用的安排，以分配其在一项时间内所收集的款项。

注：第153A条订明版权法庭处理有关申请的程序。

（2）在根据第（1）款提出申请后，版权法庭必须作出下列命令：

（a）确认有关安排；或

（b）更改安排；或

（c）代替安排，以分配集体管理组织会在该期间所收取的款项。

（3）如版权法庭作出命令更改该安排或以另一安排取代该安排，则反映版权法庭命令的安排：

（a）有效，如同该安排是按照协会规则采用的一样；且

（b）不影响在作出该命令前开始的分配。

第113ZC条　集体管理组织规则的操作

第4分部和本分部适用于集体管理组织，尽管协会规则中有其他规定，但是只要他们能同这些分部一起运作，就不会影响该规则的适用。

第5部分　违法行为及救济

第1分部　序　　言

第114条　解　　释

（1）在本部分中，诉讼，指当事人之间的民事诉讼程序，包括反诉。

（2）在就反诉的申请中，凡提述原告人及被告人，须分别理解为提述被告人及原告人。

第 2 分部　版权人的诉讼

第 115 条　侵权诉讼

（1）根据本法，版权人可以对侵犯版权的行为提起诉讼。

（2）根据本法，法院在侵犯版权的诉讼中可授予的救济包括禁制令（如法院认为合适，则须遵守该等条款）和损害赔偿金或利润表。

（3）在一项侵犯版权的行为中，已确定有侵权行为，或在侵权行为发生时，被告不知道，也没有合理理由认为其知道，这一行为构成版权侵权，根据本条，原告无权获得与侵权有关的任何损害赔偿，但无论是否根据本条给予任何其他救济，原告均有权获得与侵权有关的利润账目。

（4）在根据本条提起的诉讼中：

（a）侵犯版权；且

（b）法院认为这样做是适当的，考虑到：且

（ⅰ）侵权行为的明目张胆；且

（ⅰa）有必要制止类似的侵犯版权行为；且

（ⅰb）被告在侵权行为之后的行为，或者（如果相关的话）被告得知其涉嫌侵犯了原告的版权之后的行为；且

（ⅱ）侵权是否涉及将作品或其他客体从硬拷贝或模拟形式转换为数字或其他机器可读的电子形式；且

（ⅲ）被告因侵权而获得的任何利益；且

（ⅳ）其他有关事项；

法院在评估侵权损害赔偿时，可根据其认为适当的情况判定额外损害赔偿。

◆ 电子商务侵权救济的考虑

（5）第（6）款适用于审理侵犯版权诉讼的法院，如果法院信纳下列情况：

（a）发生侵权行为（已证实的侵权，无论该侵权行为是由于做出版权所包含的行为、授权做出该等行为或做出另一行为而造成的）；或

（b）已证实的侵权涉及向公众传播作品或其他客体；或

（c）由于该作品或其他客体是向公众传播的，因此很可能存在被告对版

权的其他侵权行为（可能的侵权），但原告在诉讼中没有证明；或

（d）综合起来，已证实的侵权行为和可能的侵权行为都具有商业规模。

（6）法院决定在诉讼中给予何种救济时，可以考虑可能的侵权的可能性（以及已证实侵权的可能性）。

（7）以第（5）款（d）项为目的，综上所述，在决定已证明的侵权行为和可能的侵权行为合起来是否达到商业规模时，要考虑下列事项：

（a）任何物品的数量和价值：或

（ⅰ）证明构成侵权的侵权复制件；

（ⅱ）假设可能发生的侵权行为确实发生时构成该侵权行为的侵权复制件；或

（b）任何其他有关事项。

（8）在第（7）款中：

物品包括作品或其他客体的复制或复制件，即电子形式的复制或复制件。

第115A条　与澳大利亚以外的网址有关的禁令

◆ 禁令的申请

（1）版权的所有者可以向澳大利亚联邦法院申请颁发禁令，要求服务提供者采取法院认为合理措施，禁止访问澳大利亚境外的网址：

（a）侵犯或协助侵犯版权；且

（b）具有侵犯或协助侵犯版权（无论是否在澳大利亚）的主要目的或效果。

（2）根据第（1）款提出的申请亦可要求禁令规定线上搜索引擎提供商，［根据第（8B）款作出的声明所涵盖的提供商除外］采取法院认为合理的措施，不提供将用户引介至该网上位置的搜索结果。

◆ 授予禁令

（2A）法院可按其认为适当的条款及条件，授予禁令。

注1：在决定是否颁授禁令时可能考虑的事项，参见第（5）款。

注2：根据第（1）款适用于运输服务提供商的禁令条款及条件，可能与根据第（2）款适用于在线搜索引擎提供商的条款及条件不同。

（2B）在不限制第（2A）款的情况下，禁令可：

（a）要求服务提供者采取合理的措施，做到下列任何一项或两项：

（ⅰ）阻止提供对禁令中指定在线位置的域名、统一资源定位符（URLs）和国际互联协议（IP）地址访问；

（ⅱ）禁止服务提供商和版权人书面同意的、在禁令下达后已开始提供对在线位置访问的域名、URLs 和 IP 地址；且

（b）要求线上搜索引擎供应商采取合理措施，做到下列任何一项或两项事情：

（ⅰ）不提供包括禁令所指明的可进入网上地点的域名、URLs 及 IP 地址的搜索结果；

（ⅱ）不提供包括域名、URLs 和 IP 地址的搜索结果，而这些域名、URLs 和 IP 地址是线上搜索引擎供应商和版权人书面同意，在禁令发出后已开始提供进入网址的访问的。

◆ **当事方**

（3）根据第（1）款提起诉讼的各方为：

（a）版权人；或

（b）运输服务提供者；或

（ba）如果根据第（1）款提出的申请也要求禁令适用于在线搜索引擎供应商，则为在线搜索引擎供应商；或

（c）运营该网址的人，仅该人申请成为诉讼的当事人。

◆ **服　　务**

（4）版权人必须通知：

（a）运输服务提供商；或

（aa）如果根据第（1）款提出的申请亦要求禁令适用于网上搜索引擎供应商，则为该网上搜索引擎供应商；或

（b）运营该网上地点的人；

根据第（1）款提出申请，但如法院信纳版权人虽经合理努力，仍无法确定运营该网上地点的人的身份或地址，或无法向该人发出通知，则法院可按其认为适当的条款，免除根据（b）项须发出的通知。

◆ **需要考虑的事项**

（5）在决定是否授予禁令时，法院可考虑下列事项：

（a）如第（1）款（b）项所述，明目张胆的侵权行为或助长明目张胆的侵权行为；

（b）该网上地点是否提供或载有侵犯或协助侵犯版权的手项的目录、索引或类别；

（c）有关网上地点的所有人或运营者是否普遍漠视版权；

（d）是否曾因侵犯版权或与侵犯版权有关而被其他国家或地区的法院明令禁止进入网上地点；

（e）在上述情况下，禁止进入网上地点是否适当的回应；

（ea）是否根据第（1）款提出的申请亦要求禁令适用于网上搜索引擎供应商，在该情况下，不提供引介用户登录的搜索结果是否适当的回应；

（f）对可能因禁令的授予而受影响的任何人或任何类别的人的影响；

（g）禁止进入网上地点是否符合公众利益；

（ga）是否根据第（1）款提出的申请亦要求禁令适用于网上搜索引擎供应商，不提供引介用户登录该网站的搜索结果是否符合公众利益；

（h）版权人是否遵守第（4）款；

（i）根据本法可获得的任何其他救济；

（j）条例规定的其他事项；

（k）任何其他有关事项。

◆ 假定该网上地点在澳大利亚境外

（5A）在诉讼过程中，除非有相反的证据，否则推定网上地点在澳大利亚境外。

◆ 誓章证据

（6）就法律程序而言，第134A条（誓章证据）适用，就如同第134A条（f）项对某一特定行为的提述包括对某一类行为的提述一样。

◆ 补救及变更禁令

（7）法院可：

（a）限制期限；或

（b）根据申请，撤销或更改；

根据本条授予的禁令。

（8）根据第（7）款提出的申请可由下列人员提出：

（a）第（3）款所提述的任何人员；或

（b）条例所订明的任何其他人员。

（8A）根据第（7）款提出的申请不得要求法院更改禁令，以使其适用于根据第（8B）款的声明涵盖的网上搜索引擎提供商。

◆ 声明排除网上搜索引擎提供商

（8B）部长可通过立法文书声明：

（a）某一特定的网上搜索引擎提供商；或

（b）属于特定类别的在线搜索引擎提供商；

不是根据第（1）款和第（7）款提出的申请中指明的网上搜索引擎提供商。

♦ 费　　用

（9）运输服务提供商或（如适用）网上搜索引擎提供商无须承担与诉讼有关的任何费用，除非该提供商出庭并参与诉讼。

第 116 条　版权人对侵犯版权复制件的权利

（1）作品或者其他客体的版权人可以就下列物品提起转换或者扣押诉讼：

（a）侵权复制件；或

（b）用于或拟用于制造侵权复制件的装置（包括规避装置）。

（1A）在一个转换或扣押诉讼中，法院可以授予版权人所有或任何可用的补救措施，如：

（a）版权人自复制时即为侵权复制件的所有者；或

（b）自该设备被用于或打算用于制造侵权复制件之时起，版权人即为该设备的所有人。

（1B）法院在要求转换或扣押的诉讼中给予的任何救济，是法院根据第 115 条可给予的任何救济补充的救济。

（1C）如果法院根据第 115 条已给予或拟给予的救济在法院认为是充分的救济，则法院不应在转换或扣押诉讼中给予版权人任何救济。

（1D）在决定是否在转换或者扣押中授予救济和评估应付赔偿时，法院可以从下列方面考虑：

（a）被告作为销售或以其他方式处理侵权复制件的人在生产或收购侵权复制件中产生的费用；

（b）有关费用是否在被告出售或以其他方式处置该侵权复制件之前或之后产生；

（c）法院认为有关的任何其他事项。

（1E）如果侵权复制件是一件物品，只包括部分侵犯版权的材料，法院在决定是否给予宽慰和评估应付的赔偿时，可考虑下列情况：

（a）侵犯版权材料的物品对市场价值的重要性；或

（b）侵犯版权的材料在该物品中所占比例；或

（c）在何种程度上可将侵犯版权的材料与该物品分开。

（2）根据本款，原告无权获得除诉讼费以外的任何损害赔偿金或任何其他金钱救济，如果有证据证明在转换或扣押时：

（a）被告不知道及无合理理由怀疑有关作品或其他诉讼所涉及的客体有版权；

（b）如被转换或扣押的物品是侵权复制件，则被告相信并有合理理由相信该等物品并非侵权复制件；

（c）凡被转换或者扣押的物品是用于或拟用于制作物品的装置，被告有合理的理由相信如此制作或拟如此制作的物品并非或不会是（视情况而定）侵权复制件。

第116AAA条　取得补偿

（1）除本条外，如果第22条第（3A）款、第97条第（2）款和第（2A）款将导致表演者在现场表演中从录音制作者处取得财产，则本条适用。

（2）表演者应向制作者支付双方商定的或经有管辖权的法院确定的补偿金。

（3）在根据本条以外的规定开始的诉讼中，任何损害赔偿、补偿或给予的其他补救，在评估根据本条开始的诉讼中因同一事件或交易而产生的应付赔偿时，应考虑在内。

（4）在根据本条展开的法律程序中应支付的任何赔偿，在评估因同一事件或交易而非根据本条展开的法律程序所判予的任何损害赔偿或补偿或其他救济时，均须考虑在内。

（5）本条中：

财产的取得与宪法第51条（xxxi）项的含义相同。

公正条款与宪法第51条（xxxi）项的含义相同。

现场表演录音的制作者指第22条第（3A）款（a）项所述的人。

现场表演的表演者指下列人员：

（a）根据第22条第（3A）款（b）项成为录音制作者的人；

（b）如第22条第（3B）款适用，即根据该款成为录音制作者的雇主。

第2AA分部　限制针对服务提供者的救济

第A次分部　序　　言

第116AA条　本分部的目的

（1）本分部的目的是限制针对服务提供商实施某些在线活动涉及侵犯版

权的补救措施。服务提供者必须满足某些条件才能利用这些限制。

注1A：关于服务提供者的含义，参见第116ABA条。

注1：第B次分部载有有关活动的说明。

注2：第C次分部载有救济限制的详细情况。

注3：第D次分部列明服务提供者要利用这些限制必须满足的条件。如果服务提供商遵守相关条件，这些限制将自动生效。

（2）本分部不限制在本分部之外对本法有关确定版权是否被侵犯的条款的适用。

第116AB条　定　　义

在本分部中：

高速缓存，指由服务提供商控制或操作的系统或网络上复制版权材料，以响应用户行动，方便该用户或其他用户有效访问该材料。

行业代码指：

（a）符合下列要求的行业代码：

（ⅰ）满足任何规定的要求；且

（ⅱ）根据1997年电信法第6部分注册的；或

（b）根据法规制定的行业规范。

服务提供商，具有第116ABA条给出的含义。

第116ABA条　服务提供者的含义

（1）下列均为服务提供者：

（a）传输服务提供者；

（b）协助障碍者的机构；

（c）图书馆的管理机构，如：

（ⅰ）公众人员可直接或透过馆际互借途径查阅图书馆的全部或部分馆藏；或

（ⅱ）图书馆的主要目的是为议会议员提供图书馆服务；

（d）档案管理机构；

（e）管理主要文化机构的机构；

（f）管理教育机构的机构。

（2）如果服务提供者不是：

（a）传输服务提供者；或

（b）协助障碍者的机构；或

（c）管理教育机构的团体，即属法人团体的教育机构；

本分部只适用于服务提供者因与第（1）款所述的有关图书馆、档案馆、重点文化机构或教育机构的关系而进行的活动。

第B次分部　相关活动

第116AC条　A类活动

服务提供商通过提供传输、路由或提供版权材料连接的设施或服务，或在传输、路由或提供连接过程中版权材料的中间和短暂存储来执行“A类活动”。

第116AD条　B类活动

服务提供商通过自动过程高速缓存版权材料来执行“B类活动”。服务提供者不能手动选择用于高速缓存的版权材料。

第116AE条　C类活动

服务提供商根据用户的指示，在由服务提供商控制或操作的系统或网络上存储版权材料，从而执行“C类活动”。

第116AF条　D类活动

服务提供商通过使用信息定位工具或技术将用户介绍到在线位置来进行“D类活动”。

第C次分部　限制与补救

第116AG条　补救措施的限制

◆ 必须满足相关条件

（1）在适用本条的限制之前，服务提供商必须满足第D次分部中所列的相关条件。

◆ 一般限制

（2）对于在执行第B次分部所列任何类别活动过程中发生的侵犯版权行

为，法院不得批准对服务提供商的救济，救济内容包括：

（a）损害赔偿或利润账户；或

（b）额外损害赔偿；或

（c）其他货币救济。

◆ 特定类型的限制

（3）对于在进行A类活动过程中发生的侵犯版权的行为，法院可对服务提供商给予的救济仅限于下列一项或多项命令：

（a）要求服务提供商采取合理措施禁止访问澳大利亚以外的在线地点的命令；

（b）要求服务提供者终止指定账户的命令。

（4）对于在执行B类、C类或D类活动过程中发生的侵犯版权行为，法院可对服务提供商给予的救济仅限于下列一项或多项命令：

（a）要求服务提供商删除或禁止查阅侵犯版权资料或提及侵犯版权资料的命令；

（b）要求服务提供商终止指定账户的命令；

（c）必要时，其他一些负担较轻但相对有效的非货币命令。

◆ 相关事由

（5）法院在决定是否作出第（3）款或第（4）款所提述的类别的命令时，必须顾及：

（a）对版权人或独占被许可人造成的损害；且

（b）作出命令会给服务提供者带来的负担；且

（c）遵从命令的技术可行性；且

（d）该命令的效力；且

（e）是否有其他一些相对有效的命令会减轻负担。

法院可以考虑其认为有关的其他事项。

第D次分部　条　　件

第116AH条　条　　件

（1）下表列出每一类活动的条件。

项　目	活　动	条　件
1	所有类别	1. 服务提供者必须采取并合理地实施一项政策，规定在适当的情况下终止重复侵权人的账户。 2. 如果具备有效的相关行业规范，服务提供者必须遵守该规范中有关适应和不干涉用于保护和识别版权材料的标准技术措施的相关规定
2	类别 A	1. 在执行此活动时，任何版权材料的传播必须由服务提供商以外的人发起或在其指示下进行。 2. 服务提供者不得对所传播的版权材料作出实质性修改。这不适用于作为技术过程一部分的修改
3	类别 B	1. 如果缓存的版权材料受原始网站用户访问条件的限制，服务提供商必须确保只有满足这些条件的用户才能访问缓存的大部分版权材料。 2. 如果具备有效的相关行业守则，服务提供者必须遵守该守则有关下列方面的规定： （a）更新储存的版权资料；且 （b）不干扰原网站使用的技术以获取有关使用版权材料的信息。 3. 服务提供者必须迅速删除或禁用缓存版权材料，在规定的形式通知材料已删除或访问它已在原始网站被禁用。 4. 在缓存版权资料传送给后续用户时，服务提供者不得对该资料作出实质性修改。这不适用于作为技术过程一部分的修改
4	类别 C	1. 如果服务提供者有权利和能力控制侵权活动，则服务提供者不得获得直接归因于侵权活动的经济利益。 2. 服务提供者在收到以规定形式发出的被法院认定侵权的通知后，必须迅速删除或禁止访问其系统或网络上的版权资料。 2A. 在下列情况中，服务提供商必须迅速采取行动，删除或禁止访问其系统或网络上的版权材料： （a）意识到该材料侵权；或 （b）意识到使该材料明显可能侵权的事实或情况。 在与本分部有关的诉讼中，服务提供商不承担证明（a）项或（b）项所述事项的任何责任。 3. 服务提供者必须遵守有关删除或禁止访问其系统或网络上的版权材料的规定程序

续表

项　目	活　动	条　件
5	类别 D	1. 如果服务提供商有权利和能力控制侵权活动，则服务提供商不得获得直接归因于侵权活动的经济利益。 2. 服务提供商在收到以订明格式发出的通知，表明其所引用的版权材料被法院裁定为侵犯版权后，必须迅速删除或禁止对其系统或网络上的引用的访问。 2A. 如果服务提供商： （a）知悉其所提述的版权材料是侵犯版权的；或 （b）知悉事实或情况，而事实或情况显示其所提述的版权材料相当可能是侵犯版权的。 在与本分部有关的诉讼中，服务提供者不承担证明（a）项或（b）项段所提述事项的任何责任。 3. 服务提供商必须遵守有关删除或禁用驻留在其系统或网络上的引用的规定程序

（2）条件中没有被要求服务提供者监视其服务或寻求事实表明侵权活动，除在第（1）款的表格中的第 1 项的第 2 条所述标准技术措施所要求的范围外。

（3）在作出决定时，就第（1）款的表格中的第 4 项及第 5 项的第 1 条而言，无论该经济利益是否可直接归因于该条件所提述的侵权活动，法院必须考虑：

（a）服务提供者收取服务费用的行业惯例，包括按活动水平收取费用；且

（b）经济利益是否大于按照公认的行业惯例收取费用通常会产生的利益。

法院可以考虑其认为有关的其他事项。

（4）服务提供者遵从第（1）款表格中的第 4 项的第 3 条所述的订明程序的行为，并不构成未能满足该项条件 2A。

第 116AI 条　符合条件的证据

如果服务提供商在与本分部有关的诉讼中指出，根据规定的证据表明服务提供商已遵守某一条件，则法院必须在没有相反证据的情况下推定服务提供商已遵守该条件。

第E次分部　条　　例

第116AJ条　条　　例

（1）条例可规定，服务提供商对因善意遵守某一条件而采取的行动造成的损害赔偿或任何其他民事救济不承担责任。

（2）该条例可以就有关当事人的行为就条件规定民事救济。

（3）该条例可以对根据该条例发出通知的人的行为作出违法规定，并对违反该条例的处罚作出规定。处罚不得超过50个罚金单位的罚金。

注：如果一个法人团体被判违反了本分部规定的条例，则违反了1914年刑法典第4B条第（3）款。

第2A分部　与技术保护措施和电子权利管理信息有关的诉讼

第A次分部　技术保护措施

第116AK条　定　　义

在本次分部中，计算机程序具有与第47AB条相同的含义。

第116AL条　本次分部与第5AA部分的交互

本次分部不适用于（在第5AA部分含义内的）编码广播。

第116AM条　地域应用

（1）本次分部适用于在澳大利亚完成的行为。

（2）本条不潜在地影响对本法任何其他条款的解释。

第116AN条　规避访问控制技术保护措施

（1）在下列情况中，作品或其他主题的版权人或独占被许可人可以对某人提起诉讼：

（a）该作品或其他主题受到访问控制技术保护措施的保护；且

（b）该人的行为导致规避访问控制技术保护措施；且

（c）该人知道或应该合理地知道该行为会产生该结果。

◆ **例外——许可**

(2) 如有关人员已获得版权人或独家被特许人的许可，以规避有关的访问控制技术保护措施，则第 (1) 款不适用。

◆ **例外——互操作性**

(3) 在下列情况中，第 (1) 款不适用：

(a) 该人规避访问控制技术保护措施以使其能够采取行动；且

(b) 该行为：

(ⅰ) 涉及计算机程序（原始程序）的复制件，该复制件并非侵权复制件，并且是合法获得的；且

(ⅱ) 不会侵犯原始程序的版权；且

(ⅱa) 涉及当规避发生时，当事人无法轻易获得的原始程序元素；且

(ⅲ) 仅为实现独立创建的计算机程序与原始程序或任何其他程序的互操作性而进行。

◆ **例外——加密技术研究**

(4) 在下列情况中，第 (1) 款不适用：

(a) 该人规避访问控制技术保护措施以使：

(ⅰ) 该人；或

(ⅱ) 如该人是法人团体，则为该人的雇员；

做某事；且

(b) 该行为：

(ⅰ) 涉及并非侵权复制件的作品或其他主题的复制件，而该复制件是合法获得的；且

(ⅱ) 不会侵犯作品或其他主题的版权；且

(ⅲ) 将仅为识别和分析加密技术的缺陷和漏洞而进行；且

(c) 个人或雇员：

(ⅰ) 在加密技术领域的教育机构从事研究课程的；或

(ⅱ) 在加密技术领域受雇、受训或有经验；且

(d) 个人或雇员：

(ⅰ) 已获得版权人或独占被许可人的许可来进行该行为；或

(ⅱ) 已作出或将作出善意努力以获得该等许可。

在本款中，"加密技术"指使用数学公式或算法对信息进行加扰和解扰。

♦ **例外——计算机安全测试**

(5) 在下列情况中，第 (1) 款不适用于该人：

(a) 该人规避访问控制技术保护措施以使该人能够采取行动；

(b) 该行为：

(ⅰ) 涉及并非侵权复制件的计算机程序的复制件；且

(ⅱ) 不会侵犯该计算机程序的版权；且

(ⅲ) 仅为测试、调查或校正计算机、计算机系统或计算机网络的安全性而进行；且

(ⅳ) 将在计算机、计算机系统或计算机网络所有者的许可下进行。

♦ **例外——网络隐私权**

(6) 在下列情况中，第 (1) 款不适用于该人，如果：

(a) 该人规避访问控制技术保护措施以使该人能够采取行动；且

(b) 该行为：

(ⅰ) 涉及非侵权复制件的作品或其他主题的复制件；且

(ⅱ) 不会侵犯作品或其他主题的版权；且

(ⅲ) 将仅用于识别和禁用收集或传播自然人在线活动的个人识别信息的未公开能力；且

(ⅳ) 不影响本人或者其他任何人接触作品或者其他客体或者其他作品或者客体的能力。

♦ **例外——执法与国家安全**

(7) 第 (1) 款不适用于由联邦、州或领地，或这些机构之一的当局或其代表为下列情况而合法作出的任何事：

(a) 执法；或

(b) 国家安全；或

(c) 履行法定职能、权力或职责。

♦ **例外——图书馆等**

(8) 在下列情况中，第 (1) 款不适用于该人：

(a) 该人规避访问控制技术保护措施以使该人能够采取行动；且

(b) 该人是：

(ⅰ) 图书馆 (直接或间接为 1 名或多名个人营利而经营的图书馆除外)；或

(ⅱ) 第 10 条第 (1) 款或第 (4) 款中“档案”定义 (a) 项所述的机构；且

（ⅲ）教育机构；且

（c）该行为的唯一目的是就有关作品或其他主题作出收购决定；且

（d）当该行为完成时，该人将无法获得该作品或其他客体。

注：为营利而经营业务的人所拥有的图书馆本身可能不能为营利而经营（参见第18条）。

◆ **例外——法律规定的行为**

（9）在下列情况中，第（1）款不适用于该人：

（a）该人规避访问控制技术保护措施以使该人能够采取行动；且

（b）该行为不会侵犯作品或其他主题的版权；且

（c）该人的行为是由条例订明的。

注：关于制定规定某人采取行为的条例，参见第249条。

◆ **举证责任**

（10）被告有责任确定第（2）款至第（9）款所述事项。

第116AO条　制造技术保护措施的规避装置

（1）在下列情况中，作品或其他客体的版权人或独占被许可人可以对某人提起诉讼：

（a）该人用设备作出下列任何行为：

（ⅰ）为提供给他人而制造；

（ⅱ）为提供给他人而将其进口到澳大利亚；

（ⅲ）将其分发给他人；

（ⅳ）向公众提供；

（ⅴ）提供给他人；

（ⅵ）将其传达给他人；

（b）该人知道，或应合理地知道该装置是用于技术保护措施的规避装置；

（c）作品或者其他客体受到技术保护措施的保护。

◆ **例外——没有推广、广告等**

（2）在下列情况中，第（1）款不适用于该人：

（a）该装置只是因为其被推广、广告或营销为具有规避该技术保护措施的目的，而成为规避该技术保护措施的装置；且

（b）下列两项均适用：

（ⅰ）该人没有进行上述推广、广告或营销活动；

（ⅱ）该人未指示或要求（明示或默示）另一人进行该等推广、广告或营销。

◆ 例外——互操作性

（3）在下列情况中，第（1）款不适用于该人：

（a）该规避装置将被用来规避为实施某项行为而采取的技术保护措施；且

（b）该行为：

（ⅰ）涉及计算机程序（原始程序）的复制件，该复制件并非侵权复制件，并且是合法取得的；且

（ⅱ）不会侵犯原始程序的版权；且

（ⅱa）涉及当规避发生时，实施该行为的人无法轻易获得的原始程序元素；且

（ⅲ）仅为实现独立创建的计算机程序与原始程序或任何其他程序的互操作性而进行。

◆ 例外——加密研究

（4）在下列情况中，第（1）款不适用于该人：

（a）该技术保护措施是一项访问控制技术保护措施；且

（b）该规避装置将用于规避访问控制技术保护措施，使某人（研究人员）能够采取行动；且

（c）该行为：

（ⅰ）涉及非侵权复制件且合法获得的作品或其他客体的复制件；且

（ⅱ）不会侵犯作品或其他客体的版权；且

（ⅲ）将仅为识别和分析加密技术的缺陷和漏洞而进行；且

（d）研究人员是：

（ⅰ）在加密技术领域的教育机构从事研究课程的；或

（ⅱ）在加密技术领域受雇、受训或有经验；且

（e）研究人员：

（ⅰ）已获得版权人或独占被许可人的许可而采取上述行为；或

（ⅱ）已作出或将作出善意努力以获得该等许可。

在本条中，加密技术指使用数学公式或算法对信息进行加扰和解扰。

◆ 例外——计算机安全测试

（5）在下列情况中，第（1）款不适用于该人：

（a）该技术保护措施是一项访问控制技术保护措施；且

（b）规避装置将用于规避访问控制技术保护措施，以使某项行为得以进行；

（c）该行为：

（ⅰ）涉及非侵权复制件的计算机程序复制件；且

（ⅱ）不会侵犯该计算机程序的版权；且

（ⅲ）仅为测试、调查或校正计算机、计算机系统或计算机网络的安全性而进行；且

（ⅳ）将在计算机、计算机系统或计算机网络所有者的许可下进行。

◆ 例外——执法与国家安全

（6）第（1）款不适用于由联邦、州或地区，或这些机构之一的当局或其代表为下列情况而进行的任何合法行为：

（a）执法；或

（b）国家安全；或

（c）履行法定职能、权力或职责。

（7）被告负有证明第（2）款至第（6）款所述事项的责任。

第116AP条　为技术保护措施提供规避服务等

（1）在下列情况中，作品或其他客体的版权人或独占被许可人可以对某人提起诉讼，如果：

（a）该人：

（ⅰ）向他人提供服务；或

（ⅱ）向公众提供服务；且

（b）该人知道或有理由知道该服务是为技术保护措施而提供的规避服务；且

（c）作品或者其他客体受到技术保护措施的保护。

◆ 例外——没有推广、广告等

（2）第（1）款不适用于下列情况，如果：

（a）该服务是技术保护措施的规避服务，只是因为该服务被推广、广告或营销为具有规避技术保护措施的目的；且

（b）下列两项均适用：

（ⅰ）该人没有进行上述推广、广告或营销活动；

（ⅱ）该人未指示或要求（明示或默示）另一人进行该等推广、广告或营销。

◆ 例外——互操作性

（3）在下列情况中，第（1）款不适用于该人，如果：

（a）规避服务将用于规避一项技术保护措施，以使某行为得以进行；且

（b）该行为：

（ⅰ）涉及计算机程序（原始程序）的复制件，该复制件并非侵权复制件，并且是合法获得的；且

（ⅱ）不会侵犯原始程序的版权；且

（ⅱa）涉及当规避发生时，实施该行为的人无法轻易获得的原始程序元素；且

（ⅲ）仅为实现独立创建的计算机程序与原始程序或任何其他程序的互操作性而进行。

◆ 例外——加密研究

（4）在下列情况中，第（1）款不适用于下列人员，如果：

（a）技术保护措施是一种访问控制技术保护措施；且

（b）规避服务将用于规避访问控制技术保护措施，使某人（研究人员）能够采取行动；且

（c）该行为：

（ⅰ）涉及非侵权复制件且合法获得的作品或其他客体的复制件；

（ⅱ）不会侵犯作品或其他客体的版权；且

（ⅲ）将仅为识别和分析加密技术的缺陷和漏洞而进行；且

（d）研究人员是：

（ⅰ）在加密技术领域的教育机构从事研究课程的；或

（ⅱ）在加密技术领域受雇、受训或有经验的；且

（e）研究人员：

（ⅰ）已获得版权人或独占被许可人的许可而采取上述行为；或

（ⅱ）已作出或将作出善意努力以获得该等许可。

在本条中，加密技术指使用数学公式或算法对信息进行加扰和解扰。

◆ 例外——计算机安全测试

（5）在下列情况中，第（1）款不适用于该人：

（a）该技术保护措施是一项访问控制技术保护措施；且

（b）规避服务将用于规避访问控制技术保护措施，以使某项行为得以实施；且

（c）该行为：

（ⅰ）涉及非侵权复制件的计算机程序复制件；且

（ⅱ）不会侵犯该计算机程序的版权；且

（ⅲ）仅为测试、调查或校正计算机、计算机系统或计算机网络的安全性而进行；且

（ⅳ）将在计算机、计算机系统或计算机网络所有者的许可下进行。

◆ 例外——执法或者国家安全

（6）第（1）款不适用于由联邦、州或地区，或这些机构之一的部门或其代表为下列情况而进行的任何合法行为：

（a）执法；或

（b）国家安全；或

（c）履行法定职能、权力或职责。

◆ 举证责任

（7）被告承担证明第（2）款至第（6）款所述事项的责任。

第116AQ条　根据本次分部提起诉讼的救济

（1）在不限制法院在本款项下诉讼中授予的救济的情况下，该救济可包括：

（a）禁令，但须符合法院认为适当的条款（如有）；且

（b）损害赔偿或利润账目；且

（c）如果作为该诉讼客体的行为涉及规避装置，即按照该指令指明销毁或处理规避装置的命令。

（2）在评估损害赔偿时，法院可以根据下列情况判定适当的额外损害赔偿：

（a）被告的行为是诉讼的主体；且

（b）有必要制止类似行为；且

（c）被告在该等行为之后的行为，（如相关）被告得知其涉嫌所做的行为将成为根据本次分部提起诉讼的对象后的行为；且

（d）被告因该等行为而获得的任何利益；且

（e）其他有关事项。

（3）如果：

（a）已根据本次分部对某人提起诉讼；且

（b）作为该诉讼对象的人所做的行为涉及一项装置；且

（c）该装置在法院看来是一项规避装置；

在法院认为适当的条件下，法院可命令将该装置送交法院。

（4）本条不潜在地影响对本法任何其他条款的解释。

第B次分部　电子权利管理信息

第116B条　删除或更改电子权利管理信息

（1）本条适用于下列情况：

（a）任何一种：

（ⅰ）任何人从具有版权的作品或其他客体的复制件中，删除与该作品或其他客体相关的任何电子权利管理信息；且

（ⅱ）任何人更改与存在版权的作品或其他客体有关的任何电子权利管理信息；且

（b）该人在没有获得版权人或独占被许可人的许可下；且

（c）该人知道，或应当合理地知道，删除或更改将导致、促成、便利或隐藏对该作品或其他客体的版权的侵犯。

（2）如适用本条，版权人或独占被许可人可对该人提起诉讼。

（3）在第（2）款下的诉讼中，除非被告另有证明，否则必须假定被告知道或应当合理地知道与该诉讼有关的删除或更改会产生第（1）款（c）项所述的效果。

第116C条　电子版权管理信息被删除、变更的作品向公众发布等

（1）本条适用，如果：

（a）任何人未经版权的所有人或独占被许可人许可，就存在版权的作品或其他客体做出下列任何作为：

（ⅰ）向公众分发该作品或其他客体的复制件；

（ⅱ）向澳大利亚进口作品或其他客体的复制件，以便向公众发行；

（ⅲ）向公众传播该作品或其他客体的复制件；

（b）任何一种：

（ⅰ）与该作品或其他客体有关的任何电子权利管理信息已从该作品或客体的复制件中删除；

（ⅱ）与作品或其他客体有关的电子权利管理信息被更改；且

（c）该人知道有关电子版权管理资料，已在未经版权人或独占被许可人许可的情况下，被删除或更改；且

（d）该人知道，或应当合理地知道，在（a）项中所述的行为将便利或隐藏对该作品或其他客体的版权的侵犯。

（2）如适用本条，版权人或独占被许可人可对该人提起诉讼。

（3）在根据第（2）款提起的诉讼中，必须假定被告：

（a）拥有第（1）款（c）项所述的知识；且

（b）知道或应当合理地知道，该诉讼所涉及的行为的实施将会产生第（1）款（d）项所述的效果；

除非被告有其他证据。

第 116CA 条　已被删除或更改的电子权利管理信息的分发和进口

（1）本条适用，如果：

（a）某人就与存在版权的作品或其他客体相关的电子权利管理信息采取了下列任一行为：

（ⅰ）分发电子权利管理信息；

（ⅱ）向澳大利亚进口电子权利管理信息以供分发；且

（b）该人没有获得版权人或独占被许可人的许可；

（c）任何一种：

（ⅰ）未经版权人或独占被许可人的许可，该等信息已从作品或客体的复制件中删除；或

（ⅱ）在获得版权人或独占被许可人许可的情况下，已从该作品或客体的复制件中删除有关信息，但未经该版权人或独占被许可人许可而更改有关信息；且

（d）该人知道该信息已在未经许可的情况下被删除或更改；且

（e）该人知道，或应当合理地知道（a）项所述的该人所作的行为将导致、促成、便利或隐瞒侵犯版权的行为。

（2）如适用本条，版权人或独占被许可人可对该人提起诉讼。

（3）在第（2）款下的诉讼中，必须假定被告：

（a）拥有第（1）款（d）项所述的知识；且

（b）知道或应当合理地知道，作出与该诉讼有关的行为会产生第（1）款（e）项所述的效果；

除非被告有其他证据。

第116CB条　涉及国家安全和执法的例外

第116B条至第116CA条不适用由下列机构或其代表澳大利亚为执法或国家安全目的而进行的任何合法行为：

（a）联邦、州或地区；或

（b）联邦、州或地区的当局。

第116D条　根据本次分部提出的诉讼中的救济

（1）法院在根据本次分部提出的诉讼中可给予的救济，包括禁令（但须受法院认为适当的条款所规限，如有的话）及损害赔偿或利润账目。

（2）如果在本次分部的诉讼中，法院可以因下列情况认定是适当的：

（a）被告作为诉讼主体的行为是公开的；且

（b）被告因该等行为而获得的任何利益；且

（c）其他有关事项；

则法院在评估损害赔偿时，可判予其认为在当时情况下适当的额外损害赔偿。

第3分部　版权受独占许可限制的诉讼程序

第117条　解　　释

在本分部内：

如该许可是一项转让，则意味着，相较于授予许可，这是一项授予（但须符合与授予许可的条件尽可能相符的条件下）关于其适用的版权转让，即在许可授权的地点和时间进行该版权的适用。

另一方指：

（a）就版权人而言为独占被许可人；且

（b）就独占被许可人而言为版权的所有者。

第 118 条　适　　用

本分部适用于与版权有关的诉讼，在诉讼所涉及的事件发生时，该版权已获发有效的独占许可。

第 119 条　独占被许可人的权利

除本分部后面各条的规定外：

（a）除非针对版权人，否则独占被许可人所享有的诉讼权利与他或她凭借第 115 条或 115A 条本应享有的诉讼权利相同，并有权享有与他或她凭借第 115 条或第 115A 条本应享有的救济措施相同（如果该许可是一项转让，而该等权利及救济措施与版权人根据该条所享有的权利及救济措施相同）；

（b）除针对版权人外，独占被许可人在该许可是转让的情况下，根据第 116 条，享有与他或她应有的相同的诉讼权利，并有权享有与他或她应有的相同的补救措施；且

（c）版权人并无凭借第 116 条而不具有的任何诉讼权利，亦无权享有假若该许可是转让而凭借第 116 条而不具有的任何补救。

第 120 条　版权人或独占被许可人作为当事人的共同诉讼

（1）在下列情况中：

（a）版权人或独占被许可人提起诉讼；且

（b）就根据第 115 条或第 115A 条提起的侵权诉讼而言，该诉讼全部或部分涉及所有人和被许可人根据该条同时享有诉讼权利的行为；

所有人或被许可人，视情况而定，除非经法院许可另一方在诉讼中作为原告或增加为被告加入诉讼，否则无权根据该条提出与侵权行为有关的诉讼。

（2）本条不影响对版权人或独占被许可人的申请发出中间禁令。

第 121 条　针对独占被许可人的抗辩

在独占被许认可人凭借本分部而提出的诉讼中，如该诉讼是由版权人提出的，则被告可根据本法对独占被许可人提出抗辩。

第 122 条　在授予独家许可的情况下的损害评估

凡提出第 120 条所适用的诉讼，而版权人和独占被许可人并非诉讼的原

告的，法院在评估该条所述侵权的损害赔偿时应：

（a）如果原告是独占被许可人，则应考虑许可所涉及的任何有关许可使用费或其他方面的责任；且

（b）无论原告是版权人或独占被许可人，须考虑根据第115条已就该侵权行为判给另一方的任何金钱救济，或根据该条就该侵权行为行使的任何诉讼权利（视情况而定）。

第123条　所有人与独占被许可人之间的利益分配

（a）就根据第115条提起的侵权诉讼而言，该诉讼全部或部分涉及版权人和独占被许可人根据该条同时享有诉讼权利的行为；且

（b）在该诉讼中，无论版权人及独占被许可人是否为双方当事人，均仅就该侵权行为收取利润账目；

然后，在法院知悉的任何协议的约束下，该等利润的使用由版权人和独占被许可人决定，法院须以公正的方式分配利益，并发出适当的指示，以使分配生效。

注：然而，并不是所有的版权所有人都有权获得利润账户，参见第100AG条。

第124条　就同一侵权行为提起的独立诉讼

在版权人或独占被许可人所提起的诉讼中：

（a）如已就侵犯版权作出另一方胜诉的最终判决或命令，并根据第115条就同一侵犯版权行为交出所得的利润，则不得根据该条作出支付损害赔偿的判决或命令；且

（b）如就同一侵犯版权行为，已根据该条作出另一方胜诉的最终判决或命令，判给损害赔偿或指示交出所得利润，则不得根据该条作出要求交出所得利润的判决或命令。

注：然而，并不是所有的版权所有人都有权获得损害赔偿或利润说明（额外损害赔偿除外），参见第100AG条。

第125条　费用责任

凡在第120条所适用的诉讼中，无论是由版权人或独占被许可人提出，另一方当事人并未作为原告加入（无论是在诉讼开始时或之后），而是加入为被告，另一方不承担诉讼中的任何费用，除非他或她出庭参与诉讼。

第 4 分部　民事诉讼中的事实证明

第 126 条　关于版权的存在及其所有权的推定

在依据本分部提起的诉讼中：

（a）如被告没有就版权是否存在于该作品或其他客体的问题提出争议，则推定版权存在于该诉讼所涉及的作品或其他客体中；且

（b）凡版权的存续得以确立，如原告声称是版权人，而被告并无就其所有权的问题提出争议，则推定原告为版权人。

第 126A 条　与版权存在有关的推定

（1）本条适用于根据本分部进行的诉讼，而在该诉讼中，被告就版权是否存在于该诉讼所涉及的作品或其他客体提出异议。

◆ 标签或标记

（2）如作品或其他客体的复制件，或包装或盛放该复制件的包装或容器上附有标签或标记，注明该作品或其他客体首次出版或制作的年份和地点，除非存在相反证据，否则该版权存在即被推定为标签或标记上所注明的年份和地点。

◆ 外国证书

（3）如果符合条件的国家根据该国法律颁发的证书或其他文件，述明作品或其他客体的首次出版或制作的年份和地点，除非存在相反证据，否则该版权存在即被推定为外国证书上所注明的年份和地点。

（4）就本条而言，任何文件符合第（3）款所指的证书或文件，除非存在相反证据，否则须视为该证书或文件。

第 126B 条　与版权主体有关的推定

（1）本条适用于根据本分部进行的诉讼，而在该诉讼中，被告就原告对该诉讼所涉及的作品或其他客体的版权主体的问题提出异议。

◆ 标签或标记

（2）如该作品或其他客体的复制件，或包装或盛放该复制件的包装或容器，附有标签或标记，注明某人在某一时间是该作品或其他客体的版权人，除非存在相反证据，否则须推定该人当时是该版权人。

♦ 外国证书

（3）如在符合资格的国家根据该国法律发出的证书或其他文件，注明某人在某一特定时间是该作品或其他客体的版权人，除非存在相反证据，否则须推定该人当时是该版权人。

（4）就本条而言，任何看来是第（3）款所提述的证书或文件，除非存在相反证据，否则须视为该证书或文件。

♦ 所有权链

（5）如果：

（a）第（2）款或第（3）款适用；且

（b）原告提供一份文件，说明下列情况：

（ⅰ）诉讼主体版权的每位继受人（包括原告的所有权）；

（ⅱ）每名继受人拥有该版权的日期；

（ⅲ）导致每名继受人成为版权人的交易的描述；

除非存在相反证据，否则（b）项（ⅰ）目、（ⅱ）目和（ⅲ）目所述事项须推定为该文件所述事项。

（6）如果：

（a）第（2）款和第（3）款均不适用；且

（b）原告出示一份文件，说明下列情况：

（ⅰ）版权的原始所有人，诉讼的主体；

（ⅱ）该版权的每位继受人（包括原告的所有权）；

（ⅲ）每位继受人成为该版权人的日期；

（ⅳ）导致每位继受人成为该版权人的交易的描述；

除非存在相反证据，否则（b）项（ⅰ）目、（ⅱ）目、（ⅲ）目和（ⅳ）目所述的事项须推定为该文件所述事项。

♦ 犯　　罪

（7）任何人如有下列行为即属犯罪：

（a）根据第（5）款或第（6）款出示文件；且

（b）该人罔顾该文件是否虚假或具误导性。

处罚：30 个罚金单位的罚金。

第 127 条　与作者身份有关的推定

（1）凡文学、戏剧、音乐或艺术作品的作者的姓名出现在已出版作品的复制件上，或声称是艺术作品作者的姓名在制作时出现在作品上的，则在凭借本分部提起的诉讼中，姓名如该人的真名或他或她的通常姓名出现在作品上的人，须推定其为作为作品的作者。除非存在相反情况，并在第 35 条第（4）款、第（5）款和第（6）款不适用的情况下制作作品。

（2）凡被指称为合作作品的作品，前款适用于被指称为该作品作者之一的每个人，犹如该款中提及的作者指该作品作者之一的每个人一样。

（3）凡在凭借本分部就摄影作品提起的诉讼中：

（a）确定在拍摄照片时，某人是拍摄作品的材料的所有人，或该材料在当时的所有权并未确立，即某人是拍摄该摄影作品的器具的所有人；或

（b）在拍摄照片时，所用的材料或设备所有权尚未得到确认，但在某人死亡时，该摄影作品由该人持有，或是摄影作品的所有权在拍摄时未确认，但由该人占有或保管；除非存在相反证据，否则该人被推定为摄影作品的作者。

（4）然而，如该材料或器具的所有人是法人团体，则第（3）款（a）项只在需要作出推定以决定该摄影作品的版权的所有权的情况下适用。

注：例如，如果需要确定摄影作品中版权的持续时间，则该推定不适用。

第 128 条　与作品出版者有关的推定

如果在根据本分部就文学、戏剧、音乐或艺术作品提起的诉讼中，上述最后一条不适用，但事实证明：

（a）该作品最初是在澳大利亚出版的，并在提起诉讼的日历年开始之前的 70 年期间出版；且

（b）在首次出版的作品复制件上出现了出版者的名称；

除非存在相反证据，否则版权须推定存在于该作品中，而如此出现的姓名须推定为该版权在该作品发表时的所有人。

第 129 条　作者死亡后的推定

（1）凡在凭借本分部就文学、戏剧、音乐或艺术作品提起的诉讼中，确定作者已死亡：

（a）除非存在相反证据，否则该作品须推定为原创作品；且

（b）如原告在指称中指明的某次出版是该作品的首次出版，而该项出版是在其指明的国家及日期进行的，除非存在相反证据，否则该次发表须推定为该作品的首次发表，在其指明的国家和那个日期发生。

（2）凡：

（a）文学、戏剧、音乐或艺术作品已出版；且

（b）该出版物是匿名的或原告声称是假名的；且

（c）不能确定该作品曾以作者的真实姓名或以其广为人知的姓名发表，或作者的身份广为人知；

第（1）款（a）项及（b）项适用于凭借本分部就该作品提出的诉讼，其适用方式与在作者已证实死亡的情况下该两项的适用方式相同。

第 129A 条　与计算机程序有关的推定

（1）本条适用于根据本分部提起的与作为计算机程序的文学作品的版权有关的诉讼，如果：

（a）体现该程序的全部或部分内容的物品或载体已向公众提供（通过销售或其他方式）；且

（b）在供应该等物品或东西时，该等物品或东西或其容器附有标签或其他标记，该标签或标记由圆圈内的字母“C”组成，并附有指明的年份及人名。

（2）推定：

（a）计算机程序是原创文学作品；且

（b）该计算机程序在该年首次发行；且

（c）在该等物品、东西或容器加上标签或标记的时间和地点，该人是该程序的版权人；除非存在相反证据。

（3）根据第（2）款作出的关于某人的推定，并不当然表明该人在该等物品、东西或容器加上标签或标记的时间和地点是该程序的版权的唯一所有人。

第 130 条　与录音制品有关的推定

（1）本条适用于根据本分部提起的与录音制品版权有关的诉讼，如果：

（a）收录全部或分部录音制品的记录（以出售或其他方式）已向公众提供；且

（b）在提供时，记录或其容器上有标签或其他标记。

（2）如果标签或标记包含下表中某一项中所述的声明，则推定该项中所述的事项为真，除非存在相反证据。

假定的陈述和事项，除非存在相反证据		
项目	陈　述	推定事项
1	指明的人是录音的制作人	首次发表录音的人是录音的制作人
2	指明的时间是录音首次出版的时间	录音在指明的年份首次发表
3	指明的国家是录音首次出版的国家	录音在该国首次发表

（3）如果标签或标记由字母“P”组成，并附有指明的年份和人名，则推定：

（a）录音在该年首次发表；且

（b）该人名（某时某地标记在唱片或容器上的）正是版权人；

除非存在相反证据。

（4）根据本条对某人的推定并不意味着该人是：

（a）录音的唯一制作人；或

（b）在该等记录或容器贴上标签或加上标记的时间及地点，该等记录的唯一版权人。

第130A条　与进口录音制品复制件有关的行为

（1）在第37条、第38条、第102条或第103条所述的侵犯版权的诉讼中，如果诉讼涉及的物品是录音制品的复制件，则必须推定该复制件不是非侵权复制件，除非被告证明该复制件是非侵权复制件。

注1：第37条和第38条涉及通过商业进口和涉及物品的交易侵犯文学、戏剧和音乐作品（除其他事项外）的版权。

注2：第102条和第103条涉及因商业进口和涉及物品的交易而侵犯录音（除其他事项外）版权的问题。

（2）第38条和第103条对物品的定义不影响本条。

第130B条　与计算机程序的进口复制件有关的行为

（1）在原告就侵犯第37条或第38条所述的版权而提出的诉讼中：

（a）与原告在属于计算机程序的文学作品中的版权有关；且

（b）涉及包含程序复制件的物品；

除非被告存在相反证据，否则在该复制件涉及原告的版权的范围内，必须推定该复制件为版权侵权复制件。

注：第37条和第38条涉及通过商业进口和涉及物品的交易侵犯文学作品（除其他事

项外）版权的问题。

（2）第 38 条对物品的定义不影响本条。

第 130C 条　与电子文学或音乐作品的进口复制件有关的行为

（1）在原告就第 37 条、第 38 条、第 102 条或第 103 条所述版权侵权提起的诉讼中：

（a）关于原告在某作品或某作品的已出版版本中的版权的，而该作品或该已出版版本是电子文学或音乐作品或其部分；且

（b）涉及载有该电子文学或音乐作品复制件的物品；

除非被告存在相反证据，否则必须推定该复制件在涉及原告版权的范围内不是非侵权复制件。

注 1：第 37 条和第 38 条涉及商业进口和涉及物品的交易侵犯版权的问题。

注 2：第 102 条和第 103 条涉及商业进口和涉及物品的交易侵犯已出版作品（除其他事项外）版权的问题。

（2）第 38 条和第 103 条对物品的定义不影响本条。

第 131 条　与电影有关的推定

（1）如果一个人的姓名出现在向公众提供的电影胶片复制件上，暗示该人是该电影的制作人，并且如果是法人团体以外的人，则该姓名是他的真实姓名或他或她为人所熟知的姓名，除非存在相反证据，否则在凭借本分部提起的诉讼中，该人须推定为该电影的制作人，并在第 98 条第（3）款不适用的情况下制作该电影。

（2）第（3）款适用于根据本分部提出的与电影版权有关的诉讼，前提是

（a）体现该电影的商品或物品已在商业上提供；且

（b）在供应时，商品或物品或其容器上有一个标签或其他标记，由字母“C”组成，圆圈内附有注明的年份和人名。

（3）推定：

（a）该年度首次拍摄电影；

（b）在该等商品、物品或容器加上标签或标记的时间和地点，该人是该电影的版权人；除非另有规定。

（4）第（3）款所指的关于某人的推定，并不默示该人在该等商品、物品或容器加上标签或标记的时间和地点是该电影的版权的唯一所有人。

第4A分部 管辖权和上诉

第131A条 管辖权的行使

（1）州或领地最高法院在根据本分部提起的诉讼中的管辖权应由法院的一名法官行使。

（2）尽管有1903年澳大利亚司法条例第39条第（2）款的规定，但是澳大利亚州或领地的最高法院对根据本法第115A条（与澳大利亚境外的在线位置有关的禁令）提出的申请没有管辖权。

第131B条 上　诉

（1）除第（2）款另有规定外，州或领地法院（无论其如何组成）根据本分部作出的裁决是最终和决定性的。

（2）根据本分部，对州或领地法院的判决提出上诉：

（a）向澳大利亚联邦法院提出；或

（b）经澳大利亚高等法院特别许可，向高等法院提出上诉。

第131C条 澳大利亚联邦法院的管辖权

澳大利亚联邦法院对本分部规定的诉讼具有管辖权。

第131D条 澳大利亚联邦巡回法院和家庭法院的管辖权（第2分部）

澳大利亚联邦巡回法院和家庭法院（第2分部）对根据本分部（第115A条除外）提起的民事诉讼具有管辖权。

第5分部 犯罪和简易诉讼程序

第A次分部 引　言

第132AA条 定　义

在本分部中：

物品，包括作品或其他客体的拷贝或复制件，即电子形式的拷贝或复制件。

分发，除第E次分部外，包括通过通信方式分发。

公众娱乐场所，包括主要作为公众娱乐以外的用途，但不时出租作为公众娱乐用途的场所。

利润，不包括：

（a）个人获得的任何好处、利益或收益；且

（b）因该人在私人或家庭使用任何受版权保护的材料而产生的，或与该人在私人或家庭使用任何受版权保护的材料有关的任何好处、利益或收益。

第132AB条　地域适用

（1）第B次分部、第C次分部、第D次分部、第E次分部及第F次分部仅适用于在澳大利亚实施的行为。

（2）尽管存在刑法典第14.1条（标准地域管辖权）的规定，但是本条仍然有效。

第B次分部　商业规模的实质性侵权

第132AC条　损害版权人利益的商业规模侵权

♦ 可公诉罪

（1）任何人如有下列行为即属犯罪：

（a）该人从事某种行为；且

（b）该行为侵犯了一项或多项作品或其他客体的版权；且

（c）一项或多项侵权行为对版权人造成实质性不利影响；且

（d）侵权行为具有商业规模。

（2）违反第（1）款的罪行，一经定罪，可处不超过5年的监禁或不超过550个罚金单位的罚金，或两者并处。

注：公司可被处以最高罚款数额5倍的罚款，参见1914年刑法典第4B条第（3）款。

♦ 即决犯罪

（3）任何人如有下列行为即属犯罪：

（a）该人从事行为；且

（b）该行为侵犯了一项或多项作品或其他客体的版权；且

（c）该项或该等侵权对该版权人造成实质的不利影响，而该人对该事实存在过失；且

（d）侵权行为以商业规模发生，而该人对该事实存在过失。

处罚：监禁2年或120个罚金单位的罚金，或两者并处。

（4）尽管有1914年刑法典第4G条的规定，但是违反第（3）款的罪行是即决犯罪。

◆ **确定侵权是否以商业规模发生**

（5）根据第（1）款（d）项或第（3）款（d）项的规定，确定一项或多项侵权是否以商业规模发生时，应考虑下列事项：

（a）构成一项或多项侵权的侵权复制件的数量和价值；

（b）任何其他有关事项。

◆ **与执法和国家安全有关的辩护**

（6）本条不适用于由下列人员或其代表为执法或国家安全目的而合法进行的任何行为：

（a）联邦、州或领地；或

（b）联邦、州或领地当局。

注：被告就第（6）款中的事项承担举证责任，参见刑法典第13.3条第（3）款。

◆ **某些公共机构的辩护等**

（7）本条不适用于下列人员在履行其职能时所合法做出的任何行为：

（a）图书馆（直接或间接为个人的利润而经营的图书馆除外）；

（b）下列所述的团体：

（ⅰ）第10条第（1）款中档案定义的（a）项；或

（ⅱ）第10条第（4）款；

（c）教育机构；

（d）公营非商业性广播机构，包括：

（ⅰ）提供1992年广播服务法所指的国家广播服务的机构；且

（ⅱ）持有该法所指的社区广播许可证的机构。

注1：由从事营利性业务的人所拥有的图书馆本身可能不是为营利性业务而经营（参见第18条）。

注2：被告对第（7）款所述事项承担举证责任，参见刑法典第13.3条第（3）款。

（8）在下列情况中，本条不适用于任何人就作品或其他客体而合法做出的任何事情：

（a）根据1983年档案法第64条所述的安排，该人拥有对作品或其他客体的保管权；

（b）根据第（7）款，澳大利亚国家档案馆做出该事是合法的。

注：被告就第（8）款中的事项承担举证责任，参见刑法典第13.3条第（3）款。

第C次分部　侵权复制件

第132AD条　制作商业侵权复制件

◆ **可公诉罪**

（1）任何人如有下列行为即属犯罪：

（a）该人制作物品，目的是：

（ⅰ）出售该物品；或

（ⅱ）出租；或

（ⅲ）获得商业利益或利润；

（b）该物品是作品或其他客体的侵权复制件；以及

（c）在该物品制作时，该作品或其他客体中存在版权。

（2）违反第（1）款的罪行一经定罪，可处不超过5年的监禁或不超过550个罚金单位的罚金，或两者并处。

注1：公司可被处以最高罚款金额5倍的罚款，参见1914年刑法典第4B条第（3）款。

注2：如果侵权复制件是将作品或其他客体以硬拷贝或模拟形式转换成数字或其他电子机器可读的形式，则根据第132AK条，最高刑罚将会更高。

◆ **即决犯罪**

（3）任何人如有下列行为即属犯罪：

（a）该人制作物品，目的是：

（ⅰ）出售；且

（ⅱ）出租；且

（ⅲ）获得商业利益或利润；且

（b）该物品是某作品或其他客体的版权侵权复制件，而该人对该事实存在过失；且

（c）在该物品制作时，该作品或其他客体存在版权，而该人对该事实是有过失的。

处罚：监禁2年或120个罚金单位的罚金，或两者并处。

（4）尽管有1914年刑法典第4G条的规定，但是违反第（3）款的罪行属于即决犯罪。

◆ **严格责任罪**

（5）任何人如有下列行为即属犯罪：

（a）该人为下列目的做准备或在下列过程中制造物品：

（ⅰ）出售；或

（ⅱ）出租；或

（ⅲ）获得商业利益或利润；且

（b）该物品是作品或其他客体的版权侵权复制件；且

（c）该作品或其他客体在该物品制作时已存在版权。

处罚：60 个罚金单位的罚金。

（6）第（5）款属于严格法律责任的罪行。

注：关于严格责任罪，参见刑法典第 6.1 条。

第 132AE 条　出售或出租侵权复制件

◆ 可公诉罪

（1）任何人如有下列行为即属犯罪：

（a）该人出售物品或出租物品；且

（b）该物品是作品或其他客体的版权侵权复制件；且

（c）该作品或其他客体在出售或出租时存在版权。

（2）违反第（1）款的罪行，一经定罪，可处以不超过 5 年的监禁或 550 个罚金单位的罚金，或两者并处。

注 1：公司可被处以最高罚款金额 5 倍的罚款，参见 1914 年刑法典第 4B 条第（3）款。

注 2：如果侵权复制件是将作品或其他客体以拷贝或模拟形式转换成数字或其他电子机器可读的形式，则根据第 132AK 条，最高刑罚将会更高。

◆ 即决犯罪

（3）任何人如有下列行为即属犯罪：

（a）该人出售物品或出租物品；且

（b）该物品是某作品或其他客体的版权侵权复制件，而该人对该事实存在过失；且

（c）该作品或其他客体在售卖或出租时存在版权，而该人对该事实存在过失。

处罚：监禁 2 年或 120 个罚金单位的罚金，或两者并处。

（4）尽管有 1914 年刑法典第 4G 条的规定，但是违反第（3）款的罪行属于即决犯罪。

♦ **严格责任罪**

（5）任何人如有下列行为即属犯罪：

（a）该人出售物品或出租物品；且

（b）该物品是作品或其他客体的版权侵权复制件；且

（c）该作品或其他客体在出售或出租时已存在版权。

处罚：60个罚金单位的罚金。

（6）第（5）款属于严格法律责任的罪行。

注：关于严格责任罪，参见刑法典第6.1条。

第132AF条 提供侵权复制件以供出售或出租

♦ **可公诉罪**

（1）任何人如有下列行为即属犯罪：

（a）该人以商业方式提供或展示物品以供出售或出租；且

（b）该物品是作品或其他客体的版权侵权复制件；且

（c）在提供或展示时该作品或其他客体中存在版权。

（2）任何人如有下列行为即属犯罪：

（a）为获取商业利益或利润，该人提供或展示物品以供出售或出租；且

（b）该物品是作品或其他客体的版权侵权复制件；且

（c）在提供或展示时该作品或其他客体中存在版权。

（3）违反第（1）款或第（2）款的罪行，一经定罪，可处不超过5年的监禁或不超过550个罚金单位的罚金，或两者并处。

注1：公司可被处以最高罚款金额5倍的罚款，参见1914年刑法典第4B条第（3）款。

注2：如果侵权复制件是将作品或其他主题以硬拷贝或模拟形式转换成数字或其他电子机器可读的形式，则根据第132AK条，最高刑罚将会更高。

♦ **即决犯罪**

（4）任何人如有下列行为即属犯罪：

（a）该人以要约方式出售或出租物品，或为出售或出租而展示该物品；且

（b）该物品是某作品或其他客体的版权侵权复制件，而该人对该事实存在过失；且

（c）该作品或其他客体中在提供或展示时存在版权，而该人对该事实存

在过失。

处罚：监禁 2 年或 120 个罚金单位的罚金，或两者并处。

（5）任何人如有下列行为即属犯罪：

（a）为获取商业利益或利润，该人提供或展示物品以供出售或出租；且

（b）该物品是某作品或其他客体的版权侵权复制件，而该人对该事实存在过失；且

（c）该作品或其他客体中在提供或展示时存在版权，而该人对该事实存在过失。

处罚：监禁 2 年或 120 个罚金单位的罚金，或两者并处。

（6）尽管有 1914 年刑法典第 4G 条的规定，但是违反第（4）款或第（5）款的罪行属于即决犯罪。

◆ 严格责任罪

（7）任何人如有下列行为即属犯罪：

（a）该人以交易方式要约出售或出租物品或为出售或出租而展示该物品；且

（b）该物品是作品或其他客体的版权侵权复制件；且

（c）在提供或展示时该作品或其他客体中存在版权。

处罚：60 个罚金单位的罚金。

（8）任何人如有下列行为即属犯罪：

（a）该人在准备或正获取商业利益或利润的过程中，为出售或出租而提供或展示物品；且

（b）该物品是作品或其他客体的版权侵权复制件；且

（c）在提供或展示时该作品或其他客体中存在版权。

处罚：60 个罚金单位的罚金。

（9）第（7）款、第（8）款是严格法律责任罪行。

注：关于严格责任罪，参见刑法典第 6.1 条。

第 132AG 条　商业性公开展示版权侵权复制件

◆ 可公诉罪

（1）任何人如有下列行为即属犯罪：

（a）该人以商业方式公开展示物品；且

（b）该物品是作品或其他客体的版权侵权复制件；且

（c）该作品或其他客体在展览时存在版权。

（2）任何人如有下列行为即属犯罪：

（a）该人为取得商业利益或利润而公开展示物品；且

（b）该物品是作品或其他客体的版权侵权复制件；且

（c）在展览时该作品或其他客体中存在版权。

（3）违反第（1）款或第（2）款的罪行，一经定罪，可处不超过5年的监禁或不超过550个罚金单位的罚金，或两者并处。

注1：公司可被处以最高罚款金额5倍的罚款，参见1914年刑法典第4B条第（3）款。

注2：如果侵权复制件是将作品或其他主题以硬拷贝或模拟形式转换成数字或其他电子设备可读的形式，则根据第132AK条，最高刑罚将会更高。

♦ **即决犯罪**

（4）任何人如有下列行为即属犯罪：

（a）该人以贸易方式公开展示物品；且

（b）该物品是某作品或其他客体的版权侵权复制件，而该人对该事实存在过失；且

（c）在展示时该作品或其他客体中存在版权，而该人对该事实存在过失。

处罚：监禁2年或120个罚金单位的罚金，或两者并处。

（5）任何人如有下列行为即属犯罪：

（a）该人为取得商业利益或利润而公开展示物品；且

（b）该物品是某作品或其他客体的版权侵权复制件，而该人对该事实存在过失；且

（c）在展示时该作品或其他客体中存在版权，而该人对该事实存在过失。

处罚：监禁2年或120个罚金单位的罚金，或两者并处。

（6）尽管有1914年刑法典第4G条的规定，但是违反第（4）款或第（5）款的罪行属于即决犯罪。

♦ **严格责任罪**

（7）任何人如有下列行为即属犯罪：

（a）该人以贸易方式公开展示物品；且

（b）该物品是作品或其他客体的版权侵权复制件；且

（c）在展示时该作品或其他客体中存在版权。

处罚：60个罚金单位的罚金。

（8）任何人如有下列行为即属犯罪：

（a）该人在准备或正获取商业利益或利润的过程中，公开展示物品；且

（b）该物品是作品或其他客体的版权侵权复制件；且

（c）在展示时该作品或其他客体中存在版权。

处罚：60 个罚金单位的罚金。

（9）第（7）款、第（8）款属于严格责任罪行。

注：关于严格责任罪，参见刑法典第 6.1 条。

第 132AH 条　商业性进口版权侵权复制件

◆ 可公诉罪

（1）任何人如有下列行为即属犯罪：

（a）该人将某物品进口到澳大利亚，目的是对该物品作下列任何一项处理：

（ⅰ）出售；

（ⅱ）出租；

（ⅲ）以交易方式要约或公开出售或出租；

（ⅳ）为获取商业利益或利润而公开出售或出租；

（ⅴ）为贸易而分发；

（ⅵ）为获取商业利益或利润而进行分发；

（ⅶ）将其分发至会对该物品的作品或其客体的版权侵权复制件的版权所有人造成不利影响的程度；

（ⅷ）以贸易方式公开展示；

（ⅸ）公开展示以获取商业利益或利润；且

（b）该物品是作品或其他客体的版权侵权复制件；且

（c）在进口时该作品或其他客体中存在版权。

（2）违反本条的罪行一经定罪，可处不超过 5 年的监禁或不超过 650 个罚金单位的罚金，或两者并处。

注 1：公司可被处以最高罚款金额 5 倍的罚款，参见 1914 年刑法典第 4B 条第（3）款。

注 2：如果侵权复制件是将作品或其他客体以硬拷贝或模拟形式转换成数字或其他电子机器可读的形式，则根据第 132AK 条，最高刑罚将会更高。

◆ 即决犯罪

（3）任何人如有下列行为即属犯罪：

（a）将物品进口到澳大利亚，目的是对该物品实施下列任何行为：

（ⅰ）出售；

（ⅱ）出租；

（ⅲ）以交易方式要约或公开出售或出租；

（ⅳ）为获取商业利益或利润而公开出售或出租；

（ⅴ）为贸易而分发；

（ⅵ）为获取商业利益或利润而进行分发；

（ⅶ）将其分发至会对该物品的作品或其他客体的版权侵权复制件的版权人造成不利影响的程度；

（ⅷ）以贸易方式公开展示；

（ⅸ）公开展示以获取商业利益或利润；且

（b）该物品是作品或其他客体的侵权复制件，且该人对该事实存在过失；且

（c）在进口时该作品或其他客体中存在版权，且该人对该事实存在过失。

处罚：监禁 2 年或 120 个罚金单位的罚金，或两者并处。

（4）尽管 1914 年刑法典第 4G 条有规定，但是违反第（3）款的犯罪属于即决犯罪。

♦ **严格责任罪**

（5）任何人如有下列行为即属犯罪：

（a）该人将物品进口到澳大利亚，以准备或正对该物品进行下列任何操作的过程中：

（ⅰ）出售该物品；

（ⅱ）出租；

（ⅲ）以交易方式要约或公开出售或出租；

（ⅳ）为获取商业利益或利润而公开出售或出租；

（ⅴ）为贸易而分发；

（ⅵ）为获取商业利益或利润而进行分发；

（ⅶ）将其分发至会对该物品版权的作品或其他客体的侵权复制品的版权人造成不利影响的程度；

（ⅷ）以贸易方式公开展示；

（ⅸ）公开展示以获取商业利益或利润；且

（b）该物品是作品或其他客体的侵权复制件；且

（c）在进口时该作品或其他客体中存在版权。

处罚：60 个罚金单位的罚金。

（6）违反第（5）款属于严格法律责任的罪行。

注：关于严格责任罪，参见刑法典第 6.1 条。

第 132AI 条　分发版权侵权复制件

◆ 可公诉罪

（1）任何人如有下列行为即属犯罪：

（a）该人为下列目的分发物品：

（ⅰ）交易；或

（ⅱ）获得商业优势或利润；且

（b）该物品是作品或其他客体的版权侵权复制件；且

（c）在分发时该作品或其他客体中存在版权。

（2）任何人如有下列行为即属犯罪：

（a）该人分发物品；且

（b）该物品是作品或其他客体的版权侵权复制件；且

（c）在分发时该作品或其他客体中存在版权；且

（d）发行的范围对版权人产生不利影响。

（3）违反第（1）款或第（2）款的罪行，一经定罪，可处不超过 5 年的监禁或不超过 550 个罚金单位的罚金，或两者并处。

注 1：公司可被处以最高罚款金额 5 倍的罚款，参见 1914 年刑法典第 4B 条第（3）款。

注 2：如果侵权复制件是将作品或其他客体以硬拷贝或模拟形式转换成数字或其他电子机器可读的形式，则根据第 132AK 条，最高刑罚将会更高。

◆ 即决犯罪

（4）任何人如有下列行为即属犯罪：

（a）该人为下列目的分发物品：

（ⅰ）交易；或

（ⅱ）获得商业利益或利润；且

（b）该物品是作品或其他客体的版权侵权复制件，而该人对该事实存在过失；且

（c）在分发时该作品或其他客体中存在版权，而该人对该事实存在过失。

处罚：监禁 2 年或 120 个罚金单位的罚金，或两者并处。

（5）任何人如有下列行为即属犯罪：

(a) 该人分发物品；且

(b) 该物品是作品或其他客体的版权侵权复制件，而该人对该事实存在过失；且

(c) 在分发时该作品或其他客体中存在版权，而该人对该事实存在过失；且

(d) 分发的范围对版权人造成不利影响，而该人对该事实存在过失。

处罚：监禁2年或120个罚金单位的罚金，或两者并处。

(6) 尽管有1914年刑法典第4G条的规定，但是违反第（4）款或第（5）款的罪行属于即决犯罪。

◆ **严格责任罪**

(7) 任何人如有下列行为即属犯罪：

(a) 该人为准备或进行下列活动的过程中分发物品：

(i) 交易；或

(ii) 获得商业利益或利润；且

(b) 该物品是作品或其他客体的版权侵权复制件；且

(c) 在分发时该作品或者其他客体的中存在版权。

处罚：60个罚金单位的罚金。

(9) 第（7）款属于严格责任罪。

注：关于严格责任罪，参见刑法典第6.1条。

第132AJ条　为商业目的持有侵权复制件

◆ **可公诉罪**

(1) 任何人如有下列行为即属犯罪：

(a) 该人持有物品，目的是对该物品进行下列任何行为：

(i) 出售；

(ii) 出租；

(iii) 以交易要约方式或公开出售或出租；

(iv) 为获取商业利益或利润而公开出售或出租；

(v) 为贸易而分发；

(vi) 为获取商业利益或利润而进行分发；

(vii) 将该物品分发至会对该物品的作品或其他客体的侵权复制件的版权人造成不利影响的程度；

（ⅷ）以商业方式公开展示；

（ⅸ）公开展示以获取商业利益或利润；且

（b）该物品是作品或其他客体的侵权复制件；且

（c）在持有时该作品或其他客体中存在版权。

（2）违反第（1）款的罪行一经定罪，可处不超过5年的监禁或不超过550个罚金单位的罚金，或两者并处。

◆ 即决犯罪

（3）任何人如有下列行为即属犯罪：

（a）该人持有物品，目的是对该物品作出下列任何行为：

（ⅰ）出售；

（ⅱ）出租；

（ⅲ）以交易要约方式或公开出售或出租；

（ⅳ）为获取商业利益或利润而公开出售或出租；

（ⅴ）为贸易而分发；

（ⅵ）为获取商业利益或利润而进行分发；

（ⅶ）将该物品分发至会对该物品的作品或其他客体的侵权复制件的版权人造成不利影响的程度；

（ⅷ）以商业方式公开展示；

（ⅸ）公开展示以获取商业利益或利润；且

（b）该物品是作品或其他客体的版权侵权复制件，而该人对该事实存在过失；且

（c）在持有时该作品或其他主题中存在版权，而该人对该事实存在过失。

处罚：监禁2年或120个罚金单位的罚金，或两者并处。

（4）尽管有1914年刑法典第4G条的规定，但是违反第（3）款的罪行属于即决犯罪。

◆ 严格责任罪

（5）任何人如有下列行为即属犯罪：

（a）该人持有物品，以准备或正对该物品进行下列任何一项操作：

（ⅰ）出售；

（ⅱ）出租；

（ⅲ）以交易要约方式或公开出售或出租；

（ⅳ）为获取商业利益或利润而公开出售或出租；

（ⅴ）为贸易而分发；

（ⅵ）为获取商业利益或利润而进行分发；

（ⅶ）将该物品分发至会对该物品的作品或其他客体的侵权复制件的版权人造成不利影响的程度；

（ⅷ）以商业方式公开展示；

（ⅸ）公开展示以获取商业利益或利润；且

（b）该物品是作品或其他客体的侵权复制件；且

（c）在持有时该作品或其他客体中存在版权。

处罚：60 个罚金单位的罚金。

（6）第（5）款属于严格责任罪。

注：关于严格责任罪，参见刑法典第 6.1 条。

第 132AK 条　严重罪行——作品等转换为数字形式

（1）违反本次分部（第 132AL 条和第 132AM 条除外）有关侵权复制件的规定（基本犯罪规定）的可公诉罪，如果侵权复制件是通过将作品或其他客体从硬拷贝或将模拟形式转换为数字或其他电子机器可读形式，属于严重罪行。

（2）严重罪行一经定罪，可处不超过 5 年的监禁或不超过 850 个罚金单位的罚金，或两者并处。

注：公司可被处以最高罚款金额 5 倍的罚款，参见 1914 年刑法典第 4B 条第（3）款。

（3）要证明严重犯罪，控方必须证明被告在将作品或其他客体从硬拷贝或模拟形式转换为数字或其他电子机器可读形式的情况下，对侵权复制件的制作是不计后果的。

注：控方还必须根据基本犯罪条款证明犯罪的所有主观和客观要素。

（4）如控方拟证明严重罪行，控罪必须指称版权侵权复制件是通过将作品或其他客体从硬拷贝或模拟形式转换为数码或其他电子机器可读形式而制成的。

第 132AL 条　制作或持有制作侵权复制件的装置

◆ **可公诉罪**

（1）任何人如有下列行为即属犯罪：

（a）该人制作装置，目的是将其用于制作作品或其他客体的版权侵权复制件；且

（b）在制作该装置时，该作品或其他客体中存在版权。

（2）任何人如有下列行为即属犯罪：

（a）该人持有装置，并拟将该装置用于制作作品或其他客体的版权侵权复制件；且

（b）在持有该作品或其他客体时已存在版权。

（3）违反第（1）款或第（2）款的罪行，一经定罪，可处不超过5年的监禁或不超过550个罚金单位的罚金，或两者并处。

注：公司可被处以最高罚款数额5倍的罚款，参见1914年刑法典第4B条第（3）款。

◆ 即决犯罪

（4）任何人如有下列行为即属犯罪：

（a）该人制造了一个装置；且

（b）该装置将用作复制作品或其他客体；且

（c）该复制件将属版权侵权复制件，而该人对该事实存在过失；且

（d）在制作该装置时，该作品或其他客体中存在版权，而该人对该事实存在过失。

处罚：监禁2年或120个罚金单位的罚金，或两者并处。

（5）任何人如有下列行为即属犯罪：

（a）该人持有一个装置；且

（b）该装置将用作复制作品或其他客体；且

（c）该复制件将属版权侵权复制件，而该人对该事实存在过失；且

（d）在持有时，该作品或其他客体中存在版权，而该人对该事实存在过失。

处罚：监禁2年或120个罚金单位的罚金，或两者并处。

（6）为避免争议，在第（4）款（b）项、第（5）款第（b）项所述的情况下，疏忽大意是该装置将被用于复制作品或其他客体的过失要素。

（7）尽管有1914年刑法典第4G条的规定，但是违反第（4）款或第（5）款的罪行属于即决犯罪。

◆ 严格责任罪

（8）任何人如有下列行为即属犯罪：

（a）该人制造了一个装置；且

(b) 该装置将会用作复制作品或其他客体；且

(c) 该复制件将属版权侵权复制件；以及

(d) 在制作该装置时，该作品或其他客体中存在版权。

处罚：60 个罚金单位的罚金。

(10) 第（8）款属于严格责任罪。

注：关于严格责任罪，参见刑法典第 6.1 条。

◆ 无须证明作品或其他客体被复制

(11) 在就违反本条的罪行而提出的检控中，无须证明拟使用或将使用该装置复制某一作品或其他客体。

第 132AM 条　广告供应侵权复制件

◆ 即决犯罪

(1) 任何人如有下列行为即属犯罪：

(a) 该人以任何方式发布或安排发布广告，以求在澳大利亚供应作品或其他客体的复制件（无论来自澳大利亚境内或境外）；且

(b) 该复制件是或将会是版权侵权复制件。

处罚：监禁 6 个月或 30 个罚金单位的罚金，或两者并处。

◆ 通过通信提供复制品的位置创建复制品

(2) 就本条而言，作品或其他客体，在接收和记录后将导致产生该作品或其他客体的复制件的通信，被视为构成在将产生复制件的地方提供该作品或其他客体的复制件。

第 D 次分部　作品、录音制品及电影的播放

第 132AN 条　导致作品被公开表演

◆ 可公诉罪

(1) 任何人如有下列行为即属犯罪：

(a) 该人导致文学、戏剧或音乐作品被表演；且

(b) 该表演是在公众娱乐场所公开进行；且

(c) 该表演侵犯该作品中的版权。

(2) 违反第（1）款的罪行，一经定罪，可处不超过 5 年的监禁或不超过 550 个罚金单位的罚金，或两者并处。

注：公司可被处以最高罚款数额 5 倍的罚款，参见 1914 年刑法典第 4B 条第（3）款。

◆ **即决犯罪**

（3）任何人如有下列行为即属犯罪：

（a）安排表演文学、戏剧或音乐作品；且

（b）该表演是在公众娱乐场所公开进行的；且

（c）该表演侵犯该作品中的版权，而该人对该事实存在过失。

处罚：监禁 2 年或 120 个罚金单位的罚金，或两者并处。

（4）尽管有 1914 年刑法典第 4G 条的规定，但是违反第（3）款的罪行属于即决犯罪。

第 132AO 条　导致在公众场合中听到或看到录音作品或影片

◆ **可公诉罪**

（1）任何人如有下列行为即属犯罪：

（a）该人导致：

（ⅰ）录音作品被听到；或

（ⅱ）电影胶片的图像被看到；或

（ⅲ）电影胶片的声音被听到；或

（b）在公共娱乐场所公开听到或看到；且

（c）导致该听到或看到侵犯了该录音作品或影片中的版权。

（2）违反第（1）款的罪行，一经定罪，可处以不超过 5 年的监禁或不超过 550 个罚金单位的罚金，或两者并处。

注：公司可能会被处以最高金额 5 倍的罚款，参见 1914 年刑法典第 4B 条第（3）款。

◆ **即决犯罪**

（3）任何人如有下列行为即属犯罪：

（a）该人导致：

（ⅰ）录音作品被听到；或

（ⅱ）电影胶片的图像被看到；或

（ⅲ）电影胶片的声音被听到；或

（b）在公共娱乐场所公开听到或看到；且

（c）导致该听到或看到侵犯该录音作品或影片中的版权，而该人对该事实存在过失。

处罚：监禁 2 年或 120 个罚金单位的罚金，或两者并处。

（4）尽管有 1914 年刑法典第 4G 条的规定，但是违反第（3）款的罪行属于即决犯罪。

◆ **严格责任罪**

（5）任何人如有下列行为即属犯罪：

（a）该人导致：

（ⅰ）录音作品被听到；或

（ⅱ）电影胶片的图像被看到；或

（ⅲ）电影胶片的声音被听到；或

（b）该看到或听到是在公众娱乐场所公开进行；且

（c）导致该听到或看到侵犯该录音作品或影片中的版权。

处罚：60 个罚金单位的罚金。

（6）第（5）款属于严格责任的罪行。

注：关于严格赔偿罪，参见刑法典第 6.1 条。

第 E 次分部　技术保护措施

第 132APA 条　解　　释

在本次分部中，计算机程序，具有与第 47AB 条中相同的含义。

第 132APB 条　本分部与第 5AA 部分的相互关系

本分部不适用于（在第 5AA 部分的含义内）加密广播。

第 132APC 条　规避访问控制技术保护措施

（1）任何人如有下列行为即属犯罪：

（a）该人从事有关行为；且

（b）该行为导致规避技术保护措施；且

（c）该技术保护措施是访问控制技术保护措施；且

（d）该人为获取商业利益或利润而从事有关行为。

处罚：60 个罚金单位的罚金。

◆ **抗辩——许可**

（2）如果该人获得版权人或独占许可人的准许，以规避访问控制技术保障措施，则第（1）款不适用于该人。

注：被告对第（2）款有关事项负有举证责任，参见刑法典第 13.3 条第（3）款。

◆ **抗辩——互操作性**

(3) 第 (1) 款不适用于下列人员，如果：

(a) 该人规避访问控制技术保障措施，使该人能够做出某项行为；且

(b) 该行为：

(ⅰ) 所涉及的该计算机程序（源程序）的复制件并非侵犯版权复制件，而该复制件是合法取得的；且

(ⅱ) 并不侵犯源程序的版权；且

(ⅱa) 涉及源程序的元素，在规避行为发生时，该人并不容易取得；且

(ⅲ) 只为使独立制作的计算机程序与源程序或任何其他程序互用。

注：被告对第 (3) 款有关事项负有举证责任，参见刑法典第 13.3 条第 (3) 款。

◆ **抗辩——加密研究**

(4) 第 (1) 款不适用于下列人员，如果：

(a) 该人规避控制技术保护措施，使：

(ⅰ) 该人；或

(ⅱ)（如该人是法人团体）该人的雇员；

实施某项行为；且

(b) 该行为：

(ⅰ) 所涉及的作品或其他客体的复制件并非侵犯版权复制件，而该复制件是合法取得的；且

(ⅱ) 并不侵犯该作品或其他客体的版权；且

(ⅲ) 只为查明和分析加密技术的缺陷和弱点；且

(c) 该人或雇员：

(ⅰ) 在加密技术领域的教育机构从事研究课程的；或

(ⅱ) 在加密技术领域受雇、受训或有经验；且

(d) 该人或雇员：

(ⅰ) 已获得版权人或独占被许可人的许可可以进行该行为；或

(ⅱ) 已作出或将作出善意努力以获得该等许可。

在本次分部中，加密技术指使用数学公式或算法对信息进行加扰和解扰。

注：被告对第 (4) 款有关事项负有举证责任，参见刑法典第 13.3 条第 (3) 款。

◆ **抗辩——计算机安全测试**

(5) 在下列情况中，第 (1) 款不适用于该人，如果：

(a) 该人规避访问控制技术保护措施，使该人能够采取行动；且

（b）该行为：

（ⅰ）所涉及的计算机程序的复制件并非侵犯版权复制件；且

（ⅱ）并不侵犯该计算机程序的版权；且

（ⅲ）只会为测试、调查或校正计算机、计算机系统或计算机网络的安全性而作出；且

（ⅳ）将在计算机、计算机系统或计算机网络的所有者的许可下进行。

注：被告对第（5）款有关事项负有举证责任，参见刑法典第13.3条第（3）款。

◆ 抗辩——网络隐私权

（6）在下列情况中，第（1）款不适用于该人，如果：

（a）该人规避访问控制技术保护措施，使其能够实施一项行为；且

（b）该行为：

（ⅰ）所涉及的作品或其他客体的复制件并非侵犯版权的复制件；且

（ⅱ）不会侵犯该作品或其他客体的版权；且

（ⅲ）仅为识别和禁止收集或传播自然人在线活动的个人识别信息的未披露能力而进行；且

（ⅳ）不会影响该人或任何其他人访问该作品或其他客体，或任何其他作品或客体的能力。

注：被告对第（6）款有关事项负有举证责任，参见刑法典第13.3条第（3）款。

◆ 抗辩——执法和国家安全

（7）第（1）款不适用于由联邦、州或领地，或这些机构之一的当局或其代表为下列目的合法做出的任何行为：

（a）执法；或

（b）国家安全；或

（c）履行法定职能、权力或职责。

注：被告对第（7）款有关事项负有举证责任，参见刑法典第13.3条第（3）款。

◆ 抗辩——图书馆等

（8）第（1）款不适用于下列团体在履行其职能时合法做出的任何行为：

（a）图书馆（不包括为一人或多人直接或间接牟利而经营的图书馆）；

（b）下列所述的团体：

（ⅰ）第10条第（1）款中档案定义的（a）项；或

（ⅱ）第10条第（4）款；

（c）教育机构；

（d）公共非商业性广播公司（包括1992年广播服务法所指的提供国家广播服务的机构，以及该法所指的持有社区广播许可证的机构）。

注1：由以营利为目的开展业务的人拥有的图书馆本身可能不以营利为目的，参见第18条。

注2：被告对第（8）款有关事项负有举证责任，参见刑法典第13.3条第（3）款。

（8A）在下列情况中，本条不适用于某人在与作品或其他客体有关事项合法做出的任何行为：

（a）根据1983年档案法第64条规定，该人拥有作品或其他客体的保管权；且

（b）根据第（8）款，澳大利亚国家档案馆实施该行为有合法依据。

注：被告对第（8A）款有关事项负有举证责任，参见刑法典第13.3条第（3）款。

◆ 抗辩——法律规定的行为

（9）在下列情况中，第（1）款不适用于该人：

（a）该人规避访问控制技术保护措施，使其能够实施某一行为；且

（b）该行为不会侵犯作品或其他客体的版权；且

（c）该人所做的行为是由条例规定的。

注1：被告对第（9）款有关事项负有举证责任，参见刑法典第13.3条第（3）款。

注2：关于制定规定人所做的行为的条例，参见第249条。

第132APD条　制造等关于技术保护措施的规避装置

（1）任何人如有下列行为即属犯罪：

（a）利用装置实施下列任何行为：

（ⅰ）为向另一人提供该装置而制造该装置；

（ⅱ）将其进口到澳大利亚，目的是提供给他人；

（ⅲ）分发给另一人；

（ⅳ）向公众提供；

（ⅴ）向另一人提供；

（ⅵ）将其传达给另一人；且

（b）该人做出该行为的目的是获取商业利益或利润；且

（c）该装置是技术保护措施的规避装置。

处罚：5年监禁或550个罚金单位的罚金，或两者并处。

◆ 抗辩——不作推广、广告等

（2）在下列情况中，第（1）款不适用于该人，如果：

(a) 该装置是技术保护措施的规避装置，只是因为其被推广、广告或者推销为具有规避技术保护措施的目的；且

(b) 下列情况均适用：

(ⅰ) 该人没有进行该推广、广告或推销；

(ⅱ) 该人并无（明示或默示）指示或要求另一人进行该推广、广告或推销。

注：被告对第（2）款有关事项负有举证责任，参见刑法典第13.3条第（3）款。

♦ **抗辩——互操作性**

(3) 在下列情况中，第（1）款不适用于该人，如果：

(a) 该规避装置将用于规避技术保护措施，目的是使某一行为得以实施；且

(b) 该行为：

(ⅰ) 所涉及的计算机程序（源程序）的复制件并非侵权复制件，而是合法取得的；且

(ⅱ) 不会侵犯源程序中的版权；且

(ⅱa) 涉及在规避行为发生时，实施行为的人不会随时获得原始程序的元素；且

(ⅲ) 仅是为实现独立创建的计算机程序与源程序或任何其他程序的互操作性而进行。

注：被告对第（3）款有关事项负有举证责任，参见刑法典第13.3条第（3）款。

♦ **抗辩——加密研究**

(4) 在下列情况中，第（1）款不适用于该人，如果：

(a) 该技术保护措施为访问控制技术保护措施；且

(b) 该规避装置将被用于规避访问控制技术保护措施，以使一个人（研究人员）能够做出行为；且

(c) 该行为：

(ⅰ) 涉及的作品或其他客体的复制件并非侵权复制件，且该复制件是合法取得的；且

(ⅱ) 并不侵犯该作品或其他客体的版权；且

(ⅲ) 只为查明和分析加密技术的缺陷和弱点；且

(d) 研究人员：

(ⅰ) 在加密技术领域的教育机构从事研究课程的；或

（ⅱ）在加密技术领域受雇、受训或有经验；且

（e）研究人员：

（ⅰ）已获得版权人或独占被许可人做出该行为的许可；或

（ⅱ）已作出或将作出善意努力以获得该等许可。

在本次分部中，加密技术指使用数学公式或算法对信息进行加扰和解扰。

注：被告对第（4）款有关事项负有举证责任，参见刑法典第13.3条第（3）款。

◆ 抗辩——计算机安全测试

（5）在下列情况中，第（1）款不适用于该人，如果：

（a）该技术保护措施为访问控制技术保护措施；且

（b）该规避装置将用于规避访问控制技术保护措施，以使某一行为得以实施；且

（c）该行为：

（ⅰ）涉及的计算机程序复制件并非侵犯版权复制件；且

（ⅱ）并不侵犯该计算机程序中的版权；且

（ⅲ）只为测试、调查或校正计算机、计算机系统或计算机网络的安全性；且

（ⅳ）将在计算机、计算机系统或计算机网络所有人的许可下进行。

注：被告对第（5）款有关事项负有举证责任，参见刑法典第13.3条第（3）款。

抗辩——执法和国家安全

（6）第（1）款不适用于由联邦、州或领地，或这些机构之一的当局或其代表为下列目的而合法做出的任何行为：

（a）执法；或

（b）国家安全；或

（c）履行法定职能、权力或职责。

注：被告对第（6）款有关事项负有举证责任，参见刑法典第13.3条第（3）款。

◆ 抗辩——图书馆等

（7）第（1）款不适用于下列团体在执行其职能时合法做出的任何行为：

（a）图书馆（不包括为一人或多人直接或间接牟利而经营的图书馆）；

（b）下列所述的团体：

（ⅰ）第10条第（1）款中档案定义的（a）项；或

（ⅱ）第10条第（4）款；

（c）教育机构；

（d）公共非商业性广播公司（包括1992年广播服务法所指的提供国家广播服务的机构，以及该法所指的持有社区广播许可证的机构）。

注1：由以营利为目的开展业务的人拥有的图书馆本身可能不以营利为目的，参见第18条。

注2：被告对第（7）款有关事项负有举证责任，参见刑法典第13.3条第（3）款。

（8）本条不适用于任何人就任何作品或其他客体而合法做出的任何行为，如果：

（a）根据1983年档案法第64条的规定，该人拥有作品或其他客体的保管权；且

（b）根据第（7）款，澳大利亚国家档案馆做出该行为是合法的。

注：被告对第（8）款有关事项负有举证责任，参见刑法典第13.3条第（3）款。

第132APE条　提供等关于技术保护措施的规避服务

（1）任何人如有下列行为即属犯罪：

（a）该人：

（ⅰ）向另一人提供服务；或

（ⅱ）向公众提供服务；且

（b）该人这样做的目的是获取商业利益或利润；且

（c）该服务是规避技术保护措施的服务。

处罚：5年监禁或550个罚金单位的罚金，或两者并处。

◆ 抗辩——不作推广、广告等

（2）第（1）款不适用于该人，如果：

（a）该服务是技术保护措施的规避服务，只是因为其被推广、广告或者推销为具有规避技术保护措施的目的；且

（b）下列两项均适用：

（ⅰ）该人没有进行该推广、广告或推销；

（ⅱ）该人没有（明示或暗示地）指示或要求他人进行该推广、广告或推销。

注：被告对第（2）款有关事项负有举证责任，参见刑法典第13.3条第（3）款。

◆ 抗辩——互动性

（3）第（1）款不适用于该人，如果：

（a）规避服务会被用来规避技术保护措施，以便做出某项行为；且

（b）该行为：

（ⅰ）涉及的计算机程序（源程序）的复制件并非侵权复制件，而且该复制件是合法取得的；且

（ⅱ）不会侵犯源程序的版权；且

（ⅱa）涉及在规避行为发生时，实施行为的人不会随时获得源程序的元素；且

（ⅲ）仅为实现独立创建的计算机程序与源程序或任何其他程序互操作性而进行。

注：被告对第（3）款有关事项负有举证责任，参见刑法典第13.3条第（3）款。

◆ 抗辩——加密研究

（4）第（1）款不适用于该人，如果：

（a）技术保护措施是访问控制技术保护措施；且

（b）规避服务将用于规避访问控制技术保护措施，使某人（研究人员）能够采取行动；且

（c）该行为：

（ⅰ）涉及的作品或其他客体的复制件不是侵权复制件，并且该复制件是合法获得的；且

（ⅱ）不会侵犯该作品或其他客体的版权；且

（ⅲ）将仅为查明和分析加密技术的缺陷和弱点；且

（d）研究人员：

（ⅰ）在加密技术领域的教育机构从事研究课程的；或

（ⅱ）在加密技术领域受过雇用、受训或经验丰富；且

（e）研究人员：

（ⅰ）已获得版权人或独占被许可人的许可从事该行为；或

（ⅱ）已作出或将作出善意努力以获得该等许可。

在本次分部中，加密技术指使用数学公式或算法对信息进行加扰和解扰。

注：被告对第（4）款有关事项负有举证责任，参见刑法典第13.3条第（3）款。

◆ 抗辩——计算机安全测试

（5）第（1）款不适用于该人，如果：

（a）该技术保护措施是访问控制技术保护措施；且

（b）规避服务将用于规避访问控制技术保护措施，以便能够采取行动；且

（c）该行为：

（ⅰ）涉及的计算机程序的复制件不是侵权复制件；且

（ⅱ）不会侵犯该计算机程序的版权；且

（ⅲ）仅为测试、调查或校正计算机、计算机系统或计算机网络的安全而进行；且

（ⅳ）将在计算机、计算机系统或计算机网络的所有者的许可下进行。

注：被告对第（5）款有关事项负有举证责任，参见刑法典第13.3条第（3）款。

◆ 抗辩——执法和国家安全

（6）第（1）款不适用于由联邦、州或领地，或这些机构之一的当局或其代表为下列目的合法做出的任何行为：

（a）执法；或

（b）国家安全；或

（c）履行法定职能、权力或职责。

注：被告对第（6）款有关事项负有举证责任，参见刑法典第13.3条第（3）款。

◆ 抗辩——图书馆等

（7）第（1）款不适用于下列团体在执行其职能时合法做出的任何行为：

（a）图书馆（不包括为一人或多人直接或间接牟利而经营的图书馆）；

（b）下列所述的团体：

（ⅰ）第10条第（1）款中档案定义的（a）项；或

（ⅱ）第10条第（4）款；

（c）教育机构；

（d）公共非商业性广播公司（包括1992年广播服务法所指的提供国家广播服务的机构，以及该法所指的持有社区广播许可证的机构）。

注1：由以营利为目的的开展业务的人拥有的图书馆本身可能不以营利为目的（参见第18条）。

注2：被告对第（7）款有关事项负有举证责任，参见刑法典第13.3条第（3）款。

（8）本条不适用于任何人就任何作品或其他客体而合法做出的任何行为，如：

（a）根据1983年档案法第64条规定，该人拥有作品或其他客体的保管权；且

（b）根据第（7）款，澳大利亚国家档案馆做出该行为是合法的。

注：被告对第（8）款有关事项负有举证责任，参见刑法典第13.3条第（3）款。

第F次分部　电子权利管理信息

第132AQ条　删除或更改电子权利管理信息

◆ 可公诉罪

（1）任何人如有下列行为即属犯罪：

（a）作品或其他客体中存在版权；且

（b）存在下列任一情况的：

（ⅰ）该人从该作品或客体的复制件中删除与该作品或客体有关的任何电子权利管理信息；或

（ⅱ）该人更改任何与该作品或客体有关的电子权利管理信息；且

（c）该人未获该版权人或独占被许可人准许而更改该信息；且

（d）该项删除或更改会诱使、促成、便利或者隐瞒对版权的侵犯。

（2）违反第（1）款的罪行一经定罪，可处以不超过5年监禁或不超过550个罚金单位的罚金，或两者并处。

注：公司可能会被处以最高金额5倍的罚款，参见1914年刑法典第4B条第（3）款。

◆ 即决犯罪

（3）任何人如有下列行为即属犯罪：

（a）作品或其他客体中存在版权；且

（b）存在下列任一情况的：

（ⅰ）该人从该作品或客体的复制件中删除任何与作品或客体有关的电子权利管理信息；或

（ⅱ）该人更改任何与该作品或客体有关的电子权利管理信息；且

（c）该人未经版权人或独占被许可人的许可而如此行事；且

（d）该项删除或更改会诱使、促成、便利或隐瞒对版权的侵犯，而该人对该结果是有过失的。

处罚：监禁2年或120个罚金单位的罚金，或两者并处。

（4）尽管有1914年刑法典第4G条，但是违反第（3）款的犯罪属于即决犯罪。

◆ 严格责任罪

（5）任何人如有下列行为即属犯罪：

（a）作品或其他客体中存在版权；且

（b）存在下列任一情况的：

（ⅰ）该人从该作品或客体的复制件中删除与该作品或其他客体有关的任何电子权利管理信息；或

（ⅱ）该人更改任何与该作品或客体有关的电子权利管理信息；且

（c）该人在没有该版权人或独占被许可人的许可下如此行事；且

（d）该项删除或更改会诱使、促成、便利或隐瞒对版权的侵犯。

处罚：60 个罚金单位的罚金。

（6）第（5）款属于严格责任罪。

注：关于严格赔偿责任，参见刑法典第 6.1 条。

第 132AR 条　在删除或更改电子权利管理信息后分发、进口或传播复制件

◆ **可公诉罪**

（1）任何人如有下列行为即属犯罪：

（a）作品或其他客体中存在版权；且

（b）该人就该作品或客体做出下列任何行为：

（ⅰ）分发作品或客体的复制件，目的是交易或获取商业利益或利润；

（ⅱ）将作品或客体的复制件进口到澳大利亚，目的是交易或获取商业利益或利润；

（ⅲ）向公众传播作品或客体的复制件；且

（c）该人未经版权人或独占被许可人的许可下如此行事；且

（d）未经版权人或独占被许可人许可存在下列任一情况的：

（ⅰ）与作品或客体相关的任何电子权利管理信息已从作品或客体的复制件中删除；或

（ⅱ）与作品或客体相关的任何电子权利管理信息已被更改；或

（e）该人知道该信息已在未经该许可的情况下被删除或更改；且

（f）本款（b）项所述的行为会诱使、促成、便利或隐藏版权的侵犯。

（2）违反第（1）款的罪行，一经定罪，可处以不超过 5 年监禁或不超过 550 个罚金单位的罚金，或两者并处。

注：公司可能会被处以最高金额 5 倍的罚款，参见 1914 年刑法典第 4B 条第（3）款。

◆ **即决犯罪**

（3）任何人如有下列行为即属犯罪：

（a）作品或其他客体中存在版权；

（b）该人就该作品或客体做出下列任何行为：

（ⅰ）分发该作品或客体的复制件，以进行交易或获取商业利益或利润；

（ⅱ）出于交易或获取商业利益或利润的目的，将作品或客体的复制件进口到澳大利亚；

（ⅲ）向公众传播作品或客体的复制件；且

（c）该人未经版权人或独占被许可人的许可下如此行事；且

（d）未经版权人或独占被许可人许可存在下列任一情况的：

（ⅰ）与作品或客体相关的任何电子权利管理信息已从作品或客体复制件中删除；或

（ⅱ）与作品或客体相关的任何电子权利管理信息已被更改；

（e）本款（b）项所述的行为会诱使、促成、便利或隐藏版权的侵犯，该人对此结果疏忽大意。

处罚：监禁2年或120个罚金单位的罚金，或两者并处。

（4）尽管1914年刑法典第4G条有规定，但是违反第（3）款的犯罪属于即决犯罪。

◆ **严格责任罪**

（5）任何人如有下列行为即属犯罪：

（a）作品或其他客体中存在版权；

（b）该人就该作品或客体做出以下任何行为：

（ⅰ）分发该作品或客体的复制件，以准备或正在交易过程中为了获取商业利益或利润；

（ⅱ）将作品或客体的复制件进口到澳大利亚，以准备或正在交易过程中，或准备或正在获取商业利益或利润的过程中；

（ⅲ）向公众传播作品或客体的复制件；且

（c）该人未经版权人或独占被许可人的许可下如此行事；且

（d）存在下列任一情况的：

（ⅰ）与该作品或客体有关的任何电子权利管理信息已从该作品或客体的复制件中删除；或

（ⅱ）与该作品或客体有关的任何电子权利管理信息已被更改；

（e）本款（b）项所提的行为会诱使、促成、便利或隐瞒版权的侵权。

处罚：60个罚金单位的罚金。

（6）第（5）款属于严格责任罪。

注：关于严格赔偿责任，参见刑法典第6.1条。

第 132AS 条　分发或进口电子权利管理信息

♦ 可公诉罪

（1）任何人如有下列行为即属犯罪：

（a）作品或其他客体中存在版权；且

（b）该人就与该作品或客体有关的电子权利管理信息做出下列任何一种行为：

（ⅰ）分发电子权利管理信息，目的是交易或获取商业利益或利润；

（ⅱ）将电子权利管理信息进口到澳大利亚，目的是交易或获取商业利益或利润；且

（c）该人未经版权人或独占被许可人的许可下如此行事；且

（d）存在下列任一情况的：

（ⅰ）未经版权人或独占被许可人的许可，已从作品或客体的复制件中删除该信息；或

（ⅱ）在版权人或独占被许可人的许可下，该信息已从该作品或客体的复制件中删除，但未经该许可，该信息已被更改；且

（e）该人知道该信息已在未经该许可的情况下被删除或更改；且

（f）本款（b）项所述的行为会诱使、促成、便利或隐藏版权的侵权。

（2）违反第（1）款的罪行一经定罪，可处以不超过 5 年监禁或不超过 550 个罚金单位的罚金，或两者并处。

注：公司可能会被处以最高金额 5 倍的罚款，参见 1914 年刑法典第 4B 条第（3）款。

♦ 即决犯罪

（3）任何人如有下列情况即属犯罪：

（a）作品或其他客体中存在版权；且

（b）该人就与该作品或客体相关的电子权利管理信息做出下列任一行为：

（ⅰ）出于交易或获取商业利益或利润的目的分发电子权利管理信息；

（ⅱ）出于交易或获取商业优势或利润的目的，将电子版权管理信息进口澳大利亚；且

（c）该人未经版权人或独占被许可人的许可下如此行事；且

（d）存在下列任一情况的：

（ⅰ）未经版权人或独占被许可人的许可，已从该作品或客体的复制件中删除该信息；或

（ⅱ）在版权人或独占被许可人的许可下，已从该作品或客体的复制件中删除该信息，但未经许可，该信息已被更改；且

（e）本款（b）项所述的行为会诱导、促成、便利或隐瞒版权的侵权，该人对该结果疏忽大意。

处罚：监禁2年或120个罚金单位的罚金，或两者并处。

（4）尽管有1914年刑法典第4G条的规定，但是违反第（3）款的罪行属于即决犯罪。

◆ **严格责任罪**

（5）任何人如有下列情况即属犯罪：

（a）作品或其他客体中存在版权；且

（b）该人就与该作品或客体有关的电子权利管理信息做出下列任何作为：

（ⅰ）在准备或正在交易过程中，或在准备或正在获取商业利益或利润的过程中，分发该电子权利管理信息；

（ⅱ）将电子权利管理信息进口到澳大利亚，以准备或正在交易过程中，或准备或正在获得商业利益或利润的过程中；且

（c）该人未经版权人或独占被许可人的许可下如此行事；且

（d）存在下列任一情况的：

（ⅰ）未经版权人或独占被许可人的许可，已从该作品或客体的复制件中删除该信息；或

（ⅱ）在版权人或独占被许可人的许可下，已从该作品或客体的复制件中删除该信息，但未经许可，该信息已被更改；且

（e）本款（b）项所述的行为会诱使、促成、便利或隐瞒版权的侵权行为，而该人对该结果是有过失的。

处罚：60个罚金单位的罚金。

（6）第（5）款属于严格法律责任罪。

注：关于严格赔偿责任，参见刑法典第6.1条。

第132AT条　抗辩事由

◆ **执法和国家安全**

（1）本次分部不适用于由下列机构或其代表为执法或国家安全的目的而合法做出的任何行为：

（a）联邦、州或领地；或

（b）联邦、州或领地的当局。

注：被告对第（1）款有关事项负有举证责任，参见刑法典第13.3条第（3）款。

◆ **某些公共机构等**

（2）本次分部不适用于下列人员在执行其职能时合法做出的任何行为：

（a）图书馆（不包括为一人或多人直接或间接牟利而经营的图书馆）；

（b）下列所述的团体：

（ⅰ）第10条第（1）款中档案定义的（a）项；或

（ⅱ）第10条第（4）款；

（c）教育机构；

（d）公营非商业性广播机构，包括：

（ⅰ）提供1992年广播服务法意义内的国家广播服务机构；且

（ⅱ）持有该法所指的社区广播许可证的机构。

注1：由以营利为目的开展业务的人拥有的图书馆本身可能不以营利为目的（参见第18条）。

注2：被告对第（2）款有关事项负有举证责任，参见刑法典第13.3条第（3）款。

（3）在下列情况中，本次分部不适用于任何人就作品或其他客体而合法做出的任何行为：

（a）根据1983年档案法第64条规定，该人拥有作品或其他客体的保管权；且

（b）根据第（2）款，澳大利亚国家档案馆做出该行为是合法的。

注：被告对第（3）款有关事项负有举证责任，参见刑法典第13.3条第（3）款。

第G次分部　证　　据

第132AU条　检方证明牟利

（1）如果在起诉针对本次分部的罪行时，下列任何一个问题是相关的，则本条适用：

（a）被告是否打算获取利润；

（b）被告是否在准备或正在获得利润的过程中。

（2）控方须负举证责任，证明任何利益、利润或收益并非因任何版权材料的私人或家庭使用而产生，或与任何版权材料的私人或家庭使用无关。

注：就本次分部而言，第132AA条将利润定义为包括下列任何利益、利润或收益：

（a）由个人接收；且

（b）由私人或家庭使用任何版权材料。

第132A条　与版权的存续和所有权有关的推定

（1）本条适用于就任何作品或其他客体而侵犯本次分部罪行的检控，但第132AM条除外。

◆ 标签或标记

（2）如果作品或其他客体的复制件，或包装或容纳复制件的包装或容器上有标签或标记，说明作品或其他客体首次出版或制作的年份和地点，则该年份和地点应视为标签或标记上所述，除非存在相反证据。

（3）如果作品或其他客体的复制件，或包装或容纳该复制件的包装或容器上有标签或标记，表明某人在特定时间是该作品或其他客体的版权所有人，则该人被推定为当时的版权所有人，除非存在相反证据。

◆ 外国证书

（4）如果在符合资格的国家根据该国法律颁发的证书或其他文件，表明了作品或其他客体首次出版或制作的年份和地点，则该年份和地点应被推定为证书或文件中所述的年份和地点，除非存在相反证据。

（5）如果在符合资格的国家根据该国法律颁发的证书或其他文件，表明某人在某一时间是该作品或其他客体的版权所有人，则推定该人是当时的版权所有人，除非存在相反证据。

（6）就本条而言，除非存在相反证据，否则声称是第（4）款或第（5）款所述的证书或文件，须视为该证书或文件。

第132AAA条　与计算机程序有关的推定

（1）除第132AM条外，本条适用于就属于计算机程序的文学作品的版权有关的本分部确定罪行而提出的检控，如果：

（a）载有该程序的全部或部分的商品或物品（以出售或其他方式）已向公众提供；且

（b）在供应时，该等商品或物品或其容器附有标签或其他标记，该等标签或标记由附有指明年份和人名的圆圈内的字母“C”组成。

（2）除非存在相反证据，可以推定：

（a）该计算机程序是原创文学作品；且

（b）该计算机程序是在该年首次发表的；且

（c）该人是该程序的版权所有人，而该等商品、物品或容器有标签或标记。

（3）根据第（2）款对某人作出的推定，并不暗示该人在商品、物品或容器被加上标签或标记的时间及地点是该程序的唯一版权所有人。

第132B条　与录音制品有关的推定

（1）除第132AM条外，本条适用于就与录音制品版权有关的本分部罪行而提出的指控，如果：

（a）载有全部或部分录音制品的记录（以出售或其他方式）已向公众提供；且

（b）在供应时，该记录或其容器上有标签或其他标记。

（2）如标签或其他标记载有下表内某项陈述，除非有相反证据，否则须推定该项所述的事项。

除非有相反证据，否则须推定的陈述及事项		
项　目	陈述事项	推　定
1	指明的人是该录音制品的制造者	该人是该录音制品的制造者
2	录音制品首次发表于指定年份	录音制品首次发表于该年份
3	录音制品首次在指定国家出版	录音制品首次在该国出版

（3）如标签或标记由圆圈内的字母“P”组成，并附有指明年份及人名，除非有相反证据，否则推定：

（a）录音制品在当年首次出版；且

（b）在该录音制品或容器被贴上标签或标记时间及在该地点，该人是该录音制品的版权所有人。

（4）根据本条作出的关于某人的推定，并不暗示该人是：

（a）该录音制品的唯一制作者；或

（b）在该录音制品或容器被贴上标签或标记时间及地点，该录音制品的唯一版权所有人。

第132C条　与影片有关的推定

◆ **关于影片制作人的推定**

（1）除第132AM条外，第（2）款适用于对违反本分部的罪行的检控，该罪行与电影胶片的版权有关，如果：

（a）该影片的复制件已向公众提供；且

（b）某人的姓名出现在该复制件上的方式，暗示该人是该影片的制作人；且

（c）如果该人不是法人团体——姓名为其真实姓名或通常使用的姓名。

（2）除非存在相反证据，否则可以推定：

（a）该人是影片的制作者；且

（b）在第98条第（3）款不适用的情况下制作该影片的人。

◆ 关于制作时间和版权所有人的推定

（3）第（4）款适用于对违反本分部（第132AM条除外）的与电影胶片版权有关的罪行的起诉，如果：

（a）体现该影片的商品或物品是商业供应的；且

（b）在供应时，该商品或物品或其容器附有标签或其他标记，该标签或标记由圆圈内的字母“C”组成，并附有指明年份及人名。

（4）除非存在相反证据，否则可以推定：

（a）该年度首次拍摄该影片；

（b）在该等商品、物品或容器加上标签或标记的时间和地点，该人是该影片的版权所有人。

（5）根据第（4）款对某人作出的推定并不意味着该人是在该商品、物品或容器被贴上标签或标记的时间和地点该影片的唯一版权所有人。

第H次分部　额外法庭命令

第133条　销毁或交付侵权复制件等

（1）本条适用于，如果：

（a）任何人在法庭上被指控犯有违反本分部的罪行，但第132AM条除外，无论该人是否被判有罪；且

（b）该人所拥有的物品在法院看来是下列任何一种物品：

（i）在构成违反第E次分部的罪行的行为中使用或目的是使用的规避手段；

（ii）侵权复制件；

（iii）用于或拟用于制作侵权复制件的装置或设备。

（2）法院可命令将该物品销毁、交付有关版权所有人或按法院认为适当的方式处理。

第Ⅰ次分部　程序和管辖权

第133A条　可起诉犯罪行为的法院

（1）针对本分部犯罪的起诉可在澳大利亚联邦法院或任何其他具有管辖权的法院提起。

（2）尽管1901年澳大利亚法律解释法第15C条规定，但是澳大利亚联邦法院无权审理或裁定对可公诉罪的起诉。

（3）澳大利亚联邦法院有权审理和裁定针对本分部的下列罪行的起诉：

（a）即决犯罪；

（b）严格责任罪。

第133B条　侵权通知

（1）该条例可作出规定，使被指控犯下本分部严格责任罪的人能够采取下列两种行动，以避免被起诉：

（a）向联邦支付罚款；

（b）上交联邦：

（ⅰ）被指控为作品或其他客体的侵权复制件且被指控参与犯罪的每件物品（如有）；且

（ⅱ）被指控为用于制作作品或其他客体的侵权复制件并被指控为参与犯罪的每个装置（如有）。

注：为此目的制定的条例将规定，如果被指控的罪犯向联邦支付罚金，并向联邦没收所有相关物品和装置（如有），则避免对被指控的罪犯进行起诉。

（2）罚金必须等于法院可以对该人处以的最高罚金的1/5。

第6分部　杂　　项

第134条　关于侵犯版权的诉讼时效

（1）自侵权行为发生，或侵权复制件、用于或目的是用于制作侵权复制件的装置（包括规避装置）制作之日起满6年后，不得就侵权提起诉讼，也不得就转换或扣留侵权复制件、转换或扣留用于或目的是用于制作侵权复制件的装置提起诉讼（视情况而定）。

（2）根据第116AN条、第116AO条、第116AP条、第116B条、第116C条或第116CA条就某人做出的行为提出的诉讼，如自做出该行为的时间起已超过6年，则不得提出。

第134A条 誓章证据

（1）除第（2）款另有规定外，在法律程序的审讯中，指：

（a）凭借本分部提出的诉讼；或

（b）因违反本法而被起诉；

如下证据可根据誓章作出：

（c）在某一特定时间，该程序所关乎的作品或其他客体的证据存在版权；或

（d）在某一特定时间，该作品或客体的版权由某一特定的人所拥有，或以排他方式特许某一特定的人；或

（e）在某一特定时间，该作品或客体的版权并非由某一特定的人所有，或以排他方式特许某一特定的人；或

（f）某一特定行为是未取得该作品或客体的版权所有人或版权的独占被许可人的许可做出的。

（2）如第（1）款所提述的法律程序的一方真诚地意欲就誓章中的事项，质证作出该款所提述的拟在法律程序中使用的誓章的人，则誓章不得在诉讼中使用，除非该人在这种质证中作为证人出庭，或者审判诉讼的法院酌情允许在该人不出庭的情况下使用誓章。

第7分部 版权材料进口复制件的扣押

第134B条 解 释

在本分部中：

诉讼期限，就特定的扣押复制件而言，指根据第135AED条向异议人发出要求放行复制件的通知后，条例规定的期限。

申请期限，就特定的扣押复制件而言，指根据第135AC条向进口商发出扣押复制件的通知后，条例规定的期限。

海关总署署长，指根据2015年边境部队法第11条第（3）款或第14条

第（2）款担任海关总署署长的人。

复制件，就版权材料而言，指：

（a）如果版权材料是作品，包含该作品的物品；或

（b）如果版权材料是录音，或录音中录制的声音广播，包含录音的记录；或

（c）如果版权材料是电影胶片或录制在电影胶片中的电视广播，包含构成影片的视觉图像或声音的物品；或

（d）如果版权材料是作品的出版版本，包含该版本的物品。

进口商，就受版权保护的材料的复制件而言，包括是或自认为是复制件所构成的货品的所有人或进口商的人。

异议人，就特定扣押的复制件而言，指根据第135条第（2）款发出通知的人，该通知是作为扣押复制件的结果而发出的。

所有人，就版权材料的版权而言，包括该材料版权的独占被许可人。

个人信息的含义与1988年隐私法中的含义相同。

扣押复制件，指根据第135条第（7）款扣押的复制件。

工作日，指不属于下列日期的时间：

（a）星期六；或

（b）星期日；或

（c）澳大利亚首都领地的公共假日。

第135条　进口作品等复制件的限制

（1）在本条中：

（a）提及澳大利亚不包括提及外部领土；

（b）对澳大利亚进口的提及不包括对该领土进口的提及。

（2）任何人可向海关总署署长发出书面通知，说明：

（a）该人是版权材料的版权所有人；且

（b）该人反对将本条适用的版权材料的复制件进口到澳大利亚。

（3）根据第（2）款发出的通知：

（a）需连同任何订明文件一并发出；且

（b）需附有订明费用（如有）。

（4）本条适用于版权材料的复制件，前提是该复制件的制作是由进口该

复制件的人在澳大利亚进行的，且构成侵犯该版权材料的版权。

（5）除非根据第（6）款被撤销或根据第（6A）款被宣布无效，否则第（2）款所指的通知仍然有效，直至：

（a）自通知发出之日起4年期限结束；或

（b）通知所涉及的版权材料的版权存续期间终结；

以较早者为准。

（6）根据第（2）款发出的通知，可由发出首次提及通知的人或该通知所涉及的版权材料的版权的其后所有人，向海关总署署长发出书面通知予以撤销。

（6A）如果海关总署署长有合理的理由认为，根据第（2）款发出的通知不再适合生效，海关总署署长可以书面宣布该通知无效。

注：第195B条第（3）款规定海关总署署长可以通知发出判决通知的人并宣布该通知无效。

（7）如果：

（a）已根据第（2）款就版权材料发出通知；且

（b）该通知未被宣布无效或撤销；且

（c）任何人将本分部适用的版权材料的复制件进口到澳大利亚，目的是：

（ⅰ）出售、出租或通过贸易方式为出售或出租提供展示复制件；或

（ⅱ）为贸易目的分发复制件；或

（ⅲ）为任何其他目的分发复制件，从而对版权材料的版权所有人造成不利影响；或

（ⅳ）以商业方式公开展示复制件；且

（d）根据1901年海关法，复制件受海关管制；

海关总署署长可没收复制件。

（8）该条例可就下列事项制定条文：

（a）根据本条发出的通知的格式；且

（b）发出通知的时间及方式；且

（c）向海关总署署长提供信息和证据。

（9）条例可能包含与本分部有关版权材料复制件进口到外部领土（从澳大利亚或其他此类领土进口除外）的规定类似的规定。

（10）本分部不适用于因第44A条、第44D条、第44E条、第44F条、第112A条、第112D条或第112DA条的规定而进口不构成侵犯版权的版权材

料复制件进入澳大利亚。

（10A）本分部不适用于因第44C条或第112C条的规定而进口不构成侵犯版权的版权材料复制件进入澳大利亚。

第135AA条　除非支付费用，否则扣押的决定

（1）除第（2）款另有规定外，海关总署署长可决定不根据第135条第（7）款扣押复制件，除非异议人（1名或多名异议人）已向海关总署署长作出一份可为海关总署署长接受的书面承诺，向联邦偿还扣押复制件的费用。

（2）根据第（2）款的规定，海关总署署长可以决定根据第135条第（7）款不扣押复制件，除非异议人（或1名或多名异议人）向他或她提供海关总署署长认为足以向联邦偿还扣押这些复制件的费用替代承诺，如果：

（a）根据异议人（1名或多名异议人）就其他复制件作出的承诺应支付的金额没有按照承诺支付；且

（b）海关总署署长认为在所有情况下要求提供担保都是合理的。

（3）如果海关总署署长书面同意异议人的书面请求，则可以撤回或更改承诺。

（4）在本条中：

扣押复制件的费用，指如果复制件被扣押，联邦可能产生的费用。

第135AB条　安全存储被扣押的复制件

被扣押的复制件必须被带到海关总署署长指示的安全地点。

第135AC条　扣押通知

（1）在根据第135条第（7）款扣押复制件后，海关总署署长必须在切实可行的范围内尽快通过任何通信手段（包括电子手段）向进口商和异议人发出通知（扣押通知）确认复制件，并说明已查封确认的复制件。

（2）扣押通知必须说明，在下列情况中，该复制件会发还进口商：

（a）进口商在申请期内就该等复制件的放行提出申请；且

（b）异议人在诉讼期结束时没有：

（ⅰ）就侵犯该等复制件的版权提起诉讼；且

（ⅱ）向海关总署署长发出该诉讼的书面通知。

（3）扣押通知还必须：

（a）规定复制件的申请期限；且

（b）列出复制件的诉讼期，并说明只有进口商提出放行复制件的申请时，诉讼期才会开始；且

（c）如果向异议人发出通知，说明进口商（如已知）的名称及其营业地或居住地的地址，除非海关总署署长出于保密原因认为不适宜这样做；且

（d）如果向进口商发出通知，则须说明下列人员的名称及其营业地或居住地的地址：

（ⅰ）异议人；或

（ⅱ）如异议人已为本分部的目的提名某人为异议人的代理人或代表，则是该人；

除非海关总署署长出于保密原因认为不适宜这样做。

（8）海关总署署长可在复制件被扣押后的任何时间，向异议人提供：

（a）代表进口商作出安排的任何个人或机构（无论在澳大利亚境内还是境外）的名称和营业地或居住地的地址，提交给澳大利亚的复制件或海关总署署长拥有，并且基于合理理由认为可能有助于识别和定位此类人员或机构的任何信息；且

（b）海关总署署长拥有并基于合理理由认为可能与识别和定位进口商有关的任何信息（包括个人信息）。

第135AD条　被扣押的复制件的检查、解除等

（1）海关总署署长可允许异议人或进口商检查被扣押的复制件。

（2）如果异议人向海关总署署长作出必要的承诺，海关总署署长可允许异议人从海关总署署长保管的扣押复制件中取出一个或多个样品供异议人检查。

（3）如果进口商向海关总署署长作出必要的承诺，海关总署署长可以允许进口商从海关总署署长保管的扣押复制件中取出一个或多个样品供进口商检查。

（4）必要的承诺是书面承诺，作出承诺的人将：

（a）在海关总署署长满意的特定时间将复制件样品归还海关总署署长；且

（b）采取合理的谨慎措施防止复制件样品损坏。

（5）如果海关总署署长允许异议人根据本分部检查扣押的复制件或移走复制件样品，联邦不对进口商因下列原因遭受的任何损失或损害承担责任：

（a）在检查期间对任何被扣押的复制件造成的损害；或

（b）异议人或任何其他人对从海关总署署长保管的复制件样品，或异议人的任何使用所做的任何事情，或异议人对其的任何使用。

第135AE条　经同意没收扣押的复制件

（1）根据第（2）款，进口商可以书面通知海关总署署长，同意将扣押的复制件没收给联邦。

（2）必须在提起与复制件有关的侵犯版权诉讼之前，发出通知。

（3）如果进口商发出此类通知，复制件将被没收给联邦。

第135AEA条　扣押复制件解除申请

（1）进口商可向海关总署署长提出扣押复制件解除申请。

（2）必须在复制件的申请期结束前提出申请。

（3）申请必须：

（a）采用条例规定的格式（如有）；且

（b）包括条例所规定的资料。

注：参见刑法典第137.1条和第137.2条规定，对下列行为构成犯罪：提供虚假或误导性信息或文件。

第135AEB条　未申请的扣押复制件将被没收

（1）如果未在复制件申请期内提出货物解除申请，则扣押复制件将被联邦没收。

（2）但是，海关总署署长允许复制件的延迟申请的，复制件不会被没收，参见第135AEC条。

第135AEC条　扣押复制件放行延迟申请

（1）海关总署署长可允许进口商在复制件申请期结束后，向海关总署署长提出扣押复制件解除申请（延迟申请）。

（2）只有在下列情况中，海关总署署长才可允许延迟申请：

（a）尚未提起与复制件有关的版权侵权诉讼；且

（b）海关总署署长认为在这种情况下是合理；且

（c）该等复制件尚未根据第135AI条处置。

第 135AED 条　异议人需要收到申请通知

（1）如果进口商提出关于解除扣押复制件的申请，海关总署署长必须尽快向异议人发出申请通知。

（2）通知：

（a）必须采用书面形式；且

（b）可包括海关总署署长拥有的，并基于合理理由认为可能相关的任何信息，以便识别和定位下列一项或两项：

（ⅰ）复制件的进口商；

（ⅱ）安排将复制件带至澳大利亚的任何其他个人或机构（无论是在澳大利亚境内还是境外）。

第 135AF 条　向进口商解除扣押复制件

（1）在下列情况中，海关总署署长必须向进口商解除扣押复制件：

（a）异议人向海关总署署长发出书面通知，说明异议人同意解除扣押复制件；且

（b）该复制件并未根据第 135AI 条予以处置。

（2）在下列情况中，海关总署署长可随时向进口商解除扣押的复制件：

（a）海关总署署长在考虑到复制件被扣押后了解的信息后，确信没有合理理由相信复制件的进口侵犯了版权；且

（b）异议人没有就该等复制件提起侵权诉讼。

（3）在下列情况中，海关总署署长必须向进口商解除扣押的复制件：

（a）进口商已提出解除扣押复制件的要求；且

（b）在诉讼期结束时，异议人没有：

（ⅰ）就侵犯复制件的版权提起诉讼；且

（ⅱ）将该诉讼书面通知海关总署署长。

（4）在下列情况中，海关总署署长必须向进口商解除扣押的复制件：

（a）进口商已提出解除扣押复制件的要求；

（b）已就该等复制件提起侵权的诉讼；且

（c）自提起诉讼之日起 20 个工作日结束时，提起诉讼的法院没有有效的命令阻止扣押复制件的解除。

（5）本条在第 135AH 条的规限下具有效力。

第135AFA条　已解除但未被收集的复制件将会被没收

在下列情况中，被扣押的复制件将被联邦没收：

（a）海关总署署长向进口商解除扣押复制件；且

（b）进口商在解除扣押后90日内没有接管复制件。

第135AG条　关于侵权诉讼的条文

（1）在本条中，侵权诉讼指因进口被扣押的复制件而构成的侵权的诉讼。

（2）侵权诉讼待决的法院，可应在诉讼标的物中有足够权益的人的申请，准许该人作为被告人加入该诉讼。

（3）海关总署署长有权在审理侵权诉讼时发表意见。

（4）除本条可批予的任何救济外，法院可：

（a）在法院认为合适的条件（如有）规限下，随时命令解除扣押的复制件给进口商；或

（b）命令在指定期限结束前不得向进口商解除扣押的复制件；或

（c）命令没收货物归联邦所有。

（5）如根据联邦任何其他法律，海关总署署长须保留或准许保留对被检取的复制件的控制权被信纳，则法院不得根据第（4）款（a）项作出命令。

（6）海关总署署长必须遵守根据第（4）款发出的命令。

（7）如果：

（a）法院裁定被扣押的复制件的进口并未侵犯有关版权；且

（b）侵权诉讼的被告使法院确信他或她因复制件的扣押而遭受损失或损害；

则法庭可命令该异议人向该被告人支付法庭所裁定的金额，作为补偿该损失或损害中可归因于该诉讼展开当日或之后开始的期间的任何部分。

第135AH条　保留对被扣押复制件的控制权

尽管有第135AF条的规定，但是在没有根据第135AG条第（4）款对扣押的复制件作出指令的情况下，如果根据联邦任何其他法律要求或允许海关总署署长保留对复制件的控制权，则海关总署署长没有义务解除扣押或处置复制件。

第135AI条　处置联邦没收的扣押复制件

（1）没收归联邦的扣押复制件必须以下列方式处置：

（a）按照法律规定的方式处置；或

（b）如果没有规定任何处置方式，可以依照海关总署署长指示。

（2）但是，根据第135AEB条，被没收的复制件必须在没收后30日内处置。

（3）第（1）款并不要求处置侵权诉讼的复制件。

◆ **特定情况下的赔偿权**

（4）尽管扣押的复制件已被联邦没收，但是任何人可以根据本条向有管辖权的版权法庭提出申请，要求赔偿处置这些复制件的损失。

（5）在下列情况中有权获得赔偿：

（a）有关复制件并没有侵犯异议人的版权；且

（b）该人确立了令版权法庭信赖的下列事项：

（ⅰ）在复制件被没收前，他或她是该等复制件的所有人；且

（ⅱ）有合理理由，未能就放行复制件提出申请。

（6）如果根据第（4）款有赔偿权，版权法庭必须指令联邦向该人支付相当于该复制件处置时市场价值的金额。

第135AJ条　未能支付联邦的扣押费用

（1）如果根据第135条发出的通知，其所涵盖的复制件有关的承诺项下应付的金额未按承诺支付，则海关总署署长可决定在支付所欠款项之前不扣押该通知所涵盖的复制件。

（2）未根据承诺支付的金额：

（a）是单一异议人或异议人共同或分别欠联邦的债务；且

（b）可以通过在有管辖权的版权法庭提起诉讼来收回。

（3）如果就根据第135条发出的通知所涵盖的复制件而言，根据承诺支付的金额与承诺相符，但不足以支付联邦因海关总署署长采取的行动而产生的费用，则这些费用与承诺支付金额之间的差额：

（a）属于单一异议人或异议人共同或各自应付的债务；且

（b）可以通过在有管辖权的版权法庭提起诉讼来收回。

（4）如果根据第135条发出通知的异议人，或根据第135AA条第（2）款提供的担保不足以支付联邦因海关总署署长采取行动而产生的费用，则这

些费用与担保额之间的差额：

(a) 是异议人或异议人共同或各自应付的债务；且

(b) 可以通过在有管辖权的版权法庭提起诉讼来收回。

第135AK条　联邦豁免权

对于由下列原因造成个人遭受的任何损失或损害，联邦不承担任何责任：

(a) 由于扣押复制件或海关总署署长的失误而导致的损失或损害；或

(b) 解除任何被扣押的复制件。

第5AA部分　未经授权获取编码广播

第1分部　序　　言

第135AL条　解　　释

在本部分中：

诉讼，指当事人之间的民事诉讼，包括反诉。

广播者，指根据1992年广播服务法获得许可提供广播服务（如该法所定义）的人，其通过该服务传送编码广播。

频道提供者，指下列人员：

(a) 包装频道的人（可能包括制作节目的人）；且

(b) 向广播者提供该频道的人；且

(c) 经营提供频道业务的人；

除为传送附带事项而作出的中断外，该频道是作为编码广播服务的一部分而广播的。

解码器，指设计或改装用于解密或协助解密编码广播的装置（包括计算机程序）。

编码广播指：

(a) 订阅广播；或

(b) 由1992年广播服务法意义上的商业广播服务或国家广播服务提供的加密广播（无线电广播或订阅广播除外）。

订阅广播，指经加密的广播，广播者只向经广播者授权人提供该广播，其他未经授权人无法接收。

未获授权解码器，指未经广播者授权而设计或改装用于解密或协助解密编码广播的解密装置（包括计算机程序）。

第135AM条　反　诉

在对反诉适用本分部时，被告的陈述应视为原告的陈述。

第135AN条　本分部不适用于执法行为等

本分部不适用于由下列人员或其代表为执法或国家安全的目的而合法做出的任何行为：

（a）联邦、州或领地；或

（b）联邦、州或领地的当局。

注：被告在就违反本分部的罪行进行诉讼时，须承担与本分部所述事项有关的证据责任，参见刑法典第13.3条第（3）款。

第2分部　诉　讼

第A次分部　与未授权解码器有关的诉讼

第135AOA条　制造或处理未授权解码器

（1）频道提供者或任何对编码广播或编码广播内容的版权中拥有利害关系的人，可对下列人员提起诉讼：

（a）该人使用未经授权的解码器做出第（2）款所述的任何行为；且

（b）该人知道或应该知道，未经授权的解码器会被用于在未经广播公司授权的情况下访问编码广播。

（2）使用未经授权解码器的行为如下：

（a）制造未经授权的解码器；

（b）出售或出租未经授权的解码器；

（c）以贸易方式，或以获取商业利益或利润为目的，提供或公开未经授权的解码器供销售或出租；

（d）以贸易方式或为了获取商业利益或利润而公开展示未经授权的解码器；

（e）为贸易目的分发未经授权的解码器（包括从澳大利亚出口），或为对频道提供者或对任何编码广播或编码广播内容的版权有利害关系的人产生不利影响的目的分发未经授权的解码器。

(f) 将未经授权的解码器进口到澳大利亚，以作下列用途：

(ⅰ) 出售或出租未经授权的解码器；或

(ⅱ) 以贸易方式或为获取商业利益或利润的目的，为出售或出租提供或公开未经授权的解码器；或

(ⅲ) 以贸易方式或为获取商业利益或利润的目的，公开展示未经授权的解码器；或

(ⅳ) 以交易为目的或以对频道提供者、对编码广播或编码广播内容的版权享有利害关系的人产生不利影响为目的分发未经授权的解码器；

(g) 在网上提供未经授权的解码器，其程度会对频道提供者或编码广播内容的版权有利害关系的人造成不利影响。

(3) 诉讼只能在行为发生后6年内提出。

(4) 在根据本条提起的诉讼中，除非被告另有证明，否则必须假定被告知道或应当知道未经授权的解码器将按第 (1) 款 (b) 项所述方式使用。

第B次分部　与订阅广播的解码器有关的诉讼

第135AOB条　在网上提供解码器的服务

(1) 如有下列情况，本条准许提出诉讼：

(a) 由订阅广播的广播方（提供广播方）或在其授权下（向该人或其他人）提供解码器；且

(b) 该人在网上提供该解码器，以致对下列任何人（受影响方）造成不利影响：

(ⅰ) 任何与提供广播方订阅广播的版权有利害关系的人；

(ⅱ) 任何与提供广播方订阅广播内容的版权有利害关系的人；

(ⅲ) 向提供广播方提供频道以供订阅广播的频道提供者；且

(c) 该人知道或应当知道，该解码器将会被用于使第三人能够在未经广播方授权的情况下访问订阅广播。

(2) 诉讼可由任何受影响方提起，但只能在第 (1) 款 (b) 项所述的人首次在网上提供解码器后6年内提起。

(3) 在根据本条提出的诉讼中，除非被告另有证明，否则必须假定被告知道或应当知道该解码器将按第 (1) 款 (c) 项所述的方式使用。

第C次分部　未经授权查阅编码广播的诉讼

第135AOC条　使他人未经授权访问编码广播

（1）本条准许在下列情况中对任何人提起诉讼：

（a）在未获广播公司授权进行编码广播的情况下，该人做出某种行为，致使该人或其他任何人以可识别的形式获得该广播或广播中的声音或图像；且

（b）获得广播或广播中的声音或图像会对下列任何人（受影响方）产生不利影响：

（ⅰ）任何与广播机构编码广播的版权有利害关系的人；

（ⅱ）任何与广播机构编码广播内容的版权有利害关系的人；

（ⅲ）向广播机构提供用作编码广播的频道提供者；且

（c）该人知道或应当知道，该访问未获广播机构授权。

注：（a）项——使某人获得广播或广播中的声音或图像包括：

（a）使用或授权使用解码器，使该人受益访问广播、声音或图像；且

（b）分发或授权分发声音或从广播中获取图像后给该人的图像使用解码器。

（2）任何受影响方都可以提起诉讼，但只能在行为发生后6年内提起。

（3）第（1）款不适用于：

（a）仅包含下列一项或多项的行为：

（ⅰ）在设备上开始播放广播中或广播外的声音或图像（例如打开设备）；

（ⅱ）收听广播内或广播外的声音和/或从广播中看到图像；

（ⅲ）在由一个家庭居住的单一住宅内传播声音或图像，并且由该住宅的一名成员就获取该广播取得了广播公司的私人授权；或

（b）获得来自下列方面的声音或图像：

（ⅰ）由编码广播制作的电影胶片或录音；或

（ⅱ）此类影片或录音的复制件。

注：（b）项——制作此类电影、录音或复制件可以是侵权复制件：参见第87条第（a）款和（b）款和第101条。

第135AOD条　未经授权将订阅广播作商业用途

（1）本条准许在下列情况中对任何人提起诉讼：

（a）未经订阅广播的广播机构的授权，使用广播或获取广播中的声音或

图像，进行贸易或获取商业利益或利润；且

(b) 使用广播对下列任何人造成不利影响（受影响方）：

(ⅰ) 任何与广播的版权有利害关系的人；

(ⅱ) 任何与广播内容的版权有利害关系的人；

(ⅲ) 向广播机构提供频道进行广播的频道提供者；且

(c) 该人知道或应当知道，该使用未获广播方授权。

(2) 任何受影响的当事人都可以提起诉讼，但只能在使用广播行为后6年内提起。

第D次分部　版权法庭的指令

第135AOE条　救　　济

(1) 版权法庭可根据本分部在诉讼中给予受损害方救济：禁令（如有，须受版权法庭认为合适的条款限制）、损害赔偿或以所得利益公平补偿。

(2) 在评估损害赔偿时，版权法庭可在考虑到下列因素的情况下，判给其认为适当的额外损害赔偿：

(a) 被告人做出有关行为的恶意程度；且

(b) 对类似行为进行威慑的必要性；且

(c) 在第A次分部或第B次分部下的诉讼中，被告因制造或处理解码器而获得的任何利益；且

(d) 在第C次分部下的诉讼中，被告获得的任何利益，或由被告经营或与被告联合经营的任何商业贸易的获益；且

(e) 所有其他有关事项。

第135AOF条　销毁解码器

在根据本分部作出的诉讼中，版权法庭可以指令销毁或处理裁决中指明的有关解码器（如果有的话）。

第E次分部　管辖权及上诉

第135AP条　行使司法管辖权

州或领地最高法院在本次分部下的诉讼中的管辖权由该法院的一名法官行使。

第 135AQ 条　上　　诉

(1) 除第 (2) 款规定外，州或领地法院（无论其构成如何）根据本次部作出的裁决为终局裁决。

(2) 根据本分部的规定，可对州或领地法院的裁决提出上诉：

(a) 向澳大利亚联邦法院提出上诉；或

(b) 经澳大利亚高等法院特别许可，交由澳大利亚高等法院审理。

第 135AR 条　澳大利亚联邦法院的管辖权

澳大利亚联邦法院对根据本分部规定的诉讼具有管辖权。

第 135AS 条　澳大利亚联邦巡回法院和家庭法院的管辖权（第 2 分部）

澳大利亚联邦巡回法院和家庭法院（第 2 分部）被授予对本分部规定的诉讼的管辖权。

第 3 分部　侵犯版权的犯罪

第 A 次分部　侵犯版权的犯罪

第 135ASA 条　制造未经授权的解码器

(1) 任何人如有下列行为即属犯罪：

(a) 该人制造未经授权的解码器；且

(b) 在未经广播方授权的情况下，将未经授权的解码器用于访问编码广播。

(2) 违反第 (1) 款的罪行，一经定罪，可处以不超过 5 年监禁或不超过 550 个罚金单位的罚金，或两者并处。

注：公司可被处以最高罚款金额 5 倍的罚款，参见 1914 年刑法典第 4B 条第 (3) 款。

第 135ASB 条　出售或出租未经授权的解码器

(1) 任何人如有下列行为即属犯罪：

(a) 该人出售或出租未经授权的解码器；且

(b) 该人可能使用未经授权的解码器在未获广播方授权的情况下访问编码广播。

(2) 违反第 (1) 款的罪行，一经定罪，可处以不超过 5 年监禁或不超过

550 个罚金单位的罚金，或两者并处。

注：公司可被处以最高罚款金额 5 倍的罚款，参见 1914 年刑法典第 4B 条第（3）款。

第 135ASC 条　提供未经授权的解码器以供出售或出租

（1）任何人如有下列行为即属犯罪：

（a）该人出于获取商业利益或利润的目的，提供或公开未经授权的解码器以供出售或出租；且

（b）该人可使用未经授权的解码器在未经广播方授权的情况下访问编码广播。

（2）任何人如有下列行为即属犯罪：

（a）该人提供或公开未经授权的解码器以供出售或出租；且

（b）该提供或公开是通过交易方式进行的；且

（c）该人可使用未经授权的解码器在未经广播方授权的情况下访问编码广播。

（3）违反第（1）款或第（2）款的罪行，一经定罪，可处以不超过 5 年监禁或不超于 550 个罚金单位的罚金，或两者并处。

注：公司可被处以最高罚款金额 5 倍的罚款，参见 1914 年刑法典第 4B 条第（3）款。

第 135ASD 条　在公共场所商业展示未经授权的解码器

（1）任何人如有下列行为即属犯罪：

（a）该人公开展示未经授权的解码器以获取商业利益或利润；且

（b）该人可使用未经授权的解码器在未经广播方授权的情况下访问编码广播。

（2）任何人如有下列行为即属犯罪：

（a）该人公开展示未经授权的解码器；且

（b）展示是以交易方式进行的；且

（c）该人可使用未经授权的解码器在未经广播方授权的情况下访问编码广播。

（3）违反第（1）款或第（2）款的罪行，一经定罪，可处以不超过 5 年监禁或不超过 550 个罚金单位的罚金，或两者并处。

注：公司可被处以最高罚款金额 5 倍的罚款，参见 1914 年刑法典第 4B 条第（3）款。

第 135ASE 条　进口未经授权的解码器

（1）任何人如有下列行为即属犯罪：

（a）该人进口未经授权的解码器，意图使用未经授权的解码器进行下列任何一项行为：

（ⅰ）出售未经授权的解码器；

（ⅱ）出租未经授权的解码器；

（ⅲ）以交易或获取商业利益或利润的方式提供或披露未经授权的解码器以供出售或出租；

（ⅳ）以交易或获取商业利益或利润的方式公开展示未经授权的解码器；

（ⅴ）以交易目的分发未经授权的解码器；

（ⅵ）分发未经授权的解码器以获取商业利益或利润；

（ⅶ）在准备进行或正在进行的活动中分发未经授权的解码器，而该活动将对与频道提供者，或编码后的广播，或编码后的广播内容的版权的有利害关系的人产生不利影响；且

（b）该人可使用未经授权的解码器在未经广播方授权的情况下访问编码广播。

（2）违反第（1）款的罪行，一经定罪，可处以不超过 5 年监禁或不超过 550 个罚金单位的罚金，或两者并处。

注：公司可被处以最高罚款金额 5 倍的罚款，参见 1914 年刑法典第 4B 条第（3）款。

第 135ASF 条　分发未经授权的解码器

（1）任何人如有下列行为即属犯罪：

（a）该人分发（包括从澳大利亚出口）未经授权的解码器，以下列情况为目的：

（ⅰ）贸易；或

（ⅱ）取得商业利益或利润；或

（ⅲ）从事任何其他会对与频道提供者或任何对与编码广播或编码广播内容的版权有利害关系的人造成不利影响的活动；且

（b）该人可使用未经授权的解码器在未经广播方授权的情况下访问编码广播。

（2）违反第（1）款的罪行，一经定罪，可处以不超过 5 年监禁或不超过

550个罚金单位的罚金，或两者并处。

注：公司可被处以最高罚款金额5倍的罚款，参见1914年刑法典第4B条第（3）款。

第135ASG条　在网上提供未经授权的解码器

（1）任何人如有下列行为即属犯罪：

（a）该人网上提供未经授权的解码器；且

（b）该人网上提供未经授权的解码器，以致对与频道提供者或任何对与编码广播或编码广播内容的版权有利害关系的人造成不利影响；且

（c）该人可使用未经授权的解码器在未经广播方授权的情况下访问编码广播。

（2）违反第（1）款的罪行，一经定罪，可处以不超过5年监禁或不超过550个罚金单位的罚金，或两者并处。

注：公司可被处以最高罚款金额5倍的罚款，参见1914年刑法典第4B条第（3）款。

第135ASH条　为订阅广播提供在线解码器

（1）任何人如有下列行为即属犯罪：

（a）由订阅广播的广播者或其授权的广播者（向该人或其他人）提供解码器；且

（b）该人网上提供该解码器；且

（c）未经广播方授权而在网上提供该解码器；且

（d）该解码器将用于使任何人在未经该广播方授权的情况下访问订阅广播；且

（e）在网上提供该解码器，其程度对下列任何人产生不利影响：

（ⅰ）任何与广播公司订阅广播的版权有利害关系的人；

（ⅱ）任何与广播公司订阅广播内容的版权有利害关系的人；

（ⅲ）向广播公司提供频道以进行订阅广播的频道提供者。

（2）违反第（1）款的罪行，一经定罪，可处以不超过5年监禁或不超过550个罚金单位的罚金，或两者并处。

注：公司可被处以最高罚款金额5倍的罚款，参见1914年刑法典第4B条第（3）款。

第135ASI条　未经授权访问订阅广播等

任何人如有下列行为即属犯罪：

（a）该人未经授权实施访问订阅广播的行为；且

（b）该行为（单独或与其他行为一起）导致该人以可识别的形式获得收费广播或收费广播的声音或图像；且

（c）该人明知该行为没有得到广播公司的授权；且

（d）该行为包括下列一项或多项内容：

（ⅰ）在设备上开始播放广播中的声音或图像（例如打开设备）；

（ⅱ）收听广播的声音和/或看到图像。

（ⅲ）在由一个家庭居住的单一住宅内传播声音或图像，并且该住户的一名成员取得广播公司的私人授权；且

（e）未从下列途径获得该声音或图像：

（ⅰ）由编码广播制作的电影或录音；或

（ⅱ）此类电影或录音的复制件。

注：制作此类电影、录音或复制件可能侵犯版权，参见第 87 条（a）项和（b）项以及第 101 条。

处罚：60 个罚金单位的罚金。

第 135ASJ 条　未经授权访问编码广播等

（1）任何人如有下列行为即属犯罪：

（a）该人确系实施了某种行为；且

（b）该行为是通过贸易方式作出的；且

（c）该行为导致该人或其他任何人以可识别的形式获取编码广播或编码广播中的声音或图像；且

（d）该行为未经广播公司授权；且

（e）未从下列途径获取该声音或图像：

（ⅰ）由编码广播制成的电影或录音；或

（ⅱ）该影片或录音的复制件。

注：（e）项——制作此类电影、录音或复制件可能侵犯版权：参见第 87 条（a）项和（b）项以及第 101 条。

（2）任何人如有下列行为即属犯罪：

（a）该人实施的行为是为了获取商业利益或利润；且

（b）该行为导致该人或其他任何人以可识别的形式获取编码广播或编码广播中的声音或图像；且

（c）未经广播机构授权访问该声音或图像；且

（d）未从下列途径获取该声音或图像：

（ⅰ）由编码广播制成的电影或录音；或

（ⅱ）该电影或录音的复制件。

注：（e）项——制作此类电影、录音或复制件可能侵犯版权：参见第 87 条（a）项和（b）项以及第 101 条。

（3）任何人如有下列行为即属犯罪：

（a）该人未经授权实施访问编码广播的行为；且

（b）该行为导致其他任何人以可识别的形式获取编码广播或编码广播中的声音或图像；且

（c）该人明知未经广播方授权；且

（d）该行为包括下列一项或多项：

（ⅰ）在设备上播放声音或图像（例如打开设备）；

（ⅱ）在由一个家庭居住的单一住宅内传播声音或图像，并且是该住户的一名成员取得广播公司的私人授权；且

（e）未从下列途径获取该声音或图像：

（ⅰ）由编码广播制作的电影或录音；或

（ⅱ）此类电影或录音的复制件。

注：（e）项——制作此类电影、录音或复制件可能侵犯版权：参见第 87 条（a）项和（b）项以及第 101 条。

（4）违反第（1）款、第（2）款或第（3）款的罪行，一经定罪，可处以不超过 5 年监禁或不超过 550 个罚金单位的罚金，或两者并处。

注：公司可被处以最高罚款金额 5 倍的罚款，参见 1914 年刑法典第 4B 条第（3）款。

第 B 次分部　起　诉

第 135ATA 条　对犯罪行为有管辖权的法院

（1）对违反本分部犯罪行为的起诉可向澳大利亚联邦法院或任何其他具有管辖权的法院提出。

（2）尽管有 1901 年澳大利亚法律解释法第 15C 条规定，澳大利亚联邦法院也无权审理或裁决对公诉罪行的诉讼。

（3）澳大利亚联邦法院有权审理和裁定针对本条的即决犯罪的诉讼。

（4）此外，1914 年刑法典第 4J 条［第 4J 条第（2）款除外］适用于澳

大利亚联邦法院和具有简易管辖权的法院的可起诉的罪行。

注：1914 年刑法典第 4J 条允许具有简易管辖权的法院在某些情况下审理可起诉的罪行，并受法院可以施加的处罚的限制。

第 C 次分部　法庭的进一步指令

第 135AU 条　销毁未授权解码器等

（1）审判违反本分部罪行的犯罪嫌疑人，法院可指令销毁该人所拥有的任何在法院认为属于未经授权的解码器的物品，或按指令所指明的其他方式处理该物品。

（2）无论该人是否被定罪，法院均可下达该指令。

第 5C 部分　免费广播的转播

第 1 分部　序　　言

第 135ZZI 条　解　　释

在本部分中：

集体管理组织，指暂时根据第 135ZZT 条的规定为集体管理组织的团体。

延迟转播，就免费广播而言，指在本地时间完全或部分与原始转播区域不同的区域中，对广播的转播，并且延迟至不迟于等效的当地时间。

通知持有人，指根据第 135ZZX 条暂时被委任为通知持有人的人。

相关集体管理组织，就报酬通知而言，指与报酬通知所涉及的同类作品或其他客体的版权所有人设立的收费团体。

相关版权人，指作品、录音或电影作品的版权所有人，但不包括第 4 部分第 5 分部第 B 次分部所指的现场表演录音的新版权人。

报酬通知，指第 135ZZL 条所述的通知。

转播者，指转播免费广播的人。

第 135ZZJ 条　集体管理组织的运作

本分部适用于集体管理组织，集体管理组织中的任何规定应当符合该分部的规定，除此之外，集体管理组织享有自治权。

第 135ZZJA 条　该分部的应用

（1）如果转播是通过互联网进行的，则本分部不适用于免费广播的转播。

（2）本分部不适用于下列情况中的转播：

（a）卫星许可证持有人的转播；且

（b）第 135ZZZI 条第（1）款或第（2）款适用的转播。

第 2 分部　免费广播的转播

第 135ZZK 条　免费广播的转播

（1）在下列情况中，免费广播中包括的作品、录音或电影的版权不会因广播的转播而受到侵犯：

（a）由转播者或其代表向相关集体管理组织发出的报酬通知有效；且

（b）免费广播是由报酬通知所指定的广播公司制作的；且

（c）转播符合第 135ZZN 条的规定。

（2）若制作免费广播的复制件的唯一目的是延迟转播，则该广播并不侵犯免费广播所包括的作品、录音或电影的版权。

（3）如转播该广播会侵犯该广播中的版权，则不适用第（2）款。

（4）为第（2）款所述目的而制作的广播复制件，如在制作后 7 日内仍未销毁，则第（2）款不适用于该复制件的制作，并被视为从未适用过。

（5）在本条中，制作免费广播的复制件，指制作该广播的电影或录音，或制作此类电影或录音的复制件。

第 135ZZL 条　报酬通知

（1）转播者可以通过转播者或转播者的代表向相关集体管理组织发出书面通知，承诺为转播者或转播者的代表，在通知生效期间转播指定广播机构的免费广播节目而向该集体管理组织支付公平的报酬。

（2）报酬通知必须具体规定，合理报酬的数额应根据转播者根据第 135ZZN 条保存的记录加以评估。

（3）报酬通知自送达集体管理组织之日起生效，或者自通知中规定的更早日期起生效，并一直有效，直至该通知被撤销为止。

第 135ZZM 条　合理报酬的数额

（1）如转播者向集体管理组织发出报酬通知，则转播者或其代表在通知生效期间，每次转播都应支付转播者与集体管理组织之间的协议确定的合理报酬的数额，或在未达成协议的情况下，由版权审裁处根据其中一方的申请决定。

（2）如版权审裁处已根据第（1）款作出裁定，则转播者或集体管理组织可在作出裁定之日起 12 个月后的任何时间，根据该款向法庭申请由转播者或转播者的代表，作出的转播应由转播者支付给集体管理组织的新裁定。

（3）就第（1）款而言，可就转播所包括的不同类别的作品、录音或电影，确定不同的金额（无论经协议或由版权审裁处决定）。

第 135ZZN 条　记录系统

（1）如果转播者或者转播者的代表向集体管理组织发出报酬通知，转播者必须建立和维护记录系统。

（2）记录系统必须对报酬通知中指明的每家广播公司所作每次转播的转播者或其代表所作每次转播所包含的每个节目的名称作出记录。

（3）除第（2）款另有规定外，记录系统必须由转播者与集体管理组织之间协议确定，或在没有协议的情况下，由版权审裁处根据其中一方的申请决定。

第 135ZZP 条　检查记录等

（1）如果报酬通知正在或已经生效，收到该通知的集体管理组织可以书面通知有关转播者，该组织可以在通知中指明的某一日，即通知指明的转播者的一个普通工作日，在通知发出当日后的 7 日内，做出该通知中指明的下列行为：

（a）评估在转播者的场所进行的转播数量；

（b）查阅在有关场所保存的与依据第 135ZZK 条进行转播有关的所有相关记录；

（c）查阅在有关场所保存的与评估转播者应向社会支付的合理报酬的数额有关的其他记录。

（2）除第 135ZZQ 条另有规定外，如集体管理组织发出通知，经集体管理组织书面授权的人可在通知指明的日期的一般工作时间内（但不得在上午

10 点之前或下午 3 点之后)，进行评估或查阅与通知有关的记录，并可为此目的进入集体管理组织的场所。

(3) 转播者必须采取一切合理的预防措施，并进行合理的审慎监察，以确保第 (2) 款集体管理组织授权的人能够正常行使权利的一切合理及必要的设施和协助。

(4) 转播者如违反第 (3) 款的规定，即属犯罪，一经定罪，可处以不超过 10 个罚金单位的罚金。

注：公司可能被处以最高罚款金额 5 倍的罚款，参见 1914 年刑法典第 4B 条第 (3) 款。

第 135ZZQ 条 身份卡

(1) 为第 135ZZP 条第 (2) 款目的，集体管理组织的首席执行官（无论如何描述）必须向每个该协会授权的人发出身份卡。身份卡必须载有获授权人的近照。

(2) 为行使第 135ZZP 条第 (2) 款所赋予的权力而进入场所的获授权人，如未能在明显场所负责人处要求其出示身份卡时出示身份卡，则该获授权人不得进入或逗留该场所内，或根据第 135ZZP 条第 (2) 款在场处所行使任何其他权力。

(3) 任何人如有下列行为，即属犯罪，一经定罪，可惩罚不超过 1 个罚金单位的罚金：

(a) 该人已获身份卡；且

(b) 该人不再是获授权人；且

(c) 该人在不再是获授权人后，没有立即将身份卡交回相关集体管理组织。

(4) 获授权人在行使第 135ZZP 条第 (2) 款所赋予的权力时，必须时刻随身携带身份卡。

第 135ZZR 条 撤销报酬通知

有关转播者可在任何时候通过向发出报酬通知的集体管理组织发出书面通知来撤销报酬通知，撤销在通知日期后 3 个月终结时生效，或在通知中规定的较晚日期生效。

第135ZZS条　要求支付合理报酬

（1）除本条另有规定外，在报酬通知正在生效或已经生效的情况下，收到通知的集体管理组织可以书面通知有关的转播者，要求转播者在通知发出日期后的合理时间内，向该协会支付通知中指明的合理报酬的数额，即根据第135ZZM条就转播者或其代表在该报酬通知正在或已经生效期间所作的转播所应支付的数额。

（2）如果根据第（1）款提出的请求中规定的金额没有按照请求支付，集体管理组织可将其作为对该组织的债务向澳大利亚联邦法院或任何其他有管辖权的法院请求转播者支付所欠债款。

第3分部　集体管理组织

第135ZZT条　集体管理组织

（1）任何团体可向部长申请被宣布为所有相关版权人，或特定类别的相关版权人的集体管理组织。

（1A）部长在收到申请后，必须执行下列其中一项：

（a）通过公报宣布该团体为集体管理组织；

（b）拒绝宣布该团体为集体管理组织；

（c）按照条例规定的方式将申请提交版权审裁处，并通知该团体。

（1B）根据第（1A）款（a）项作出的声明并非法律文书。

（1C）如部长将申请转交版权审裁处，则审裁处可以宣布该团体为一个集体管理组织。

注：第153P条列明版权法庭处理参考的程序。

（1D）成为集体管理组织必须声明宣布该团体为：

（a）所有相关版权人的集体管理组织；或

（b）该声明中所指明的相关版权人类别的集体管理组织。

（2）如某团体被宣布为某一特定类别的版权人的集体管理组织，而其后又有另一团体被宣布为该类别的版权人的集体管理组织：

（a）在作出其后声明的当日，前述集体管理组织不再是该类别版权人的集体管理组织；且

（b）向该集体管理组织发出的任何报酬通知，只要在该类别相关版权人

的范围内，不再有效。

（3）部长及版权审裁处不得宣布任何团体为集体管理组织，除非：

（a）它是一家有担保的有限公司，根据与公司有关的州或领地的现行法律注册成立；且

（b）声明中指明的相关版权人类别中的所有人或其代理人均有权成为其成员；且

（c）其规则禁止向其成员支付股息；且

（d）其规则包含规定的其他条款，这些条款是确保作为相关版权人或其代理人的集体管理组织成员的利益得到充分保护的必要条款，特别是包括以下方面的条款：

（ⅰ）收取根据第135ZZM条应支付的合理报酬的条款；且

（ⅱ）征收管理费用的支付的条款；且

（ⅲ）集体管理组织收取金额的分配情况的条款；且

（ⅳ）集体管理组织以信托方式为其非会员的有关版权人持有的条款；且

（ⅴ）会员查阅集体管理组织的记录的条款。

（4）如果部长或版权审裁处已宣布某一团体为某一特定类别的版权人的集体管理组织，则部长和版权审裁处可以拒绝宣布另一个团体为该类版权人的集体管理组织，除非考虑到前述组织的成员人数、其活动范围和其他相关因素，认为宣布为集体管理组织符合这些版权人的利益。

第135ZZU条　撤销声明

（1）本条适用于部长已经宣布为集体管理组织的机构：

（a）没有充分发挥集体管理组织的作用；或

（b）没有按照其规则行事，也没有按照符合作为相关版权人或其代理人的成员的最佳利益的方式行事；或

（c）已改变其规则，使其不再符合第135ZZT条第（3）款（c）项和（d）项规定；或

（d）无合理理由的情况下拒绝或不遵守第135ZZV条或第135ZZW条。

（2）部长可以：

（a）在公报上公布撤销该申请；或

（b）按条例所规定的方式向版权审裁处提出是否应撤销声明的提议。

（3）如部长将问题提交版权审裁处，如果审裁处认为第（1）款（a）项、

(b) 项、(c) 项和 (d) 项中的任何一款适用于该团体则法院可撤销该申请。

注：第 153Q 条列明版权法庭处理参考的程序。

第 135ZZV 条　年度报告和账目

(1) 集体管理组织必须在每个财政年度结束后，尽快编写该财政年度的运作报告，并将报告复制件送交部长。

(2) 部长必须在部长收到报告后 15 个工作日内，将根据第 (1) 款送交部长的报告复制件提交议会各院。

(3) 集体管理组织必须保存会计记录，正确记录和说明该组织的交易情况（包括任何作为受托人的交易）和该组织的财务状况。

(4) 会计记录的保存方式必须能够适时编制向公众公开的真实和公允的账目，并能方便和适当地审计这些账目。

(5) 集体管理组织必须在每个财政年度结束后，尽快安排非组织成员的审计员对其账目进行审计，并且必须将经过审计的账目复制件送交部长审核。

(6) 集体管理组织必须让其会员合理地查阅其根据本条编制的所有报告和审计账目的复制件。

(7) 本条不影响集体管理组织根据其成立所依据的法律编制和提交年度申报表或账目的任何义务。

第 135ZZW 条　规则修订

集体管理组织必须在其修订规则后的 21 日内，将更改后的规则复制件发送给部长，并附上一份陈述更改的效果和更改原因的声明。

第 135ZZWA 条　申请法院审查分配方案

(1) 集体管理组织或其成员可向版权审裁处申请，审查集体管理组织其在一定时期内所采用或拟采用的分配收取金额的方案。

(2) 如果法院根据第 153R 条作出指令，改变该项分配安排或以另一项安排取代该项安排，则反映法院指令的安排与根据集体管理组织的规则作出的安排效力相同，但不影响在该项指令发出之前的分配。

第 4 分部　临时转播

第 135ZZX 条　委任通知持有人

部长可通过在公报上刊登文件，为本分部的目的指定一人为通知持有人。

第 135ZZY 条　在集体管理组织声明之前转播

在下列情况中，转播免费广播所包括的任何作品、录音或电影胶片的版权不因转播而受到侵犯：

（a）在转播时，尚未宣布成立集体管理组织；且

（b）根据第 135ZZZ 条第（1）款向由转播者或其代表持有人发出通知是有效的；且

（c）转播者符合第 135ZZN 条的规定。

第 135ZZZ 条　转播者的通知

（1）在第一个集体管理组织声明之前，转播者可以随时通过转播者或其代表向所有人发出书面通知，承诺向集体管理组织支付合理报酬。在通知有效期间，转播者和其代表可进行转播。

（2）通知必须指明转播者应根据第 135ZZN 条保存的记录评估的合理报酬的数额。

（3）通知自通知持有人收到通知之日起生效，或者在通知指定的较晚日期生效，通知将一直有效，除非通知被撤销。

（4）通知可随时由转播者通过向通知持有人发出书面通知的方式予以撤销，该撤销自撤销通知发出之日或其中指定的较晚日期生效。

第 135ZZZA 条　记录保存要求

如转播者根据第 135ZZZ 条向通知持有人发出通知，则第 135ZZM 条和第 135ZZN 条的适用情况如下：

（a）集体管理组织是指通知持有人；且

（b）报酬通知是根据第 135ZZZ 条发出的通知。

第 135ZZZB 条　集体管理组织声明的效力

（1）如果：

（a）由于一个或多个集体管理组织的通知，有一个为所有相关版权人服务的组织；且

（b）根据第135ZZZ条发出的通知在集体管理组织声明生效之日前有效；

在集体管理组织声明生效之日及之后，根据第135ZZZ条发出的通知不再具有效力，但就本部分而言，该通知被视为报酬通知：

（c）由有关的转播者向集体管理组织，或每个集体管理组织（视情况而定）；且

（d）在该通知生效的当日生效。

（2）如果：

（a）一个或多个集体管理组织被宣布为一个或多个类别的版权人，但不为所有类别的版权人服务；且

（b）紧接该日之前已有通知生效；

那么，在该日之后：

（c）该通知不再具有作为与不同类别版权人相关通知的效力，但就本条而言，该通知被视为报酬通知：

（ⅰ）由有关的转播者提供给集体管理组织或每个集体管理组织（视情况而定）；且

（ⅱ）于通知生效当日生效；且

（d）该通知继续对所有其他相关版权人具有该类通知的效力。

（3）当通知根据本条被视为报酬通知时，有关转播者必须在该通知生效之日或之后的21日内，将根据第135ZZN条作出的所有记录的复制件送交相关集体管理组织。

第5分部　其他事项

第135ZZZC条　有关版权人可授权转播

本部分中的任何内容均不影响免费广播中包含的作品、录音或电影胶片的版权人在不侵犯该版的情况下，发出许可证，授权转播者在不侵犯该版权的情况下，制作或安排制作免费广播的转播的权利。

第135ZZZD条　本部分不赋予版权的情形

尽管本法有任何其他规定，但是由转播者或其代表进行的免费广播的转

播，不是本部分所述的侵犯版权行为，免费广播也没有将任何作品或其他客体的版权授予任何人。

第135ZZZE条　转播许可并不是授权的侵权行为

就本法而言，免费广播的版权人不能仅仅因为其许可转播该广播，而被视为已被授权侵犯该广播中所包括的任何作品、录音或电影胶片的版权。

第5D部分　卫星许可证持有人的重播

第1分部　序　　言

第135ZZZF条　解　　释

在这部分：

集体管理组织，指暂时根据第135ZZZO条被宣布为集体管理组织的团体。

商业电视广播许可的含义与1992年广播服务法的含义相同。

适格节目，指具有第135ZZZC条赋予的含义。

实施行为指：

(a) 做出某一行为；或

(b) 忽略或不履行某一行为。

通知所有人，指根据第135ZZZT条暂时被指定为通知所有人的人。

原始广播公司，具有第135ZZZG条规定的含义。

相关集体管理组织，就报酬通知而言，指与报酬通知所涉及的同类作品或其他类似标的物的版权人而设立的集体管理组织。

相关版权人，指作品、录音或电影的版权人，但不包括第4部分第5分部第B次分部所指现场演出录音的新版权人。

报酬通知，指第135ZZJ条中提到的通知。

第135ZZZG条　适格节目及原始广播者

(2) 就本部分而言，如果节目符合下列条件：

(a) 该节目由商业电视广播被许可人在地方许可区域广播（属于1992年广播服务法第43AA条的含义）；

(b) 根据该法第43AA条规定，该被许可人必须向卫星BSA许可证持有人提供该节目；则：

（c）该节目是适格的节目；且

（d）（a）项所述的被许可人是适格节目的原始广播者。

（3）就本部分而言，如果符合下列与节目有关的条件：

（a）该节目由商业电视广播的被许可人播放的；

（b）根据1992年广播服务法第43AB条或第43AC条的规定，许可人必须向卫星BSA许可人提供该节目；则：

（c）该节目是适格节目；且

（d）（a）项所述的被许可人是该适格节目的原始广播者。

第135ZZZH条　集体管理组织的运行规则

本部分适用于集体管理组织，该组织的规则不与本部分规则冲突时，则可同时发挥效力。

第2分部　卫星BSA许可证持有人的重播

第135ZZZI条　卫星BSA许可证持有人的重播

◆ 符合条件的节目中的作品、录音或电影胶片的版权

（1）适格的节目包括作品、录音或电影胶片的版权，在下列情况中不会因节目的重播而受到侵犯：

（a）适格的节目由卫星BSA许可证持有人重播；且

（b）卫星BSA许可证持有人在卫星BSA许可证授权的服务上重播适格节目；且

（c）重播适格节目符合1992年广播服务法附表2第7A条规定的卫星BSA许可证持有人的卫星BSA许可证条件；且

（d）卫星BSA许可证持有人向相关集体管理组织发出的报酬通知生效；且

（e）在报酬通知中指明了适格节目的原始广播机构；且

（f）卫星BSA许可证持有人遵守第135ZZZL条。

◆ 适格节目广播中的版权

（2）在下列情况中，符合条件的节目的重播不侵犯适格节目的版权：

（a）适格节目由卫星BSA许可证持有人重播；且

（b）卫星BSA许可证持有人在卫星BSA许可证授权的服务上重播适格节

目；且

（c）适格节目的重播符合卫星 BSA 许可证持有人的卫星 BSA 许可证的条件，这些条件载于 1992 年广播服务法附表 2 第 7A 条；且

（d）符合下列任何一项条件：

（ⅰ）卫星 BSA 许可证持有人与广播适格节目的版权人之间，就卫星 BSA 许可证持有人在某一特定时期内为重播节目向版权人支付的金额达成有效协议；

（ⅱ）如果没有协议，版权审裁处可根据第 153RA 条规定，对卫星 BSA 许可证持有人在特定时期为重播节目而向节目的版权人支付的金额进行裁决；

（ⅲ）如没有协议或裁决，卫星 BSA 许可证持有人已向广播节目的版权人作出书面承诺，向版权人支付由版权审裁处根据第 153RA 条决定的金额，以便在特定期间重播节目；且

（e）在（d）项（ⅰ）目、（ⅱ）目或（ⅲ）目适用的任何一个所述期间内，卫星 BSA 许可证持有人可重播。

◆ 为重播目的而制作复制件

（3）在下列情况中，制作节目的复制件不侵犯节目的广播所包括的作品、录音或电影胶片的版权：

（a）制作该复制件的唯一目的，是使节目能在日后重播；且

（b）适用于第（1）款的重播的节目。

（4）在下列情况中，制作节目的复制件并不侵犯节目的广播版权：

（a）制作该复制件的唯一目的，是让节目在之后重播；且

（b）第（2）款将适用于在之后重播该节目的情况。

（5）如果：

（a）为第（3）款或第（4）款所提及的目的而制作某适格节目的复制件；且

（b）根据澳大利亚联邦法律，卫星 BSA 许可证持有人须在复制后保留该复制件超过 7 日；且

（c）复制件在该期限结束后没有在切实可行的情况下尽快销毁；

第（3）款或第（4）款（视情况而定）不适用，并被视为从未就制作该复制件适用过。

（5A）如果：

（a）适格节目复制件是为了上述第（3）款或第（4）款目的而制作；且

（b）不适用第（5）款；且

（c）该复制件在复制后 7 日内没有销毁；

第（3）款或第（4）款（视情况而定）不适用，并被视为从未就制作该复制件适用过。

（6）在本条中，制作适格节目的复制件，指制作适格节目广播的电影或录音，或制作该电影或录音的复制件。

第 135ZZZJ 条　报酬通知

（1）卫星 BSA 许可证持有人可以书面通知相关集体管理组织，承诺向该组织支付合理报酬，用于重播指定原始广播机构播放的节目，而该节目在通知生效期间由卫星 BSA 许可证持有人重播。

（2）报酬通知必须指明，合理报酬的数额将根据卫星 BSA 许可证人根据第 135ZZZL 条保存的记录来评估。

（3）报酬通知在下列日期开始生效：

（a）向集体管理组织发出通知的日期；或

（b）在通知载明的较早日期；

且报酬通知将在被撤销之前都有效。

第 135ZZZK 条　合理报酬的数额

（1）如卫星 BSA 许可证持有人向集体管理组织发出报酬通知，在通知生效期间，卫星 BSA 许可证持有人为重播符合条件的节目而向集体管理组织支付的合理报酬的数额：

（a）由卫星 BSA 许可证持有人与集体管理组织之间的协议确定；或

（b）未能达成该协议时，由版权审裁处就双方任何一方提出的申请作出裁决。

（2）如版权审裁处根据第（1）款作出裁定，下列情况二者任一：

（a）卫星 BSA 许可证持有人；或

（b）集体管理组织；

可在作出决定之日起 12 个月后的任何时间，根据该款向审裁处申请重新裁定卫星 BSA 许可证持有人应向集体管理组织支付的数额，以便卫星 BSA 许可证持有人重播节目。

（3）就第（1）款而言，可就下列各项不同类别确定不同的金额（无论是通过协议由版权审裁处决定)；

(a) 作品；或

(b) 录音；或

(c) 电影胶片；

包括重播中的以上各项。

第135ZZZL条　记录系统

(1) 如果卫星BSA许可证持有人向集体管理组织发出报酬通知，则卫星BSA许可证持有人必须建立和维护记录系统。

(2) 记录系统必须提供：

(a) 记录每个适格节目的名称，即：

(ⅰ) 由报酬通知载明的原始广播机构所作的广播；且

(ⅱ) 由卫星BSA许可证持有人所作的重播；且

(b) 集体管理组织可以查阅该记录。

(3) 记录系统必须是：

(a) 由卫星BSA许可证持有人与集体管理组织之间的协议确定的；或

(b) 未能达成该协议时，由版权审裁处就双方任何一方提出的申请作出裁决。

(4) 除第(2)款另有规定外，第(3)款具有效力。

第135ZZZM条　撤销报酬通知

(1) 有关卫星BSA许可证持有人可随时以书面通知集体管理组织的方式撤销报酬通知。

(2) 撤销在下列时间生效：

(a) 在通知发出日期后3个月后；或

(b) 在通知载明的较晚日期。

第135ZZZN条　要求支付合理报酬

(1) 如果报酬通知已经生效或曾经有效，发出通知的集体管理组织可以书面通知有关的卫星BSA许可证持有人，要求卫星BSA许可证持有人在收到通知后的合理时间内向该组织偿付通知所载明的合理报酬。

(2) 通知中载明的金额必须是根据第135ZZZK条规定，在报酬通知生效期间内，卫星 BSA 许可证持有人重播应支付的金额。

（3）第（1）款在符合第（4）款的情况下具有效力。

（4）如果根据第（1）款提出的请求所指明的金额没有按照请求支付，则集体管理组织可在下列地点向卫星 BSA 许可证持有人主张支付该组织的债务：

（a）澳大利亚联邦法院；或

（b）任何其他有管辖权的法院；

作为应付给该版权集体管理组织的债务。

第 3 分部　集体管理组织

第 135ZZZO 条　集体管理组织

（1）符合下列条件，该团体可向部长申请宣布为集体管理组织：

（a）所有相关版权人；或

（b）指明类别的相关版权人。

（2）部长在收到申请后，必须执行下列其中一项：

（a）通过在公报刊登的文件，宣布该团体为集体管理组织；

（b）拒绝宣布该团体为集体管理组织；

（c）两者都需要：

（ⅰ）以法律规定的方式将申请提交版权法庭；且

（ⅱ）通知该团体有关移交法庭的情况。

（3）根据第（2）款（a）项作出的声明并非法律文书。

（4）如果部长将申请提交版权法庭，该法院可宣布该机构为集体管理组织。

注：第 153U 条列明版权法庭处理该项提述的程序。

（5）宣布该团体为集体管理组织时必须宣布该团体为：

（a）所有相关版权拥有人的集体管理组织；或

（b）该声明所指明的类别的相关版权人的集体管理组织。

（6）如果：

（a）该团体被宣布为某一特定类别版权人的集体管理组织；且

（b）另一团体随后被宣布为该类别版权人的集体管理组织；

则：

（c）在宣布作出后，前述集体管理组织不再是该类别版权人的集体管理组织；且

（d）向该集体管理组织发出的任何报酬通知，在该类别版权人所包括的相关版权人，不再有效。

（7）部长及版权审裁处不得宣布任何团体为集体管理组织，除非：

（a）它是：

（ⅰ）根据2001年公司法第2A.2部分注册为公司；且

（ⅱ）有限责任公司；且

（b）声明中指明的一类相关版权人或其代理人均有权成为其成员；且

（c）其规则禁止向其成员支付股息；且

（d）其规则载有规定的其他条款，这些条款是确保作为相关版权人或其代理人的集体管理组织成员的利益得到充分保护所必需的，其中应当包括以下条款：

（ⅰ）收取根据第135ZZZK条应付的合理报酬的数额；且

（ⅱ）从收取的金额中支付集体管理组织的行政费用；且

（ⅲ）公布集体管理组织的财政情况；且

（ⅳ）集体管理组织以信托方式管理并非其会员的相关版权人的财产；且

（ⅴ）集体管理组织会员有权查阅集体管理组织的记录。

（8）如果部长或版权审裁处宣布该团体为某一特定类别的版权人的集体管理组织，部长和版权法庭可拒绝宣布另一团体为该类别的版权人的集体管理组织，除非认为这样做符合所有版权人的利益，但须考虑：

（a）前述集体管理组织的成员人数；且

（b）其活动范围；且

（c）其他相关因素。

第135ZZZP条　撤销声明

（1）本条适用于部长已经宣布为集体管理组织的机构：

（a）没有充分发挥集体管理组织的作用；或

（b）没有按照其规则行事或没有以最佳方式维护其成员作为有关版权人或其代理人的利益；或

（c）修改规则，不再符合第135ZZZO条第（7）款（c）项和（d）项规定；或

（d）无合理理由拒绝或不遵守第 135ZZZQ 条或第 135ZZZR 条。

（2）部长可以：

（a）通过在公报上刊登文件，撤销该声明；或

（b）以条例规定的方式向版权审裁处提出是否应撤销声明的提议。

（3）如部长将提议提交版权审裁处，如果审裁处认为第（1）款（a）项、（b）项、（c）项和（d）项中的任何一项适用于该团体，可撤销该声明。

注：第 153V 条列明版权法庭处理该项提述的程序。

第 135ZZZQ 条　年度报告及账目

（1）集体管理组织必须在每个财政年度结束后，尽快编写该财政年度的运作报告，并将报告复制件提交部长。

（2）部长必须在收到报告后 15 日内，将根据第（1）款提交部长的报告复制件提交议会各院。

（3）集体管理组织必须正确记录和说明会计记录的下列各项情况：

（a）集体管理组织的交易（包括作为受托人的任何交易）；且

（b）集体管理组织的财政状况。

（4）会计记录的保存方式必须能够做到：

（a）随时保障编制的社会账目真实及公平；且

（b）保障这些账目能方便及适当地审计。

（5）集体管理组织必须在每个财政年度结束后，尽快：

（a）安排其账目由非集体管理组织成员的审计师进行审计；且

（b）向部长提交一份经审计的账目复制件。

（6）集体管理组织必须让其会员合理地查阅其根据本条编制的所有报告和审计账目的复制件。

（7）本条不排除集体管理组织根据 2001 年公司法编制和提交年度报表或账目的任何义务。

（8）就本条而言，期间指：

（a）自本条生效日期起；且

（b）截至 2010 年 6 月 30 日；

被视为一个财政年度。

第135ZZZR条　规则的修订

集体管理组织必须在其规则修改后的21日内，向部长提交一份修改的规则复制件，并附上一份声明，说明：

（a）修改的结果；且

（b）修改的原因。

第135ZZZS条　向审裁处申请审查分配方案

（1）集体管理组织或者其成员可以向版权审裁处申请，在一定期限内，对该集体管理组织分配款项的方案或者将拟采用的分配款项的方案进行复审。

（2）如果审裁处根据第153W条作出指令，改变该项方案或以另一项方案取代该项方案，则视为审裁处指令的方案与集体管理组织作出的方案具有同等效力，但不影响在该项指令发出之前的方案的效力。

第4分部　临时重播

第135ZZZT条　指定通知持有人

部长可通过在公报刊登文件，为本分部目的，委任一人为通知持有人。

第135ZZZU条　在集体管理组织声明之前的重播

在下列情况中，重播节目并不侵犯该节目中所包括的作品、录音或电影胶片的版权：

（a）由卫星BSA许可证持有人重播适格节目；

（b）卫星BSA许可证持有人在卫星BSA许可证授权的服务上重播适格节目；

（c）重播适格节目符合1992年广播服务法附表2第7A条规定的卫星BSA许可证持有人的卫星BSA许可证条件；

（d）在重播时，尚未宣布成立集体管理组织；

（e）卫星BSA许可证持有人根据第135ZZZV条第（1）款向通知所有人发出的通知；且

（f）卫星BSA许可证持有人遵守第135ZZZL条规定。

第 135ZZZV 条　卫星 BSA 许可证持有人发出的通知

（1）卫星 BSA 许可证持有人可以在第一个集体管理组织宣布成立之前的任何时候，通过向通知持有人发出书面通知，承诺在宣布成立集体管理组织时，卫星 BSA 许可证持有人会支付合理报酬，以便卫星 BSA 许可证持有人在通知有效期间转播节目。

（2）通知必须具体规定，应根据卫星 BSA 许可证持有人根据第 135ZZZL 条保存的记录来评估合理报酬的数额。

（3）通知于下列时间生效：

（a）向通知持有人发出通知的日期；或

（b）通知载明的较后日期；

通知在被撤销前均有效。

（4）卫星 BSA 许可证持有人可随时以书面形式通知持有人撤销通知。

（5）撤销生效日期：

（a）撤销通知发出日期；或

（b）撤销通知载明的较晚日期。

第 135ZZZW 条　记录保存要求

如果卫星 BSA 许可证持有人根据第 135ZZZV 条向通知持有人发出通知，则第 135ZZZK 条和第 135ZZZL 条的适用情况如下：

（a）集体管理组织指通知持有人；且

（b）报酬通知指根据第 135ZZZV 条发出的通知。

第 135ZZZX 条　集体管理组织声明的效力

（1）如果：

（a）由于一个或多个集体管理组织的声明，出现了一个为所有相关版权人服务的协会；且

（b）根据第 135ZZZV 条发出的通知在该声明生效之日前有效；

那么，在该日之后，该通知不再具有效力，但就本分部而言，该通知被视为报酬通知，即：

（c）该通知由有关卫星 BSA 许可证持有人发给集体管理组织，或视情况发给每个集体管理组织；且

（d）于通知生效的当日生效。

（2）如果：

（a）一个或多个集体管理组织被宣布为一个或多个类别的相关版权人，但不是所有类别的相关版权人服务；且

（b）通知在声明生效日期之前是有效的；

则在当天或之后：

（c）该通知不再对宣布为集体管理组织的一个或多个类别的有关版权人具有这种通知的效力，但为本分部的目的，该通知被视为报酬通知：

（ⅰ）由有关卫星 BSA 许可证持有人向集体管理组织或每个集体管理组织（视情况而定）发出的报酬通知；且

（ⅱ）于该通知生效的当日生效；且

（d）该通知继续作为这种通知对所有其他相关版权人具有效力。

（3）如根据本条发出的通知被视为报酬通知，有关卫星 BSA 许可证持有人必须在该通知生效当日或之后的 21 日内，将根据第 135ZZZL 条所作的所有记录的复制件提交相关集体管理组织。

第 5 分部　其他事项

第 135ZZZY 条　相关版权人可授权重播

（1）本部分的任何规定均不影响适格节目广播的版权人授权卫星 BSA 许可证持有人在不侵犯该版权的情况下重播该适格节目的权利。

（2）本部分的任何规定均不影响适格节目广播所包括的作品、录音或电影胶片的版权人，授权卫星 BSA 许可证持有人在不侵犯该版权的情况下重播该适格节目的权利。

第 135ZZZZ 条　本部分不赋予版权

尽管本法有任何其他规定，但是对适格节目的重播，不是本部分所述的侵犯版权行为，也没有将任何作品或其他客体的版权授予任何人。

第 135ZZZZA 条　重播许可不属于版权侵权行为

就本法而言，广播中的版权人不得仅仅因为所有人许可重播节目而被认为侵犯节目中包含的任何作品、录音或电影胶片的版权。

第6部分　澳大利亚版权审裁处

第1分部　序　　言

第136条　解　　释

（1）在本部分中，除非出现相反的规定：

副庭长，指审裁处的副庭长。

法官指：

（a）联邦法院、州或领地最高法院的法官；或

（b）联邦法院中与法官具有相同地位的人。

许可证，指由作品或其他客体的版权人或准版权人或其代表发出的许可证，用以作出授予版权的行为。

许可证制度，指由许可人制订的方案（包括具有方案性质的任何内容，无论是称为方案或收费表，还是称为任何其他名称），其中规定了许可人或多个许可人或由许可人或多个许可人的代表愿意授予许可的情况类别，以及在这些类别的情况下支付的费用和授予许可的条件（如果有的话）。

许可人，指符合下列两项条件的法人团体：

（a）该团体是根据州或领地有关公司现行的法律成立的；

（b）该团体的章程：

（ⅰ）赋予任何版权人或任何特定种类的版权人成为该机构成员的权利；且

（ⅱ）规定该团体保护其成员与版权有关的利益；且

（ⅲ）规定该团体的主要业务是授予许可证；且

（ⅳ）要求该团体将该团体颁发许可证的收益（在扣除该团体的行政费用后）分配给其成员；且

（ⅴ）禁止该团体支付股息。

成员，指审裁处的成员，包括审裁长及副审裁长。

指令，包括临时指令。

组织，指法人或非法人团体的组织或协会。

审裁长，指审裁处审裁长。

（2）在本部分中：

（a）条件，指与支付费用有关的条件以外的任何条件；

（b）给予个人或组织陈述案情的机会，指根据该人或该组织的选择，给予该人或该组织提交书面申述或接受听证的机会，或提交书面申述和接受听证的机会；

（c）需要特定类别许可证的人，包括持有该类别许可证的人，如果该人在许可证发放期限届满时要求续发该类别许可证或再发放同类别许可证；且

（d）侵犯版权的法律程序，包括对第 5 部分第 5 分部第 D 次分部的罪行的起诉。

（3）就本部分而言，任何人不得仅因第 108 条的实施而被视为不需要许可证让录音在公众场合公开。

第 137 条　适用许可证制度的案件

（1）就本分部而言，如果根据暂时实施的许可证制度，某一个案将获得许可证，则该个案须视为适用许可证制度的个案，但须符合下一款的规定。

（2）就本分部而言，按照许可证制度：

（a）被授予的许可证将受到一些条件的限制，根据这些条件，某些事项的许可证将被排除；且

（b）若某一个案涉及属于这种例外的一个或多个事项；

则该个案应被视为不属于该许可证制度所适用的个案。

第 2 分部　版权审裁处组成

第 138 条　审裁处的组成

1982 年成文法（其他事项修正案）（第 1 号）第 138 条取代本条所设立的版权审裁处，作为澳大利亚的版权审裁处继续存在，但应由一名庭长以及根据本条任命的副庭长和其他成员组成。

第 139 条　版权审裁处成员的任命

法院的成员须由总督任命。

第 140 条　版权法庭成员资格

（1）除非是澳大利亚联邦法院的法官，否则不得被任命为庭长。

(1A) 除非某人是或曾经是某一州或领地的最高法院或联邦法院的法官，否则不得被任命为副庭长。

(2) 任何人不得被委任为审裁处成员（审裁长或副审裁长），除非：

(a) 他或她是或曾经是法官；

(b) 他或她被注册成为高等法院的、另一联邦法院、州法院或领地最高法院的执业律师，并且注册时间不少于 5 年；

(c) 在工业、商业、工商业、公共行政、教育或专业实践方面具有不少于 5 年的高级经验；

(d) 在法律、经济或公共行政领域学习后获得大学学位或类似地位的教育资格；或

(e) 庭长认为他或她具有与成员的职责有关的专门知识或技能。

第 141 条　任　　期

(1) 在符合本条规定的情况下，任何成员的任期不超过任命文书所规定的 7 年，但有资格获得连任。

(2) 除非某人是或曾经是联邦法院或州或领地最高法院的法官，否则不得被任命为副审裁长。

(3) 总督可以因成员身体或精神上无行为能力而终止对成员（法官成员除外）的任期。

(4) 在下列情况中，总督应终止对成员（非法官成员）的任期：

(a) 该成员有不当行为；或

(b) 该成员破产，申请享受任何救济破产或破产债务人的法律的利益；该成员与他或她的债权人达成和解，或为债权人的利益转让成员报酬。

第 141A 条　副庭长的资历

(1) 副庭长的资历以其首次被任命为法庭成员的日期为准，如果 2 名或 2 名以上的副庭长在同一日被任命，则以其任命书中指定的先后次序为准。

(2) 在只有一人担任副庭长的时候，本部分提及的高级副庭长应视为副庭长。

第 142 条　代理庭长

总督可在下列情况中任命高级副庭长代理庭长履行职务：

(a) 在该职位空缺期间；或

(b) 在担任该职务的人缺席或离开澳大利亚，或因任何其他原因不能履行该职务的任何期间。

第143条　报酬及津贴

(1) 在不违反本条规定的情况下，成员应获得报酬法庭所确定的报酬，但如法庭未能确定该项报酬，则成员应获得规定的报酬。

(2) 成员有权获得规定的津贴。

(3) 第(1)款和第(2)款受1973年报酬法庭法约束。

(4) 担任法官的成员在作为法官领取薪资或年度津贴期间，无权根据本法获得报酬。

第144条　宣誓或就职确认

(1) 成员在开始履行其职责之前，应按照本法附表中的宣誓书或与宣誓书相同形式的申明书进行宣誓或申明。

(2) 应在联邦法院或州或领地的最高法院的法官面前宣誓或申明。

第144A条　利益相关成员的信息披露

(1) 如果成员是或将是法庭成员，为某一程序目的而组成的，并且该成员拥有或获得的任何利益如金钱或其他任何形式，将可能与该成员公正履行程序中的职能产生冲突；

(a) 他或她应向程序各方履行披露程序；且

(b) 除非得到程序各方的同意，否则不得参与该程序。

(2) 如庭长知悉某一成员是或将来是法庭的成员，为某一程序之目的而组成的法庭的成员，并知悉该成员在该程序中具有第(1)款所述的利害关系：

(a) 如果庭长认为该成员不应参与或不应继续参与该程序，他或她应相应地向该成员发出指示；或

(b) 在任何其他情况下，他或她应使该成员的利益向该程序的当事各方披露。

(3) 在本条中，程序包括通过申请程序，或根据本法向法庭提起诉讼的程序。

第 144B 条　因未能披露利益相关者而被免职

如总督确信某成员（非法官成员）在无合理辩解的情况下未能根据第 144A 条第（1）款的规定须作出披露，则总督应将该成员免职。

第 145 条　辞　　职

成员可以通过向庭长签署辞职通知的方式辞去成员职务。

第 146 条　法庭开庭

（1）法院的开庭应在庭长决定的地点和时间进行。

（2）除下一款另有规定外，法庭应由一名法官组成。

（3）如果申请或提交资料的一方为申请或提交资料的目的要求法庭由一名以上法官组成，则为申请或提交资料的目的，法庭必须由不少于 2 名法官组成，其中一人必须是庭长或副庭长。

（3A）第（3）款的任何规定均不妨碍任何一名成员就程序事项行使法庭的权力。

（4）在法庭由多于一名成员组成的法律程序中：

（a）如果庭长是组成法庭的成员之一，他或她须主持庭审工作；且

（b）在任何其他情况下，由在场的高级副庭长主持工作。

（5）凡由一名以上法官组成的法庭对某一问题的意见出现分歧，如果有多数意见，则应根据多数意见的决定对该问题作出裁决，但如果组成的法庭的意见出现等额分歧，则应根据庭长的意见对该问题作出裁决，如果庭长不是组成法庭的法官之一，则应根据出席的高级副庭长的意见作出裁决。

（6）由 1 名或多名成员组成的法庭可以开庭并行使法庭的权力，尽管由另一名或其他成员组成的法庭正在开庭并行使这些权力。

（7）法庭行使权力不受法庭成员空缺的影响。

（8）如果由 2 名或 2 名以上法官组成的法庭已开始审理任何程序，而其中 1 名或多名法官已不再是法官，或不再能为该程序的目的提供服务，则其余的 1 名或多名成员可继续审理该程序。如果剩下的成员或剩下的成员之一是庭长或副庭长，则剩下的 1 名或多名成员可以继续审理该程序。

第147条　庭长负责安排法庭事务

庭长可就法庭事务的安排作出指示，并在符合第146条第（2）款或第（3）款规定的情况下，就特定法律程序的法庭的组成作出指示。

第3分部　向法庭提出的申请和申诉

第B次分部　与第3部分和第4部分有关的申请

第149条　向法庭申请确定录制或摄制作品的报酬

（1）本条适用于根据第47条第（3）款或第70条第（3）款向法庭提出申请，要求裁定为制作该作品的录音、电影或改编作品而向版权人支付的合理报酬。

（2）本条适用的申请的当事人是：

（a）作品的版权人；且

（b）录音或电影的制作人。

（3）如向法庭提出本条适用的申请，法庭须考虑有关申请，并在给予申请各方陈述案情的机会后，裁定认为对录音或电影制作的版权人的合理报酬的数额。

第150条　向法庭提出申请以确定制作录音复制件而须支付给录音版权人的报酬

（1）本条适用于根据第107条第（3）款向法庭提出申请，要求法庭裁定须向录音版权人支付合理报酬，以供制作录音复制件的情况。

（2）本条适用的申请的当事人是：

（a）录音的版权人；且

（b）录音复制件的制作者。

（3）如向法庭提出就本条适用的申请，法庭须考虑该申请，并在给予申请各方陈述案情的机会后，发出指令，裁定法庭认为应给予版权人合理报酬的数额，以供制作录音复制件。

第151条　向法庭申请确定就公开播放录音而向录音版权人支付的报酬

（1）本条适用于根据第108条第（1）款向法庭提出申请，要求裁定应向版权人支付的公开播放录音的合理报酬，以便录音被公众听到。

（2）本条适用的申请的当事人是：

（a）录音的版权人；且

（b）导致录音公开发表的人。

（3）向法庭提出如就本条适用的申请，法庭须考虑有关申请，并在给予申请各方陈述其案情的机会后，发出指令，裁定其认为应向版权人支付的合理报酬的数额，以便录音被公众听到。

第 152 条　向法庭申请确定播放已出版的录音而向录音版权人支付的报酬

（1）在本条中，除非出现相反的规定：

澳大利亚，不包括诺福克岛以外的领土。

广播机构指：

（a）澳大利亚广播公司；或

（aa）特别广播服务公司；或

（b）澳大利亚通信和媒体管理局根据 1992 年广播服务法分配的许可证持有人；或

（c）澳大利亚通信和媒体管理局根据 1992 年广播服务法确定的类别许可证授权进行广播的人。

广播不包括通过向广播者支付费用的传输方式进行的转播。

（1A）就本条适用于本款生效前的时期而言，本条的效力犹如澳大利亚广播委员会在该时期所做的任何行为或事情是由澳大利亚广播公司所做，澳大利亚广播委员会在该时期的任何收益是澳大利亚广播公司的收益。

（1B）在适用于本款生效前的时期时，本条的效力犹如澳大利亚特别广播局在该时期所做的任何行为或事情是由澳大利亚特别广播局公司所做的，而澳大利亚特别广播局在该时期的任何收益是澳大利亚特别广播局公司的收益。

（2）在符合本条规定的情况下，申请人可向法庭提出申请，要求明确广播机构在申请书指明的期限内，就广播已出版的录音制品，向已出版的录音制品的版权人支付报酬的数额，或作出规定。

（3）广播机构或已出版录音制品的版权人可根据前款规定提出申请。

（4）根据第（2）款提出申请的当事人包括：

（a）提出申请的人；且

（b）向法庭提出申请的组织或人，并根据下一款成为申请人的人。

（5）任何组织（无论是否声称代表广播机构或已发表录音的版权人）或任何人（无论是否声称代表已发表录音的广播机构或版权人）向法庭申请成为申请人，法庭认为该组织或人与申请所涉事项有重大利害关系，法庭可在其认为适当的情况下，让该组织或人成为申请人。

（6）法庭须考虑根据第（2）款提出的申请，并在给予申请各方陈述其案情的机会后，作出指令：

（a）在该指令适用的期间内，确定广播机构就广播机构播放已出版的录音制品向其版权人应支付的金额，或作出规定；

（b）指明将分配该金额的申请人，这些人是法庭确信作为已出版的录音制品的版权人的申请的当事方，或其代表；且

（c）指明该金额在各申请人之间的份额以及缴纳时间，这些份额和时间由各申请人商定，如果没有商定，则由法庭公平确定。

（7）在作出与广播机构有关的指令时，法庭应考虑所有相关事项，包括广播机构为广播目的使用申请的当事方或其代表所拥有的生效版权的录音制品（第105条适用的记录除外）的程度。

（8）法庭不得作出指令，要求下列广播机构是：

（a）澳大利亚通信和媒体管理局根据1992年广播服务法分配的许可证持有人，该许可证授权该持有人广播电台节目；或

（b）由澳大利亚通信和媒体管理局根据该法确定的类别许可证授权广播节目的人；

就该指令所涵盖期间的已出版录音的广播，支付超过法庭确定的广播机构在相当于该指令所涵盖期间的总收入的1%的金额，而该金额是该指令所涵盖期间之前的最后6月30日结束的期间内的总收入。

（9）如果一个广播机构是：

（a）澳大利亚通信和媒体管理局根据1992年广播服务法分配的许可证持有人，该许可证授权该持有人播放广播节目；或

（b）由澳大利亚通信和媒体管理局根据该法确定的类别许可证授权广播节目的人；

经澳大利亚通信和媒体管理局的许可，采用了6月30日以外的日期结束的一个会计期间，第（8）款中提及的6月30日，就该广播机构而言，指其他日期。

（10）第（8）款不适用于与广播机构有关的指令，除非：

（a）广播机构确定并使法庭确信该广播机构在需要确定其收入的时期内的收入总额；且

（b）广播机构在整个期间以声音广播方式播出节目。

（11）如根据第（2）款就澳大利亚广播公司向法院提出申请，法院：

（a）应就公司对已出版的录音制品的声音广播和公司对此类录音制品的电视广播分别作出指令；且

（b）不得作出要求公司在该指令适用期间就已出版录音的声音广播支付超过下列金额的款项的指令：

（ⅰ）就该期间所包括的每一整年而言，其金额是用1美分的1/2乘以相当于联邦统计员在作出该指令之前所公布的、最后一次列明的澳大利亚估计人口的人数而确定的金额；且

（ⅱ）就该期间所包括的每一整年的每一部分而言，属于该期间的每一部分，其金额与根据上一日确定的有关一整年的金额的比例，与该部分在一整年中的比例相同。

（12）没有在根据第（6）款生效的指令中被指明为，将在该指令中指明或按照该指令确定的款项中分配的人之一的人，可在该指令所适用的期限届满之前，向法庭申请修改该指令，以指明他或她为这些人之一。

（13）根据上述最后一款提出修订指令申请的当事人为：

（a）提出申请的人；

（b）该指令所适用的广播机构；

（c）指令所指明的人，即指令所指明或根据指令所确定的款项需分给他们的人；且

（d）向法庭申请成为申请当事方，以及根据第（5）款成为申请的当事方的组织或人。

（14）法庭应根据第（12）款审议申请：根据第（6）款（在本款中称为“主要指令”）修改生效的指令，并在给予申请各方陈述案情的机会后，如确信申请人是一段或多段已发表录音的版权人，则须作出修改主要指令的指令，以便：

（a）指明申请人为主要指令中指定的或按照主要指令确定的款项的分配对象之一；且

（b）指明申请人在该款项中的比例和支付该份额的时间，该份额和时间

由申请人和分得该款项的其他人商定，如无协议，则由法庭认为公平的方式确定，并对这些其他人的份额作出任何相应的调整。

（15）法庭根据第（6）款对广播机构发出的指令，适用于从指令中规定的日期开始到下一年6月30日截止的期间。

（16）法庭根据第（6）款就某一广播机构作出的指令中可能指定的日期，可以在作出指令的日期之前或提出申请的日期之前，但不得是法庭根据该款就该广播公司作出的上一个指令（如有），适用期满的日期之前或本法生效日期之前的日期。

（17）法庭根据第（14）款的规定，修改第（6）款作出的法庭指令，适用于自作出修改指令之日起至正在修改的指令所适用的期间届满之日止的期间。

（18）如法庭的指令根据本条而生效，则该指令所适用的广播机构有责任向该指令所指明的每一个人支付该指令所指明的款项，而该指令所指明的数额或根据该指令所确定的数额将分配给该人所指明的份额，并有责任在指明的时间支付该份额，该人可向该广播机构追讨未根据具有管辖权的法院的指令支付的任何数额，作为广播公司欠该人的债务。

（19）就本条而言，广播公司在某一时期的总收入指，该广播机构在该时期内因播放广告或其他事项而获得的总收入，包括该广播机构在该段期间内就该广播机构所广播的事项而提供的收入总额，或就该广播机构所广播的事项而获得的总收入。

（20）如果在一项交易中，以现金以外的方式支付或给予任何对价，就上一款而言，该对价的货币价值应视为已经支付或给予。

（21）如法庭认为：

（a）广播机构以外的任何人在任何期间所赚取的款项或款项的一部分，如该广播机构与该人是同一人，则该收入或收入的一部分将构成该广播机构在该期间就本条而言的总收入的一部分；且

（b）广播机构与另一人之间存在的关系（无论是由于任何股份或协议或安排，或由于任何其他原因），就本条而言，该款项或该款项的一部分（视情况而定）应视为该广播机构在该期间的总收入的一部分。

第152A条　向法庭申请确定录制音乐作品的版权费

（1）在本条中：

制造商，具有与第 55 条相同的含义。

（2）在符合本条规定的情况下，可向法庭申请一项指令，以决定或规定音乐作品的录音制造商在申请书所指明的期限内须向作品的版权人支付的版权费。

（3）制造商或制造商所录音乐作品的版权人可提出申请。

（4）申请各方为：

（a）音乐作品的录音制作者及版权人；且

（b）任何成为该申请当事方的组织或个人。

（5）如根据第（2）款提出申请，法庭须考虑有关申请，并在给予当事人陈述案情的机会后，作出指令，以决定或作出规定：音乐作品的录音制作者在该指令所指明的期限内须向作品的版权人支付合理数额的版权费。

（6）任何组织（无论是否声称代表制造商或音乐作品的版权所有者）或任何人（无论是否为制造商或音乐作品的版权人）向法庭申请成为根据本条提出的申请的一方；法院如认为该组织或个人在该申请中具有重大利害关系，可将该组织或个人认定为申请人。

（7）根据第（5）款发出的指令中可就某制造商指明的期限，可以是在作出指令的日期之前或在提出申请的日期之前开始，但不得是在下列日期之前开始的期间：

（a）根据该款就该制造商作出的上一个指令（如有）中所指明的结束期限；或

（b）本条的生效日期。

（8）凡是根据本条规定生效的指令，该指令所适用的制造商有责任在规定的时间向该指令所指定的人支付所指定的许可费数额，如果没有按照该指令支付，该人可以在有管辖权的法庭向该制造商追讨该数额，作为制造欠该人的债务。

第 152B 条　向法庭申请确定支付版权费的方式

（1）在本条中：

制造商，具有与第 55 条相同的含义。

（2）可向法庭申请一项指令，以决定音乐作品的录音制作者或版权人支付版权费的方式。

（3）录音制造商或录音制造商所录制的音乐作品的版权人可提出申请。

（4）申请各方为：

（a）该音乐作品的录音制造者和版权人；且

（b）任何成为该申请当事方的组织或个人。

（5）任何机构（无论是否声称代表音乐作品的录音制造者或版权人）或任何人（无论是否代表音乐作品的录音制造者或版权人）向法庭申请成为根据本条提出的申请的一方，法庭如认为该机构或人与该申请有重大利害关系，可在认为适当的情况下，将该机构或人列为申请人。

（6）如根据第（2）款提出申请，法庭须考虑有关申请，并在给予当事方陈述案情的机会后，作出指令，以决定制造有关音乐作品的录音制品须向该作品的版权人支付的版权费。

第 153 条　向法庭申请分摊录音作品的版权费

（1）本条适用于根据第 59 条第（3）款（b）项向法庭申请，就音乐作品的版权人与文学或戏剧作品的版权人之间的录音制品分摊应付款项的情况。

（2）本条适用的申请的当事方是：

（a）音乐作品的版权人；且

（b）文学或戏剧作品的版权人。

（3）凡向法庭提出本条适用的申请，法庭应审议该申请，并在给予申请各方陈述其案情的机会后，作出指令，以其认为公平的方式在各方之间分摊该申请所涉的款项。

第 C 次分部　与第 4A 部分有关的申请和移送法庭的事项

第 153A 条　与第 4A 部分第 4 分部有关的申请和移送法庭的事项

（1）本条适用于第（4）款表格中的该项目第 1 栏中提到的申请或移送法庭的事项。

（2）申请或移送法庭的当事方是该项目第 2 栏中提到的当事方。

（3）法庭必须：

（a）考虑该申请或移送；且

（b）给予当事方陈述案件的机会；且

（c）遵守该项目第 3 栏的规定。

（4）表格如下：

与特许复制和传播有关的申请和移送			
项目	第1栏：申请或转送法庭	第2栏：当事方	第3栏：法庭必须
1	根据第113P条第（4）款（b）项或第113S条第（4）款（b）项的规定决定问题的申请	（a）相关集体管理组织；且 （b）管理有关教育机构	在顾及条例所订明的任何事项后，根据第113P条第（4）款或113S条第（4）款处理有关问题
2	根据第113R条第（2）款（b）项提出的申请，以决定合理报酬的数额	（a）相关集体管理组织；且 （b）管理有关教育机构的团体	经考虑该规例所订明的任何事项后，根据第113R条第（2）款决定合理报酬的数额
3	根据第113V条第（2）款（c）项的规定，由宣布为集体管理组织的团体（申请人）提交申请	（a）申请人； （b）根据本条第（5）款成为申请人的任何人	（a）根据第113V条第（3）款宣布申请人为集体管理组织；或 （b）拒绝宣布申请人为集体管理组织
4	根据第113X条第（2）款（b）项提出的关于是否应撤销某团体为集体管理组织的声明的问题移交法庭	（a）部长； （b）团体； （c）根据本条第（5）款成为申请人的任何人	（a）撤销根据第113X条第（3）款作出的声明；或 （b）拒绝撤销该声明
5	根据第113ZB条第（1）款提出的申请，要求审查集体管理组织为分配其在某一时期内收取的款项而采用或拟采用的方案	（a）复审申请人； （b）集体管理组织（如果不是申请人）； （c）根据本条第（5）款成为申请人的任何成员或组织	根据第113ZB条第（2）款作出指令

（5）为表格第3项目、第4项目或第5项目第2栏的情况下，如下列人员或组织要求成为该移交法庭或申请的一方，法庭可将该人或组织列为该转介或申请的一方：

（a）如在第3项目或第4项目的情况下，法庭认为与该事项有相当利害关系的人；

（b）如在第5项目的情况下，该人或者组织：

（ⅰ）法庭认为与该项安排有重大利害关系；且

（ⅱ）是该集体管理组织的成员，或是声称代表该集体管理组织成员的组织。

第E次分部　与第4A部分有关的申请

第153DF条　受版权保护材料的含义

在本次分部中：受版权保护的材料，与第7部分第2分部中的含义相同。

第153E条　根据第183条第（5）款向法庭提出的申请

（1）根据第183条第（5）款向法庭提出申请，要求确定为联邦或国家服务而做出版权所包含的行为的条件的当事方如下：

（a）联邦或州，视情况而定；且

（b）版权人。

（2）如根据第183条第（5）款向法庭提出申请，法庭会考虑该申请，并在给予各申请方陈述案情的机会后，作出指令，订明行为的条款。

第153F条　集体管理组织向法庭申请索取政府文本

（1）担保有限公司可向法庭申请声明该公司为第7部分第2分部所指的集体管理组织。

（2）申请的当事方为申请人及任何被法庭视为当事方的人。

（3）在下列情况中，法庭可使其成为当事方：

（a）该人要求成为当事方；且

（b）法庭认为该人与下列任何一个或两个问题有重大利益关系：

（ⅰ）申请人是否应被宣布为一个集体管理组织；

（ⅱ）有关公司作为集体管理组织的当下声明是否应撤销。

（4）法庭在给予每一方陈述其案情的机会后，必须：

（a）就第7部分第2分部而言，宣布申请人为一个集体管理组织；或

（b）拒绝申请。

（5）就第7部分第2分部而言，公司作为集体管理组织的声明可涉及下列情况的声明：

（a）所有政府文本；或

（b）指定类别的政府文本。

（6）只有在下列情况中，法庭才可宣布申请人为集体管理组织：

（a）申请人是一家担保有限公司，是根据州或领地与公司有关的有效法

律成立的；且

（b）如申请就所有的政府文本作出声明，申请人的规则允许任何受版权保护材料的版权人或版权人的代理人成为其成员；且

（c）如申请就某一类的政府文本作出声明，申请人的规则允许依照第183条规定的某一类受版权保护材料的版权人或版权人的代理人成为其成员；且

（d）申请人的规则禁止向其成员支付股息；且

（e）申请人的规则载有关于下列所有事项的条文，足以保障其成员：

（ⅰ）根据第183A条收取应支付的报酬；

（ⅱ）集体管理组织从征收的报酬中支付行政费用；

（ⅲ）集体管理组织报酬的分配；

（ⅳ）集体管理组织对非组织成员的版权资料收取信托报酬；

（ⅴ）其成员可查阅集体管理组织的记录；且

（f）申请人的规则载有条例要求为保护组织成员而列入的其他规定。

（7）声明必须载明生效日期。

（8）如法庭根据本条作出声明，版权法庭的登记官必须在公报刊登该声明。

第153G条　向法庭申请撤销集体管理组织声明

（1）下列任何人可根据第153F条向法庭申请撤销声明：

（a）集体管理组织；

（b）集体管理组织成员；

（c）政府。

（2）申请的当事方是：

（a）撤销声明的申请人；且

（b）如果集体管理组织不是撤销声明的申请人的，则为该集体管理组织；且

（c）任何被法庭列为当事方的组织。

（3）在下列情况中，法庭可让某人成为当事人：

（a）该人要求成为当事人；且

（b）法庭认为该人有是否撤销集体管理组织的声明有重大的利益关系。

（4）法庭在给予每一方陈述其案情的机会后，必须：

（a）撤销集体管理组织的声明；且

（b）拒绝申请。

（5）在满足下列条件时，法庭才可撤销该公司作为集体管理组织的声明：

（a）该公司未能充分发挥其作为集体管理组织的职能；或

（b）不按照其规则行事，或不符合受版权保护材料的所有人或版权人的代理人的最大利益；或

（c）已更改其规则，使其不再符合第153F条第（6）款（b）项至第（f）项的任何一项或多项；或

（d）违反第183D条或第183E条的规定（涉及报告、账目及更改规则）。

（6）撤销必须写明生效日期。

（7）如法庭撤销集体管理组织的声明，版权法庭的登记官必须在公报刊登撤销该声明的文件。

第153H条　根据第153F条或第153G条判决申请的时限

（1）法庭必须在审理结束后的6个月内，就根据第153F条或第153G条提出的申请作出判决。

（2）如法庭认为有关事项因其复杂性或其他特殊情况而不能在6个月内妥善处理，则第（1）款所定的6个月时限并不适用。

（3）如第（2）款适用，法庭必须在6个月期限届满前，告知申请人有关事项不能在该期限内妥善处理。

第153J条　修订及撤销另一集体管理组织的声明

（1）如果：

（a）一项声明（先前的声明）根据第153F条生效；且

（b）法庭根据本条宣布另一公司为第7部分第2分部就该类政府文本（包括先前声明所涉及的部分政府文本）而言的集体管理组织；

法庭必须修订上一份声明，以排除（b）项所涉及的公司声明所涉及的所有政府文本。

（2）根据第（1）款作出的声明的修订，在第（1）款（b）项所述公司的声明生效时生效。

（3）如果：

（a）一项声明（先前的声明）根据第153F条生效；且

（b）法庭根据本条作出另一项声明涉及：

（ⅰ）所有政府文本；或

（ⅱ）某一类政府文本，包括与先前声明有关的所有政府文本；

法庭必须撤销先前的声明。

（4）第（3）款（b）项所涉的声明生效时，根据第（3）款作出的撤销声明即生效。

（5）版权法庭的登记官须在公报刊登根据本条作出的修订或撤销的文件。

第153K条　向法庭申请支付政府文本费用的方法

（1）集体管理组织或政府可向法庭申请裁决，根据第183A条第（2）款为政府在某一特定期间的服务而印制的复制件应支付的报酬的计算方法。

（2）申请当事人是集体管理组织和政府。

（3）法庭在给予各申请方陈述其案情的机会后，必须作出计算方法的判决。

注：第183A条第（3）款规定了该方法必须规定的事项；第183A条第（4）款规定了该方法可能规定的事项。

（4）判决还可以指明使用所确定的方法计算出的支付金额的时间和方式。

第153KA条　集体管理组织分配安排的复核

（1）如集体管理组织根据第183F条向法庭提出申请，要求复核其已采纳或拟采纳的安排，以分配其在一段期间内所收取的款项，则本条生效。

（2）申请的当事方是：

（a）申请人；且

（b）集体管理组织（如其不是申请人）；且

（c）集体管理组织的成员，或法庭使其成为申请当事方的组织，其声称为集体管理组织成员的代表。

（3）在下列情况中，法庭可使集体管理组织的成员或声称其为集体管理组织成员代表的组织成为申请的当事人：

（a）该成员或组织要求成为申请的当事方；且

（b）法庭认为该成员或组织在该安排中有重大利益。

（4）法庭必须考虑申请，给各当事方机会陈述他们的情况，然后作出判决：

（a）确认安排；或

（b）改变安排；或

（c）用另一种安排来代替该安排，以分配集体管理组织在该期间所收取的款项。

（5）本条中：

集体管理组织的含义与第7部分第2分部中的含义相同。

第G次分部　与第5C部分相关的申请和规定

第153M条　根据第135ZZM条第（1）款向法庭提出的申请

（1）根据第135ZZM条第（1）款向法庭提出申请，要求确定转播者或其代表转播者转播免费广播应当支付给集体管理组织的合理报酬。

（2）对于根据第135ZZM条第（1）款向法庭提出的申请，法庭必须考虑该申请，并在给予各当事方陈述其案情的机会后，重新裁定免费广播的合理报酬的金额。

（3）法庭在作出判决时，需顾及已约定的事项（如有）。

（4）在第135ZZK条产生效力前，所作的免费广播的转播具有效力。

（5）在本条中，集体管理组织和转播者的含义与第5C部分中的含义相同。

第153N条　根据第135ZZN条第（3）款向法庭的申请

（1）根据第135ZZN条第（3）款向法庭提出申请，要求确定记录系统的当事方为集体管理组织和相关转播者。

（2）对于根据第135ZZN条第（3）款向法庭提出的申请，法庭必须考虑该申请，并在给予各当事方陈述其案情的机会后，作出判决采用何种记录系统。

（3）在本条中，集体管理组织和转播者的含义与第5C部分中的含义相同。

第153P条　集体管理组织声明的规定

（1）如部长根据第135ZZT条向版权法庭提交某团体被宣布为集体管理组织的申请，则本条生效。

（2）材料提及的当事方是申请人及由法庭确定其为当事方的人。

（3）在下列情况中，法庭可确定其为当事方的人：

（a）该人要求成为当事方；且

（b）法庭认为相关人员对下列问题任何一项有重大利益：

（ⅰ）申请人是否应被宣布为所有相关版权人的集体管理组织（如第5C部分所界定）或某类相关版权人的集体管理组织；

（ⅱ）如申请人被宣布为集体管理组织，另一团体是否应停止成为任何有关版权人的集体管理组织（第5C部分所界定）。

（4）在给予各当事方陈述其情况的机会后，法庭必须：

（a）根据第135ZZT条宣布申请人为集体管理组织；或

（b）拒绝其申请。

（5）如果法庭根据第135ZZT条宣布申请人为集体管理组织，版权法庭的登记官必须在公报刊登有关声明的文件。

第153Q条　关于撤销集体管理组织声明的条款

（1）如果部长根据第135ZZU条向版权法庭提交集体管理组织是否应被撤销的声明，则本条生效。

（2）相关方为：

（a）部长；和

（b）集体管理组织；和

（c）被法庭确定的当事方。

（3）在下列情况中，法庭可确定该人为当事方：

（a）该人要求成为当事方；且

（b）法庭认为该人对是否撤销集体管理组织的声明有重大利益。

（4）在给予各当事方陈述其案情的机会后，法庭必须：

（a）根据第135ZZU条撤销集体管理组织的声明；或

（b）拒绝撤销声明。

（5）如法庭撤销集体管理组织的声明：

（a）撤销声明必须注明生效日期；且

（b）版权法庭的登记官必须在公报刊登撤销通知。

第 153R 条　审查集体管理组织的分配安排

(1) 如果根据第 135ZZWA 条向法庭提出申请，要求审查一个集体管理组织为分配其在一段时间内收取的款项而通过或拟通过的安排，则本条具有效力。

(2) 申请当事方是：

(a) 申请人；且

(b) 集体管理组织（如不是申请人）；且

(c) 集体管理组织的成员，或是集体管理组织成员的代表，而法庭使其为申请的当事方。

(3) 在下列情况中，法庭可让一名集体管理组织成员或集体管理组织的代表成为申请的当事方：

(a) 该成员或组织要求成为申请的当事方；且

(b) 法庭认为该成员或组织在该安排中有重大利益。

(4) 法庭必须考虑申请，给各当事方机会陈述他们的情况，然后作出判决：

(a) 确认安排；或

(b) 改变安排；或

(c) 用另一种安排来代替该安排，以分配集体管理组织在该期间所收取的款项。

(5) 本条中，集体管理组织的含义与第 5C 部分中的含义相同。

第 GA 次分部　与第 5D 部分有关的申请及规定

第 153RA 条　向法庭申请裁定应就广播向版权人支付的金额

(1) 下列任一情况：

(a) 卫星 BSA 许可证持有人；或

(b) 是或将是广播适格节目的版权人；

如果适格节目的广播属版权人所有，则可向法庭申请，裁定卫星 BSA 许可证持有人须向版权人支付的金额，以供卫星 BSA 许可证持有人在申请所指明的期间内重播适格节目。

(2) 根据第（1）款提出的申请的当事方为：

(a) 卫星 BSA 许可证持有人；且

（b）版权所有人。

（3）在根据第（1）款向法庭提出申请时，法庭必须考虑有关申请，并在给予当事人陈述情况的机会后，作出判决，确定在判决所指明的期间内，在版权人拥有适格节目播放的版权的情况下，重新播放适格节目所得的合理报酬。

（4）在本条中：

适格节目的含义与第5D部分中的含义相同。

第153S条　根据第135ZZZK条第（1）款（b）项向法庭提出的申请——合理报酬

（1）根据第135ZZZK条第（1）款（b）项向法庭提出申请，以确定卫星BSA许可证持有人就重播适格节目应向集体管理组织支付的合理报酬的金额的，申请方为：

（a）集体管理组织；且

（b）卫星BSA许可证持有人。

（2）对于根据第135ZZZK条第（1）款（b）项向法庭提出的申请，法庭必须考虑该申请，并在给予双方陈述其情况的机会后，裁定其认为合理的重播适格节目的报酬数额。

（3）法庭在作出判决时，可顾及订明的事项（如有）。

（4）对于第135ZZZI条生效前的重播的适格节目，依然有效。

（5）本条中：

集体管理组织的含义与第5D部分中的含义相同。

适格节目的含义与第5D部分中的含义相同。

第153T条　根据第135ZZZL条第（3）款（b）项向法庭提出的申请——记录系统

（1）根据第135ZZZL条第（3）款（b）项向法庭提出申请，要求裁定记录系统的当事方为：

（a）集体管理组织；和

（b）相关卫星BSA许可证持有人。

（2）对于根据第135ZZZL条第（3）款（b）项向法庭提出的申请，法庭必须考虑该申请，并在给予各当事方机会陈述其情况后，作出采用记录系统的判决。

（3）本条中：

集体管理组织的含义与第5D部分中的含义相同。

第153U条　与集体管理组织声明有关的规定

（1）如部长根据第135ZZZO条向版权法庭提交某团体被宣布为集体管理组织的申请，则本条生效。

（2）规定的当事人是申请人及由法庭确定其为当事方的人。

（3）在下列情况中，法庭可确定其为当事方：

（a）该人要求成为当事方；且

（b）法庭认为相关人员对下列问题任何一项有重大利益：

（i）申请人是否应被宣布为相关版权人（按第5D部分的定义）或某一类相关版权人的集体管理组织；

（ii）如申请人被宣布为集体管理组织，其他团体是否不应再被认定为任何相关版权人（按第5D部分的定义）的集体管理组织。

（4）在给予各当事方陈述其情况的机会后，法庭必须：

（a）根据第135ZZZO条，宣布申请人为集体管理组织；或

（b）拒绝申请。

（5）若法庭根据第135ZZZO条宣布申请人为集体管理组织，版权法庭的登记官必须在公报刊登有关声明的文件。

第153V条　有关撤销集体管理组织声明的规定

（1）若部长根据第135ZZZP条第（2）款（b）项向版权法庭提交关于某团体是否应撤销其作为集体管理组织的声明的问题，则本条生效。

（2）相关方为：

（a）部长；和

（b）集体管理组织；和

（c）任何被法庭确认为当事方的人。

（3）在下列情况中，法庭可确认其为当事方：

（a）该人要求成为当事方；且

（b）法庭认为相关人员对是否撤销集体管理组织的声明的问题有重大利益。

（4）在给予各当事方机会陈述其情况后，法庭必须：

（a）根据第135ZZZP条第（3）款撤销集体管理组织的声明；或

（b）拒绝撤销该声明。

（5）如法庭撤销集体管理组织的声明：

（a）撤销声明必须注明生效日期；且

（b）版权法庭的登记官必须在公报刊登撤销通知。

第153W条　集体管理组织分配安排的复核

（1）若根据第135ZZZS条向法庭提出申请，要求复核集体管理组织已采用或拟采用的安排，以分配其在一段期间内收取的款项，则本条生效。

（2）申请的当事方是：

（a）申请人；和

（b）集体管理组织（如不是申请人）；和

（c）集体管理组织的成员，或是集体管理组织成员的代表，而法庭使其成为申请的当事方。

（3）法庭可在下列情况中，使集体管理组织的成员或集体管理组织成员的代表成为申请的当事方：

（a）该成员或组织要求成为申请的当事方；且

（b）法庭认为该成员或组织对该安排有重大利益。

（4）法庭必须考虑该申请，给各当事方机会陈述其情况，然后作出判决：

（a）确认安排；或

（b）改变安排；或

（c）用另一种安排来代替该安排，以分配集体管理组织在该期间所收取的款项。

（5）在本条中：

集体管理组织的含义与第5D部分中的含义相同。

第H次分部　与许可证和许可证方案有关的申请规定

第154条　向法庭提交申请许可证方案的条款

（1）如果许可证所有人建议实施许可证方案，其可将该方案提交法庭。

（2）根据本条引用的当事方包括：

（a）提交方案的许可人；且

（b）向法庭申请成为上述当事方的组织或人（如有），根据下一款，该等组织或人已成为上述当事方；且

（c）澳大利亚竞争与消费者委员会（ACCA）（如果法庭根据第 157B 条的规定将该委员会列为涉及的一方）。

（3）如果一个组织（无论是否声称是需要许可证的人的代表）或个人（无论是否需要许可证）向法庭申请成为规定的一当事方，而法庭确认该组织或个人对所涉方案的生效具有重大利益，法庭可在其认为合适的情况下，将该组织或个人作为规定的当事方。

（4）法庭应考虑本条所述的确认，并在给予该方案的当事人陈述其情况的机会后，作出该项判决，确认或更改该方案，或以另一当事方提出的方案代替，如法庭认为在有关情况下是合理的。

（5）法庭根据本条作出的判决（临时判决除外），尽管与该判决有关的许可证方案载有任何内容，但是均可无限期或在法庭认为适当的期间内有效。

（6）凡许可证已根据本条移交法庭，许可人可采取下列其中一项或两项措施：

（a）在法庭根据有关条款作出判决前，实施有关方案；

（b）法庭根据该条款作出判决前，无论方案是否已实施，随时撤回规定。

（7）反映法庭判决的方案：

（a）在判决发出时开始生效，但交付法庭的方案尚未开始生效；且

（b）只要判决处于生效期间。

无论提交给法庭的方案有任何规定，本款仍然有效。

注：取决于法庭的判决，反映法庭判决的方案，将是该判决所确认的方案，经该判决修改的方案，或者提交给法庭的方案被该判决所代替而形成的方案。

第 155 条　将现有许可证方案提交法庭的规定

（1）在许可证方案生效期间的任何时候，运行该方案的许可人与下列人士就该方案的规定发生争议：

（a）声称代表在方案适用的类别个案中需要许可证的人的组织；或

（b）在方案适用的类别个案中需要许可证的个人；

许可人、有关组织或个人可将该方案提交法庭，但该方案须与该类别所包括的案情有关。

（2）本条规定的当事方包括：

（a）规定该方案的许可方、组织或个人；且

（b）若该方案并非由运营该方案的许可人作出，则为该许可人；且

（c）向法庭提出申请，拟成为条款所指当事方的其他组织或个人（如有），以及按照下一款的规定，已成为方案当事方的其他组织或人；且

（d）澳大利亚竞争与消费者委员会（如果法庭根据第157B条的规定将该委员会列为条款的一方）。

（3）如果一个组织（无论是否声称是需要许可证的人的代表）或个人（无论是否需要许可证）向法庭申请成为当事方，而法庭确认该组织或个人与争议事项有重大利益关系，法庭可以在其认为合适的情况下，将该组织或个人定为当事方。

（4）法庭不得开始审议该组织根据本条提出的申诉，除非法庭确认该组织合理地代表其声称所代表的那一类人。

（5）法庭必须考虑有争议的事项，给予双方陈述案情的机会，然后作出法庭认为合理的判决，就有关类别而言，对该方案作出下列其中之一的处理：

（a）确认；

（b）否决；

（c）以其中一方提出的另一方案代替。

本款对第（4）款具有效力。

（6）法庭根据本条作出的判决（临时判决除外），无论与该判决有关的许可证方案内有何规定，均可无限期或在法庭认为适当的期限内生效。

（7）法庭根据本条作出判决前，无论方案是否已实施，可随时撤回规定。

（8）根据本条将许可证方案交由法庭处理，则该方案仍继续生效，直至法庭根据该方案作出判决为止。

（9）上述最后一款不适用于在方案被撤回或法庭根据第（4）款拒绝开始考虑该方案后的任何期间内的方案。

（10）符合法庭判决的方案，无论提交给法庭的方案中有什么内容，只要该判决仍然有效，该方案就继续生效。

注：取决于法庭的判决，反映法庭判决的方案，将是该判决所确认的方案，经该判决修改的方案，或者提交给法庭的方案被该判决所代替而形成的方案。

第156条　关于向法庭提交的许可证方案的进一步规定

（1）如法庭已根据前两条中的任何一款就许可证方案作出判决（临时判

决除外），则在该判决有效期间的任何时间内，在不违反下一条的情况下：

（a）运营该方案的许可人；

（b）在判决适用的个案类别中需要许可证的人的代表；或

（c）在该类中个案需要许可证的个人；

可将反映该判决的方案送交法庭，只要该方案与列入该类别的案情有关。

（2）除经法庭许可外，方案不得在下列时间之前根据上一款提交法庭：

（a）相关判决是无限期有效或有效期超过 15 个月的，该判决发出之日起 12 个月届满；或

（b）如有关判决的有效期不超过 15 个月的，该判决有效期届满日起的 3 个月内。

（3）根据本条涉及的当事方为：

（a）涉及该方案的许可人、组织或个人；且

（b）如该方案并非由运营该方案的许可人作出，则为该许可人；且

（c）向法庭申请成为方案当事方的其他组织或个人（如有），根据第（5）款就该等组织或个人适用的规定，成为方案当事人；且

（d）澳大利亚竞争与消费者委员会（如果法庭根据第 157B 条的规定将该委员会列为涉及的一方）。

（4）法庭必须考虑所争议的事项，给予各当事方陈述其案情的机会，然后作出法庭认为合理的判决，对根据第（1）款提交法庭的方案采取下列措施之一：

（a）确认；

（b）否决；

（c）以其中一方提出的另一方案代替。

本款对第（5）款具有效力。

（5）第 155 条第（3）款、第（4）款和第（6）款至第（10）款适用于本款。

（6）本条上述各款对根据本条作出的判决的效力，与对根据前两条中的任何一条作出的判决的效力相同。

（7）本条的任何规定均不得阻止已根据前两条中的任何一条作出判决的许可证方案根据该条再次提交法庭：

（a）就方案所涉及的个案而言，该判决在任何时间均不适用；且

（b）就该方案与该判决在有效期间适用于的类别个案所包括的个案有关

而言，该方案是在该判决届满后实施的。

第 157 条　就许可证向法庭提出的申请

◆ 拒绝发出或未能根据许可证方案发出许可证

（1）任何人声称，在适用许可证方案的个案中，运营许可证方案的许可人拒绝或没有按照许可证方案向其发放许可证，或声称其获得了许可证，可根据本条向法庭提出申请。

（2）在适用特殊许可证方案的个案中，如需要特殊许可证，在该个案中，根据特殊许可证方案发给特殊许可证须缴付费用，或如果在有关个案的情况下须遵守不合理的条件，可根据本条向法庭提出申请。

◆ 没有许可证方案及许可人拒绝或未能给予合理的许可证

（3）在许可证方案并不适用的情况下（包括许可证方案尚未制订或尚未实施的情况）声称需要许可证的人，且：

（a）许可人拒绝或未能给予许可证，或未能促使给予许可证，而在这种情况下不给予许可证是不合理的；或

（b）许可人认为发放许可证是在缴付不合理的费用或条件的情况下；

可根据本条向法庭提出申请。

（4）声称在许可证方案不适用的情况下（包括许可证方案尚未制订或尚未实施的情况下）须申领许可证的人员的代表机构，且：

（a）许可人拒绝或未能给予许可证，或未能促使给予许可证，而在这种情况下不给予许可证是不合理的；或

（b）许可人认为发放许可证是在缴付不合理的费用或条件的情况下；

可根据本条向法庭提出申请。

◆ 申请的其他当事方

（5）凡任何组织（无论是否声称需要许可证）或个人（无论是否需要许可证）向法庭申请成为根据本条任何一款提出的申请的一方，而法庭信任该组织或人在争议事项中有重大利益，若法庭认为适当，可使该组织或人成为申请的当事方。

注：根据第 157B 条，法庭也可以让澳大利亚竞争与消费者委员会成为申请的一方。

◆ 让当事方陈述其案情

（6）法庭必须给予申请人、有关的许可人及申请的当事方（如有）陈述其案情的机会。

♦ **处理第（1）款申请的判决**

（6A）若法庭信任申请人根据第（1）款提出的申诉有充分理由，法庭必须：

（a）作出判决，就该判决所指明的事项，指明法庭认为根据许可证方案对申请人适用的费用（如有）及条件；或

（b）判决以申请人、有关许可人或申请的另一方所建议的条款授予申请人许可证。

♦ **处理根据第（2）款或第（3）款申请的判决**

（6B）若法庭信任申请人根据第（2）款或第（3）款提出的申请有充分理由，法庭必须：

（a）作出判决，就该判决所指明的事项，指明法庭认为就申请人的情况而言合理的费用（如有）和条件；或

（b）判决以申请人、有关的许可人或申请的另一方所建议的条款授予申请人许可证。

♦ **处理第（4）款申请的判决**

（6C）若法庭信任申请人根据第（4）款提出的申请有充分理由，则法庭必须：

（a）作出判决，就判决所涉及的事项，向下列人员说明法庭认为在有关情况下合理的费用（如有）和条件：

（ⅰ）在该判决中指明的人（无论被涉及的是具有相同诉讼利益的人数众多的当事方还是其他人）；且

（ⅱ）申请者的代表或者申请的当事方；或

（b）判决以申请人、有关的许可人或申请的另一方所建议的条款，将许可证授权：

（ⅰ）在判决中指明的每一个人（无论被涉及的是具有相同诉讼利益的人数众多的当事方还是其他人）；且

（ⅱ）申请者的代表或者申请的当事方。

♦ **拒绝或不发给许可证的含义**

（7）本条涉及未能颁发许可证，或者获得许可证的授予，应理解为授予许可证失败，或者视情况而定，获得许可证的授权失败，在申请后合理期限内。

第 157A 条　法庭必须根据要求考虑澳大利亚竞争与消费者委员会的准则

（1）在根据本次分部就举证或申请作出判决时，如果举证或申请的一方提出要求，法庭必须考虑澳大利亚竞争与消费者委员会制定的相关指南（如有）。

（2）为免生疑问，第（1）款并不妨碍法庭在根据本条作出的举证或申请作出判决时顾及其他有关事项。

第 157B 条　法庭可提请澳大利亚竞争与消费者委员会为当事方的申诉或申请

在下列情况中，法庭可将澳大利亚竞争与消费者委员会作为根据本分部提出的申诉或申请的当事方：

（a）该委员会要求作为申诉或申请的当事方；且

（b）法庭认为该委员会成为提出申诉或申请的当事方是合理的。

第 158 条　在法庭作出判决前，许可证方案持续有效

（1）如某特殊许可证方案根据本款而实施，以待本款就某一条款作出判决，而在该特殊许可证方案适用的个案中，任何人所做的任何行为，除本款外，会构成侵犯版权，但如果该人是根据该特殊许可证方案的特殊许可证所有人，而该特殊许可证方案与该条款所涉及的个案有关，则不会构成侵犯版权，而该人如已遵从有关规定，则应在任何侵犯该版权的法律程序中处于相同的地位，法律地位等同于特殊许可证所有人。

（2）就上一款而言，有关规定是：

（a）在所有重要时间内，相关人已按照许可证方案遵守有关个案适用于许可证的条件；且

（b）凡根据方案就该许可证须缴付的费用，即相关人在该提交材料的时间内已将该等费用支付给运营该方案的许可人，或者，如当时未能确定应付金额，则已向许可人书面承诺，在确定费用后支付。

（3）任何人就第（1）款适用的事项做出任何行为，均有义务向运营有关许可证方案的许可人支付任何费用，如果其为根据该方案授予的许可的所有人，只要该行为与运营许可证方案有关，而且许可人可在有管辖权的法院向该人收回该笔费用，作为许可人的债权。

第159条　关于许可证的法庭判决的效力

◆ 根据第154条、第155条或第156条的判决

（1）如某特殊许可证方案根据本款而实施，以待本款就某一条款作出判决，而在该特殊许可证方案适用的个案中，任何人所做的任何行为，除本款外，会构成侵犯版权，但如果该人是根据该特殊许可证方案的特殊许可证所有人，而该特殊许可证方案与该条款所涉及的个案有关，则不会构成侵犯版权，而该人如已遵从有关规定，则应在任何侵犯该版权的法律程序中处于相同的地位，法律地位等同于特殊许可证所有人。

（2）就上一款而言，有关规定是：

（a）在所有提交材料的时间内，相关人已按照反映该判决的方案，遵守将适用于有关个案的许可证的条件；且

（b）凡根据方案就该许可证须缴付的费用，即相关人在提交材料的时间内已将该等费用支付给运营该方案的许可人，或者，如当时未能确定应付金额，则已向许可人书面承诺，在确定费用后支付。

（3）任何人在第（1）款适用的情况下做出任何行为，都有义务向运营有关许可方案的许可人支付任何费用，如果其是根据该方案授予的许可证持有人，只要该方案与运营该项许可有关，而且许可人可以在有管辖权的法院向该人收回该笔费用，作为许可人的债权。

◆ 根据第157条订明条件及费用的判决

（4）若法庭根据第157条第（1）款、第（2）款或第（3）款提出的申请作出判决，就该判决所指明的事项，指明与申请人有关的费用（如有）和条件，则：

（a）申请人符合条件中指定的顺序；且

（b）在判决指明费用的情况下，其已向许可人支付了这些费用，或者因无法确定应支付的数额，已向许可人作出书面承诺，在确定后支付费用；

申请人在任何与上述任何事项有关的侵犯版权法律程序中，必须与许可证持有人处于相同的地位，如同其在提交材料的时间内持有由有关版权人根据判决所指明的条件批出的特殊许可证，并须缴付指明的费用（如有）。

（5）若法庭已对根据第157条第（4）款提出的申请，就该判决所指明的事项，就该判决所指明的人或该裁决所指明的相关人作出判决，指明费用（如有）和条件，则：

（a）以上相关人已遵守该判决所指明的条件；且

（b）在判决指明费用的情况下——该人已向许可人缴付该等费用，或如应付金额无法确定，已向许可人作出书面承诺，在确定费用后支付该等费用；

在任何与上述事项有关的侵犯版权法律程序中，该人须与许可证持有人处于相同的地位，如同其在提交材料的时间内均持有由有关版权拥有人根据判决所指明的条件授权的特许，并须缴付判决所指明的费用（如有）。

（6）凡第（4）款或第（5）款中方案的判决所适用的人，就该判决所指明的任何事项，除该款外，可构成侵犯版权，但如该人是有关版权人根据该判决所指明的条件及须缴付有关费用（如有）而作出相关事项的许可证持有人，则不构成侵犯版权，如该人是版权许可证的持有人，有责任向版权所有人支付费用，而版权所有人可在具有管辖权的法院向该人追讨该笔费用，作为版权所有人的债权。

（7）为免生疑问，第（4）款及第（5）款并不适用于向该人发出许可证的判决：

◆ 根据第157条发出的裁决，该人获发许可证

（8）根据第157条，法庭判决按照申请人、有关许可人或该申请的另一方根据该条所规定的条件给予许可：

（a）对侵犯版权诉讼的目的，已获得许可证的条件；且

（b）有责任向有关版权人支付如该人已按该条款获得许可证而须支付的任何费用。

注：（a）项——如该等条款使许可证受条件限制，而该人没有遵守这些条件，则该人不得以许可证为抗辩事由。

（9）版权人可将第（8）款（b）项所述金额作为欠版权人的债务，在有管辖权的法院向该人追讨。

第I次分部　一般规定

第160条　临时判决

凡根据本法向法庭提出的申请或申诉，法庭可作出临时判决，判决生效直至法庭对该申请或申诉作出最终判决。

第161条　将法律问题提交澳大利亚联邦法院

（1）法庭可自行商议或应一当事方的请求，将诉讼程序中出现的法律问

题提交澳大利亚联邦法院裁定。

(2) 根据法庭在诉讼程序中作出裁决之日后提出的请求，不得根据前面最后一款将问题提交澳大利亚联邦法院，除非请求是在规定的期限届满之前提出的。

(3) 如法庭在程序中作出裁决后，拒绝将问题提交澳大利亚联邦法院的请求，提出请求的一方可在规定的期限内，向澳大利亚联邦法院申请，指示该法庭将该问题移交澳大利亚联邦法院。

(4) 凡根据本条提交澳大利亚联邦法院审理的任何诉讼，并且根据前面最后一款就任何此类诉讼提出申请的，法庭审理的诉讼的各当事方均有权出庭并接受审理。

(5) 在法庭对任何诉讼作出裁决之后，如果法庭根据本条诉讼过程中出现的法律问题提交澳大利亚联邦法院，而澳大利亚联邦法院裁定法庭错误地确定了该问题：

(a) 法庭应重新审议所争议的事项，如果法庭认为执行澳大利亚联邦法院的裁决而有必要重新审议，则应使诉讼各方有进一步陈述其案情的机会；且

(b) 如果法庭认为这样做是适当的，并且符合澳大利亚联邦法院的判决，法庭应下令撤销或修改其以前在诉讼程序中下达的任何判决，或者在根据第157条进行的诉讼程序中，如果法庭拒绝下达判决，法庭应根据该条下达法庭认为适当的判决。

(6) 法庭根据本条将问题提交澳大利亚联邦法院，其方式应是陈述案情，澳大利亚联邦法院发表意见。

(7) 授予澳大利亚联邦法院管辖权，以审理和确定根据本条提交给它的法律问题。

(8) 为本条的目的，法律问题不包括是否有足够证据证明法庭的事实结论是正当的问题。

第162条　协议或裁决不受影响

无论该协议或裁决是在本法开始之前或之后作出的，本法的任何规定均不影响该协议或法官作出的任何裁决的实施。

第 4 分部　程序和证据

第 163 条　除特殊情况外，诉讼程序应公开进行

（1）除符合本条规定外，法庭的审理程序须公开进行。

（2）如果法庭认为涉及的证据或事项具有机密性质或出于任何其他原因，法庭可：

（a）指示审理或部分审理应私下进行，并就可能出席的人发出指示；或

（b）发出指示，禁止或限制公开或非公开地公布在法庭提供的证据或向法庭提交的文件所载的事项。

第 163A 条　版权人的代理人可向法庭提出申请

（1）版权人的代理人可根据本法向法庭提出申请。

（2）2 名或 2 名以上的版权人可由同一代理人向法庭共同就同一人或组织提出一项申请。

第 164 条　程　　序

在法庭的诉讼程序中：

（a）在遵守本法和条例的情况下，法庭的程序由法庭酌情决定；

（b）法庭不受证据规则的约束；且

（c）诉讼程序应按照本法的要求，尽可能简单、迅速地进行，并对法庭审理的事项进行适当审议。

第 165 条　法庭判决有误

法庭可按法庭的判决更正因意外疏忽或遗漏而引致的文书错误或失误。

第 166 条　关于程序的规定

（1）条例可就向法庭提出证明和申请，以及规范法庭的诉讼程序或与此有关的程序作出规定，并可规定就这些证明和申请应付的费用以及这些诉讼程序中证人的费用和支出。

（2）条例包括下列条款：

（a）要求根据第 154 条、第 155 条或第 156 条发出拟向法庭提交的通知，

并按照规定予以公布；

（b）要求将根据第161条第（3）款拟向澳大利亚联邦法院提出的申请通知法庭和诉讼程序的其他当事方，并限制发出任何此类通知的时间；

（c）在法庭作出判决后又将法律问题提交澳大利亚联邦法院的案件中，暂停、授权或要求法庭暂停执行法庭的判决；

（d）就暂停执行的法庭判决而言，修改本部分中关于根据本部分作出的判决的效力的任何规定的实施。

（e）公布通知或作出任何其他判决，须确保将暂停法庭的判决通知受影响的人；且

（f）根据第161条要求、申请、裁决或判决而附带或相应而生的任何其他事项。

第167条　宣誓作证的权力

（1）法庭可以要求宣誓或确认后作证，为此目的，法官可以主持宣誓或确认。

（2）法官或登记官可传召某人到法庭出庭作证。

（3）法官或登记官传召某人在特定的时间及地点向特定的人出示特定的文件或物品，使该人向法庭提交特定的文件或物品。

第168条　书面形式陈述的证据

法庭如认为适当，可准许出庭的证人提交一份书面陈述，并以宣誓或誓词核实该书面陈述。该书面陈述须送交版权法庭的登记官存档。

第169条　代　　表

在法庭的诉讼程序中：

（a）法人或非法人组织以外的一当事方可亲自出庭或由经法庭批准的一当事方的代理人出庭；

（b）法人的当事方，可由经法庭批准的当事方的董事或其他高级人员或雇员代表；

（c）非法人组织或该组织的成员的当事方，可由经法庭批准的该组织的一名成员或一名管理者或雇员代表；且

（d）任何一方均可由州或领地的高等法院或最高法院的高级律师或初级律师代表。

第 4A 分部　替代争端解决机制

第 169A 条　移交替代争端解决机制的程序

（1）如果向法庭提出申请或申诉，庭长或副庭长可以：

（a）指示各当事方或其代表召开与该程序，或与该程序引起的其他事项有关或部分有关的会议；或

（b）指示将与该程序有关或部分有关的事项提交给特定的替代争端解决机制（会议程序除外）。

（2）如果向法庭提出的申请或申诉的内容属于指定内容，庭长也可指示召开当事方会议或其代表会议。

（3）庭长还可指示，如果向法庭提出的申请或内容属于指明的事项，则应将诉讼程序转交给特定的替代争端解决机制（会议程序除外）。

（4）可根据第（1）款的某一项作出指示：

（a）无论先前是否根据该款的同一项或另一项就该程序作出指示；且

（b）根据第（2）款或第（3）款作出的指示是否适用。

（5）如果本条下的指示适用于：

（a）程序；或

（b）程序的一部分；或

（c）由程序引起的事项；

各当事方必须就有关的替代争端解决机制的进行本着诚意行事。

第 169B 条　庭长或副庭长的指示

（1）庭长或副庭长可就替代争端解决机制程序作出指示。

（2）第（1）款下的指示可能涉及：

（a）进行替代争端解决机制程序时应遵循的程序；且

（b）进行替代争端解决机制程序的人员；且

（c）替代争端解决机制结束时应遵循的程序。

（3）第（2）款不限制第（1）款。

（4）庭长或副庭长可随时更改或撤销第（1）款下的指示。

（5）一个人无权进行替代争端解决机制，除非该人符合下列条件：

（a）成员；或

(b) 登记官；或

(c) 根据登记官和澳大利亚联邦法院的首席执行官及首席登记官作出的安排，可提供服务以进行该程序的人；或

(d) 根据第169G条聘用的人员。

第169C条　关于判决条款等的协议

(1) 如果：

(a) 在本分部的替代争端解决机制中，当事方或其代表就法庭裁决的条件达成协议：

(ⅰ) 在诉讼中；或

(ⅱ) 与诉讼的一部分有关；或

(ⅲ) 与该程序所产生的事项有关；

这对双方均可接受；且

(b) 将协议条款简化为书面形式，由各当事方或其代表签署并送交法庭；且

(c) 在交付法庭后7日内，没有任何一方以书面方式通知法庭其希望退出该协议；且

(d) 法庭确信根据协议条款作出的判决或符合这些条款的判决属于法庭的权力范围；

法庭在认为适当的情况下，可根据第(2)款或第(3)款中与个别案件有关的任何一款采取行动。

(2) 若所达成的协议是就法庭在诉讼过程中所作裁决的条款达成的协议，法庭可在不给予双方陈述其案情机会的情况下，根据该条款作出裁决。

(3) 如果该协议涉及下列事项：

(a) 诉讼程序的一部分；或

(b) 由该程序引起的事项；

法庭可在诉讼程序中作出判决，使协议的条款生效，但只要这些条款仅涉及协议所涉及的部分或事项，则无须给予当事各方陈述其案情的机会。

第169D条　证据不被接受

(1) 在本分部规定的替代争端解决机制中所说的任何内容或所做的任何行为的证据不得作为证据：

（a）在任何法院；或

（b）在由联邦、州或领地法律授权的人面前进行的任何诉讼中听取证据；或

（c）在任何诉讼程序中，由当事方同意授权的人听取证据。

◆ **免责条款**

（2）第（1）款的适用并不妨碍在法庭的诉讼听证会中接受特定的证据，如果各方同意该证据在听证会上被接受。

（3）第（1）款的适用并不妨碍在法庭审理某项程序时，接受下列证据：

（a）根据本分部进行替代争端解决机制的人员所准备的个案评估报告；或

（b）由在本分部下进行替代争端解决机制的人员编写的中立评估报告；

除非诉讼程序的一方在审理前通知法庭，其反对在审理时接受该报告。

第169E条　进行替代争端解决机制的人员作为法庭成员的资格

如果：

（a）本分部就某一诉讼而采用的替代争端解决机制由法庭一名法官进行；且

（b）诉讼一方（反对方）在任何诉讼方有机会陈述其案情之前，通知法庭，反对方反对参与诉讼的法官；

该法官无权成为以诉讼为目的而组成的法庭的法官。

第169F条　电话参与等

在本分部下进行替代争端解决机制的人员可允许某人通过下列方式参与：

（a）电话；或

（b）闭路电视；或

（c）任何其他通信方式。

第169G条　让人员参与替代争端解决机制

（1）登记官可代表联邦聘请人员担任顾问，在本分部进行一种或多种替代争端解决机制。

（2）登记官不得根据第（1）款聘用任何人，除非版权法庭的登记官在考虑该人的资格和经验后，信任该人是根据本分部进行有关替代争端解决机制的合适人选。

第5分部　其他事项

第170条　登记官

（1）版权法庭设有登记官。

（2）版权法庭的登记官应是根据1999年公共服务法聘用的人，或根据1999年公共服务法作出的安排提供服务的人，由部长以书面文件任命为版权法庭的登记官。

◆ **公务员报酬**

（3）根据1973年报酬法庭法，版权法庭的登记官不是公职。

◆ **辞　　职**

（4）版权法庭的登记官可向部长递交书面辞呈，辞去其任命。

◆ **终止任命**

（5）部长可书面签署，终止对版权法庭的登记官的任命。

（6）如版权法庭的登记官不再根据1999年公共服务法受聘，或不再根据1999年公共服务法的安排提供服务，则版权法庭的登记官的任命即告终止。

◆ **代理任命**

（7）庭长可任命根据1999年公务员法聘用的人员，或根据该法作出的安排提供服务的人员担任版权法庭的登记官：

（a）在版权法庭的登记官出现空缺期间（无论是否以前曾经对该职位作出任命）；或

（b）在版权法庭的登记官缺勤或离开澳大利亚，或因任何原因不能履行该职位职责的任何期间或所有期间。

注：关于适用于临时任命的规则，参见1901年法律解释法第33A条。

第170A条　法庭的其他工作人员

协助法庭所需的任何工作人员必须是根据1999年公共服务法聘用的人员，或根据该公共服务法作出的安排提供服务的人员。

第171条　保护与法庭诉讼有关的人

（1）法官在履行法官职责时享有与高等法院法官相同的保护和豁免。

（1A）替代争端解决从业人员在履行其根据本法作为替代争端解决从业

人员的职责时，享有与高等法院法官相同的保护和豁免。

（1B）版权法庭的登记官根据第167条、第174条或第175条履行其作为版权法庭的登记官的职责时，享有与高等法院法官相同的保护和豁免。

（2）代表当事人在法庭出庭的高级律师、初级律师或其他人员，享有与在高等法院诉讼中代表当事人出庭的高级律师相同的保护及豁免。

（3）作为证人被传唤到法庭的人，除本法规定的处罚外，在任何民事或刑事诉讼中，作为高等法院诉讼中的证人，应受同样的保护，并承担同样的责任。

（4）在本条中：

替代争端解决从业人员，指根据第4A分部执行替代争端解决机制的人员。

第172条　证人的罪行

◆ 未到庭

（1）任何人如有下列行为即属犯罪：

（a）该人已被传召以证人身份到法庭出庭；且

（b）已向该人支付一笔款项，金额最少等于该人在作为证人出庭时可合理预期导致的开支；且

（c）该人没有遵从传票出庭。

处罚：监禁6个月或30个罚金单位的罚金，或两者并处。

◆ 未出示被传唤的文件或物品

（2）任何人如有下列行为即属犯罪：

（a）该人已被传召向法庭出示文件或物品；且

（b）已向该人支付最少等于该人在合理预期下因出示该文件或物品而需要的开支款项；且

（c）该人未能出示该文件或物品。

处罚：监禁6个月或30个罚金单位的罚金，或两者并处。

◆ 拒绝宣誓或确认

（3）任何人如有下列行为即属犯罪：

（a）该人在法庭出庭；且

（b）拒绝宣誓或确认。

处罚：监禁6个月或30个罚金单位的罚金，或两者并处。

♦ **拒绝按要求回答问题或出示文件**

（4）任何人如有下列行为即属犯罪：

（a）该人在法庭上出庭；且

（b）法庭要求该人回答问题或出示文件或物品；且

（c）该人拒绝回答该问题或出示该文件或物品。

处罚：监禁6个月或30个罚金单位的罚金，或两者并处。

♦ **合理辩解的一般抗辩**

（5）如该人有合理辩解，则第（1）款、第（2）款、第（3）款或第（4）款不适用。

注：被告对第（5）款的事项负有举证责任，参见刑法典第13.3条第（3）款。

第173条　与法庭有关的罪行

♦ **侮辱法官**

（1）任何人如有下列行为即属犯罪：

（a）该人做出行为；且

（b）该人的行为侮辱或干扰了法官行使其作为法官的权力或职能。

处罚：监禁6个月或30个罚金单位的罚金，或两者并处。

♦ **中断法庭的诉讼程序**

（2）任何人如有下列行为即属犯罪：

（a）该人做出行为；且

（b）该人的行为中断法庭的诉讼程序。

处罚：监禁6个月或30个罚金单位的罚金，或两者并处。

♦ **使用侮辱性语言**

（3）任何人如有下列行为即属犯罪：

（a）对另一人使用侮辱性语言；且

（b）该另一人是法官。

处罚：监禁6个月或30个罚金单位的罚金，或两者并处。

♦ **制造骚乱**

（4）任何人如有下列行为即属犯罪：

（a）该人从事行为；且

（b）该人的行为在法庭所在的地方或其附近造成骚乱。

处罚：监禁6个月或30个罚金单位的罚金，或两者并处。

◆ **参与制造或持续骚乱**

（5）任何人如有下列行为即属犯罪：

（a）参与制造或持续骚乱；且

（b）该骚乱发生在法庭所在的地方或其附近。

处罚：监禁6个月或30个罚金单位的罚金，或两者并处。

◆ **违反限制公布证据的指示**

（6）任何人如有下列行为即属犯罪：

（a）该人做出行为；且

（b）该行为违反法庭根据第163条第（2）款（b）项发出的指示。

处罚：监禁6个月或30个罚金单位的罚金，或两者并处。

◆ **藐视法庭罪**

（7）任何人如有下列行为即属犯罪：

（a）该人做出行为；且

（b）如法庭属于记录法庭，该人的行为会构成藐视该法庭。

处罚：监禁6个月或30个罚金单位的罚金，或两者并处。

◆ **做出行为的含义**

（8）在本条中，做出行为指：

（a）实施某项行为；或

（b）不实施某项行为。

第174条　诉讼费用

（1）法庭可裁决任何一方之前产生的任何诉讼程序的全部费用或部分费用，由任何其他一方负担，并可就这些费用的数额进行征收或结算，或指明应以何种方式征收。

（1A）在根据第（1）款对任何一方在法庭进行的诉讼程序的费用或部分费用进行征收或结算时，如果诉讼是在澳大利亚联邦法院进行的，而且费用是根据澳大利亚联邦法院规则征收的，则法庭或对这些费用进行征收或结算的人（视情况而定）只允许根据法庭或个人的意见征收这么多的费用。

（2）法庭指示支付给一方的费用可由该方在任何有管辖权的法院追讨。

（2A）在法院根据第（2）款为收回法庭指示支付给当事方的费用而进行的任何诉讼中，由版权法庭的登记官签署的法院证明，其中说明费用已经征收或费用数额已经结算，并列出如此征收或结算的费用数额，是法院证明中所述事项的初步证据。

第 175 条　法庭判决的证明

在不影响法庭判决的任何其他法律证明方法的情况下，在任何诉讼程序中，声称为该判决的副本并经版权法庭的登记官证明为该判决真实副本的文件即为该判决的证据。

第 7 部分　官　　方

第 1 分部　官方版权

第 176 条　在官方指导下创作的原创作品的版权

（1）除本条外，如果由联邦或州制作或在其指导或控制下的原创文学、戏剧、音乐或艺术作品无版权，则凭借本条而获得版权。

（2）除本部分和第 10 部分另有规定外，联邦或州是在其（视情况而定）制作、指导或控制的原创文学、戏剧、音乐或艺术作品的版权人。

第 177 条　在官方的指导下首次在澳大利亚出版的原创作品的版权

根据本部分和第 10 部分的规定，如果最初由联邦或州（视情况而定）出版，或在联邦或州（视情况而定）的指导或控制下出版，则联邦或州是首次在澳大利亚出版的原创文学、戏剧、音乐或艺术作品的版权人。

第 178 条　在官方指导下制作的录音和电影的版权

（1）除本条外，如果联邦或州制作的或在其指导下制作的录音或电影胶片无版权，则凭借本条而获得版权。

（2）联邦或州在本部分和第 10 部分的规定下，是联邦或州制作、指导或控制的录音或电影胶片的版权人。

第 179 条　关于版权所有权的规定可以通过协议进行修改

前三条的效力取决于联邦或州与作品作者或与录音或电影胶片制作者（视情况而定）达成的任何协议，其中商定作品、录音或电影胶片的版权归属于作者或制作者，或归属于协议中规定的另一人。

第 180 条　原创作品、录音和电影的官方版权期限

受版权保护材料的版权在其制作之日起的 50 年内有效，如果：

（a）该材料是作品、录音或电影胶片；且

（b）联邦或州：

（ⅰ）是版权材料所有人；或

（ⅱ）如无第 179 条所适用的协议，成为所有人；

则是版权材料所有人。

第 182 条　第 3 部分及第 4 部分对凭借本部分而存在的版权的适用

（1）第 3 部分（该部分有关版权的存续、存续期或所有权的条文除外）适用于凭借本部分而存在于文学、戏剧、音乐或艺术作品中的版权，其适用方式与该部分适用于凭借该部分而存在于该作品中的版权的方式相同。

（2）第 4 部分（该部分有关版权的存续、存续期或所有权的条文除外）适用于凭借本部分而存在于录音或电影胶片中的版权，其适用方式与适用于凭借该部分而存在于该录音或电影胶片中的版权的方式相同。

第 182A 条　法律文书和判决等的版权

（1）法定作品的版权，包括官方在版权性质上的任何特权，不会因由代表某人为某一特定目的复制该作品的全部或部分的复制件而受到侵犯。

（2）第（1）款不适用于制作和提供该作品的全部或部分复制件而收取费用的情况，除非该费用不超过制作和提供该复制件的费用。

（3）在第（1）款中，法定作品，指：

（a）联邦法案或州法案、州立法机关的法令或根据联邦法案、州法案或此类法令制定的文书（包括条例或规则、规章或细则）；

（b）联邦法院或州或领地法院作出的判决、指令或裁决；

（c）根据联邦、州或领地的法或其他法令成立的法庭（非法院）作出的判决或裁决；

（d）本款（b）项所提述的法院或（c）项所提述的法庭作出判决的理由，由该法院或该法庭提供；或

（e）本款（b）项所述法院的大法官、裁判员或法庭其他人员，或（c）

项所述法庭的法官，就其作为独任法官或者该法院或法庭的唯一成员或其中一名成员作出的判决所给出的理由。

第2分部　使用官方版权保护的材料

第182B条　解　　释

(1) 除第(2)款另有规定外，在本分部中：

集体管理组织，指根据第153F条声明有效的公司。

受版权保护的材料指：

(a) 作品；或

(b) 作品的出版版本；或

(c) 录音；或

(d) 电影胶片；或

(e) 电视或广播；或

(f) 包含在录音、电影胶片、电视或广播中的作品。

政府，指联邦或州。

注：州包括澳大利亚首都领地和北部领地，参见第10条第(3)款(n)项。

政府文本，指根据第183条第(1)款以实质形式复制受版权保护的材料。

(2) 第(1)款中对作品的提及，不包括对由计算机程序或计算机程序汇编组成的文学作品的提及。

第182C条　相关集体管理组织

如根据第6部分第3分部，有关公司已声明为本分部的集体管理组织，则该公司是政府文本的相关集体管理组织：

(a) 所有政府文本；或

(b) 一类政府文本，包括第一次提到的政府文本。

第183条　使用为官方服务的受版权保护的材料

(1) 文学、戏剧、音乐或艺术作品或此类作品的出版版本，或录音、电影胶片、电视广播或声音广播的版权不受联邦或州的侵犯，也不受联邦或州书面授权的人的侵犯，如果行为是为了联邦或州的服务而进行的，则进行版权中包含的任何行为。

（2）凡联邦政府与其他国家的政府订立协议或安排，向该国供应该国国防所需的物品：

（a）根据该协议或安排作出与供应该等货物有关的任何行为；且

（b）向任何人出售协议或安排中不需要的货物；

就上一款而言，应视为为联邦服务。

（3）根据第（1）款，授权可在授权所涉及的行为完成之前或之后授予，也可授予任何人，尽管他或她已获得版权人授予的或对版权人具有约束力的许可证来执行这些行为。

（4）如果版权中的行为已根据第（1）款做出，除非联邦或州认为这样做会违反公共利益，否则联邦或州应尽快按照规定通知版权人，并应向其提供其随时合理要求的与行为相关的信息。

（5）如果版权中的行为已根据第（1）款做出，则做出该行为的条款指在该行为做出之前或之后，由联邦或州与版权人商定的条款，或在未达成协议的情况下，由版权法庭确定的条款。

（6）根据第（1）款规定，协议或许可（无论是在本法生效之前或之后制定或授予的）固定了除联邦或州以外的人可以实施版权所包含的行为的条款，在本法生效之后，该协议或许可对于这些行为的实施不起作用，除非该协议或许可证已由下列人员批准：

（a）就联邦而言，为部长；或

（b）如果是国家，则为负责版权的国家部长。

（7）如果出售一件物品，而该项出售根据第（1）款并不侵犯版权，则该物品的购买者和通过其提出索赔的人有权处理该物品，如同该联邦或州是该版权的所有者一样。

（8）根据第（1）款做出的行为不构成作品或其他客体的出版，在适用本法任何与版权期限有关的条款时，不得考虑该行为。

（9）凡独占许可就任何版权而有效，则本条前述各款具有效力，犹如在前述各款中凡提述版权人，即提述独占被许可人一样。

（11）就本条而言，为澳大利亚联邦、州、首都领地或北部领地的教育机构或受其控制的教育机构的教育目的而复制或传播作品或其他客体的全部或部分，应被视为不是为提供服务而做出的行为。

第183A条　为政府服务而复制的特别安排

（1）如果就本条而言，某公司是与政府文本相关的集体管理组织，且该公司并未停止作为该集体管理组织的运营，则第183条第（4）款和第（5）款不适用于政府文本（无论何时制作）。

（2）如果第183条第（5）款不适用于在特定时期内为政府服务而制作的政府文本，则政府必须就这些文本（被排除在外的文本除外）向相关集体管理组织支付在该时期内使用下列方法计算的合理报酬：

（a）经集体管理组织和政府同意；或

（b）如法庭没有根据第153K条裁定协议。

（3）在一段时期内，就政府文本（被排除在外的文本除外）向集体管理组织支付的合理报酬的计算方法必须：

（a）考虑该时期内相关集体管理组织为政府服务而制作的复制件的估计数量；且

（b）为（a）项的目的，指明用于估计份数的抽样系统。

（4）计算应支付的合理报酬的方法可规定对不同种类或类别的政府文本的不同处理。

（5）第（3）款和第（4）款适用，无论该方法是由集体管理组织和政府商定的，还是由法庭判决的。

（6）在本条中：

被排除在外的文本，指有关政府认为披露有关文本制作的信息会违反公众利益。

第183B条　支付和收回政府文本应支付的合理报酬

（1）根据第183A条第（2）款支付给集体管理组织的合理报酬必须：

（a）按照集体管理组织和政府商定的方式和时间支付；或

（b）如法庭已根据第153K条第（3）款作出判决，指明如何以及何时付款，以该判决所指明的方式和时间付款。

（2）如果没有按照协议或法庭的判决支付合理报酬，集体管理组织可以在有管辖权的法院将报酬作为欠该组织的债务收回。

第 183C 条 集体管理组织进行采样的权力

（1）如果为政府服务而制作的政府文本根据第 183A 条第（2）款计算应支付的合理报酬的方法已由政府和相关集体管理组织商定，或已由法庭确定，则本条适用。

（2）集体管理组织可向政府发出书面通知，表示该组织希望在指定期间内在政府指定场所按照该方法进行采样。指定期限不得早于发出通知之日后 7 日。

（3）政府可基于合理理由，就在通知所指明的期间内或在通知所指明的处所进行抽样的建议，向集体管理组织提出书面反对。如果政府这样做，反对通知必须提出可进行取样的替代期间或替代场所（视情况而定）。

（4）如果政府向集体管理组织提出异议，除非异议被撤回，否则不得在异议所涉期间或在异议所涉场所进行抽样。

（5）若政府在指明期间之前或期间内没有提出反对，或已撤回其提出的任何反对，则获该组织书面授权的人可在该期间，进入通知所指明的处所，并在正常工作日按照抽样方式进行抽样。

（6）政府必须采取合理措施，确保在该处所的人员获得进行采样所需的一切合理和必要的设施和协助。

第 183D 条 集体管理组织的年度报告和账目

（1）在每个财政年度结束后，在该年度的任何部分作为集体管理组织的公司必须尽快编制一份报告，说明其在该年度作为集体管理组织的运营情况，并向部长发送一份报告复制件。

（2）集体管理组织必须保留正确记录和解释组织交易（包括作为受托人的任何交易）和组织财务状况的会计记录。

（3）会计记录的保存方式必须确保能够随时编制真实、公平的社会账目，并方便、适当地进行审计。

（4）在每个财政年度结束后，在该年度的任何部分作为集体管理组织的公司必须在切实可行的范围内尽快：

（a）由非组织成员的审计员审计其账目；且

（b）向部长提供一份审计账目和审计报告的副本。

（5）部长必须在收到第（1）款或第（4）款（b）项规定的文件后的 15

个工作日内，将该文件的副本提交议会各院。

（6）集体管理组织必须向其成员提供下列文件的合理使用权：

（a）其根据本条编制的所有报告和审计账目；且

（b）所有审计员关于账目审计的报告。

（7）本条不影响集体管理组织根据其成立所依据的法律所承担的与编制和提交年度申报表或账目有关的任何义务。

第 183E 条　更改集体管理组织的规则

如果集体管理组织修改其规则，则必须在修改之日起 21 日内向部长和法庭提供一份修改后的规则文本，以及修改的结果和原因说明。

第 183F 条　向法庭申请审查分配安排

（1）集体管理组织或集体管理组织成员可向版权法庭申请，复核集体管理组织就其在某段期间内所收取的款项的分配而采纳或拟采纳的安排。

（2）如法庭根据第 153KA 条作出判决，更改该项安排或以另一项安排取代该项安排，则反映法庭判决的安排具有效力，就像该项安排是按照该组织的规则采纳的一样，但并不影响在该项判决作出前开始的分配。

第 8 部分　本法实施的扩展或限制

第 1 分部　国　　外

第 184 条　本法对澳大利亚以外国家的适用

（1）根据本条的规定，条例可通过下列一种或多种方式，对条例中规定的国家（澳大利亚除外）适用本法的任何规定（第 11A 部分的规定除外）：

（a）使这些规定适用于在该国首次出版的文学、戏剧、音乐或艺术作品或客体，或在该国制作、首次出版的录音或电影胶片，其适用方式与这些规定适用于在澳大利亚首次出版的文学、戏剧、音乐或艺术作品或客体的方式相同，或首次制作或出版的录音或电影胶片；

（b）因此，这些规定适用于位于该国的建筑物或附属于该国的建筑物或构成该国建筑物一部分的艺术作品，其适用方式与这些规定适用于位于澳大利亚的建筑物或附属于澳大利亚的建筑物或构成澳大利亚建筑物一部分的艺术作品的适用方式相同；

（c）使这些规定适用于在关键时刻是该国公民或国民的人，其适用方式与这些规定适用于在该时刻是澳大利亚公民的人的方式相同；

（d）因此，这些规定适用于在关键时刻居住在该国的人员，其适用方式与这些规定适用于在该时刻居住在澳大利亚的人员的方式相同；

（e）使这些规定适用于根据该国法律成立的组织，其适用方式与这些规定适用于根据澳大利亚联邦或州法律成立的团体的方式相同；

（f）因此，这些规定适用于根据该国法律有权进行该等广播的人员在该国某地进行的电视广播和声音广播，其方式与这些规定适用于澳大利亚广播公司、特别广播服务公司、澳大利亚通信和媒体管理局根据1992年广播服务法分配的许可证所有人或根据该法确定的类别许可证授权进行广播的人员在澳大利亚进行的电视广播和声音广播的方式相同。

（2）根据上一款，将本法的某项规定适用于澳大利亚以外的国家的条例：

（a）可毫无例外地适用该规定，或在符合条例规定的例外或修改的情况下适用该规定；且

（b）可一般地或就条例所指明的作品或其他客体类别，或其他类别的个案，适用该条文。

（3）在总督为第（1）款的目的制定一项条例，将本法的规定适用于澳大利亚以外的国家之前：

（a）该国家必须是一项国际条约的缔约方，该国际条约与本法的规定有关，由本项规定的条例规定；或

（b）部长必须确信，根据国家法律，已经或将要对本法下与本法规定相关的作品或其他客体类别的版权人提供充分的保护。

（4）其中：

（a）未出版作品的作者身份不明，但有合理理由相信该作品的作者在作品制作时或作品制作期间的大部分时间是澳大利亚以外国家的公民或国民；且

（b）根据该国法律，授权某人代表作者，或保护和行使作者与该作品有关的权利；且

（c）适用本法任何规定的条例对该国公民或国民的作品作出规定；

就适用的条款而言，该人应被视为该作品的作者。

第 185 条　拒绝给予澳大利亚作品充分保护的国家公民的版权

（2）在遵守第（3）款的前提下，条例可以规定，无论是一般情况还是在条例中规定的各类情况下，如果在条例中规定的日期（可能是条例生效前或本法生效前的日期）后首次发表的作品，在这些作品首次发表时，作品的作者曾经是或仍然是下列主体，则本法规定的版权不存在。

（a）条例中规定的国家的公民或国民，不是当时居住在澳大利亚的人；或

（b）如果作品是录音或电影胶片，则根据条例中规定的国家法律成立的机构。

（3）在总督为第（2）款的目的就某个国家制定法规之前：

（a）部长必须确信该国家的法律：

（ⅰ）未对澳大利亚作品提供充分保护；或

（ⅱ）未对此类作品的一个或多个类别提供充分保护；（缺乏保护是否与作品的性质或作者的国籍、公民身份或居住国有关，或与所有这些事项均有关）；且

（b）部长必须考虑缺乏保护的性质和程度。

（4）在本条中：

澳大利亚作品，指在作品制作时，其作者是本法相关条款规定的符合资格的人员。

作者，就录音或电影胶片而言，指录音或电影胶片的制作者。

本法的相关规定指：

（a）就文学、戏剧、音乐或艺术作品而言，指第 32 条；

（b）就录音或电影胶片而言，指第 4 部分。

作品，指文学、戏剧、音乐或艺术作品、录音或电影胶片。

第 2 分部　国际组织

第 186 条　本法对国际组织的适用

（1）除第（1A）款另有规定外，条例可宣布一个组织：

（a）其中 2 个或多个国家或 2 个或多个国家的政府为成员；或

（b）由代表 2 个或多个国家或代表 2 个或多个国家政府的人员组成；

成为本法适用的国际组织。

(1A) 在总督为第 (1) 款的目的就某一组织制定条例之前，部长必须确信本法适用于该组织是可取的。

(2) 本法适用的国际组织，在其他方面不具备法人组织的法律行为能力，或在某些重要时间不具备法人组织的法律行为能力，且在所有重要时间均应被视为具有法人组织的法律行为能力，处理和执行版权，以及所有与版权相关的法律程序。

第 187 条　国际组织制作或首次出版的原创作品

(1) 如果原创文学、戏剧、音乐或艺术作品由本法适用的国际组织制作，或在本法适用的国际组织的指导或控制下制作，在下列情况中，除本款外，版权不会存在于作品中：

(a) 版权存在于作品中；且

(c) 除第 5 部分另有规定外，该组织是该版权的所有人。

(2) 如果原创文学、戏剧、音乐或艺术作品由本法适用的国际组织首次出版，或在其指导或控制下出版，在下列情况中，除本款外，在作品首次出版后，其版权不会立即存在于该作品中：

(a) 版权存在于作品中，或者如果作品的版权在其首次出版之前即存在，则继续存在于作品中；且

(c) 除第 5 部分另有规定外，该组织是该版权的所有人。

(3) 第 3 部分（该部分有关版权的存续、存续期或所有权的条文除外）适用于依据本条而存在的版权，其适用方式与该部分适用于依据该部分而存在的版权的方式相同。

(4) 本条的效力受第 188A 条的约束。

第 188 条　国际组织制作或首次出版的除原创作品以外的客体

(1) 如果录音或电影胶片由本法适用的国际组织制作，或在本法适用的国际组织的指导或控制下制作，在下列情况中，除本款外，版权不会存在于录音或电影胶片中：

(a) 版权存在于录音或电影胶片中；且

(c) 除第 5 部分另有规定外，该组织是该版权的所有人。

(2) 如果本法适用的国际组织首次出版的录音或电影胶片，或在其指导

或控制下首次出版录音或电影胶片，除本款外，在该录音或电影胶片首次出版后，其版权不会立即存在于该录音或电影胶片中：

（a）版权存在于该录音或电影胶片中，或者如果该录音或电影胶片的版权在其首次出版之前即存在，则继续存在于该录音或电影胶片中；且

（c）除第5部分另有规定外，该组织是该版权的所有人。

（3）凡文学、戏剧、音乐或艺术作品的某一版本或2部和2部以上的文学、戏剧、音乐或艺术作品的某一版本（复制相同作品或作品的前一版本的版本除外）由本法适用的国际组织出版或在其指导或控制下出版，在下列情况中，除本款外，在版本首次出版后，版权不会立即存在于版本中：

（a）版权存在于版本中；且

（c）除第5部分另有规定外，该组织是该版权的所有人。

（4）第4部分（该部分有关版权的存续、存续期或所有权的条文除外）适用于依据本条而存在的版权，其适用方式与该部分适用于依据该部分而存在的版权的方式相同。

（5）本条的效力受第188A条的约束。

第188A条　国际组织版权的期限

（1）本条适用于根据第187条或第188条存在于受版权保护材料中的版权。

♦ 2019年1月1日前首次公开的受版权保护材料

（2）根据第（4）款的规定，如果该材料在2019年1月1日前首次公开，则版权继续存在，直至受版权保护材料首次公开日历年后70年。

♦ 受版权保护材料从未公开，且在2019年1月1日或之后首次公开的材料

（3）如果受版权保护材料在2019年1月1日之前未首次公开，则根据第（4）款，下表具有效力。

2019年1月1日之前未首次公开的受版权保护材料的期限		
项目	第1栏：如果……	第2栏：如果版权继续存在，直到……
1	受版权保护材料首先在制作该材料的日历年结束后50年内公布	受版权保护材料首次公开后的70年
2	项目1不适用	受版权保护材料首次完成后的70年

◆ 版　　本

（4）如果受版权保护材料是第 188 条第（3）款适用的版本，则版权持续存在，直至该版本首次公开之日后 25 年。

第 9 部分　文学、戏剧、音乐或艺术作品及电影胶片的作者或表演者的精神权利

第 1 分部　序　　言

第 189 条　解　　释

在本部分中，除非出现相反的情况：

错误归属行为指：

（a）就作者的精神权利而言，具有第 195AC 条第（2）款给出的含义；

（b）就表演者的精神权利而言，具有第 195AHA 条第（2）款赋予的含义。

艺术作品，指有版权的艺术作品。

可归属行为指：

（a）就作者的精神权利而言，具有第 193 条第（2）款赋予的含义；

（b）就表演者的精神权利而言，具有第 195ABA 条第（2）款赋予的含义。

归属者指：

（a）就作者的精神权利而言，具有第 195AC 条第（2）款赋予的含义；

（b）就表演者的精神权利而言，具有第 195AHA 条第（2）款赋予的含义。

作者，就电影而言，指电影的制作者。

电影胶片，指有版权的电影胶片的完整和最终版本。

复制记录，指某记录体现了：

（a）记录的表演；或

（b）记录的表演的实质部分；

直接或间接从演出的原始记录中衍生出来的记录。

交易，指出售、出租、通过为出售或出租目的贸易要约、公开展览或分发，在第 3 分部和第 3A 分部中，包括出版。

贬损处理指：

(a) 就作者的精神权利而言，具有第4分部所赋予的相关含义；且

(b) 关于表演者的精神权利，具有第195ALB条给出的含义。

导演，就电影而言，具有受第191条影响的含义。

戏剧作品，指版权存续的戏剧作品。

侵权物品指：

(a) 就作者的精神权利而言；或

(ⅰ) 体现文学、戏剧、音乐或艺术作品或电影胶片的物品，无论该物品是否载有或包含其他材料；或

(ⅱ) 文学、戏剧或音乐作品的复制件或改编品；或

(ⅲ) 艺术作品的复制件；或

(ⅳ) 电影胶片的复制件；

作者的精神权利受到侵犯的作品或影片，但不涉及对该作品或影片进行实质性歪曲、修改或毁损的贬损处理除外；且

(b) 关于现场表演中表演者的精神权利：

(ⅰ) 现场表演的复制记录，复制记录的制作侵犯了表演者的表演归属权；或

(ⅱ) 包含现场表演的记录，其中在记录上插入或粘贴了某人的姓名，并且插入或粘贴侵犯了表演者不被错误归属于表演的权利；或

(ⅲ) 包含现场表演的记录，其中该记录还包含声音，其制作侵犯了表演者不被错误地归属于表演的权利；或

(ⅳ) 包含现场表演的记录，即受贬损处理影响的现场表演，该贬损待遇侵犯了表演者的表演完整权；且

(c) 关于录制表演中表演者的精神权利：

(ⅰ) 录制表演的复制记录，复制记录的制作侵犯了表演者的表演归属权；或

(ⅱ) 包含已录制表演的记录，其中在记录上插入或粘贴某人的姓名，且插入或粘贴侵犯了表演者不被错误归因于表演的权利；或

(ⅲ) 记录表演的复制件记录，如果将该复制件作为未经更改的记录表演的复制件进行处理侵犯了表演者不被错误归属于表演的权利；或

(ⅳ) 包含已录制表演的记录，该记录包含贬损处理，侵犯了表演者的完整权。

文学作品，指有版权的文学作品。

制作者，就电影而言，指电影的导演、制片人和编剧。

精神权利：

（a）就作者而言指：

（ⅰ）作者身份归属权；或

（ⅱ）不被错误地归属于作者身份的权利；或

（ⅲ）作者身份完整的权利；且

（b）就表演者而言指：

（ⅰ）表演者身份的归属权；或

（ⅱ）不被错误地归属于表演的权利；或

（ⅲ）表演完整权。

音乐作品，指具有版权的音乐作品。

在第3分部和3A分部中，姓名包括笔名、首字母缩写或花押字。

原始唱片，指现场演出录音后制作的唱片。

注：电影的音轨被视为不是声音录制，参见第23条。

表演，指第9A部分含义范围内的表演，只要表演包含声音。

表演中的表演者指：

（a）指对表演声音作出贡献的每个人；且

（b）对于在澳大利亚境外进行的演出，不包括演出时不符合资格的人员。

注：另见第191B条，该条涉及音乐表演的指挥。

表演资格，指作为表演者或其中一名表演者参与表演。

代表作者的人，与可能侵犯作者的任何精神权利有关的作品，根据第195AN条第（1）款或第（2）款有权行使和执行相关精神权利的人。

代表表演者的人，指根据第195ANB条第（1）款或第（2）款有权行使和执行表演者精神权利的人。

制片方，就电影胶片而言，具有第191条赋予的定义。

符合资格人员的含义与第ⅨA部分中的含义相同。

录制演出，指包含在唱片中可以构成录音的表演。

体现表演的记录指：

（a）表演的原始记录；或

（b）表演的副本记录。

表演者身份不被错误归属的权利，具有第3A分部赋予的含义。

作者归属权，具有第 2 分部赋予的含义。

表演者身份的归属权，具有第 2A 分部赋予的含义。

作品作者的身份完整权，具有第 4 分部赋予的含义。

表演者的表演完整权利，具有第 4A 分部赋予的含义。

不将作者身份错误归属的权利，具有第 3 分部赋予的含义。

编剧，就电影而言，指编写电影剧本或剧本的人，其定义受第 191 条的影响。

录音，指在之上存在版权的录音。

舞台表演，就现场表演而言，具有第 191A 条赋予的含义。

作品，指文学、戏剧、音乐、艺术作品或电影胶片。

第 190 条　赋予个人的精神权利

只有个人才有精神权利。

第 191 条　电影胶片导演、制片人和编剧

(1) 在本分部中，凡涉及 2 名或 2 名以上电影导演，即该电影的主要导演，而不包括任何附属导演，无论该附属导演是否被描述为副导演、执行导演、助理导演或任何其他方式。

(2) 在本分部中，凡电影制片人，是指：

(a) 曾是电影制片人的个人；或

(b) 若有 2 名或 2 名以上人员参与该影片的制作，则指该影片的主要制片人；

且不包括提及任何附属制作人，无论其被描述为行政制作人、副制作人、执行制作人、助理制作人还是以任何其他方式被描述。

(3) 由于只有个人才有精神权利（参见第 190 条），如果电影制片人是法人组织，那么与电影有关的唯一精神权利就是导演和编剧的精神权利。

(4) 在本分部中，凡提及有 2 名或 2 名以上个人参与剧本或剧本创作的电影的编剧，即指主要编剧。

注：如果一部电影胶片有 2 名或 2 名以上的主要导演，2 名或 2 名以上的主要制片人、2 名或 2 名以上主要编剧，则适用第 195AZJ 条、第 195AZK 条或第 195AZL 条。

第 191A 条　舞台表演

就本部分而言，现场表演由为舞台（包括表演中不包括声音的部分）作

出必要安排的人进行。

第191B条　被视为表演者的指挥家

如果音乐作品的表演是由指挥家指挥的，那么表演的声音将被视为指挥家（以及实际发出这些声音的人）发出的。

注：因此，指挥将被视为表演者之一。然而，请注意，应符合第189条中表演者定义中的有资格的人的要求。

第192条　其他权利之外的权利

（1）作品的作者的精神权利是作者或任何其他人根据本法享有的与作品有关的任何其他权利的补充。

（2）现场表演或录音表演中表演者的精神权利是表演者或任何其他人根据本法享有的与表演有关的任何其他权利的补充。

第2分部　作者身份的归属权

第193条　作者的署名权

（1）作品的作者对作品享有署名权。

（2）如果第194条中提到的任何行为（可归属行为）是与作品相关的，则作者的权利是根据本分部被认定为作品的作者的权利。

第194条　产生作者归属权的行为

（1）如果该作品是文学、戏剧或音乐作品，下列行为为可归属行为：

（a）以物质形式复制该作品；

（b）出版该作品；

（c）公开表演该作品；

（d）向公众传播该作品；

（e）改编该作品。

（2）如果该作品是艺术作品，下列行为为可归属行为：

（a）以物质形式复制该作品；

（b）出版该作品；

（c）向公众表演该作品；

（d）向公众传播该作品。

（3）如果作品是电影，下列行为为可归属行为：

（a）制作电影复制件；

（b）公开放映该电影；

（c）向公众传播该电影。

第195条　作者身份确认的方式

（1）除第（2）款另有规定外，作品的作者可借任何合理的身份确认形式进行确认。

（2）如果：

（a）作品的作者已向一般人，或向根据本部分应识别该作者的人表明，希望以某一特定方式确认其身份；且

（b）在当时情况下以该种方式确认作者的身份是合理的；

则应以该种方式确认作者身份。

第195AA条　明确且合理突出作者的身份证明

作品作者的身份证明必须明确且合理突出。

第195AB条　合理突出的身份证明

当文学、戏剧、音乐或艺术作品以物质形式复制，文学、戏剧或音乐作品改编，或电影胶片以复制件形式复制时，如果作者的身份证明包含在该作品或改编作品的每一个复制件或电影复制件（视情况而定）上，而取得该复制件的人能够注意到作者的身份，则被视为合理突出。

第2A分部　表演者身份的归属权

第195ABA条　表演者的身份归属权

（1）现场表演或录制表演的表演者就其表演有表演者身份归属权。

（2）若第195ABB条提及的任何行为（可归属行为）与表演相关，则表演者的权利是按照本分部被确认为该表演中的表演者的权利。

注：如果一场演出有不止一个表演者，那么每个表演者都有表演身份归属权：参见第195AZQ条第（2）款。

第 195ABB 条　产生表演者身份归属权的行为

（1）现场表演的可归属行为如下：

（a）向公众传播现场表演；

（b）公开进行现场表演。

注：有关舞台表演的含义，参见第 191A 条。

（2）录制表演的可归属行为如下：

（a）制作录制表演的复制件记录；

（b）向公众传播录制表演。

第 195ABC 条　表演者身份证明的方式

（1）除本条另有规定外，表演者可借任何合理的身份确认形式进行确认。

（2）如果：

（a）任何表演者已向一般人或向根据本部分须识别该表演者的人表明，希望以某一特定方式确认其身份；且

（b）在这种情况下以这种方式识别表演者是合理的；

则应以该种方式确认表演者身份。

（3）如果表演是由使用团体名称的表演者表演的，那么使用团体名称的身份证明就是对团体表演者的充分确认。

第 195ABD 条　表演者的身份证明应清晰且合理突出的或可听的

表演者的身份证明必须清楚、合理地突出或合理地可听。

第 195ABE 条　合理突出的身份证明

对录制的表演制作复制件记录时，如果在录制的表演的每个复制件记录上都包括表演者或表演者团体的身份证明，以使获取复制件记录的人获知该表演者或表演者团体的身份，则该身份证明被视为合理突出。

第 3 分部　作品的作者身份不被错误归属的权利

第 195AC 条　作品的作者身份不被错误归属的权利

（1）作品的作者有权不让作品的作者身份被错误归属。

（2）作者的权利是不要求任何人（归属人）就作品做出本条所述的任何行为（错误归属行为）的权利。

第 195AD 条　文学、戏剧或音乐作品作者身份的错误归属行为

如果该作品是文学、戏剧或音乐作品，则下列行为属于与该作品作者有关的错误归属行为：

（a）在该作品或该作品的复制件内插入或粘贴，或授权插入或粘贴他人的姓名，其方式如下：

（ⅰ）错误地暗示该人是该作品的作者或一个作者；或

（ⅱ）错误地暗示该作品是该人作品的改编；或

（b）若归属人知道某人并非该作品的作者，或该作品并非该人作品的改编（视情况而定），而在处理该作品时插入或粘贴该人姓名；或

（c）若归属人知道某人并非该作品的作者，或该作品并非对该人作品的改编（视情况而定），而处理该作品的复制件时，在复制件内插入或粘贴该人的名字；或

（d）若归属人知道某人不是该作品的作者或该作品不是该人作品的改编（视情况而定），而将该作品作为该人的作品或该人作品的改编公开表演或向公众传播。

第 195AE 条　艺术作品作者身份的错误归属行为

（1）本条适用于艺术作品。

（2）下列行为属于与作品的作者有关的错误归属行为：

（a）在该作品或在其复制件内插入或粘贴，或授权插入或粘贴某人的姓名，或在与该作品有关的情况下，或在与该作品的复制件有关的情况下，使用或授权使用某人的姓名，以错误地暗示该人是该作品的作者；或

（b）若归属者知道某人并非该作品的作者，而在处理作品时插入或粘贴该人的姓名；或

（c）若归属人知道某人并非该作品的作者，则处理该作品的复制件时在该复制件内插入或在其上粘贴该人的姓名；或

（d）若归属人知道某人不是该作品的作者，而将该作品署名为该人向公众传播。

第195AF条　电影的作者身份的错误归属行为

（1）本条适用于电影作品。

（2）下列行为属于与该电影的导演、制片人或编剧有关的错误归属行为：

（a）在该电影或该电影的复制件内插入或粘贴，或授权插入或粘贴某人的姓名，其方式可错误地暗示该人是该电影的导演、制片人或编剧（视情况而定）；或

（b）在处理该电影或该电影的复制件时，如某人的姓名已如此插入或粘贴在该电影或该电影的复制件（视情况而定）上，并且该归属人知道该人并非该电影的导演、制片人或编剧（视情况而定）；或

（c）如归属人知道某人并非该电影的导演、制片人或编剧（视情况而定），而将该人当作该电影的导演、制片人或编剧向公众传播。

第195AG条　文学、戏剧、音乐或艺术作品的改编作品的作者身份错误归属行为

（1）如果文学、戏剧、音乐或艺术作品被该作品的作者以外的人改编，则是一个关于作品作者的错误归属行为：

（a）将经改编的作品当作作者未经改编的作品处理；或

（b）将经改编的作品的复制件处理为对作者未经改编的作品的复制件；

对于归属人而言，它不是作者未经改编的作品或其复制件（视情况而定）。

（2）第（1）款不适用于下列情况：

（a）改编的影响是非实质性的；或

（b）改编是根据法律规定作出的，或为避免违反任何法律而必需的。

第195AH条　电影的改编作品的作者身份的错误归属行为

（1）如果该作品是由电影制作人以外的人改编的，则对于导演、制片人和编剧而言，将改编的电影的复制件视为未改编的电影的复制件处理是一种错误的归属行为。前提是，该归属人明知这部电影的复制件不是未改编的电影的复制件。

（2）第（1）款不适用于下列情况：

（a）改编的影响是非实质性的；或

（b）改编是法律规定作出的，或为避免违反任何法律而必需的。

第3A分部　表演者身份不被错误归属的权利

第195AHA条　表演者的身份不被错误归属的权利

（1）在现场表演或录制表演中的表演者有权让其身份不被错误归属。

（2）表演者的权利是要求任何人（归属人）就现场表演或录制表演（视情况而定）不作出第195AHB条和第195AHC条所述的任何作为（错误归属行为）的权利。

注：如果一场演出中有多个表演者，则每个表演者都有权不被错误地认为表演者，参见第195AZQ条第（3）款。

第195AHB条　表演者身份的错误归属行为

◆ 现场表演的错误归属行为

（1）就现场表演而言，舞台表演者或其授权的人在表演前向观众或预期观众错误地陈述或暗示下列事项，即属错误归属作为：

（a）某人是或将是该表演的表演者；或

（b）该表演正由或将由一队特定的团体表演者表演

注：有关舞台表演的定义，参见第191A条。

例1：由X和Y演出的现场表演被归属于A和B。这是一种关于X和Y的错误归属行为。

例2：由X和Y演出的现场表演被归属于X和A。这是一种关于X和Y的错误归属行为（即使在归属时提到了X）。

（2）就现场表演而言，表演的舞台演员或其授权的人在表演过程中向观众错误陈述或错误暗示下列事项，即属错误归属行为：

（a）某人现在是、曾经是或将是该表演的表演者；或

（b）该表演正在、曾经或将由某一队特定团体表演者表演。

（3）就现场表演而言，舞台表演者或其授权的人在表演结束后向观众错误陈述或错误暗示下列事项，即属错误归属行为：

（a）某人是该表演的表演者；或

（b）某一队特定的团体表演者在刚刚的演出中表演。

（4）然而，做出第（1）款、第（2）款或第（3）款所述的行为，只有在公开进行或向公众传播的情况下，才属于错误归属作为。为此，任何未经授权向公众传播的行为都不用在意。

◆ 录制表演中的错误归属行为——个人表演者

（5）对于录制表演，下列行为均为错误归属行为：

（a）在载有该表演的录制品内插入或粘贴，或授权插入或粘贴某人的姓名，而其方式可错误地暗示该人是该表演的表演者；

（b）在下列情况中处理含有表演的录制品：

（ⅰ）某人的姓名已如（a）项所述插入该录制品内或粘贴在该录制品上；且

（ⅱ）归属人知道该人不是表演中的表演者；

（c）如果归属人知道该人不是该表演的表演者，而将该人作为该表演的表演者向公众传播。

◆ 录制表演中的错误归属行为——团体表演者

（6）对于录制表演，下列行为均为错误归属行为：

（a）在载有该表演的录制品内插入或粘贴，或授权插入或粘贴某团体名称，以错误地暗示该团体是该表演的表演者；

（b）在下列情况中处理包含该表演的录制品：

（ⅰ）如（a）项所述，在录制品内插入或在其上粘贴某团体的名称；且

（ⅱ）归属人知道该团体并非表演中的表演者；

（c）如果归属人知道某团体在表演中不是表演者，而将该团体作为表演的表演者向公众传播。

◆ 沉默的表演者

（7）陈述一个表演者默默参与表演，并不是一个表演者身份的错误归属行为。

例如：X和Y一起表演了一场歌舞表演，其中X唱歌，Y默默地跳舞。就本条而言，“表演”只包括X所发出的声音。陈述或暗示Y也是表演者，并不是对表演的错误归属行为。

第195AHC条　录制表演的改编作品的表演者身份的错误归属行为

（1）若该作品是由表演中的表演者以外的人改编的录制表演，且归属人知道该录制演出的复制件不是未改编的录制演出的复制件，则将经如此改编的录制表演的复制件处理为未经改编的录制表演的复制件，即属于错误地将表演者身份归属于该表演者的行为。

（2）第（1）款不适用于下列情况：

（a）改编的影响是非实质性的；或

（b）改编是根据法律规定作出的，或为避免违反任何法律而必需的。

第4分部　作品作者的身份完整权

第195AI条　作品作者的身份完整权

（1）作品的作者就其作品享有作者身份完整的权利。

（2）作者的权利是不使作品受到贬损处理。

第195AJ条　文学、戏剧或音乐作品的贬损处理

在本分部中：

对文学、戏剧或音乐作品的贬损处理指：

（a）做任何与作品有关的事情并导致作品出现实质性扭曲、破坏或者实质性改变，有损于作者的荣誉或声誉；或

（b）与作品相关的任何其他有损作者荣誉或声誉的行为。

第195AK条　艺术作品的贬损处理

在本分部中：

与艺术作品有关的贬损处理指：

（a）做任何与艺术作品相关的行为并导致作品出现实质性歪曲、破坏或实质性改动，损害作者荣誉或声誉的行为；或

（b）作品公开展览的方式或地点有损于作者的荣誉或者声誉。

（c）与作品相关的任何其他有损作者荣誉或声誉的行为。

第195AL条　电影的贬损处理

在本分部中：

与电影胶片有关的贬损处理指：

（a）与电影有关的任何导致电影的实质性扭曲、破坏或者实质性改变的行为，有损于制片人的荣誉或者声誉的行为；或

（b）与电影有关的其他任何有损电影制片人的荣誉或者声誉的行为。

第4A分部　表演者的身份完整权

第195ALA条　表演者的身份完整权

（1）现场演出或录制演出的表演者就其表演享有身份完整权。

（2）表演者的权利是其表演不受到任何贬损处理的权利。

注：如果一场表演中有不止一个表演者，那么每个人都享有完整的表演权，参见第195AZQ条第（4）款。

第195ALB条　表演的贬损处理

在本分部中：

对现场表演或录制表演中的表演者贬损处理，指对表演进行的任何导致表演实质性歪曲、破坏或者实质性改变，损害表演者声誉的行为。

第5分部　精神权利的期限和行使

第A次分部　作者精神权利的期限和行使

第195AM条　作者精神权利的期限

（1）作者对电影胶片的身份完整权继续有效，直至作者死亡。

（2）作者对电影胶片以外的作品的身份完整权继续有效，直至该作品的版权消失。

（3）作者对作品的精神权利（除作者身份完整性权利外）继续有效，直至作品中版权消失。

第195AN条　作者精神权利的行使

（1）如果作品的作者死亡，作者的精神权利（电影胶片作品的作者身份完整权除外）可由其法定代理人行使和执行。

（2）如果作品的作者的事务由另一人合法管理（根据救济法破产或资不抵债的债务人除外），则作者的精神权利可由管理其事务的人行使和执行。

（3）在符合本条规定的情况下，与作品有关的精神权利不得通过转让、遗嘱或法律的实施而转移。

（4）如果：

（a）电影胶片；或

(b) 包含在电影胶片里的文学、戏剧、音乐或艺术作品，有2位及2位以上的作者，则作者们可签订书面合作协议，根据该协议，双方同意不就电影或作品（视情况而定）行使其作者完整性权利，但其他作者共同行使的除外。

(5) 合作协议根据其条款生效。

第B次分部　表演者精神权利的期限和行使

第195ANA条　表演者对录制演出的精神权利的期限

(1) 表演者对其录制演出的表演权持续有效，直至录制演出中的版权消失。

(2) 表演者在录制演出中其身份不被错误归属的权利持续有效，直至录制演出中的版权消失。

(3) 表演者对录制演出享有的表演完整权持续有效，直至其死亡。

第195ANB条　表演者精神权利的行使

(1) 现场演出或者录制演出的表演者死亡的，表演者对该表演的精神权利可以由其法定代理人行使和执行。

(2) 如果现场演出或录制演出的表演者的事务由他人合法管理（根据救济法破产或资不抵债的债务人除外），表演者的精神权利可以由管理其事务的人行使和执行。

(3) 根据本条规定，与现场演出或录制演出有关的精神权利不得通过出让、遗嘱或者法律的实施进行转让。

(4) 如果现场演出或录制演出中有2名或2名以上表演者，则表演者们可以签订书面合作表演协议，根据该协议，表演者们都同意不就其现场演出或录制演出行使其完整的表演权（视情况而定），但其他表演者共同行使的除外。

(5) 合作协议根据其条款生效。

第6分部　侵犯精神权利

第A次分部　侵犯作者精神权利

第195AO条　侵犯作者身份归属权利

根据本次分部规定，行为人在没有根据第2分部确认作者身份的情况下做出或者授权做出与作者有关的归属行为，则其侵犯了作者对其作品的身份归属权。

第 195AP 条　侵犯作者的身份不被错误归属的权利

根据本次分部规定，如果行为人就某作品做出了错误归属行为，则其侵犯作者的身份不被错误归属的权利。

第 195AQ 条　侵犯作者身份完整的权利

（1）本条的效力受本次分部约束。

（2）如果行为人使得或者授权他人使得该作品受到贬损，则其侵犯了作者对作品的身份完整权。

（3）如果文学、戏剧、音乐作品受到第 195AJ 条（a）项所述的贬损处理，行为人对作品进行了下列任何一种"贬损处理"，则侵犯了作者对该作品的身份完整权：

（a）以一种物质形式复制；

（b）出版；

（c）公开表演；

（d）向公众传播；

（e）对其进行改编。

（4）如果艺术作品受到第 195AK 条（a）项所述的贬损处理，行为人对作品进行了下列任何一种"贬损处理"，则侵犯了作者对该作品的身份完整权：

（a）以一种物质形式复制；

（b）首次公开；

（c）向公众传播。

（5）如果电影受到第 195AL 条（a）项所述的贬损处理，行为人对作品进行了下列任何一种贬损处理，则侵犯了作者对该作品的身份完整权：

（a）制作复制件；

（b）公开展示；

（c）向公众传播。

第 195AR 条　如果有合理的理由不指明作者身份，则不侵犯其作者身份归属权

（1）如果一个人证明在所有情况下不指明作者是合理的，那么，就一部作品而言，做出或授权做出归属行为的人不会因为作品作者未被确认而侵犯作者对作品的身份归属权。

（2）在为第（1）款目的而确定在特定情况下不指明文学、戏剧、音乐或艺术作品的作者是否合理时需考虑的事项包括：

（a）作品的性质；

（b）使用作品的目的；

（c）使用作品的方式；

（d）使用作品的背景；

（e）在使用该作品的行业中，与该作品或该作品的使用相关的任何惯例；

（f）在使用该作品的行业中，包含在与该作品或该作品的使用相关的自愿行为守则中的任何惯例；

（g）因确认作者可能会产生的任何困难或费用；

（h）作品在下列情况中是否完成：

（ⅰ）在作者受雇期间；或

（ⅱ）根据作者为他人提供服务的合同。

（i）如果有2名及2名以上的作者，且他们未能确定一致的观点。

（3）在为第（1）款目的而确定在特定情况下不注明电影胶片作品制片人是否合理时需考虑的事项包括：

（a）电影的性质；

（b）制作电影的主要目的是否为在电影院放映、电视广播或其他目的；

（c）电影的用途；

（d）使用电影的方式；

（e）使用电影的背景；

（f）在使用该电影的行业中，与该电影或该电影的使用相关的任何惯例。

（g）在使用该电影的行业中，与该电影或该电影的使用相关的任何自愿行为守则中的任何惯例；

（h）因确认制片人可能会产生的任何困难或费用；

（i）该电影作品是否在雇用导演、制片人或编剧的过程中制作的。

第195AS条　如果贬损处理或其他行为是合理的，则不侵犯作者身份完整权

（1）如果行为人能证明在所有情况下对作品进行贬损处理是合理的，则其对作品的贬损处理或其他行为并不侵犯作者对其作品的身份完整权。

（2）在为第（1）款目的而确定在特定情况下对文学、戏剧、音乐或艺术作品实施贬损处理是否合理时需考虑的事项包括：

（a）作品的性质；

（b）使用作品的目的；

（c）使用作品的方法；

（d）使用作品的背景；

（e）在使用该作品的行业中，与该作品或该作品的使用相关的任何惯例；

（f）在使用该作品的行业中，包含在与该作品或该作品的使用相关的自愿行为守则中的任何惯例；

（g）作品是否在下列情况中作出：

（ⅰ）在作者受雇期间；或

（ⅱ）根据作者为他人提供服务的合同。

（h）该处理是否为法律要求的或者是避免违法所必需的；

（i）如果作品有2名或2名以上的作者——他们对处理的看法。

（3）在为第（1）款的目的而确定在特定情况下对电影胶片实施贬损处理是否合理需考虑的事项包括：

（a）电影的性质；

（b）制作电影的主要目的是否为在电影院放映、电视广播或其他目的；

（c）电影的用途；

（d）使用电影的方式；

（e）使用电影的背景；

（f）在使用该电影的行业中，与该电影或该电影的使用相关的任何惯例。

（g）在使用该电影的行业中，与该电影或该电影的使用相关的任何自愿行为守则中的任何惯例；

（h）该电影受到的贬损处理是否在雇用导演、制片人或编剧制作过程中；

（i）该处理是否为法律要求的，或者是避免违法所必需的。

（4）任何人如就某作品做出第195AQ条第（3）款、第（4）款或第（5）款所提及的任何行为，而该作品曾受到该款所述的贬损处理，如果该人证明在所有情况下作出该行为是合理的，则该人不会因作出该行为而侵犯该作品的作者的身份归属权。

第195AT条　对作品的某些处理不构成对作者身份完整权的侵犯

(1) 如果销毁可移动艺术作品的人给予作者或其代表从作品所在地移走该作品的合理机会，则销毁可移动艺术作品不构成对作者身份完整权的侵犯。

(2) 在下列情况中，建筑物的更改或搬迁、拆除或毁坏不侵犯作者对固定在建筑物上或构成建筑物一部分的艺术作品的作者身份完整权：

(a) 建筑物的所有人经合理查询后，无法查明作者或作者的代理人的身份和其所在地；或

(b) 如果 (a) 项不适用，建筑物所有人就遵守第 (2A) 款更改、搬迁、拆除或毁坏建筑物。

(2A) 建筑物的所有人因建筑物的更改、搬迁、拆除或者毁坏而应遵守本款，如果：

(a) 业主已根据条例或在更改、搬迁、拆除或者毁坏之前，向作者或作者的代理人发出书面通知说明其有意进行更改、搬迁、拆除或破坏；且

(b) 通知注明收到通知的人可以在收到之日起3周之内，为下列任一目的寻求接触该作品：

(i) 对作品进行记录；

(ii) 与业主就更改、搬迁、拆除或毁坏建筑物的相关事项进行真诚协商；且

(c) 该通知载有订明的其他资料及详情；且

(d) 收到通知的人应当在3周内通知所有权人希望为了 (b) 项所提及的两个目的中的一个或两个而获得作品，所有权人给予其在接下来3周内有机会获得此类访问的权限；且

(e) 如果在更改或搬迁的情况下，收到通知的人通知所有者，该人以作品作者的身份要求从作品中移除作者的身份，房屋所有人已遵守该要求。

(3) 在下列情况中，对建筑物的更改、搬迁、拆除或毁坏，并不侵犯作者就该建筑物或就建造该建筑物或该建筑物的一部分所使用的任何计划或指示而享有的作者身份完整权：

(a) 建筑物的拥有人在进行合理的查询后，无法发现作者或代表作者的人，或任何作者或作者的代理人（视情况而定）的身份和其所在地；或

(b) 如果 (a) 项不适用，所有权人就更改、搬迁、拆除或毁坏而遵守第 (3A) 款。

（3A）建筑物的所有人就建筑物的更改、搬迁、拆除或毁坏而遵守本款，如果：

（a）所有人按照条例，在更改、搬迁、拆除或者毁坏前，已经给予作者或者其代表，或者所有权人知道的身份和所在地进行书面通知，表达所有权人进行更改、搬迁、拆除或毁坏的意图；且

（b）该通知表明，收到通知的人可以在收到之日起3周内出于下列目的寻求接触该作品：

（ⅰ）对艺术作品进行记录；

（ⅱ）与业主就更改、搬迁、拆除或毁坏建筑物的相关事项进行真诚协商；且

（c）该通知载有订明的其他资料及详情；且

（d）收到通知的人应当在3周内通知所有权人希望为了（b）项所提及的两个目的中的一个或两个而获得作品，所有权人给予其在接下来3周内有合理的机会获得此类访问权限；且

（e）在更改或搬迁的情况下，收到通知的人通知所有权人要求将作品从建筑物中移走，所有权人已符合要求。

（4）第（2）款、第（2A）款、第（3）款和第（3A）款并不限制第195AG条的实施。

（4A）在下列情况中，一个人（搬迁者）搬迁或重新安置位于公众可以进入的地方并在该地方安装可移动艺术作品，不属于侵犯作者版权的完整性：

（a）经合理查询，无法查明作者或其代表的身份和所在地；或

（b）如果（a）项不适用，则使用第（4B）款关于搬迁或重新安置的规定。

（4B）搬迁者在搬迁或重新安置可移动的艺术作品时遵守本款，如果：

（a）搬迁者已按照条例或在搬迁或重新安置之前，向作者或其代表发出书面通知，说明其搬迁的意图；且

（b）通知指出，收到通知的人可以在收到之日起3周内，出于下列任一目的寻求接触作品：

（ⅰ）对作品进行记录；

（ⅱ）与搬迁人就搬迁或搬迁事项真诚地进行协商；且

（c）该通知载有订明的其他资料及详情；且

（d）如果收到通知的人在（b）项所述的3周内通知搬迁人，该人希望

为该段所述的一个或两个目的获得该作品——搬迁者应给予该人在接下来的3周内有合理的机会获得访问权限；且

(e) 如果收到通知的人通知搬迁者要求将作者身份从作品中移除——搬迁者已遵守该要求。

(5) 为修复或保存作品而善意地所做的任何事情，仅凭该行为，并不侵犯作者对作品的身份完整权。

第195AU条　为销售或其他交易而进口的侵权行为

(1) 如果进口商知道或理应知道，该物品是在澳大利亚制造的，则该物品将是侵权物品，则任何人为交易该物品而将该物品进口到澳大利亚，就侵犯了作者在作品方面的精神权利。

(2) 在第 (1) 款中：

交易，不包括分发，除非分发是以销售为目的的。

第195AV条　销售和其他交易的侵权行为

(1) 任何人在澳大利亚交易某物品，而该人知道或理应知道该物品是侵权物品，或就进口物品而言，假若该物品是在澳大利亚制造的，则该物品是侵权物品，该人侵犯了作者在该作品方面的精神权利。

(2) 在第 (1) 款中：

交易，不包括：

(a) 分发，除非分发是以销售为目的的；或

(b) 以第195AD条第 (b) 项、第195AD条第 (c) 项、第195AE条第 (2) 款 (b) 项、第195AE条第 (2) 款 (c) 项、第195AF条第 (2) 款 (b) 项或第195AG条第 (1) 款和第195AH条第 (1) 款规定的方式进行交易；或

(c) 以属于第195AO条适用的可归属行为的展览或第195AQ条第 (5) 款适用的展览的方式交易。

第195AVA条　需要考虑的事项

在确定某人是否已授权实施侵犯作品精神权利的行为时，必须考虑的事项包括：

(a) 行为人组织实施有关行为的权利范围（如果有）；

（b）行为人与做出有关行为的人之间存在的所有关系的性质；

（c）该人是否采取了任何合理的步骤来防止或避免该行为的发生，包括行为人是否遵守任何相关的行业守则。

第195AVB条　使用某些设施进行通信

仅因另一人使用提供的设施进行通信，或以通信为目的提供便利的人员（包括承运人或运输服务提供商）不被视为授权进行侵犯作品精神权利的行为。

第195AW条　作者同意作为或不作为电影或电影中的作品

（1A）本条适用于符合下列条件的作品：

（a）电影胶片；或

（b）包括在电影作品中的文学、戏剧、音乐或者艺术作品。

（1）如果作为或不作为在作者或其代理人的书面同意范围内，则不侵犯作者的精神权利。

（2）可以就给予同意之前或之后发生的所有或任何的作为或不作为给予同意。

（3）可以就下列情况给予同意：

（a）获得同意时已存在的特定作品；或

（b）具有特定描述的一部或多部作品：

（ⅰ）尚未开始创作的作品；或

（ⅱ）正在制作中的作品。

（4）雇员可以为其雇主的利益就其在受雇期间所做或将要进行的所有作品给予同意。

（5）除非同意书中出现相反的意思表示，否则为与之相关的作品或作品的版权人或潜在所有人的利益而给予的同意被推定为延伸至其权利的被许可人和继承人，以及所有人或潜在所有人授权的任何人，或由该等被许可人或所有权继承人做出版权所包含的作为。

（6）第（2）款至第（5）款不限制第（1）款的实施。

第195AWA条　作者对非电影或包含在电影中的作为或不作为作品的同意

（1）本条适用于文学、戏剧、音乐或艺术作品，但包含在电影胶片中的除外。

（2）如果某作品的作为或不作为在作者或其代表人真正书面同意的范围内，则该作为或不作为不属于侵犯作者在该作品上的精神权利。

（3）除第（4）款另有规定外，除非有下列情况，否则同意不具有任何效力：

（a）就指明的作为或不作为，或指明类别或种类的作为或不作为而言，无论该作为或不作为是在给予同意之前或之后发生的；且

（b）与下列任何一项有关：

（ⅰ）在给予同意时存在的指定作品；或

（ⅱ）尚未开始制作或正在制作的指定作品或特定种类的作品。

（4）雇员可为其雇主的利益，就所有或任何作为或不作为（无论是在给予同意之前还是之后发生的），以及雇员在其受雇过程中所做或将要做的所有作品给予同意。

（5）除非同意书中出现相反的意思表示，否则为与之相关的作品或作品的版权人或潜在所有人的利益而给予的同意被推定为延伸至其权利的被许可人和继承人，以及所有人或潜在所有人授权的任何人，或由该等被许可人或所有权继承人做出版权所包含的作为。

第195AWB条　因胁迫或虚假或误导性陈述而无效的同意

（1）如果任何人在为第195AW条或第195AWA条的目的而给予同意时，对作者或代表作者的人施加胁迫，则该同意不具有任何效力。

（2）如果：

（a）某人向另一人作出陈述；且

（b）该人作出该项陈述时，明知：

（ⅰ）该项陈述在要项上属虚假或具误导性；或

（ⅱ）该陈述遗漏了某一事项或事物，而没有该事项或事物，该陈述在要项上是具有虚假性或误导性的；且

（c）该人作出该项陈述，意图说服另一人为施行第195AW条或第195AWA条而给予或不给予同意；

该同意不具有任何效力。

第195AX条　澳大利亚境外的作为或不作为

就作品而言，在澳大利亚境外的作为或不作为并不侵犯作者的精神权利。

第B次分部　侵犯表演者精神权利

第195AXA条　侵犯表演者身份归属权

除本条另有规定外，任何人如就某一现场表演或录制表演而做出或授权做出可归属的行为，而没有按照第2A分部指明其是该表演的表演者，即属侵犯其就该表演的表演者身份归属权。

第195AXB条　侵犯表演者身份不被错误归属的权利

根据本次分部的规定，如果某人就表演做出错误归属行为，则该人侵犯了表演者身份不被错误归属的权利。

第195AXC条　侵犯表演者身份完整权

（1）本条的效力受本次分部的约束。

（2）任何人如对现场表演或录音表演做出贬损处理，或授权对该表演做出贬损处理，即属侵犯表演者就现场表演或录音表演而享有的表演者身份完整权。

（3）如果受贬损处理影响的现场表演已成为录制的表演，则如果该人就录制的表演做出下列任一行为时，则侵犯了表演者在现场表演的身份完整权：

（a）制作录制的表演的复制件记录；

（b）向公众传播录制的表演；

（c）使录制的表演在公共场合播放。

（4）如录制的表演受到贬损处理，则任何人就录制的表演（受贬损处理影响）做出下列任何一项行为，即属侵犯表演者就录制的表演享有表演者身份完整权：

（a）制作录制的表演的复制件记录；

（b）向公众传播记录的表演；

（c）使录制的表演在公共场合播放。

第195AXD条　如果不注明表演者身份是合理的，则不侵犯表演者身份的归属权

（1）任何人就现场表演或录制表演而做出或授权做出可归属行为，但如该人证明在所有情况下不指认该表演中的表演者是合理的，则其并不因没有指认该表演中的表演者而侵犯其作为该表演的表演者身份归属权。

(2) 为施行第 (1) 款，确定在特定情况下不在现场表演或录音表演中注明表演者是否合理时，应考虑下列事项：

(a) 表演的性质；

(b) 表演的目的；

(c) 使用表演的方式；

(d) 使用表演的背景；

(e) 在使用表演的行业中，与表演或表演使用相关的任何惯例；

(f) 在使用表演的行业中，自愿行为准则中包含的与表演或表演使用相关的任何惯例；

(g) 因识别表演者而产生的任何困难或费用；

(h) 表演者是否在聘用中参与演出。

注：例如，一场表演可能会被用来吸引酒店或餐厅的顾客。

第 195AXE 条　如果贬损处理或其他行为是合理的，则不侵犯表演者身份完整权

(1) 任何人如证明在所有情况下，对现场表演或录制表演进行贬损处理，或授权将现场表演或录制表演进行贬损处理是合理的，则并不侵犯表演者在该表演方面的表演者身份完整权。

(2) 为第 (1) 款的目的，在特定情况下确定对现场表演或记录的表演给予贬损处理是否合理时应考虑的事项包括：

(a) 表演的性质；

(b) 表演的目的；

(c) 使用表演的方式；

(d) 在使用表演的行业中，与表演或表演使用相关的任何惯例；

(e) 在使用表演的行业中，自愿行为准则中包含的与表演或表演使用相关的任何惯例；

(f) 声称受到贬损处理的表演者是否在受雇期间参与演出；

(g) 该处理是法律要求的，还是避免违反任何法律所必需的。

注：例如，一场表演可能会被用来吸引酒店或餐厅的顾客。

(3) 有人：

(a) 就已受到的贬损处理的现场演出做出第 195AXC 条第 (3) 款所述的

行为；或

（b）做出第 195AXC 条第（4）款所提述的作为，涉及一项已受到贬损处理的记录表演；

如果他证明在所有情况下做出该行为是合理的，则其行为不会侵犯其就该表演享有的表演者身份完整权。

第 195AXF 条　为销售或其他交易而进口的侵权行为

（1）任何人为处理某物品而将该物品进口到澳大利亚，而该进口商知道或理应知道，假若该物品是在澳大利亚制造的，则该物品属于侵权物品，该人就该现场表演或录制表演而享有的精神权利即属侵犯。

（2）在第（1）款中：

交易，不包括分发，除非分发是以销售为目的。

第 195AXG 条　销售和其他交易造成的侵权

（1）任何人在澳大利亚处理某物品，而该人知道或理应知道该物品是侵权物品，或就进口物品而言，假若该物品是在澳大利亚制造的，则是侵权物品，该人就现场表演或录制表演而处理该物品，即属侵犯表演者的精神权利。

（2）在第（1）款中：

交易，不包括：

（a）分发，除非分发是以销售为目的；

（b）通过第 195AHB 条第（5）款（b）项或第（6）款（b）项涵盖的交易方式进行交易。

第 195AXH 条　需要考虑的事项

在确定某人是否授权在现场表演或录音表演中做出侵犯精神权利的行为时，必须考虑下列事项：

（a）个人阻止相关行为发生的权利范围（如有）；

（b）该人与做出有关行为的人之间存在的任何关系的性质；

（c）该人是否采取任何合理措施防止或避免该行为的发生，包括该人是否遵守任何相关行业行为准则。

第 195AXI 条　使用某些设施进行通信

任何人（包括承运人或运输服务提供商）为制作或方便通信提供设施，不能仅仅因为另一人使用这样的设施做出这样的行为，被视为授权在现场表演或录音表演中做出侵犯精神权利的行为。

第 195AXJ 条　表演者对作为或不作为的同意

（1）如某作为或不作为在表演者或其代表所给予的书面同意范围内，则该作为或不作为并不侵犯表演者就现场表演或录制表演而享有的精神权利。

注：一名表演者的同意不影响任何其他表演者的精神权利，参见第 195AZQ 条第（5）款。

（2）可就在给予同意之前或之后发生的所有或任何作为或不作为给予同意。

（3）可就下列事项给予同意：

（a）在给予同意之前发生的一项或多项指定表演；或

（b）一项或多项特定种类的表演：

（ⅰ）尚未发生；或

（ⅱ）正在发生的。

（4）雇员可为其雇主的利益，就其在受雇期间担任表演者的所有表演给予同意。

（5）除非同意书内有相反的意思表示，否则为有关的录制表演或录制表演的版权所有人或准所有人的利益而给予的同意，须推定延伸至其被许可人及所有权继承人，以及任何获该所有人或准所有人或该等被许可人或所有权继承人授权做出该版权所包含的作为的人。

（6）第（2）款至第（5）款不限制第（1）款的实施。

第 195AXK 条　因胁迫、虚假或误导性陈述而无效的同意

（1）如果任何人在依第 195AXJ 条目的而给予同意时，对表演者或对其代表施加胁迫，则该同意不具有任何效力。

（2）如果：

（a）某人向另一人作出陈述；

（b）该人作出该项陈述时，明知：

（ⅰ）该项陈述在要项上属虚假或具误导性；或

（ⅱ）该陈述遗漏了某一事项或事物，而没有该事项或事物，该陈述在要项上是虚假性的或误导性的；

（c）该人作出该陈述的目的是说服另一人就第195AXJ条的目的给予或不给予同意；

该同意不具有任何效力。

第195AXL条　澳大利亚境外的作为或不作为

就现场表演或录制表演而言，在澳大利亚境外的作为或不作为并不侵犯表演者的精神权利。

第7分部　对侵犯精神权利的救济

第A次分部　侵犯作者精神权利的救济

第195AY条　解释等

（1）在本次分部中：

诉讼，指双方之间的民事性质的诉讼，包括反诉。

（2）在与反索赔相关的本次分部中，对被告的提及即视为对原告的提及。

第195AZ条　侵犯作者精神权利的诉讼

如果任何人侵犯了作者在作品方面的任何精神权利，该侵权行为虽然不构成犯罪，但作者或代表作者的人可就侵权行为提起诉讼，但须遵守根据第195AN条生效的且包括作者在内的任何合作协议。

第195AZA条　侵犯作者精神权利的救济

（1）在不违反第203条的情况下，法院可在侵犯作者与作品有关的任何精神权利的诉讼中授予的救济包括下列任何一项或多项：

（a）禁令（受法院认为合适的任何条款的约束）；

（b）对侵权造成的损失进行的赔偿；

（c）作者的精神权利受到侵犯的声明；

（d）命令被告就侵权行为公开道歉；

（e）取消或撤销对作品的任何错误归属或贬损处理的指令。

（2）在行使自由裁量权给予适当救济时，法院可考虑下列任何一项：

（a）被告是否知道或理应知道作者的精神权利；

（b）作品受损对作者荣誉或声誉的影响；

（c）看过或听过该作品的人数和类别；

（d）被告为减轻侵权影响所做的任何事情；

（e）如果被侵犯的精神权利是作者身份归属权，则与确定作者身份相关的任何成本或困难；

（f）删除或撤销作品的任何错误署名或贬损处理的任何成本或困难。

（3）在根据第（1）款决定是否给予禁令的情况下，法院必须考虑当事方是否已进行了协商解决诉讼的决定，是否应延期聆讯或进一步聆讯该诉讼，以使当事方有适当的机会进行谈判和解（无论是通过调解还是其他方式）。

（4）如果：

（a）该作品是电影胶片作品；且

（b）该诉讼是由电影编剧提出；且

（c）在诉讼中给予的救济包括损害赔偿；且

（d）该人已因其作为电影剧本或剧本构成的戏剧作品作者的精神权利受到侵犯而在诉讼中获得损害赔偿救济；

除本款外，在（b）项所述诉讼中判给该人的任何损害赔偿金额应减去在（d）项所述诉讼中判给该人的损害赔偿金额。

（5）如果：

（a）该作品是由电影胶片剧本或剧本构成的戏剧作品；且

（b）该诉讼是由剧本或剧本的作者提起；且

（c）在诉讼中给予的救济包括损害赔偿；且

（d）该人已因其作为电影编剧的精神权利受到侵犯而在诉讼中获得损害赔偿救济；

除本款外，在（b）项所述诉讼中判给该人的任何损害赔偿金额应减去在（d）项所述诉讼中判给该人的损害赔偿金额。

（6）如作者的法定遗产代理人根据本条就作品的作者死亡后所做的行为追讨损害赔偿，则该等损害赔偿须转予，就如该等损害赔偿构成作者遗产的一部分，或如就该行为的做出提起诉讼的权利在紧接作者死亡前已存在并已归属作者一样。

注：第（6）款不适用于在作者死亡时终止的电影作品的作者身份完整权，参见第195AM条第（1）款。

第195AZD条　关于版权存续的推定

在根据本部分就侵犯某作品的精神权利提起的诉讼中，如被告人没有就该作品是否存在版权提出争议，则推定该作品存在版权。

第195AZE条　关于作者精神权利存在的推定

在根据本部分就侵犯某作品的精神权利提起的诉讼中，如在指称侵权行为发生时，推定或证明版权存在于该作品中，则该精神权利在当时被推定存在于该作品中。

第195AZF条　关于作品作者身份的推定

（1）第127条适用于根据本部分提起的诉讼。

（2）如果在电影制作时发行的电影复制件上出现了一个声称是电影胶片导演、制片人或编剧的姓名，则在根据本部分提起的诉讼中，如果该姓名是其真实姓名或众所周知的姓名，除非另有相反规定，否则推定其为电影的导演、制片人或编剧（视情况而定）。

第195AZG条　关于文学、戏剧、音乐或艺术作品的其他推定

第128条和第129条适用于根据本部分提起的诉讼。

第B次分部　侵犯表演者精神权利的救济

第195AZGA条　解释等

（1）在本次分部中：

诉讼，指当事人之间的民事诉讼，包括反诉。

（2）在与反诉相关的本次分部中，对被告的提及被视为对原告的提及。

第195AZGB条　侵犯表演者精神权利的诉讼

如果任何人就现场表演或录音表演侵犯了表演者的任何精神权利，则表演者或其代表可以就侵权提起诉讼，但应根据第195ANB条规定生效的，表演者为一方的任何表演者合作协议。

第 195AZGC 条　对侵犯表演者精神权利的救济

（1）根据第 203 条，法院在就现场表演或录音表演侵犯表演者精神权利的诉讼中可能给予的救济包括下列任何一项或多项：

（a）禁令（除法院认为适当的任何条款另有规定外）；

（b）因侵权行为造成的损失的损害赔偿；

（c）表演者的精神权利受到侵犯的声明；

（d）命令被告人就侵权行为公开道歉；

（e）取消或撤销对表演的任何错误归属或贬损处理的命令。

（2）在行使其自由裁量权给予适当救济时，法院可考虑下列任何一项：

（a）被告是否知道或理应知道表演者的精神权利；

（b）因表演受损而对表演者声誉造成的影响；

（c）听过演出的人数和类别；

（d）被告为减轻侵权影响所做的任何行为；

（e）如果被侵犯的精神权利是表演者身份的归属权，则与确定表演者身份相关的任何成本或困难；

（f）消除或撤销任何错误的表演归属或对表演的贬损处理的任何成本或困难。

（3）在根据第（1）款决定是否给予禁令的情况下，法院必须考虑当事方是否已进行了协商解决诉讼的决定，是否应延期聆讯或进一步聆讯该诉讼，以使当事方有适当的机会进行谈判和解（无论是通过调解还是其他方式）。

（4）如果在表演者死亡后，就现场表演或录音表演中的行为，表演者的法定代理人根据本条要求赔偿损失，这些损害赔偿金的转移就如同它们构成表演者遗产的一部分，且如同与该行为有关的诉讼权利在表演者死亡前立即存在并归属于表演者一样。

注：第（4）款不适用于在表演者死亡时结束的表演者身份完整权，参见第 195ANA 条。

第 195AZGD 条　关于版权存续的推定

在根据本部分就侵犯表演记录的精神权利提出的诉讼中，如被告人没有就录制演出是否存在版权提出争议，则推定版权存在于录制表演中。

第 195AZGE 条　关于表演者精神权利存续的推定

（1）在根据本部分就侵犯录制表演的精神权利提起的诉讼中，如果在指称侵权发生时，推定或证明版权已存在于录制演出中，则精神权利被推定为存在于当时的录制演出。

（2）本条效力受第 195ANA 条第（3）款的约束。

第 195AZGF 条　关于表演者身份的推定

（1）如果声称是表演者的姓名出现在录制演出上，以表明该人是该表演中的表演者，则在根据本部分提起的诉讼中，该姓名如果是他或她的真实姓名或他或她为人所知的姓名，除非存在相反的证据证明，否则应推定其为表演中的表演者。

（2）如果声称是一个表演者团体的姓名出现在录制演出上，以表明该表演者是在表演中表演的，则在根据本部分提起的诉讼中，如果该姓名是该表演者通常所用的姓名，除非存在相反的证据证明，否则该姓名出现的团体被推定为表演中的表演者。

第 C 次分部　其他事项

第 195AZGG 条　其他权利和救济的保留

（1）根据本条规定，本部分不影响根据本部分以外提起的诉讼中的任何民事或刑事诉讼权利或其他救济。

（2）根据本法提起的诉讼中获得的任何损害赔偿，在评估因同一事件或交易而产生的非根据本法以外提起的诉讼中的损害赔偿时，均应考虑在内。

（3）在根据本部分以外提起的诉讼中追讨的任何损害赔偿，须在根据本部分提起并由同一事件或交易引起的诉讼中予以考虑。

第 195AZGH 条　法院管辖权

（1）州或领地最高法院对根据本部分产生的事项的管辖权由该法院的一名法官行使。

（2）除第（3）款另有规定外，任何州或领地（无论其组成如何）法院根据本部分作出的决定为最终决定。

(3) 对州或领地法院根据本部分作出的决定提出上诉：

(a) 向澳大利亚联邦法院；或

(b) 经高等法院特别许可，提交高等法院。

(4) 澳大利亚联邦法院对根据本部分产生的事项具有管辖权。

(5) 澳大利亚联邦巡回法院对根据本部分产生的事项具有管辖权。

第8分部　其他事项

第A次分部　关于作者精神权利的其他事项规定

第195AZH条　部分作品

与作品有关的精神权利适用于作品的整体或实质部分。

第195AZI条　合作作品

(1) 本条适用于作为合作作者的文学、戏剧、音乐或艺术作品。

(2) 作品的作者身份归属权是每位作者被认定为合作作者的权利。

(3) 关于作品的错误归属行为侵犯了每位合作作者不让作品作者身份被错误归属的权利。

(4) 作品的作者身份完整权是每位合作作者的权利。

(5) 一名合作作者同意任何影响其作品精神权利的作为或不作为，并不影响其他合作作者或其他联合作者对作品的精神权利。

第195AZJ条　有一名以上导演的电影胶片

(1) 本条适用于拥有一名以上导演的电影胶片。

(2) 导演对电影胶片的作者身份归属权指每位导演被认定为导演的权利。

(3) 关于电影导演的错误归属行为侵犯了每位导演不让电影导演身份被错误归属的权利。

(4) 导演对该影片胶片的身份完整权是每位导演的权利。

(5) 一名导演同意任何影响他或她的电影精神权利的作为或不作为，并不影响其他导演或其他导演的电影精神权利。

第195AZK条　有一名以上主要制片人的电影胶片

(1) 本条适用于拥有一名以上主要制片人的电影胶片。

（2）制片人对电影胶片的作者身份归属权指每位制片人被认定为制片人的权利。

（3）关于电影制作的错误归属行为侵犯了每位制片人不让电影作品被错误归属的权利。

（4）制片人对电影胶片的作者身份完整权是每位制片人的权利。

（5）一名制片人同意任何影响他或她的精神权利的作为或不作为，并不影响其他制片人或其他制片人的精神权利。

第195AZL条　有一名以上主要编剧的电影胶片

（1）本条适用于有一名以上主要编剧的电影胶片。

（2）编剧对电影胶片的作者身份归属权是每位编剧被认定为编剧的权利。

（3）关于电影剧本或剧本的错误归属行为侵犯了每位编剧不让电影剧本或剧本的作者被错误归属的权利。

（4）编剧对电影胶片的作者身份完整权是每位编剧的权利。

（5）一名编剧同意任何影响他或她的电影精神权利的作为或不作为，并不影响其他编剧或其他编剧电影精神权利。

第195AZM条　应用——作者身份归属权

（1）关于下列作品的作者身份的归属权：

（a）电影胶片；或

（b）包括在电影中的文学、戏剧、音乐或艺术作品；

只有在本部分生效后制作电影胶片才能继续存在。

（2）文学、戏剧、音乐或艺术作品（电影胶片中所包括的作品除外）的作者身份归属权，在本部分生效日期之前或之后制作的作品中存在，但只适用于在本部分生效日期之后作出的可归属行为。

注：第22条第（1）款解释了何时拍摄文学、戏剧、音乐或艺术作品，第22条第（4）款（a）项解释了何时拍摄电影。

第195AZN条　应用——不将作者身份错误归属的权利

（1）对于在本部分生效之前或之后创作的作品，不被错误认定作者身份的权利存在，但本部分只适用于在本部分生效之后创作的错误归属行为。

（2）第195AD条（b）项或（c）项、第195AE条第（2）款（b）项或

（c）项或第 195AF 条第（2）款（b）项适用于在本部分生效日期后做出的错误归属行为，即使有关名称是在该生效日期前插入或粘贴的。

注：第 22 条第（1）款解释了何时拍摄文学、戏剧、音乐或艺术作品，第 22 条第（4）款（a）项解释了何时拍摄电影。

第 195AZO 条　应用——作者身份完整权

（1）关于下列情况中的作者身份完整权：

（a）电影胶片；或

（b）包括在电影胶片中的文学、戏剧、音乐或艺术作品；

只有电影是在本部分生效日期后制作的情况下才存在。

（2）除第（3）款另有规定外，任何文学、戏剧、音乐或艺术作品（包括在电影胶片中的作品除外）的作者身份完整权，在本部分开始之前或之后制作的作品而存在。

（3）本部分只适用于侵犯第（2）款所提述的在本部分生效日期前制作的作品所存在的作者身份完整权，而该侵犯仅在本部分生效日期后发生的情况。但是，如果相关贬损处理发生在该生效日期之前，则第 195AQ 条第（3）款（a）项、（b）项、（c）项、（d）项或（e）项或第（4）款（a）项、（b）项或（c）项中提及的行为不属于侵权。

注：第 22 条第（1）款解释了何时拍摄文学、戏剧、音乐或艺术作品，第 22 条第（4）款（a）项解释了何时拍摄电影。

第 B 次分部　关于表演者精神权利的其他事项规定

第 195AZP 条　部分表演者

现场演出或录制演出的精神权利适用于整个或其实质部分的表演。

第 195AZQ 条　有一名以上表演者的表演

（1）本条适用于有一名以上表演者的现场表演或录制演出。

（2）表演者对表演的归属权是表演者被认定为表演者的权利。

例如：如果 X 和 Y 是表演中的表演者，那么他们中的每一个人都有被识别的权利。但是，如果 Y 的身份没有被确认（反之亦然），就没有侵犯 X 的精神权利。

注：另见第 195ABC 条第（3）款，该款涉及团体名称的使用。

(3) 就表演而言，演员身份的错误归属行为侵犯了每位表演者不被错误归属的权利。

例如：X 和 Y 是被错误地归属于 X 和 Z 的表演中的表演者。这种错误归属侵犯了 X 和 Y 的精神权利。

(4) 就表演而言，表演者身份完整权是每位表演者的权利。

例如：X 和 Y 是表演中的表演者。该表演受到贬损处理，损害 X 的声誉，但不损害 Y 的声誉。其结果是侵犯了 X 的表演者身份完整权，而不是侵犯了 Y 的表演者身份完整权。

(5) 1 名表演者同意影响其表演精神权利的任何作为或不作为，并不影响任何其他表演者表演的精神权利。

第 195AZR 条　应　　用

(1) 与现场表演相关的精神权利仅存在于本条生效日期后发生的现场表演中。

(2) 就录制的表演而享有的精神权利，只有在有关的现场表演是在本条生效日期后发生的情况下才存在。

第 10 部分　其他事项

第 1 分部　释　　义

第 195A 条　解　　释

(1) 在本部分中［第 203H 条第 (5) 款除外］，主管人员指：

(a) 就档案而言，在管理档案的机构中担任职位或履行职务的人，其职责涉及直接负责维持档案的人，以及提供与构成档案的馆藏有关的服务；

(b) 就中央档案管理局而言，指在管理该局的机构中担任职位或履行职务的人员，其职责涉及直接负责保管和提供与存放在该局的档案有关的服务的人员；

(c) 就图书馆而言，指在管理该图书馆的机构的服务中担任职位或履行职务的人员，而其职责涉及对组成该图书馆的馆藏的维持及服务的提供负有直接责任的人。

(3) 在本部分中提及教育机构时，包括提及在任何时候曾是教育机构的

机构。

（4）本部分所提述的机构，包括提述护理学院、医院内的企业、教师教育中心及管理教育机构的团体内的企业。

第2分部　审　　查

第195B条　某些决定的审查

（1）就本条而言，下列决定是可审查的决定：

（ba）海关总署署长根据第135条第（6A）款宣布根据第135条第（2）款发出的通知无效的决定；

（c）海关总署署长根据第135AA条拒绝根据第135条第（7）款扣押复制件的决定；

（ca）海关总署署长根据第135AEC条作出的拒绝允许迟交扣押复制件的决定；

（cb）海关总署署长根据第135AJ条拒绝根据第135条第（7）款扣押复制件的决定；

（d）海关总署署长根据第135AD条第（1）款作出的不给予许可的决定；

（e）部长根据第113V条第（2）款（b）项、第135ZZT条第（1A）款（b）项或第135ZZZO条第（2）款（b）项作出的拒绝宣布机构为募捐协会的决定；

（f）部长根据第113X条第（2）款（a）项、第135ZZU条第（2）款（a）项或第135ZZP条第（2）款（a）项的规定作出的撤销某机构为收款协会的声明的决定。

（3）如果海关总署署长作出第（1）款（ba）项至（d）项所述的可复审决定，海关总署署长必须安排向受该决定影响的异议人或进口商发送一份通知，其中包含：

（a）决定的条款；且

（b）除非1975年行政上诉法庭法第28条第（4）款适用，否则异议人或进口商（视情况而定）可根据该法第28条要求提供声明。

（4）没有在根据第（3）款发出的通知中列入第（3）款（b）项所述种类的陈述，并不影响该通知所涉及的决定的有效性。

（5）可向行政上诉法庭申请复审可复审的决定。

（8）在本条中：

决定的含义与1975年行政上诉法庭法中的含义相同。

第3分部　澳大利亚国家图书馆

第195CA条　概　　述

在澳大利亚出版某些文学、戏剧、音乐或艺术作品的人，必须将作品的复制件交给国家图书馆。国家图书馆也可以要求其提供在线可得的作品。

第195CB条　将送交图书馆的某些资料的复制件

◆ 已发表但无法在线获取的材料

（1）任何人如有下列行为即属犯罪：

（a）该人在某一特定日期在澳大利亚出版国家图书馆资料，但其方式不能使该资料在线获取，则该人即属犯罪；且

（b）在自该日起的1个月内，该人未根据第195CC条和第195CD条要求交付材料复制件；且

（c）该人违反第195CD条。

处罚：10个罚金单位的罚金。

◆ 可以在线获取的材料

（2）任何人如有下列行为即属犯罪：

（a）该人出版国家图书馆资料；且

（b）该材料可在线获取；且

（c）未根据第195CC条要求该人根据第195CD条交付该材料的复制件；

（d）该人违反第195CD条。

处罚：10个罚金单位的罚金。

◆ 严格责任罪

（3）第（1）款和第（2）款属于严格责任罪。

注：关于严格责任罪，参见1914年刑法典案第6.1条。

◆ 非持续性犯罪

（4）1914年刑法典案第4K条第（2）款（关于持续性犯罪）不适用于违反第（1）款或第（2）款的犯罪。

第 195CC 条　图书馆可索取在线提供材料的复制件

（1）在下列情况中，国家图书馆馆长可书面要求任何人根据第 195CD 条交付国家图书馆资料的复制件：

（a）该人出版该材料；且

（b）该材料可在线获取；且

（c）馆长认为应将材料的复制件纳入国家图书馆材料收藏（参见 1960 年国家图书馆法第 6 条）

注：国家馆藏包括与澳大利亚和澳大利亚人民有关的图书馆资料的综合馆藏。

（2）可在该人员发表材料后的任何时间提出请求。

（3）为了 1999 年澳大利亚电子交易法第 9 条第（2）款（d）项的目的，同意以电子通信方式提出的请求的一种方式是能够自动接收用户代理的请求。

例如：总干事可以使用网络采集器以用户代理请求的形式发出请求。

第 195CD 条　向图书馆交付材料

（1）任何人违反本条规定，除非该人在国家图书馆材料交付期结束前，向国家图书馆交付一份材料复制件，该材料复制件：

（a）是整个材料的复制件（包括任何插图、图纸、雕刻、照片和视听元素）；且

（b）如果根据第 195CC 条要求提供复制件，则该复制件应为可在线获取材料的电子形式；且

（c）如果复制件是电子形式的：

（ⅰ）没有任何技术保护措施；且

（ⅱ）附有国家图书馆从复制件中获取材料所需的任何软件或附加信息；且

（d）如果复制件为硬拷贝形式：

（ⅰ）按照向公众提供材料的最佳复制件的方式，完成并着色，以装订、缝合、缝合或其他方式固定在一起；且

（ⅱ）在印刷材料最佳的纸张上；且

（e）由该人自费交付，但如根据第 195CC 条要求提供该复制件，而该条要求另有说明，则属例外；且

（f）符合国家图书馆馆长为本项目的规定的要求（如有）。

（2）国家图书馆材料的交付日期开始于：

（a）以第195CB条第（1）款（a）项所述方式出版的材料，出版之日；或

（b）根据第195CC条要求的材料，在提出要求之日；

并于1个月后或国家图书馆馆长允许的较晚日期结束。

注：在下列情况中，本条可以适用两次，使用不同的交付日期，在澳大利亚出版但没有在网上提供的材料后来在网上提供，并在出版后一个多月根据第195CC条提出要求。

第195CE条　国家图书馆材料的含义

文学、戏剧、音乐或艺术作品或此类作品的版本（无论是否以电子形式），如果有下列情况，即是国家图书馆材料：

（a）该作品或版本是：

（ⅰ）网站、网页、网络文件、图书、期刊、报纸、小册子、乐谱、地图、平面图、图表或表格；或

（ⅱ）国家图书馆馆长为本条目的规定的；且

（b）根据本法作品或版本中存在的版权；且

（c）该作品或版本不是以视听为主的；且

（d）就版本而言：

（ⅰ）该版本包含对文本或其他读物、插图、图纸、雕刻、照片或视听元素的添加或修改；且

（ⅱ）任何早期版本中均未包含至少一项增补或修改的内容；且

（e）国家图书馆馆长未就本项目的规定的该作品或版本。

注：硬拷贝形式和电子形式的相同作品是相同的国家图书馆资料。

第195CF条　可在线获取的含义

国家图书馆资料可在线获取，如果它是通过下列方式传播的：

（a）在互联网上；或

（b）采用国家图书馆馆长为本项目的规定的电子形式。

第195CG条　侵权通知

（1）国家图书馆馆长可规定一项计划，使被指控犯有第195CB条第（1）款或第（2）款所述罪行的人能够向联邦支付罚款，作为起诉的替代方案。

（2）罚金必须等于法院可以对该人处以的最高罚金的1/5。

第195CH条　与州和领地法律的关系

本分部无意排除或限制州或领地任何法律的实施（无论是在本分部生效之前还是之后制定的），该法律就向该州或领地内或其内的特定公众或其他图书馆交付，在该州或领地出版的国家图书馆资料复制件作出规定或与之有关。

第195CI条　授　　权

（1）国家图书馆馆长可以书面形式将本分部规定的馆长权力转授予国家图书馆的一名职员，而该职员是国家图书馆的雇员或代理国家图书馆的雇员。

注：相关权力载于第195CC条（关于要求在线提供材料的复制件）和第195CD条第（2）款中（关于允许更多的交付时间）。

（2）在授权下行使权力时，被授权人必须遵守馆长的任何书面指示。

第195CJ条　立法文书

国家图书馆馆长可通过立法文书规定本分部要求或允许由该馆长规定的事项。

第4分部　其他事项

第196条　版权的转让和许可

（1）版权属个人财产，在遵守本条规定的前提下，可通过转让、遗嘱和授权性法律行为来进行转移。

（2）版权转让可以任何方式进行限制，包括下列任何一种或多种方式：

（a）适用于根据本法，版权人拥有专有权的一类或一类以上行为（包括本法中未单独规定为版权的行为类别，但属于规定的行为类别的行为）；

（b）适用于澳大利亚境内或部分领地；

（c）适用于版权存续的部分期间。

（3）版权转让（无论是全部还是部分）除非由转让人或其代表以书面形式签署，否则不具有效力。

（4）版权人就版权授予的特许对授予人的版权权益的全部所有权继承人

具有约束力，其程度与该特许对授予人具有约束力的程度相同。

第 197 条　版权的预期所有权

（1）如果根据与未来版权有关的协议，和由除本条以外的将成为版权所有者的人或其代表签署的协议，该人声称转让未来版权（全部或部分）给另一个人（在本款中称为“受让人”），那么，如果在版权存在时，受让人或根据他或她提出索赔的人将享有除本款外的所有其他权利，如果版权归属于他或她（全部或部分，视情况而定），版权在其存在时借本款的效力归属于该受让人或其所有权继承人。

（2）版权存续期间，若该人在世，则享有版权。若该人去世，则版权发生转移。版权发生转移时，如同该版权在该人去世前已存在，且该版权为该人所享有一样。

（3）预期版权人就未来版权授予的特许对许可授予人的预期版权权益的全部所有权继承人具有约束力，其程度与特许对授予人具有约束力的程度相同。

第 198 条　根据遗嘱转让未发表作品的版权

凡根据某项遗赠（无论是特定的或一般的），某人有权以实益或其他方式享有某文学、戏剧或音乐作品的手稿或艺术作品，而该作品并没有在留有遗嘱的人去世前发表，除非留有遗嘱的人的遗嘱中出现相反的意向，否则该遗赠须理解为包括该作品的版权，只要该留有遗嘱的人在紧接其去世前是该版权的所有人。

第 199 条　广播的接收

（1）如果在电视广播或声音广播中包含对已出版的文学或戏剧作品的节选或改编作品的阅读或朗诵，并不构成对该作品版权的侵犯，则通过接收广播，使作品或改编作品在公众场合演出，并不因此而侵犯作品的版权。

（2）任何人如因接收电视广播或声音广播而使某项录音在公众地方被听到，并不因此而侵犯第 4 部分所指该录音的版权（如有）。

（3）在根据第 4 部分就侵犯该电影的版权（如有）而进行的任何诉讼中，任何人借接收获授权的电视广播而安排公众观看或聆听该电影胶片，须被视为犹如该人是该版权所有人认可的被许可人，该许可是借接收该广播而安排公众观看或聆听该电影一样。

（5）如在第（3）款所述的情况下，导致观看或听到该电影胶片的人因该广播并非获授权的广播而侵犯该电影的版权，则不得根据本法就该人侵犯该版权而对该人提起诉讼，但在就该版权对该广播的制作者提起诉讼时，如该版权因制作该广播而被侵犯，则在评定损害赔偿时，须将该侵权行为考虑在内。

（6）就本条而言，与电影胶片有关的广播仅在由电影版权人制作或获得电影版权人许可的情况下才为授权广播。

（7）本条中提及的广播必须理解为澳大利亚广播公司、澳大利亚特别广播服务公司、澳大利亚通信和媒体管理局根据1992年广播服务法分配的被许可人所进行的广播，或由该机构根据该法确定的类别许可证授权进行广播的人员进行的广播。

第200条　为教育目的使用作品和广播

（1）在下列情况中，教师或学生复制作品的全部或部分并不侵犯作品的版权：

（a）复制发生在教育教学过程中；且

（b）复制而非使用：

（ⅰ）适于产生多份复制件的装置；或

（ⅱ）能够通过投影复制过程产生一份或多份复制件的装置。

（1A）如果材料是被复制或传播的，复制或传播版权材料的全部或部分并不侵犯材料的版权：

（a）作为考试中要回答的问题的一部分；或

（b）在回答问题时。

（1B）在第（1）款和第（1A）款中：

（a）凡提述复制作品或版权材料，包括提述制作或复制该作品或材料的改编；且

（b）提及传播版权材料包括提及传播材料的改编。

（2）制作拟用于教育目的的声音广播的录制，在下列情况中，不构成对包含在该广播中的作品或录音的版权的侵犯：

（a）该录音是由主管不以营利为目的的教育场所的人或主管当局或其代表作出的；且

（b）除非在该场所的说明过程中，否则不得使用该录音。

（2A）如声音广播的记录是由管理教育机构的团体或其代表制作的，而该记录并非为该机构或另一教育机构的教育目的而使用，则该记录的制作并未侵犯该广播的版权。

（3）就第 38 条和第 103 条而言，在确定物品的制作是否构成侵犯版权时，应忽略第（1）款、第（1A）款、第（2）款和第（2A）款。

（4）就本法有关进口物品的任何规定而言，在确定在澳大利亚境外制造的物品是否构成侵犯版权行为时，应忽略第（1）款、第（1A）款、第（2）款和第（2A）款。

第 200AAA 条　教育机构代理网络缓存

（1）本条适用于下列情况：

（a）计算机系统由管理教育机构的团体或其代表运行；且

（b）该系统的运行主要是为了使该机构的职员和学生能够使用该系统为教育目的在线访问作品和其他客体（无论是通过互联网还是仅通过该系统在线获取）；且

（c）系统自动地：

（ⅰ）响应用户的行为，通过系统向系统用户在线提供作品的临时电子复制件；且

（ⅱ）响应用户的行动，通过系统向系统用户在线提供其他客体的临时电子复制件；且

（d）这些复制件和副本由系统制作，只是为了方便系统用户以后有效地访问作品和其他客体。

（2）第（1）款（c）项和（d）项所述由该系统复制或拷贝的作品或其他客体的版权，并不因下列情况而受到侵犯：

（a）该复制件或副本；或

（b）随后使用该复制件或副本将作品或其他客体传达给系统用户。

（3）本条不限制第 28 条、第 43A 条、第 43B 条、第 111A 条或第 111B 条的效力。

（4）在确定作品或其他客体的版权是否因下列行为而受到侵犯时，忽略本条：

（a）涉及类似于第（1）款所述的系统，但该系统并非按照第（1）款（a）项和（b）项所述运作；

（b）与第（2）款（a）项或（b）项所述的行为相对应。

（5）在本条中：

系统，包括网络。

第200AB条　为某些目的使用作品和其他客体

（1）如果存在下列所有条件，则作品或其他客体的使用不会侵犯作品或其他客体的版权：

（a）该使用情况［包括（b）项、（c）项和（d）项所述情况］属于特例；

（b）第（2）款或第（3）款涵盖了该使用；

（c）该使用不与作品或其他客体的正常利用相冲突；

（d）该使用不会不合理地损害版权人的合法权益。

◆ 管理图书馆或档案馆的使用

（2）本款包括下列使用情况：

（a）由管理图书馆、档案馆或其代表进行的使用；且

（b）为了维护或运营图书馆或档案馆（包括运营图书馆或档案馆以提供通常由图书馆或档案馆提供的服务）；且

（c）不是部分为了团体获得商业利益或利润。

◆ 由管理教育机构的机构使用

（3）本款涵盖下列使用情况：

（a）由管理教育机构的团体或其代表使用；且

（b）为提供教育指导而作出的；且

（c）不是部分为了团体获得商业利益或利润。

◆ 如果根据另一条款，该项使用不侵犯或可能不侵犯版权，则本条不适用

（6）如果由于本法的另一条规定，第（1）款不适用：

（a）使用不侵犯版权；或

（b）如果满足其他条款的条件或要求，则使用不会侵犯版权。

例如：（a）项：学校教师在教育教学过程中复制文学作品时，不使用适合制作多份复制件的设备或可以通过复印复制制作复制件的设备。根据第200条第（1）款的规定，复制并不侵犯作品的版权，因此本条不适用。

（6AA）为了第113Q条第（2）款（关于许可复制或通信的含义）的目

的，在确定复制或通信是否仅因第 113P 条而侵犯版权时，忽略本条。

◆ **成本回收而不是商业利益或利润**

（6A）该使用并不仅仅因为收取下列费用而不符合第（2）款（c）项或第（3）款（c）项的条件：

（a）和使用有关；且

（b）不超过使用费用所收取的费用。

◆ **定　义**

（7）本条中：

正常利用的冲突的含义和《与贸易有关的知识产权协定》第 13 条中的含义相同。

特殊情况的含义和《与贸易有关的知识产权协定》第 13 条中的含义相同。

不合理地损害合法利益的含义和《与贸易有关的知识产权协定》第 13 条中的含义相同。

除本条外，使用，包括任何会侵犯版权的行为。

第 202 条　与侵犯版权有关的法律程序的无理由威胁

（1）任何人通过宣传、广告或其他方式，以侵犯版权的诉讼或法律程序威胁某人，则无论作出威胁的人是否为版权所有人或被许可人，受到威胁的人均可向首述的人提起诉讼，并可取得声明该威胁是不合理的，以及禁止该威胁继续进行的禁令，并可追讨他或她所遭受的损害赔偿（如有），除非首述的人令法院信纳该诉讼或法律程序所威胁的行为构成侵犯版权，或如作出该等行为构成侵犯版权。

（2）仅通知版权的存在并不构成本条所指的诉讼或程序的威胁。

（3）本条中的任何规定均不得使高等法院或州或领地最高法院的大律师或律师，因其以专业身份代表客户所做的行为而承担本条规定的诉讼责任。

（4）在根据本条提起的诉讼中，被告可通过反诉的方式，就原告侵犯与威胁有关的版权而在单独诉讼中有权申请救济，并且在任何此类情况下，本法关于侵犯版权诉讼的规定，经必要修改后适用于该诉讼。

（5）本条中对版权侵权诉讼的提及应理解为包括对侵权复制件或用于或拟用于制作侵权复制件的装置的转换或扣留的诉讼。

第 202A 条　与技术保护措施有关的法律程序的无理由威胁

（1）如果一个人（第一人）根据第 5 部分第 2A 分部第 A 次分部的规定威胁另一个人，则受到侵害的人可以对第一人提起诉讼。

注：第 5 部分第 2A 分部第 A 次分部确定了与规避门禁技术保护措施（第 116A 条）、制造技术保护措施规避装置（第 116AO 条）相关的行动原因以及技术保护措施等提供规避服务（第 116AP 条）。

（2）无论第一人是否为受威胁诉讼涉及的作品或其他客体的版权人或独占被许可人，都可根据本条提起诉讼，

（3）仅通知作品或其他客体受技术保护措施保护，并不构成本条所指的行动威胁。

（4）在根据本条提起的诉讼中，法院可作出的命令包括下列内容：

（a）宣布威胁不合理的命令；

（b）发出禁止第一人继续进行威胁的禁令的命令；

（c）对受害人因威胁而遭受的损失（如有）判给赔偿的命令。

（5）如果第一人使法院确信第 5 部分第 2A 分部第 A 次分部中的诉讼具有合理的成功前景，则法院不得根据第（4）款作出指令。

（6）本条中的任何规定均不得使高等法院或州或领地最高法院的大律师或律师，就其以专业身份代表客户所做的行为承担本条规定的诉讼责任。

（7）如果根据本条提起诉讼：

（a）第一人可通过反诉的方式，申请他或她在根据第 5 部分第 2A 分部第 A 次分部提起的诉讼中有权获得的救济；且

（b）第 5 部分条款的规定适用于反诉是第一人根据本条提起诉讼的情况。

第 203 条　对法院根据本法在诉讼中给予救济的权力的限制

本法中的任何规定均不授权州法院或领土法院通过禁令或利润计算的方式给予救济，但该法院除本法外无权给予此类救济的除外。

第 203A 条　罪行——没有在图书馆或档案馆备存与复制有关的声明

（1）任何人如有下列行为即属犯罪：

（a）该人在某一时间：

（ⅰ）最终负责管理图书馆或档案馆；或

（ⅱ）为图书馆或档案馆的主管人员；且

（b）该时间为：

（ⅰ）图书馆或档案馆的获授权人员根据第 49 条或第 50 条复印或拷贝作品或其他客体的全部或部分内容后；且

（ⅱ）为施行本条而就复印或拷贝作出书面声明后；且

（ⅲ）在保存声明的条例规定的期限结束之前；且

（c）当时，该声明未保存在图书馆或档案馆的记录中。

处罚：5 个罚金单位的罚金。

（2）第（1）款不适用于下列情况：

（a）该人是图书馆或档案馆的主管人员，并证明：

（ⅰ）复印或拷贝发生在该人成为主管人员之前；且

（ⅱ）在该日，该声明并非由该图书馆或档案馆的主管人员拥有；或

（b）该人证明其采取了所有合理的预防措施，并进行了尽职调查，以确保该声明保存在图书馆或档案馆的记录中。

注：该人承担与第（2）款所述事项有关的法律责任，参见刑法典第 13.4 条。

（3）第（1）款属于严格责任罪。

注：关于严格责任罪，参见刑法典第 6.1 条。

（4）该人不得就一项声明被裁定犯有本条规定的一项以上罪行。

注：第 203G 条规定声明中的提前销毁或处置为犯罪行为。

第 203E 条　检查图书馆和档案馆记录中保留的记录和声明

（1）作品、录音或电影的版权人，或其代理人，可以书面形式通知图书馆或档案馆的主管人员，他或她希望在通知中指定的日期进行检查：

（a）图书馆或档案馆记录中保留的与依据第 49 条或第 50 条制作的作品或部分作品或其他客体的复制件有关的所有相关声明；或

（b）此类声明：

（ⅰ）与依据第 49 条或第 50 条制作的作品或部分作品或其他客体的复制件有关；且

（ⅱ）在通知规定的期限内作出。

（2）通知中规定的日期必须是图书馆或档案馆的正常工作日，即通知发出后至少 7 日。

（4）如果任何人根据第（1）款向图书馆或档案馆主管人员发出通知，

表示他或她希望在某一日检查某些声明，则该人可在图书馆或档案馆的正常工作时间内，但不得早于该日上午10点或晚于下午3点。检查与通知相关的声明，如果通知还与图书馆或档案馆馆藏的检查相关，则可在当日的这些时间内检查该馆藏，并可为此目的进入图书馆或档案馆的场所。

（6）任何人如有下列行为即属犯罪：

（a）该人：

（ⅰ）最终负责管理图书馆或档案馆；或

（ⅱ）图书馆或档案馆的主管人员；且

（b）另一人（检查员）在图书馆或档案馆的场所出席会议，以行使其在第（4）款被赋予的权力；且

（c）检查员未获得有效行使这些权力所需的所有合理设施和协助。

处罚：5个罚金单位的罚金。

（6A）第（6）款属于严格责任罪。

注：关于严格责任罪，参见刑法典第6.1条。

（8）如图书馆或档案馆的主管人员举出证据，证明他或她有合理理由相信曾到本款所述的图书馆或档案馆的场所（视情况而定）的人已获提供一切合理便利及协助，以有效行使第（4）款所赋予的权力，而控方并未反驳该证据，则该人员不得被裁定犯第（6）款所订罪行。

（9）管理图书馆或档案馆的团体如提出证据，证明其已采取一切合理预防措施及作了应尽的努力，以确保如本款所述，曾到图书馆或档案馆的场所（视情况而定）的人已获提供一切合理便利及协助，以有效行使第（4）款所赋予的权力，而控方并无反驳证据，则该团体不得被裁定犯第（6）款所订罪行。

（10）任何人（被告）如有下列行为即属犯罪：

（a）被告记录信息，或泄露或传达信息；且

（b）被告在其根据第（4）款进行的检查过程中获得该信息，或者因为该信息被泄露或传达给被告：

（ⅰ）在其根据第（4）款进行的检查过程中获得该信息的另一人；或

（ⅱ）由不同人员进行的一系列泄露或通信中的一项，该等泄露或通信始于在其根据第（4）款进行的检查过程中获得信息的人员对信息的泄露或通信。

处罚：5个罚金单位的罚金。

（10A）第（10）款属于严格责任罪。

注：关于严格责任罪，参见刑法典第 6.1 条。

（11）如果被告进行记录、泄露或通信的目的是：

（a）通知作品或其他客体的版权所有人作品或其他客体的复制件已经制作，则第（10）款不适用；或

（b）执行某人根据本法享有的与版权存在的作品或其他客体相关的权利；或

（c）确保符合第 3 部分第 5 分部的规定或本部分的规定。

注：被告承担与第（11）款所述事项有关的举证责任，参见刑法典第 13.3 条第（3）款。

第 203F 条　虚假和误导性声明

任何人如有下列行为即属犯罪：

（a）为施行第 49 条或第 50 条而作出声明；且

（b）该声明在要项上属于虚假或具有误导性。

处罚：5 个罚金单位的罚金。

第 203G 条　处置或销毁某些声明的罪行

任何人如有下列行为即属犯罪：

（a）处置、销毁或安排处置或销毁为施行第 49 条或第 50 条而作出的声明，即属犯罪；且

（b）条例规定的保存声明的期限尚未结束。

处罚：5 个罚金单位的罚金。

第 203H 条　某些复制件的批注等

（1）在针对某人或团体因与机构或其代表复制作品或与部分作品有关的作品侵犯版权而提起的诉讼中，该人或团体无权依赖第 49 条或第 50 条作为制作复制件的理由，除非在复制件制作时或大约制作复制件时，复制件上有一个批注，说明复制件是代表该机构制作的，并指明复制件制作的日期。

（4）任何人如有下列行为即属犯罪：

（a）该人在作品或其部分的复制件上作出第（1）款所述的批注；且

（b）批注中的陈述在要项上属于虚假或具有误导性。

处罚：5个罚金单位的罚金。

（5）就第（1）款而言：

（a）如某作品的全部或部分的复制件，或某录音或电影的复制件：

（ⅰ）由图书馆的获授权人员制作或安排制作；或

（ⅱ）由图书馆主管人员或其代表作出；

如该复印件或复制件是某机构的图书馆，则该复印件或复制件被视为代表该机构制作的；且

（b）如作品的全部或部分复制件，或录音或电影的复制件：

（ⅰ）由图书馆的获授权人员制作或安排制作；或

（ⅱ）作为非一个政府机构的图书馆，由图书馆主管人员或其代表制作；

（ⅲ）复印件或复制件被视为代表管理该图书馆的个人或机构制作的；且

（ⅳ）该款适用时，提述机构犹如提述该人或团体一样；且

（c）若作品的全部或部分复制件，或录音或电影胶片的复制件：

（ⅰ）由获授权档案馆人员制作或安排制作；或

（ⅱ）由档案主管人员或其代表制作；

然后：

（ⅲ）复印件或复制件被视为由管理档案的个人或机构或其代表制作的；且

（ⅳ）该款适用时，提述机构犹如提述该人或团体一样；且

（d）若管理机构的团体或其代表制作了作品的全部或部分的复制件或包含录音的记录，则该复制件或记录被视为是代表该机构制作的；且

（e）若任何录音或电影胶片的复制件是由管理某机构的团体或代该团体制作的，则该复制件须当作是代表该机构制作的。

第11部分　暂行规定

第1分部　序　　言

第204条　解　　释

（1）在本部分中，照片，一词具有下款所赋予的含义，以代替第10条赋予该词的含义。

（2）就本部分任何条款而言，一种表达将在这一条被赋予新的意义，或者说适用的是本条所定义的表达。

集合作品指：

（a）百科全书、词典、年鉴或类似著作；

（b）报纸、评论、期刊或类似期刊；

（c）由不同作者就不同部分编写的作品，抑或是该作品的一部分由不同作者编写的作品。

讲演，包括通过机械工具进行的讲演。

戏剧作品，包括供朗诵的作品、舞蹈作品或哑剧表演，其场景安排或表演形式是以书面或其他形式固定的，以及胶片，其中安排、表演形式或所表现的事件的组合赋予作品独创性。

演讲，包括正式讲话、个人演说与宗教布道。

文学作品，包括地图、图表、计划、表格和汇编。

表演，就本条所界定的戏剧或音乐作品而言，指对作品进行听觉表现或对作品中的戏剧性动作进行视觉表现，包括通过机械手段进行这种表现。

摄影作品，包括印刷的照片和以类似摄影的方法制作的作品。

第 205 条　作品、录音和电影的制作

就在本部分中提及的在本法生效之前制作的作品、录音或电影胶片，其制作时间超过一定期限的，应视为在本法生效前未制作，除非在本法生效以前其制作已经完成。

第 206 条　在其他法律或文书中提及的版权

（1）在不影响本部分以后各条实施的情况下：

（a）联邦任何其他法律或任何合同、协议或其他文书中提及的 1911 年版权法的条款，应理解为提及或包括提及本法的相应条款。

（b）联邦任何其他法律或任何合同、协议或其他文书中提到的版权或具有版权的作品，如果除本法外，根据 1911 年版权法规定它将被解读为版权或享有版权的作品，则应视具体情况将其解读为提及或包括提及本法规定的版权、根据本法规定享有版权的作品或任何其他客体；且

（c）联邦任何其他法律或任何合同、协议或其他文书中提及关于通过许可授予版权权益的引用，在涉及本法规定的版权时，应解读为就该版权授予

许可。

（2）本条具有效力，除非相反的意图出现在联邦其他法律或合同、协议或其他文书中（视情况而定）。

（3）在本条，联邦法律指：

（a）法律；

（b）根据法律具有效力的文书（包括规章或条例）；

（c）领地法令或领地内现行有效的其他任何法律；

（d）根据上述法令或法律具有效力的文书（包括规章或条例）；且

（e）根据（b）项或（d）项所述的任何规章或条例而具有效力的文书。

第207条 适　　用

除非本部分另有明确规定，否则本法既适用于本法生效后存在的事实，也以同样方式适用于本法生效时已存在的事实。

第208条 摄影作品之作者的认定

（1）在本法生效之前创作的摄影作品中，本法所提及的摄影作品之作者应理解为在拍摄时对拍摄所用材料享有所有权的人。

（2）但是，如果拍摄所用材料的所有人是法人团体，那么第（1）款仅在涉及照片版权归属时适用于摄影作品之作者的认定。

注：例如，在涉及摄影作品版权保护时，第（1）款不能用于认定摄影作品的作者。

第209条 出　　版

（1）为了适用第29条第（5）款以确定在本法生效之前产生的出版物是否为首次出版物，该款中的不超过30日期限的表述应理解为不超过14日期限。

（2）为了就在本法生效之前所做的行为适用第29条第（7）款：

（a）该款中提到的版权包括1905年版权法所提及的版权和1911年版权法所提及的版权；且

（b）在该款中关于版权所有者的许可，应：

（ⅰ）涉及1905年版权法规定的版权，应解读为版权者的法律关系；且

（ⅱ）涉及1911年版权法规定的版权，应理解为版权者的默许或同意。

第 2 分部　原创作品

第 210 条　过期版权不再生效

（1）无论第 3 部分有何规定，在本法生效之前首次发表的作品不因该部分规定而享有版权，除非根据本法生效不久前的 1911 年版权法之规定作品享有版权。

（2）上一款不适用于第 5 分部所适用的作品。

第 211 条　有版权保护的原创作品

（1）第 32 条第（1）款适用于本法生效之前的作品，该款规定的适格主体包括英国公民和居住在 1911 年版权法所延及的女王领地任何部分的人。

（2）第 32 条第（2）款适用于在本法生效之前首次发表的作品，此时该款的（d）项和（e）项可被忽略。

（3）第 32 条第（2）款适用于本法生效后首次发表且作者在 1948 年国籍和公民身份法生效前死亡的作品，此时第 32 条第（2）款（e）项所述适格主体包括“如果该法在其死亡不久前生效，其本应成为澳大利亚公民”的人员。

（4）第 32 条第（3）款不适用于本法生效之前建造的建筑物或与之有关的建筑物。

（5）本条具有效力，前一条另有规定除外。

第 213 条　版权所有人

（1）第 35 条第（4）款和第（6）款不适用于本法生效之前创作的作品。

（2）第 35 条第（5）款不适用于根据本法生效前达成的协议而创作或正在创作的作品。

（3）如某项作品因上述两款中的任何一款而被第 35 条第（4）款、第（5）款或第（6）款的适用范围排除，则第 35 条第（2）款对该作品具有效力，但须受本条后续各款的约束。

（4）下述 3 款中与某一特定作品有关的任何一款的作用可以根据协议予以排除或修改。

（5）如作品属于照片、肖像或雕刻，则：

（a）以有偿对价与他人订立协议，由该他人拍摄照片、绘制肖像或制作

雕刻；且

(b) 根据协议创作作品；

首次提及的人是根据第 3 部分而就该作品享有任何版权的人。

(6) 如果作品是作者根据服务或学徒合同中其受雇于他人的条件而创作的作品，该他人即为根据第 3 部分就作品享有任何版权的人。

(7) 如果作品是作者根据受雇于报纸、期刊或类似期刊的所有人的服务合同或学徒合同中的雇佣条款而创作的文学、戏剧或艺术作品，并且是为了在报纸、期刊或类似期刊上出版而创作的，则作者有权限制该作品在报纸、期刊或类似期刊以外的其他地方出版。

(8) 在前面三款中，第 204 条所定义的表达具有该条分别给予这些表达的含义，而不具有第 2 部分分别给予这些表达的含义（如有）。

第 214 条　以进口、销售或其他交易而构成的侵权行为

就第 37 条和第 38 条而言，根据 1911 年版权法，在行为人明知的情况下，物品的制作即构成版权侵权，或者就进口物品而言，如果该物品是由其进口商在澳大利亚制作的，则构成版权侵权，同理根据本法，在行为人明知的情形下，该物品的制作已构成版权侵权，或者如果该物品是由其进口商在澳大利亚制作的，将构成版权侵权。

第 215 条　音乐作品的录音

(1) 如果一项作品的录音是在本法生效之前由 1911 年版权法所规定的作品版权人制作的，或在其同意或默许下制作的，则第 3 部分第 6 分部则具有类似的效力，即该作品录音可视为以零售为目的在澳大利亚制作的，并且是由本法授权的有权在澳大利亚制作该作品录音的人或在其许可下制作的。

(2) 尽管有本法第 5 条第 (1) 款的规定，但是本法生效前不久生效的 1911 年版权法第 19 条第 (2) 款至第 (7) 款继续适用于本法生效前制作的录音制品，在不违反这些款的情况下，为这些款制定的、在本法生效前不久生效的任何条例继续适用于这些录音制品。

第 216 条　艺术作品的出版

第 68 条不适用于在本法生效之日前制作的绘画、素描、雕刻、照片或电影胶片，但是，在其制作之时本法已经生效的情形下，如果根据第 65 条或第

66 条，制作该绘画、素描、雕刻、照片或电影胶片并不会侵犯本法所规定的艺术作品的版权，则该绘画、素描、雕刻、照片或电影胶片的制作不构成版权侵权。

第 217 条 建筑物的重建

第 73 条第（2）款提及的，由建筑图纸或建筑设计的版权人或在其许可下进行的建筑物的建造，应解读为包括根据当时在建造建筑物的国家或领地有效的有关版权的法律，对建筑图纸或建筑设计享有版权之人及在其许可下进行的建造。

第 218 条 工业设计

（1）第 3 部分第 8 分部不适用于本法生效之前的艺术作品。

（2）在本法生效之前制作的艺术作品，如在作品制作之时能够根据 1906 年外观设计法或根据当时修订并生效的法律构成可被注册的外观设计，并已被用作或拟被用作一种模型或图案，以供在工业过程中量产，则该艺术作品的版权不依据本法存在。

第 219 条 支付许可使用费后的作品复制

（1）在下列情形，复制本法生效前已出版的文学、戏剧、音乐或艺术作品以供出售，不侵犯该作品的版权：

（a）复制发生在 25 年期满之后，或者，对于在 1911 年版权法生效时拥有版权的作品，复制发生在作者死亡之日后 30 年期满之后；且

（b）复制作品的人证明：

（ⅰ）在本法生效之前，他或她以书面形式发出通知，表示他或她意图复制 1911 年版权法第 3 条但书规定的作品；且

（ⅱ）他或她已按该但书所订明的方式或按本条所订明的方式，就其所出售的作品的所有复制件向版权所有人支付版权使用费，或为版权所有人的利益而支付版权使用费，而版权使用费的计算方法是以他或她发表该复制件的价格的 10% 计算的。

（2）条例可为第（1）款（b）项（ⅱ）目的目的就支付许可使用费的方式和时间作出规定，并可包括要求预付许可使用费或以其他方式确保支付许可使用费的规定。

（3）在紧接本法生效前根据1912—1966年版权法生效的版权条例第38条至第42条（包括第42条），在本条中继续有效，就好像它们是根据本法制定的一样，但可以根据本法制定的条例加以修订或废除。

（4）第（1）款（a）项中所述的自作品作者死亡之日起一定年数届满后的时间，对于合作作者，应理解为：

（a）自先死亡的作者死亡之日起相同年数届满后的时间；或

（b）最后死去的作者死亡日期；

以较后日期为准。

（5）在下列情形，文学、戏剧或音乐作品或雕刻的版权在作者去世之日产生，或者如果是合作作品，则在最后去世的作者去世之日不久前产生：

（a）作品尚未发表；

（b）就戏剧或音乐作品而言，尚未公开演出；且

（c）对于演讲，尚未公开演讲；

在该日期之前，对第（1）款的适用，视为作者在下列日期去世：

（d）对于文学作品（演讲除外）或雕刻，该作品首次发表的日期；

（e）就戏剧或音乐作品而言，作品首次出版或首次公开演出之日，以先发生者为准；或

（f）就演讲而言，演讲首次发表或首次公开演讲之日，以先发生者为准。

（6）在本条中，第204条所定义的表达具有该条分别给予这些表达的含义，而不具有第2部分分别给予这些表达的含义（如有）。

第3分部　作品以外的权利客体

第220条　录　　音

（1）第89条第（1）款适用于本法生效之前制作的录音，该款中提到的适格主体包括英国公民和居住在1911年版权法扩大适用范围的女王领地任何部分的人。

（2）第89条第（2）款不适用于本法生效之前制作的录音。

第221条　电影胶片

根据第90条，在本法生效之前拍摄的电影胶片不具有版权。

第 222 条　对电影胶片中戏剧作品和画面的适用

（1）如果在本法生效之前摄制的电影胶片是第 204 条所定义的原创戏剧作品，则本法（除了本款）对该电影具有效力，该电影视为第 10 条所定义的原创戏剧作品，且依据 1911 年版权法为该作品作者的人应视为依据本法本条的规定而成为该作品的作者。

（2）本法对于不构成电影胶片组成部分的画面具有效力，类推而言，本法也对在本法生效之前摄制的电影胶片的组成部分的画面具有效力。

第 223 条　电视广播与声音广播

根据第 91 条，下列作品不具有版权：

（1）在本法生效之前制作的电视广播或者声音广播；或

（2）本法生效后制作的电视广播或声音广播，是对本法生效前的电视广播或声音广播的重复。

第 224 条　作品的出版版本

根据第 92 条的规定，一件或多件作品的出版版本的版权不存在，如果该版本的首次出版发生在本法生效之前。

第 225 条　以进口、销售及其他交易而构成的侵权行为

就第 102 条和第 103 条而言，根据 1911 年版权法，在行为人明知侵权的情况下，该物品的制作即构成版权侵权，或者就进口物品而言，如果该物品是由其进口商在澳大利亚制作的，则构成版权侵权，同理，根据本法，在行为人明知侵权的情形下，该物品的制作已构成版权侵权，或者如果该物品是由其进口商在澳大利亚制作的，构成版权侵权（视情况而定）。

第 4 分部　其他事项

第 226 条　侵权诉讼

第 115 条不适用于 1911 年版权法规定的版权侵权行为，也不影响根据该法提起的任何诉讼，无论该诉讼在本法生效之前还是之后提起。

第 227 条　侵权复制件

本法第 116 条不适用于在本法生效之前制作或进口到澳大利亚的物品，尽管有本法第 5 条第（1）款的规定，但是仍可依照 1911 年版权法第 7 条就该物品提起诉讼或继续诉讼，即使诉讼涉及本法生效后对该物品的侵占和留置，也仍可提起或继续诉讼。

第 228 条　版权受独占许可限制的诉讼

第 5 部分第 3 分部不适用于在本法生效之前授予的许可，也不影响根据 1911 年版权法提起的任何诉讼，无论该诉讼是在本法生效之前还是之后提起。

第 229 条　罪行及简易程序

为第 5 部分第 5 分部的目的，根据第 10 条规定的侵权复制件定义，适用于包括 1911 年版权法规定的版权定义在内的任何类似表达。

第 230 条　诉讼时效

本法第 134 条不适用于 1911 年版权法规定的版权侵权行为，也不适用于在本法生效之前制作或进口到澳大利亚的物品。

第 231 条　作品印刷本的进口限制

如果：

(a) 在本法生效之日前，已根据 1912 年版权法第 10 条或经修正的该法第 10 条就某一作品发出了通知；且

(b) 该通知在本法生效之日前没有撤回，亦没有在其他方面失效；

则自本法生效之日起 6 个月内，该通知具有根据本法第 135 条正式发出所能具有的效力。

第 232 条　就许可方案向法院提出的参考资料及申请

(1) 第 6 部分适用于在本法生效之日或之后制定的许可方案，并以同样的方式适用于该日期之前制定的许可方案，但就该日期之前制订的许可方案中对该部分的适用，该部分中版权的内容包括 1911 年版权法规定的版权内容。

（2）第157条中对于拒绝许可、未能授予许可、未能取得许可，或应当授予许可的方案的表述，不包括在本法生效之前已发生的拒绝许可、未能授予许可的情况，以及已制订的方案。

第235条　电影的官方版权

（1）本条规定适用于在本法生效以前制作的电影。

（2）第178条不适用于电影。

（3）第176条、第177条和第180条适用于：

（a）第222条第（1）款规定的电影，如果该电影构成原创戏剧作品（参见第204条中的定义）；且

（b）组成电影的画面，此时上述法条以适用于非电影胶片组成部分的画面的同样方式被适用。

第236条　国际组织制作或出版的作品

（1）第187条第（1）款不适用于在本法生效以前制作的作品。

（2）第187条第（2）款不适用于在本法生效以前首次发表的作品。

第237条　国际组织制作或出版的除原创作品以外的其他客体

（1）第188条第（1）款不适用于在本法生效以前制作的录音或电影胶片。

（2）第188条第（2）款不适用于在本法生效以前首次出版的录音或电影胶片。

（3）第188条第（3）款不适用于在本法生效以前出版的作品版本。

第239条　转让与许可

（1）除本条另有规定外，在依据本法作品存在版权的情形下，任何在本法生效以前制作的文件、发生的事件，能够根据1911年版权法以任何方式对版权所有权或者关于版权的权益、权利或许可的创设、转让或终止产生影响，或者在该法继续有效的情形下，发生了具有这种影响的文件或事件，对本法规定的作品版权也有同样的影响。

（2）如果前款所述文件的实施曾经有或本来有文件规定的期限，则该文件在本法规定的版权方面不具有任何作用，除非该文件在本法生效后延长该

期限。

（3）为使该文件按照本条规定得以实施：

（a）该文件中使用的表达，具有与本法生效不久前各表达已经拥有的相同含义，无论这些表达的含义是否与本法宗旨相违背；且

（b）第 197 条第（1）款不能适用。

（4）在不损害第（1）款的一般性的情况下，如果在本法生效之前创作的作品的作者是该作品的版权的第一所有人，则：

（a）在 1911 年版权法生效之后和本法生效之前，作者对版权的任何转让或对版权权益的任何许可（遗嘱除外），根据本法第（1）款具有效力，在自作者死亡之日起 25 年期满之后，不再赋予作品受让人或被许可人对作品版权的任何权利；

（b）在作者死亡时，其版权作为其遗产的一部分，即使有任何相反的协议，但基于权利期限的信赖，版权的期待权仍应转移给其法定代理人；且

（c）作者就该期待权的处理达成的任何协议均不生效或无效力；

但本款规定不得适用于集合作品的版权转让或作为集合作品组成部分的作品或部分作品的出版许可。

（5）在上一款中，第 204 条所定义的表达具有该条分别赋予这些表达的定义，而不具有第 2 部分分别赋予这些表达的定义（如有）。

（6）本条前面各款以适用于作品版权的相同方式适用于本法规定的录音或电影胶片的版权，但在提及 1911 年版权法规定的版权时，应：

（a）在适用与录音有关的条文时，将其解读为含有录音的录制品的版权；

（b）在适用与电影胶片有关的条文时，将其解读为根据该法存在于电影（根据该法构成戏剧作品）或电影组成画面之上的版权。

第 240 条　遗　　赠

（1）第 198 条不适用于本法施行前死亡的遗嘱人的遗嘱中所载的财产。

（2）下列情形中：

（a）作者死于本法生效之前；

（b）根据作者遗嘱，他人获得作者作品的原稿的所有权；且

（c）作品：

（ⅰ）尚未发表；

（ⅱ）就戏剧作品或音乐作品而言，尚未公开表演；且

（ⅲ）就演讲而言，尚未公开演说；

该人对手稿的所有权证明其是该作品的版权人。

（3）在上一款中，第 204 条所定义的表达具有该条分别赋予这些表达的定义，而不具有第 2 部分分别赋予这些表达的定义（如有）。

第 242 条　毫无根据的诉讼威胁

本法第 202 条不适用于本法生效后对本法生效前发生的行为所进行的威胁，尽管本法第 6 条有所规定，但是 1912—1966 年版权法第 41A 条仍然以与对本法生效前进行的威胁所适用的相同方式适用于任何此类威胁。

第 5 分部　在 1912 年 7 月 1 日之前创作的作品

第 243 条　解　　释

在本分部中，1911 年版权法赋予的与作品有关的权利，指根据 1911 年版权法第 24 条赋予的权利，该权利取代了在该法生效前一直存在的权利。

第 244 条　适　　用

本分部适用于在 1912 年 7 月 1 日前创作的作品。

第 245 条　1911 年版权法赋予的权利

不管第 2 分部有何规定，本法第 32 条不适用于本分部适用的作品，除非在本法生效前不久的作品中具有 1911 年版权法赋予的权利。

第 246 条　表演权利

（1）如果 1911 年版权法对本分部适用的戏剧或音乐作品所赋予的权利不包括公开表演作品的独占权，则根据本法而存在于该作品内的版权，就不包括与作品有关的表演权。

（2）如果 1911 年版权法对本分部适用的戏剧或音乐作品所赋予的权利仅包括公开表演作品的独占权，则根据本法而存在于该作品内的版权，就只包括与作品有关的表演权。

（3）在本条中，与作品有关的表演权包括：

（a）公开表演该作品或该作品的改编版本的专有权；

(b) 向公众传播作品或该作品的改编版本的专有权。

第247条　期刊投稿

下列情形中：

(a) 本分部适用的作品（在本条中称为“有关作品”）包括构成评论、期刊或其他类似期刊或作品的一部分并首次在其上发表的文章、散文或项目；且

(b) 在本法生效不久前，根据1911年版权法附则1的说明，有以特定形式发表有关作品的权利；

根据本法存在于有关作品中的版权，以特定形式发表有关作品的权利为限。

第248条　转让与许可

(1) 在不损害本法第239条第(1)款的一般性的情况下，如果：

(a) 在1911年版权法生效之前，本分部所适用的作品的作者曾作出第24条第(1)款（在本条中称为“但书”）(a)项所述的转让或许可行为；且

(b) 根据本法，作品享有版权；

则本条下述各款具有效力。

(2) 根据但书(a)项，如果在本法生效之前发生的事件或发出的通知，具有任何影响1911年版权法所赋予的与作品有关的权利的所有权的作用，或者创设、转让或终止与该权利有关的权益、权利或许可的作用，则该事件或通知对本法所规定的作品版权具有类似的作用。

(3) 根据但书(a)项，在本法生效后一段时间内，就作品或1911年版权法所赋予的权利可行使的任何权利，如果本法没有规定，则可以视情况就作品或就本法规定的作品中存在的版权行使前述权利。

(4) 如果根据但书(a)项，1911年版权所赋予的权利在该项所述日期归还给作者或其代理人，而该日期发生在本法生效之后，则在该日期：

(a) 视情况将本法规定的作品版权归还给作者或其代理人；且

(b) 1911年版权法生效以前制定的任何文件中所规定的、任何其他人就存续至该日期的版权所享有的利益就此终止。

第11A部分　表演者的保护

第1分部　序　　言

第248A条　解　　释

（1）在本部分中：

表演的20年保护期，指下述期间：

（a）始于演出之日；且

（b）截止于演出当年之后的第20个日历年。

表演的50年保护期，指下述期间：

（a）始于演出之日；且

（b）截止于演出当年之后的第50个日历年。

诉讼，指当事人之间的民事诉讼，包括反诉。

授权产品，就表演的录制而言，指经表演者授权而制作的。

电影胶片，包括一种含有视觉影像并将这些影像作为移动图像显示出来的物品，以及与这些影像相关联的声道。

导演，就表演的录音或电影胶片而言，指直接以现场表演进行制作的。

豁免制品指：

（a）表演的间接电影胶片，完全为制作者的私人和家庭使用而制作的影片；

（aaa）表演的间接电影胶片或录音，是具备下列情形的电影或录音：

（ⅰ）是通过广播表演的方式进行制作的；且

（ⅱ）是在住所制作的；且

（ⅲ）只供私人及家庭使用，以在比节目播放时间更方便的时间收看或收听节目；或

（aa）对演出的间接录音是为研究或学习目的而合理使用演出的录音；或

注：参见第（1）款（a）项。

（b）表演的间接电影胶片，是纯粹为科学研究目的而制作的电影；或

（c）表演的直接或间接的录音或者电影胶片，如果录音或者电影胶片是按如下条件制作的：

（ⅰ）由管理教育机构的团体或其代表团体制作的；且

（ⅱ）纯粹为该教育机构或其他教育机构的教育目的而制作的；或

注：参见第248B条。

（d）表演的直接或间接的录音或电影胶片，如该录音或电影是为1名或多名残疾人取得受版权保护的材料而合理使用该表演的；或

（e）表演的直接或间接的录音或者电影胶片，如果录音或者电影胶片是按如下条件制作的：

（ⅰ）由残疾人救助机构制作或代表该机构制作；且

（ⅱ）只是为了协助一个或多个残疾人以他或他们因其需要的格式获取受版权保护的材料（无论该获取是否由该机构或其代表所为，或另一组织或个人所为）；或

（ea）表演的直接或间接的录音或者电影胶片，如录音或电影是由图书馆或档案馆的授权人员制作，而第4A部分第3分部第A次分部仅适用于下列任何一项目的：

（ⅰ）为保存由该馆或其他本条适用的图书馆、档案馆所拥有的馆藏之目的；

（ⅱ）为该馆或其他本条适用的图书馆、档案馆进行研究之目的；

（ⅲ）与管理图书馆或档案馆所拥有的馆藏直接有关的目的；或

（eb）表演的直接或间接的录音或者电影胶片，如录音或电影是由主要文化机构的获授权人员纯粹为保存下列受版权保护的材料而制作的：

（ⅰ）构成主要文化机构藏品的一部分；且

（ⅱ）获授权人员确信该材料对澳大利亚具有历史或文化意义；或

（f）表演的直接或间接摄制的电影胶片：

（ⅰ）为新闻或时事报道的目的，或与之相关的目的而制作；或

（ⅱ）为批评或审查的目的而制作；或

（fa）表演的直接或间接的录音，在下列情形属于对表演的合理使用：

（ⅰ）为批评或审查的目的，无论是针对该演出或另一演出；或

（ⅱ）为在报纸、期刊或类似期刊上报道新闻，或与之相关的目的；或

（ⅲ）为通过广播或电影胶片方式报道新闻，或与之相关的目的；或

（g）表演的直接或间接的录音或电影胶片，是纯粹为司法程序或为法律执业者提供专业意见目的而制作的录音或电影；或

（h）表演的直接或间接的录音或电影胶片，是由表演者授权广播其表演的广播组织纯粹为进行广播的目的所制作的录音或电影；或

(j) 表演的直接或间接的录音或电影胶片，是行为人以欺诈或不正当手段引诱而使他人有理由相信其对表演进行录音或电影制作的行为已获得表演者的授权而制作的录音或电影；或

(ja) 录音复制件，如果：

(ⅰ) (a) 项、(c) 项、(d) 项、(e) 项、(ea) 项、(eb) 项、(fa) 项、(g) 项或 (j) 项适用于录音；且

(ⅱ) 该复制件纯粹为上述各项所列的任何目的而制作 [(j) 项除外]；或

(k) 电影胶片的复制件，如果：

(ⅰ) (a) 项、(b) 项、(c) 项、(d) 项、(e) 项、(ea) 项、(eb) 项、(f) 项、(g) 项、(j) 项适用于电影；且

(ⅱ) 该复制件纯粹为上述各项所述的任何目的而制作 [(j) 项除外]；或

(m) (h) 项所述的录音或电影胶片的复制件，是专为该项所述目的而制作的复制件；或

(n) 表演录音或电影胶片的复制件，如果：

(ⅰ) (j) 项适用于录音或电影；且

(ⅱ) 复制件是行为人以欺诈或不正当手段引诱而使他人有理由相信其对复制件的制作已获得表演者的授权而制作；或

(p) 已获授权的表演录制品复制件，但已获授权的，用作声道但并未获得用作声道的授权的录音复制件除外。

间接录制，与表演的录音或电影胶片有关，指以表演的广播而制作。

表演指：

(a) 戏剧作品或该作品的部分内容的表演（包括即兴表演），包括使用木偶进行的表演；或

(b) 音乐作品或该作品的部分内容的表演（包括即兴表演）；或

(c) 文学作品或该作品的部分内容的阅读、朗诵或发表，或即兴文学作品的朗诵、发表；或

(d) 舞蹈表演；或

(e) 马戏表演、综艺表演或任何类似的演出或表演；或

(f) 民间文学艺术的表演；

现场表演指：

(g) 在澳大利亚举行，无论是否有观众在场；或

(h) 由一名或多名适格主体提供（即使同时由一名或多名非适格主体提供），无论是否有观众在场。

表演者，就在澳大利亚境外进行的表演而言，不包括在表演时不符合资格的人。

保护期，涉及表演时，具有第248CA条规定的含义。

适格主体，指澳大利亚公民或居住在澳大利亚的人。

录制品，指录音或电影胶片，但豁免录制品除外。

录音制品，指包含声音的录音制品。

未经授权，涉及表演的录制时，指未经表演者授权而制作的表演录制品。

未经授权的使用，具有第248G条规定的含义。

(1A) 就（aa）项对豁免制品的含义而言，在判定录制是否为研究或学习目的而对表演的合理使用时，必须考虑下列事项：

(a) 录制的目的及性质；

(b) 表演的性质；

(c) 在合理时间内以正常交易价格获得表演录制的授权的可能性；

(d) 录制品对表演的获授权录制品的潜在市场或价值的影响；

(e) 如果只录制了部分表演，录制部分在整场表演中所占的比例和实质价值。

(2) 为本部分的目的，下列内容不得视为表演：

(a) 第28条第（1）款所述的表演；

(b) 任何新闻和资讯的阅读、朗诵或发表；

(c) 体育赛事；或

(d) 观众作为成员参与的演出。

(3) 在本部分中：

(a) 所述表演有关的行为，包括与表演的实质部分相关的行为；

(b) 所述经表演者授权而进行的与表演或表演录制有关的行为，在有2名或2名以上表演者的情况下，指每名表演者均授权进行的该种行为；

(c) 所述未经表演者授权而进行的与表演或表演录制有关的行为在有2名或2名以上表演者的情况下，指在至少有1名表演者未授权的情况下所进行的该种行为；

(d) 所述声轨道与构成电影胶片的视觉图像相关的声道。

第 248B 条　教育目的

在没有限制第 248A 条第（1）款“豁免制品”定义（c）项中表达的教育目的的含义的情况下，表演电影如有下列情形可被认为以教育为目的而制作：

（a）与该机构提供的特定课程有关的使用；或

（b）收入机构图书馆的藏书内。

第 248C 条　豁免制品在某些情况下不再是豁免制品

（1）如果任何表演的录音或电影胶片的复制件，是第 248A 条第（1）款豁免制品定义下（h）项所规定的豁免制品的录音或电影，在其任何复制件首次用以播放表演之日起计的 12 个月期限届满前未予销毁的，则该录音或电影在该期限届满时不再是豁免制品。

（1A）录音或录音复制件，具有下列情况，不再是豁免制品：

（a）该录音或复制件是根据第 248A 条第（1）款豁免制品定义下（aaa）项、（aa）项、（c）项、（d）项、（e）项、（ea）项、（eb）项或（fa）项制作的豁免制品；且

（b）在未经表演者授权的情况下，用于上述项中未提及的用途。

（2）电影胶片或电影胶片复制件，在下列情况中不再是豁免制品：

（a）该电影胶片或电影胶片复制件是根据第 248A 条第（1）款“豁免制品”定义下（aaa）项、（aa）项、（c）项、（d）项、（e）项、（ea）项、（eb）项或（fa）项制作的豁免制品；且

（b）在未经表演者授权的情况下，用于上述各项中未提及的用途。

第 248CA 条　保护期

（1）除第（3）款另有规定外，演出的保护期指演出当日起至演出当年后第 20 个日历年结束的期间。

（3）为了便于适用，本部分关于表演录音的规定列于第（4）款，此时演出的保护期指演出当日起至演出当年后第 50 个日历年结束的期间。

（4）第（3）款适用于本部分的下列条款：

（a）第 248G 条第（1）款（a）项、第（2）款（a）项、第（2）款（b）项及第（2）款（d）项至（g）项；

(b) 第248PA条；

(c) 第248PB条；

(d) 第248PE条

(e) 第248PF条；

(f) 第248PG条；

(g) 第248PI条；

(h) 第248PJ条；

(i) 第248PK条；

(j) 第248PL条；

(k) 第248PM条。

第248D条 私人及家庭使用

就本部分而言，电影如果是为下列目的而制作，则不被视为为制作者的私人和家庭使用而制作：

(a) 出售、出租或为出售或出租以贸易方式提供或公开进行；或

(b) 分发，无论是为了贸易或其他目的；或

(c) 以贸易方式公开展览；或

(d) 播放该电影；或

(e) 使电影在公共场合被看到或听到。

第248F条 适　　用

(1) 本部分适用于1989年10月1日或之后做出的，以及就该日或之后的表演所做的行为，但第3分部第A次分部、第B次分部、第C次分部除外。

注1：1989年10月1日是本部分生效之日。

注2：第248P条和第248QA条适用于第3分部第A次分部和第B次分部在根据2006年版权修正法第1部分附表1在其开始生效时或之后执行的行为。该分部的第C次分部仅仅是这些次分部的补充条款。

(2) 本部分不影响被演出的作品或在演出的录音、电影胶片或广播中存在的任何版权，也不影响在本部分以外产生的任何其他权利或义务。

(3) 在本部分适用于反诉时，第248J条中所述的被告应解读为原告。

第 2 分部　表演者行为

第 248G 条　未经授权的使用

（1）凡行为人在演出保护期内的任何时间未经表演者的授权而以下列方式擅自使用演出：

（a）直接或间接记录表演；或

（b）直接向公众播放来自现场表演或未经授权的录制品的演出内容。

注：在某些情况下，教育机构可以未经表演者授权复制和播放演出广播：参见第 4A 部分第 4 分部。

（2）凡行为人在演出保护期内的任何时间未经表演者的授权而以下列方式擅自使用演出：

（a）行为人知道或应当知道，其制作的表演录制品复制件未获授权；

（b）行为人知道或应当知道，其制作的表演的豁免制品复制件未获授权；

（c）为了在声道中使用而制作经授权的表演录音的复制件，行为人知道或应当知道，制作该录音并未就在该声道或任何其他声道中的使用获得授权；

（d）为了下列目的持有演出的录制品：

（ⅰ）出售、出租或以贸易的方式为出售或出租提供或公开；或

（ⅱ）为交易或任何其他目的而分发表演录制品，以至于影响了表演者或表演团体对表演享有的经济利益；

且行为人知道或应当知道，该录制品未获授权；

（e）在公共场所出售、出租或进行贸易展览，或者为出售或出租之目的提供或公开表演录制品，而行为人明知或应当知道该录制品未获授权；

（f）为交易或任何其他目的而分发表演录制品，以至于影响了表演者或表演团体对表演享有的经济利益，且行为人知道或应当知道，该录制品未获授权；

（g）为下列目的将表演录制品进口到澳大利亚：

（ⅰ）在公共场所出售、出租或进行贸易展览，或者为出售或出租之目的提供或公开表演录制品；或

（ⅱ）为交易或任何其他目的而分发表演录制品，以至于影响了表演者或表演团体对表演享有的经济利益；

且行为人知道或应当知道，该录制品未获授权；或

（h）导致该表演录制品在公开场合被听到或被看到，且行为人知道或应

当知道，该录制品未获授权。

（3）未经表演者授权而向公众传播经授权的表演录制品的人，不得对表演进行此种未经授权的使用。

（4）本条仅适用于在澳大利亚进行的表演。

第248H条　为广播而复制录音

（1）尽管有第248G条第（2）款（c）项规定，但是为用于声道而对表演录音复制件的制作属于该条规定的对表演的未经授权的使用，但就本款而言，任何人纯粹为广播的目的而对此种复制件所谓制作并非对表演的未经授权的使用。

（2）第（1）款不适用于为下列用途以外的目的的复制件：

（a）制作该复制件的人所作的广播；或

（b）为该人广播的目的而所作的进一步的复制。

（3）第（1）款不适用于复制件，除非按照该款制作的所有复制件均：

（a）已销毁；或

（b）经澳大利亚国家档案馆馆长同意而转让，由澳大利亚国家档案馆（在1983年澳大利亚档案法的意义范围内）保管；

在该等复制件根据该款首次用于广播之日起12个月期间内，或在复制件制作者与表演者或所有表演者之间商定的其他期间（如有）届满前。

（4）澳大利亚国家档案馆馆长不得同意将录音复制件的保管移交给澳大利亚国家档案馆，除非观众证明该录音具有特殊的文件性质。

第248J条　未经授权使用的诉讼

（1）表演者可因其表演受到未经授权的使用而提出诉讼。

（2）法院在未经授权使用演出的诉讼中可给予的救济包括禁令［根据法院认为合适的条款（如有）］和损害赔偿。

（3）在未经授权使用表演的诉讼中：

（a）未经授权的使用成立；且

（b）法院认为，考虑到下列因素，这样做是适当的：

（ⅰ）该使用的恶意程度；

（ⅱ）被告因该使用而获得的任何利益；且

（ⅲ）所有其他相关事项；

法院在评定损害赔偿时，可根据情况作出其认为适当的额外损害赔偿。

（4）如果：

（a）表演者根据本条提起与表演录制品有关的诉讼；且

（b）诉讼中给予的救济存在或包含损害赔偿；且

（c）在根据本法另一条款提起的侵犯其在录制品版权的诉讼中，表演者已经获得了损害赔偿；且

（d）（c）项所述的行为与（a）项所述的行为产生于同一事件或交易；

（b）项所述的损害赔偿的金额，除本款外，判给表演者的损害赔偿金额应减去（c）项所述的损害赔偿金额。

（5）如果：

（a）表演者根据本法的另一条款所提起的诉讼涉及侵犯其在演出录音中的版权；且

（b）诉讼中给予的救济存在或含有损害赔偿；且

（c）表演者已在根据本条提起的与表演有关的诉讼中获得损害赔偿；且

（d）（c）项所述的行为与（a）项所述的行为产生于同一事件或交易；

（b）项所述的损害赔偿金额，除本款外，判给表演者的损害赔偿金额应减去（c）项所述的损害赔偿金额。

第248K条　审判权的行使

领地或各州最高法院对根据第248J条提起的诉讼应由该法院的一名法官独任审理。

第248L条　上　　诉

（1）除第（2）款另有规定外，领地或各州的法院（无论其构成如何）在根据第248J条提起的诉讼中所作出的判决，均为终局判决。

（2）根据第248J条提起的诉讼，可就领地或各州法院的裁决向下列法院提起上诉：

（a）澳大利亚联邦法院；或

（b）经高等法院特别许可，向高等法院提出。

第248M条　联邦法院的管辖权

对根据第248J条提起的诉讼，澳大利亚联邦法院具有管辖权。

第 248MA 条　澳大利亚联邦巡回法院和家庭法院（第 2 分部）的管辖权

对根据第 248J 条提起的诉讼，澳大利亚联邦巡回法院和家庭法院（第 2 分部）具有管辖权。

第 248N 条　提起诉讼的权利不可转让

表演者根据第 248J 条提起诉讼的权利不可转让。

第 3 分部　犯　　罪

第 A 次分部　一般犯罪

第 248P 条　本次分部的适用范围

（1）本次分部适用于本次分部开始实施时或之后在澳大利亚实施的行为。

注：2006 年版权修正法第 1 部分附表 1 被纳入本法时，本次分部开始生效。

（2）尽管有刑法典第 14.1 条（标准地域管辖权）的规定，但是本条仍然有效。

第 248PA 条　保护期内未经授权直接录制

♦ 可公诉罪

（1）任何人如有下列行为即属犯罪：

（a）直接录制表演；且

（b）录制在表演保护期内；且

（c）录制未经表演者授权。

注：根据第 248CA 条，表演的保护期为：

（a）本条关于表演电影的保护期为 20 年；且

（b）本条关于表演录音的保护期为 50 年。

（2）违反第（1）款的犯罪行为，一经定罪，可处以不超过 5 年监禁或不超过 550 个罚金单位的罚金，或两者并处。

♦ 即决犯罪

（3）任何人如有下列行为即属犯罪：

（a）直接录制表演；且

（b）录制在表演保护期内；且

（c）录制未经表演者授权，且行为人对此具有过失。

处罚：2 年监禁或 120 个罚金单位的罚金，或两者并处。

（4）违反第（3）款的犯罪行为属于即决犯罪，无论 1914 年刑法典第 4G 条有何规定。

第 248PB 条　保护期内未经授权间接录制

◆ 可公诉罪

（1）任何人如有下列行为即属犯罪：

（a）间接录制表演；且

（b）录制在表演保护期内；且

（c）录制未经表演者授权。

注：根据第 248CA 条，表演的保护期为：

（a）本条关于表演电影的保护期为 20 年；且

（b）本条关于表演录音的保护期为 50 年。

（2）违反第（1）款的犯罪行为，一经定罪，可处以不超过 5 年监禁或不超过 550 个罚金单位的罚金，或两者并处。

注：公司可被处以最高罚金额 5 倍的罚金［参见 1914 年刑法典第 4B 条第（3）款］。

◆ 即决犯罪

（3）任何人如有下列行为即属犯罪：

（a）间接录制表演；且

（b）录制在表演保护期内；且

（c）录制未经表演者授权，行为人对此具有过失。

处罚：2 年监禁或 120 个罚金单位的罚金，或两者并处。

（4）违反第（3）款的犯罪行为属于即决犯罪，无论 1914 年刑法典第 4G 条有何规定。

◆ 严格责任罪

（5）任何人如有下列行为即属犯罪：

（a）间接录制表演；且

（b）录制在表演保护期内；且

（c）录制未经作者授权。

处罚：60 个罚金单位的罚金。

（6）第（5）款属于严格责任罪。

注：关于严格责任罪，参见刑法典第6.1条。

◆ 抗　辩

（7）录制仅供行为人私人和家庭使用的，第（1）款、第（3）款或第（5）款不适用。

注：被告就第（7）款中的事项承担举证责任，参见刑法典第13.3条第（3）款。

第248PC条　20年保护期内未经授权向公众传播

◆ 可公诉罪

（1）任何人如有下列行为即属犯罪：

（a）向公众传播表演；且

（b）传播在表演的20年保护期内；且

（c）传播未经表演者授权；且

（d）传播直接来自现场表演或来自未经授权的表演录制。

（2）违反第（1）款的犯罪行为，一经定罪，可处以不超过5年的监禁或不超过550个罚金单位的罚金，或两者并处。

注：公司可被处以最高罚金额5倍的罚款，参见1914年刑法典第4B条第（3）款。

◆ 即决犯罪

（3）任何人如有下列行为即属犯罪：

（a）向公众传播表演；且

（b）传播在表演的20年保护期内；且

（c）传播未经表演者授权，行为人对此具有过失；且

（d）传播直接来自现场表演或来自未经授权的表演录制。

处罚：2年监禁或120个罚金单位的罚金，或两者并处。

（4）违反第（3）款的犯罪行为属于即决犯罪，无论1914年刑法典第4G条有何规定。

◆ 抗　辩

（7）为避免疑义，向公众传播经授权的表演录制的，第（1）款和第（3）款并不适用。

注1：被告就第（7）款中的事项承担举证责任，参见刑法典第13.3条第（3）款。

注2：在某些情况下，如不违反本条规定，教育机构亦可复制及播送表演广播，参见第4A部分第4分部。

第248PD条　20年保护期内公开播放未经授权的录制品

◆ **可公诉罪**

（1）任何人如有下列行为即属犯罪：

（a）该人使表演的录制品在公开场合被听到或看到；且

（b）录制品在表演的20年保护期内被听到或看到；且

（c）录制品未获授权。

（2）违反第（1）款的犯罪行为，一经定罪，可处以不超过5年监禁或不超过550个罚金单位的罚金，或两者并处。

注：公司可被处以最高罚金额5倍的罚金，参见1914年刑法典第4B条第（3）款。

◆ **即决犯罪**

（3）任何人如有下列行为即属犯罪：

（a）该人使表演的录制品在公开场合被听到或看到；且

（b）录制品在表演的20年保护期内被听到或看到；且

（c）录制品未获授权，行为人对此具有过失。

处罚：2年监禁或120个罚金单位的罚金，或两者并处。

（4）违反第（3）款的犯罪行为属于即决犯罪，无论1914年刑法典第4G条有何规定。

第248PE条　持有制作或复制未经授权的录制品的设备

◆ **可公诉罪**

（1）任何人如有下列行为即属犯罪：

（a）该人持有唱片或录制设备，意图将其用于制作：

（ⅰ）未经授权的表演录制品；或

（ⅱ）未经授权的表演的录制品复制件；且

（b）此种持有发生在表演的保护期内；

注：根据第248CA条，演出的保护期为：

（a）本条关于表演电影的保护期为20年；

（b）本条关于表演录音的保护期为50年。

（2）违反第（1）款的罪行，一经定罪，可处以不超过5年监禁或不超过550个罚金单位的罚金，或两者并处。

注：公司可被处以最高罚金5倍的罚金，参见1914年刑法典第4B条第（3）款。

◆ **即决犯罪**

（3）任何人如有下列行为即属犯罪：

（a）该人持有唱片或录制设备；且

（b）该唱片或录制设备被用于制作：

（ⅰ）表演录制品；或

（ⅱ）未获授权的表演录制品复制件；且

（c）下列任一情况：

（ⅰ）使用唱片或设备进行的录制属于未经授权的表演录制；或

（ⅱ）使用唱片或设备复制的表演录制品未获授权；

并且行为人对该事实有过失；且

（d）该种持有发生在表演的保护期内。

处罚：2年监禁或120个罚金单位的罚金，或两者并处。

（4）为避免疑义，轻率是在唱片或设备用于制造下列物品情形中的过失因素：

（a）表演的录制品；或

（b）未经授权的表演录制品复制件。

（5）违反第（3）款的罪行属于即决犯罪，无论1914年刑法典第4G条有何规定。

◆ **无须证明涉及哪些表演或录制品**

（8）在检控违反本条的罪行时，无须证明：

（a）使用该设备打算录制或将会录制哪些特定表演；或

（b）使用该设备打算复制或将会复制哪些特定的录制品。

第248PF条　复制未经授权的录制品

◆ **可公诉罪**

（1）任何人如有下列行为即属犯罪：

（a）该人复制表演的录制品；且

（b）复制在演出保护期内；且

（c）录制品属于未经授权的录制品。

注：根据第248CA条，表演的保护期为：

（a）本条关于表演电影的保护期为20年；且

（b）本条关于表演录音的保护期为50年。

（2）违反第（1）款的犯罪行为，一经定罪，可处以不超过5年监禁或不超过550个罚金单位的罚金，或两者并处。

注：公司可被处以最高罚金额5倍的罚金，参见1914年刑法典第4B条第（3）款。

◆ **即决犯罪**

（3）任何人如有下列行为即属犯罪：

（a）该人复制表演的录制品；且

（b）在演出保护期内进行的复制；且

（c）录制品未经授权，行为人对此具有过失。

处罚：2年监禁或120个罚金单位的罚金，或两者并处。

（4）违反第（3）款的犯罪行为属于即决犯罪，无论1914年刑法典第4G条有何规定。

◆ **严格责任罪**

（5）任何人如有下列行为即属犯罪：

（a）该人复制表演的录制品；且

（b）在演出保护期内进行的复制；且

（c）录制品未经授权。

处罚：60个罚金单位的罚金。

（6）第（5）款属于严格责任罪。

注：关于严格责任罪，参见刑法典第6.1条。

第248PG条　未经授权复制豁免录制品

◆ **可公诉罪**

（1）任何人如有下列行为即属犯罪：

（a）该人复制表演的录制品；且

（b）该复制件是在表演的保护期内制作的；且

（c）该复制件是在没有表演者授权的情况下制作的；且

（d）该录制品属于豁免制品；且

（e）该复制件不属于豁免制品。

注：根据第248CA条，表演的保护期为：

（a）本条关于表演电影的保护期为20年；且

（b）本条关于表演录音的保护期为50年。

（2）违反第（1）款的犯罪行为，一经定罪，可处以不超过5年监禁或不超过550个罚金单位的罚金，或两者并处。

♦ **即决犯罪**

(3) 任何人如有下列行为即属犯罪:

(a) 该人复制表演的录制品; 且

(b) 该复制件是在表演的保护期内制作; 且

(c) 该复制件是在没有表演者授权的情况下制作的, 行为人对此具有过失; 且

(d) 该录制品属于豁免制品; 且

(e) 该复制件不属于豁免制品, 行为人对此具有过失。

处罚: 2 年监禁或 120 个罚金单位的罚金, 或两者并处。

(4) 违反第 (3) 款的犯罪行为属于即决犯罪, 无论 1914 年刑法典第 4G 条有何规定。

♦ **严格责任罪**

(5) 任何人如有下列行为即属犯罪:

(a) 该人复制表演的录制品; 且

(b) 该复制件是在表演的保护期内制作; 且

(c) 该复制件是在没有表演者授权的情况下制作; 且

(d) 该录制品属于豁免制品; 且

(e) 该复制件不属于豁免制品。

处罚: 60 个罚金单位的罚金。

(6) 第 (5) 款属于严格责任罪。

注: 关于严格责任罪, 参见刑法典第 6.1 条。

第 248PH 条　未经授权复制有授权的录音

♦ **可公诉罪**

(1) 任何人如有下列行为即属犯罪:

(a) 该人复制表演录音, 并意图将该复制件用于声轨; 且

(b) 复制件是在表演的 20 年保护期内制作的; 且

(c) 未经表演者授权而复制; 且

(d) 录音是获得授权的录音; 且

(e) 该录音的制作并未获得用作该录音制作或任何其他声轨的授权。

(2) 违反第 (1) 款的犯罪行为, 一经定罪, 可处以不超过 5 年的监禁或不超过 550 个罚金单位的罚金, 或两者并处。

注：公司可被处以最高罚金额5倍的罚金，参见1914年刑法典第4B条第（3）款。

◆ **即决犯罪**

（3）任何人如有下列行为即属犯罪：

（a）该人复制表演录音，并意图将该复制件用于声轨；且

（b）复制件是在表演的20年保护期内制作；且

（c）未经表演者授权而复制，行为人对此具有过失；且

（d）该录音是获得授权的录音；且

（e）该录音的制作并未获得用作该录音制作或任何其他声轨的授权，行为人对此具有过失。

处罚：2年监禁或120个罚金单位的罚金，或两者并处。

（4）违反第（3）款的犯罪行为属于即决犯罪，无论1914年刑法典第4G条有何规定。

◆ **严格责任罪**

（5）任何人如有下列行为即属犯罪：

（a）该人复制表演录音，准备将该复制件用于音轨；且

（b）复制件是在表演的20年保护期内制作；且

（c）未经表演者授权而复制；且

（d）该录音是获得授权的录音；且

（e）该录音的制作并未获用作该录音制作或任何其他音轨的授权。

处罚：60个罚金单位的罚金。

（6）第（5）款属于严格责任罪。

注：关于严格责任罪，参见刑法典第6.1条。

第248PI条　对未经授权的录制品的销售等行为

◆ **可公诉罪**

（1）任何人如有下列行为即属犯罪：

（a）该人有下列行为之一：

（ⅰ）出售表演录制品；

（ⅱ）出租表演录制品；

（ⅲ）以交易方式为出售或出租提供或者公开表演录制品；且

（b）该行为是在表演的保护期内完成；且

（c）该录制品属于未经授权的录制品。

注：根据第248CA条，表演的保护期为：

（a）本条关于表演电影的保护期为20年；且

（b）本条关于表演录音的保护期为50年。

（2）违反第（1）款的犯罪行为，一经定罪，可处以不超过5年的监禁或不超过550个罚金单位的罚金，或两者并处。

◆ **即决犯罪**

（3）任何人如有下列行为即属犯罪：

（a）该人有下列行为之一：

（ⅰ）出售表演录制品；

（ⅱ）出租表演录制品；

（ⅲ）以交易方式为出售或出租提供或者公开表演录制品；且

（b）该行为是在表演的保护期内完成；且

（c）该录制品属于未经授权的录制品，行为人对此具有过失。

处罚：2年监禁或120个罚金单位的罚金，或两者并处。

（4）违反第（3）款的犯罪行为属于即决犯罪，无论1914年刑法典第4G条有何规定。

◆ **严格责任罪**

（5）任何人如有下列行为即属犯罪：

（a）该人有下列行为之一：

（ⅰ）出售表演录制品；

（ⅱ）出租表演录制品；

（ⅲ）为公开出售、出租以交易方式提供或者表演录制品；且

（b）该行为是在表演的保护期内完成；且

（c）该录制品属于未经授权的录制品。

处罚：60个罚金单位的罚金。

（6）第（5）款属于严格责任罪。

注：关于严格责任罪，参见刑法典第6.1条。

第248PJ条　分发未经授权的录制品

◆ **可公诉罪**

（1）任何人如有下列行为即属犯罪：

（a）该人为交易目的而分发表演的录制品；且

（b）该分发发生在表演的保护期内；且

（c）该录制品属于未经授权的录制品。

注：根据第248CA条，表演的保护期为：

（a）本条关于表演电影的保护期为20年；且

（b）本条关于表演录音的保护期为50年。

（2）任何人如有下列行为即属犯罪：

（a）该人分发表演的录制品；且

（b）该分发发生在表演的保护期内；且

（c）分发会对表演者在演出中的经济利益产生不利影响；且

（d）该录制品属于未经授权的录制品。

（3）违反第（1）款或第（2）款的犯罪行为，一经定罪，可处以不超过5年监禁或不超过550个罚金单位的罚金，或两者并处。

注：公司可被处以最高罚金额5倍的罚金，参见1914年刑法典第4B条第（3）款。

◆ **即决犯罪**

（4）任何人如有下列行为即属犯罪：

（a）该人为交易目的而分发表演的录制品；且

（b）该分发发生在表演的保护期内；且

（c）该录制品属于未经授权的录制品，行为人对此具有过失。

处罚：2年监禁或120个罚金单位的罚金，或两者并处。

（5）任何人如有下列行为即属犯罪：

（a）该人分发表演的录制品；且

（b）分发发生在表演的保护期内；且

（c）分发会对表演者在演出中的经济利益产生不利影响；且

（d）该录制品属于未经授权的录制品，行为人对此具有过失。

处罚：2年监禁或120个罚金单位的罚金，或两者并处。

（6）违反第（3）款或第（5）款的犯罪行为属于即决犯罪，无论1914年刑法典第4G条有何规定。

◆ **严格责任罪**

（7）任何人如有下列行为即属犯罪：

（a）该人为准备交易或在交易过程中分发表演的录制品；且

（b）该分发发生在表演的保护期内；且

（c）该录制品属于未经授权的录制品。

处罚：60 个罚金单位的罚金。

（8）第（7）款属于严格责任罪。

注：关于严格责任罪，参见刑法典第 6.1 条。

第 248PJ 条　分发未经授权的录制品

♦ 可公诉罪

（1）任何人如有下列行为，即属犯罪：

（a）该人为交易目的而分发表演的录制品；且

（b）该分发发生在表演的保护期内；且

（c）该录制品属于未经授权的录制品。

注：根据第 248CA 条，表演的保护期为：

（a）本条关于表演电影的保护期为 20 年，且

（b）本条关于表演录音的保护期为 50 年。

（2）任何人如有下列行为，即属犯罪：

（a）该人分发表演的录制品；且

（b）该分发发生在表演的保护期内；且

（c）分发会对表演者在演出中的经济利益产生不利影响；且

（d）该录制品属于未经授权的录制品。

（3）违反第（1）款或第（2）款的犯罪行为，一经定罪，可处以不超过 5 年的监禁或不超过 550 个罚金单位的罚金，或两者并处。

注：公司可被处以最高罚金额 5 倍的罚金，参见 1914 年刑法典第 4B 条第（3）款。

♦ 即决犯罪

（4）任何人如有下列行为即属犯罪：

（a）该人为交易目的而分发表演的录制品；且

（b）该分发发生在表演的保护期内；且

（c）该录制品属于未经授权的录制品，行为人对此具有过失。

处罚：2 年监禁或 120 个罚金单位的罚金，或两者并处。

（5）任何人如有下列行为即属犯罪：

（a）该人分发表演的录制品；且

（b）分发发生在表演的保护期内；且

（c）分发会对表演者在演出中的经济利益产生不利影响；且

（d）该录制品属于未经授权的录制品，行为人对此具有过失。

处罚：2 年监禁或 120 个罚金单位的罚金，或两者并处。

（6）违反第（3）款或第（5）款的犯罪行为属于即决犯罪，无论1914年刑法典第4G条有何规定。

◆ **严格责任罪**

（7）任何人如有下列行为即属犯罪：

（a）该人为准备交易或在交易过程中分发表演的录制品；且

（b）该分发发生在表演的保护期内；且

（c）该录制品属于未经授权的录制品。

处罚：60个罚金单位的罚金。

（9）第（7）款属于严格责任罪。

注：关于严格责任罪，参见1914年刑法典第6.1条。

第248PK条　商业持有或进口未经授权的录制品

◆ **可公诉罪**

（1）任何人如有下列行为即属犯罪：

（a）该人因下列目的持有表演录制品或将录制品进口到澳大利亚：

（ⅰ）出售录制品；

（ⅱ）出租录制品；

（ⅲ）以交易方式提供或公开录制品以供出售或出租；

（ⅳ）为交易目的分发录制品或者该分发行为在某种程度上影响表演者在表演中的经济利益；且

（b）持有或者进口发生在表演保护期间；且

（c）该录制品属于未经授权的录制品。

（2）违反第（1）款的犯罪行为，一经定罪，可处以不超过5年的监禁或不超过550个罚金单位的罚金，或两者并处。

注：公司可被处以最高罚金额5倍的罚金，参见1914年刑法典第4B条第（3）款。

◆ **即决犯罪**

（3）任何人如有下列行为即属犯罪：

（a）该人因下列目的持有表演录制品或将录制品进口到澳大利亚：

（ⅰ）出售录制品；

（ⅱ）出租录制品；

（ⅲ）以交易方式提供或公开录制品以供出售或出租；

（ⅳ）为交易目的分发录制品或者该分发行为在某种程度上影响表演者在

表演中的经济利益；且

（b）持有或者进口发生在表演保护期间；且

（c）该录制品属于未经授权的录制品，行为人对此具有过失。

处罚：2年监禁或120个罚金单位的罚金，或两者并处。

（4）违反第（3）款的犯罪行为属于即决犯罪，无论1914年刑法典第4G条有何规定。

♦ **严格责任罪**

（5）任何人如有下列行为即属犯罪：

（a）该人在准备或进行下列任何一项行为时持有表演录制品或将录制品进口到澳大利亚：

（ⅰ）出售录制品；

（ⅱ）出租录制品；

（ⅲ）以交易方式提供或公开录制品以供出售或出租；

（ⅳ）为交易目的分发录制品；且

（b）持有或者进口发生在表演保护期间；且

（c）该录制品属于未经授权的录制品。

处罚：60个罚金单位的罚金。

（6）第（5）款属于严格责任罪。

注：关于严格责任罪，参见1914年刑法典第6.1条。

第248PL条　以商业方式公开展览未经授权的录制品

♦ **可公诉罪**

（1）任何人如有下列行为即属犯罪：

（a）该人以交易的方式公开展览表演录制品；且

（b）展览在表演保护期内举行；且

（c）该录制品属于未经授权的录制品。

注：根据第248CA条，表演的保护期为：

（a）本条关于表演电影的保护期为20年；且

（b）本条关于表演录音的保护期为50年。

（2）违反第（1）款的犯罪行为，一经定罪，可处以不超过5年的监禁或不超过550个罚金单位的罚金，或两者并处。

◆ **即决犯罪**

（3）任何人如有下列行为即属犯罪：

（a）该人以交易的方式公开展览表演录制品；且

（b）展览在表演保护期内举行；且

（c）该录制品属于未经授权的录制品，行为人对此具有过失。

处罚：2 年监禁或 120 个罚金单位的罚金，或两者并处。

（4）违反第（3）款的犯罪行为属于即决犯罪，无论 1914 年刑法典第 4G 条有何规定。

◆ **严格责任罪**

（5）任何人如有下列行为即属犯罪：

（a）该人以交易的方式公开展览表演录制品；且

（b）展览在表演保护期内举行；且

（c）该录制品属于未经授权的录制品。

处罚：60 个罚金单位的罚金。

（6）第（5）款属于严格责任罪。

注：关于严格责任罪，参见 1914 年刑法典第 6.1 条。

第 248PM 条　以贸易方式进口未经授权的录制品作展览用途

◆ **可公诉罪**

（1）任何人如有下列行为即属犯罪：

（a）该人将表演录制品进口到澳大利亚，意图以贸易方式向公众展示录制品；且

（b）进口发生在表演的保护期内；且

（c）该录制品属于未经授权的录制品。

注：根据第 248CA 条，表演的保护期为：

（a）本条关于表演电影的保护期为 20 年；且

（b）本条关于表演录音的保护期为 50 年。

（2）违反第（1）款的犯罪行为，一经定罪，可处以不超过 5 年的监禁或不超过 550 个罚金单位的罚金，或两者并处。

注：公司可被处以最高罚金额 5 倍的罚金，参见 1914 年刑法典第 4B 条第（3）款。

◆ **即决犯罪**

（3）任何人如有下列行为即属犯罪：

（a）该人将表演录制品进口到澳大利亚，意图以贸易方式向公众展示录

制品；且

（b）进口发生在表演的保护期内；且

（c）该录制品属于未经授权的录制品，行为人对此具有过失。

处罚：2 年监禁或 120 个罚金单位的罚金，或两者并处。

（4）违反第（3）款的犯罪行为属于即决犯罪，无论 1914 年刑法典第 4G 条有何规定。

♦ **严格责任罪**

（5）任何人如有下列行为即属犯罪：

（a）该人将表演录制品进口到澳大利亚，意图以贸易方式向公众展示录制品；且

（b）进口发生在表演的保护期内；且

（c）该录制品属于未经授权的录制品。

处罚：60 个罚金单位的罚金。

（6）第（5）款属于严格责任罪。

注：关于严格责任罪，参见 1914 年刑法典第 6.1 条。

第 B 次分部　与 1995 年 7 月 1 日前所做表演的录音有关的行为

第 248QA 条　本次分部范围

（1）本次分部适用于在其生效时或之后在澳大利亚做出的，与 1995 年 7 月 1 日前任何时间发生的表演有关的行为。

注 1：该日为 1994 年版权法（世界贸易组织修正案）第 4 部分开始生效之日。

注 2：本次分部自 2006 年版权法修正案将其纳入第 1 部分附表 1 之日起开始生效。

（2）尽管刑法典第 14.1 条（标准地域管辖权）有所规定，但是本次分部仍然有效。

第 248QB 条　拥有复制未经授权录音的设备

♦ **可公诉罪**

（1）任何人如有下列行为即属犯罪：

（a）该人持有唱片或录音设备，意图用以制作未获授权的表演录音制品复制件；且

（b）持有发生在演出的 50 年保护期内。

（2）违反第（1）款的罪行，一经定罪，可处以不超过 5 年的监禁或不超

过550个罚金单位的罚金，或两者并处。

注：公司可被处以最高罚金额5倍的罚金，参见1914年刑法典第4B条第（3）款。

◆ **即决犯罪**

（3）任何人如有下列行为即属犯罪：

（a）该人持有唱片或录音设备；且

（b）所述唱片或录音设备用以制作未获授权的表演录音制品复制件；且

（c）有关录音制品属于未经授权录音，而行为人对此具有过失；且

（d）持有发生在演出的50年保护期内。

处罚：2年监禁或120个罚金单位的罚金，或两者并处。

（4）为避免疑义，在唱片或录音设备用以制作未获授权的表演录音制品的情形下，放任是过失的因素。

（5）违反第（3）款的罪行属于即决犯罪，无论1914年刑法典第4G条有何规定。

◆ **无须证明哪段录音会被复制**

（8）在检控违反本条的罪行时，无须证明用该装置打算复制或将复制哪些特定录音。

第248QC条　复制未经授权录音

◆ **可公诉罪**

（1）任何人如有下列行为即属犯罪：

（a）该人复制演出的录音；且

（b）该复制件是在演出的50年保护期内复制的；且

（c）录音属于未经授权的录音。

（2）违反第（1）款的犯罪行为，一经定罪，可处以不超过5年的监禁或不超过550个罚金单位的罚金，或两者并处。

注：公司可被处以最高罚金额5倍的罚金，参见1914年刑法典第4B条第（3）款。

◆ **即决犯罪**

（3）任何人如有下列行为即属犯罪：

（a）该人复制演出的录音；且

（b）该复制件是在演出的50年保护期内复制的；且

（c）录音属于未经授权的录音，行为人对此具有过失。

处罚：2年监禁或120个罚金单位的罚金，或两者并处。

（4）违反第（3）款的犯罪行为属于即决犯罪，无论1914年刑法典第4G条有何规定。

◆ **严格责任罪**

（5）任何人如有下列行为即属犯罪：

（a）该人复制演出的录音；且

（b）该复制件是在演出的50年保护期内复制的；且

（c）录音属于未经授权的录音。

处罚：60个罚金单位的罚金。

（6）第（5）款属于严格责任罪。

注：关于严格责任罪，参见1914年刑法典第6.1条。

第248QD条　对未授权录音的销售等行为

◆ **可公诉罪**

（1）任何人如有下列行为即属犯罪：

（a）该人有下列任一行为：

（ⅰ）出售表演的录音；

（ⅱ）出租表演的录音；

（ⅲ）以交易方式为出售、出租提供或公开表演的录音；且

（b）该行为是在表演的50年保护期内作出；且

（c）录音属于未经授权的录音。

（2）违反第（1）款的犯罪行为，一经定罪，可处以不超过5年的监禁或不超过550个罚金单位的罚金，或两者并处。

注：公司可被处以最高罚金额5倍的罚金，参见1914年刑法典第4B条第（3）款。

◆ **即决犯罪**

（3）任何人如有下列行为即属犯罪：

（a）该人有下列任一行为：

（ⅰ）出售表演的录音；

（ⅱ）出租表演的录音；

（ⅲ）以交易方式为出售、出租提供或公开表演的录音；且

（b）该行为是在表演的50年保护期内做出的；且

（c）录音属于未经授权的录音，行为人对此具有过失。

处罚：2年监禁或120个罚金单位的罚金，或两者并处。

（4）违反第（3）款的犯罪行为属于即决犯罪，无论1914年刑法典第4G条有何规定。

◆ **严格责任罪**

（5）任何人如有下列行为即属犯罪：

（a）该人有下列任一行为：

（ⅰ）出售表演的录音；

（ⅱ）租用表演的录音；

（ⅲ）以交易方式为出售、出租提供或公开表演的录音；且

（b）该行为是在表演的50年保护期内做出的；且

（c）录音属于未经授权的录音。

处罚：60个罚金单位的罚金。

（6）第（5）款属于严格责任罪。

注：关于严格责任罪，参见1914年刑法典第6.1条。

第248QE条　分发未经授权的录音

◆ **可公诉罪**

（1）任何人如有下列行为即属犯罪：

（a）该人为交易目的而分发表演的录音；且

（b）而该分发发生在表演的保护期内；且

（c）录音属于未经授权的录音。

（2）任何人如有下列行为即属犯罪：

（a）该人分发表演的录音；且

（b）而该分发发生在表演的保护期内；且

（c）分发会影响表演者在演出中的经济利益；且

（d）录音属于未经授权的录音。

（3）违反第（1）款或第（2）款的犯罪行为，一经定罪，可处以不超过5年的监禁或不超过550个罚金单位的罚金，或两者并处。

注：公司可被处以最高罚金额5倍的罚金，参见1914年刑法典第4B条第（3）款。

◆ **即决犯罪**

（4）任何人如有下列行为即属犯罪：

（a）该人为交易目的而分发表演的录音；且

（b）该分发发生在表演的保护期内；且

（c）录音属于未经授权的录音，行为人对此具有过失。

处罚：2 年监禁或 120 个罚金单位的罚金，或两者并处。

（5）任何人如有下列行为，即属犯罪：

（a）该人分发表演的录音；且

（b）该分发发生在表演的保护期内；且

（c）分发会影响表演者在演出中的经济利益；且

（d）录音属于未经授权的录音，行为人对此具有过失。

处罚：2 年监禁或 120 个罚金单位的罚金，或两者并处。

（6）违反第（4）款或第（5）款的罪行属于即决犯罪，无论 1914 年刑法典第 4G 条有何规定。

♦ **严格责任罪**

（7）任何人如有下列行为即属犯罪：

（a）该人为准备交易或在交易过程中分发表演的录音；且

（b）该分发发生在表演的保护期内；且

（c）录音属于未经授权的录音。

处罚：60 个罚金单位的罚金。

（9）第（7）款属于严格责任罪。

注：关于严格责任罪，参见 1914 年刑法典第 6.1 条。

第 248QF 条　商业持有或进口未经批准的录音

♦ **可公诉罪**

（1）任何人如有下列行为即属犯罪：

（a）该人因下列目的持有表演录音或将录音进口到澳大利亚：

（i）出售录音；

（ii）出租录音；

（iii）以交易方式提供或公开录音以供出售或出租；

（iv）为贸易目的分发录音或者在某种程度上影响表演者在表演中的经济利益；且

（b）持有或者进口发生在表演保护期间；且

（c）录音属于未经授权的录音。

（2）违反第（1）款的犯罪行为，一经定罪，可处以不超过 5 年的监禁或不超过 550 个罚金单位的罚金，或两者并处。

注：公司可被处以最高罚金额5倍的罚金，参见1914年刑法典第4B条第（3）款。

◆ **即决犯罪**

（3）任何人如有下列行为即属犯罪：

（a）该人因下列目的持有表演录音或将录音进口到澳大利亚：

（ⅰ）出售录音；

（ⅱ）出租录音；

（ⅲ）以交易方式提供或公开录音以供出售或出租；

（ⅳ）为贸易目的分发录音或者在某种程度上影响表演者在表演中的经济利益；且

（b）持有或者进口发生在表演保护期间；且

（c）录音属于未经授权的录音，行为人对此具有过失。

处罚：2年监禁或120个罚金单位的罚金，或两者并处。

（4）违反第（3）款的犯罪行为属于即决犯罪，无论1914年刑法典第4G条有何规定。

◆ **严格责任罪**

（5）任何人如有下列行为即属犯罪：

（a）该人因下列目的持有表演录音或将录音进口到澳大利亚：

（ⅰ）出售录音；

（ⅱ）出租录音；

（ⅲ）以交易方式提供或公开录音以供出售或出租；

（ⅳ）为贸易目的分发录音或者在某种程度上影响表演者在表演中的经济利益；且

（b）持有或者进口发生在表演保护期间；且

（c）录音属于未经授权的录音。

处罚：60个罚金单位的罚金。

（6）第（5）款属于严格责任罪。

注：关于严格责任罪，参见1914年刑法典第6.1条。

第248QG条　以贸易方式公开展览未经授权录音

◆ **可公诉罪**

（1）任何人如有下列行为即属犯罪：

（a）该人在公开场合以交易的方式展览表演录制品；且

（b）展览在表演保护期内举行；且

（c）录制品属于未经授权的录制品。

（2）违反第（1）款的犯罪行为，一经定罪，可处以不超过5年的监禁或不超过550个罚金单位的罚金，或两者并处。

注：公司可被处以最高罚金额5倍的罚金，参见1914年刑法典第4B条第（3）款。

◆ 即决犯罪

（3）任何人如有下列行为即属犯罪：

（a）该人在公开场合以交易的方式展览表演录制品；且

（b）展览在表演保护期内举行；且

（c）录制品属于未经授权的录制品，行为人对此具有过失。

处罚：2年监禁或120个罚金单位的罚金，或两者并处。

（4）违反第（3）款的罪行属于即决犯罪，无论1914年刑法典第4G条有何规定。

◆ 严格责任罪

（5）任何人如有下列行为即属犯罪：

（a）该人在公开场合以交易的方式展览表演录制品；且

（b）展览在表演保护期内举行；且

（c）录制品属于未经授权的录制品。

处罚：60个罚金单位的罚金。

（6）第（5）款属于严格责任罪。

注：关于严格责任罪，参见1914年刑法典第6.1条。

第248QH条　经贸易进口未经授权的录制品作展览用途

◆ 可公诉罪

（1）任何人如有下列行为即属犯罪：

（a）该人将表演录制品进口到澳大利亚，意图以贸易方式向公众展示录制品；且

（b）进口发生在表演的保护期内；且

（c）录制品属于未经授权的录制品。

（2）违反第（1）款的犯罪行为，一经定罪，可处以不超过5年的监禁或不超过550个罚金单位的罚金，或两者并处。

注：公司可被处以最高罚金额5倍的罚金，参见1914年刑法典第4B条第（3）款。

◆ **即决犯罪**

（3）任何人如有下列行为即属犯罪：

（a）该人将表演录制品进口到澳大利亚，意图以贸易方式向公众展示录制品；且

（b）进口发生在表演的保护期内；且

（c）录制品属于未经授权的录制品，行为人对此具有过失。

处罚：2 年监禁或 120 个罚金单位的罚金，或两者并处。

（4）违反第（3）款的犯罪行为属于即决犯罪，无论 1914 年刑法典第 4G 条有何规定。

◆ **严格责任罪**

（5）任何人如有下列行为即属犯罪：

（a）该人将表演录制品进口到澳大利亚，意图以贸易方式向公众展示录制品；且

（b）进口发生在表演的保护期内；且

（c）录制品属于未经授权的录制品。

处罚：60 个罚金单位的罚金。

（6）第（5）款属于严格责任罪。

注：关于严格责任罪，参见 1914 年刑法典第 6.1 条。

第 C 次分部　检控及侵权通知

第 248R 条　可检控罪行的法院

（1）就违反第 A 次分部或第 B 次分部的罪行提出的检控提交澳大利亚联邦法院或任何其他具有管辖权的法院。

（2）但是，澳大利亚联邦法院没有审理或决定起诉可公诉罪的管辖权，无论 1901 年澳大利亚法律解释法第 15C 条有何规定。

（3）澳大利亚联邦法院有权审理及裁定对下列违反第 A 次分部或第 B 次分部的罪行的检控：

（a）即决犯罪；

（b）严格责任罪。

第 248S 条　针对同一行为提起多项诉讼的保护

如果与表演有关的单一行为是违反第 A 次分部或第 B 次分部的罪行，则

只可检控其中一项罪行。

第248SA条　侵权通知

（1）条例可作出规定，使被指控犯有第A次分部或第B次分部严格责任罪的人向联邦支付罚款，作为起诉的替代办法。

（2）罚款必须相当于法院就该罪行对该人处以的最高罚款的1/5。

第D次分部　销毁或交付未获授权的录音

第248T条　销毁或交付未经授权的录音

在行为人被控违反本次分部罪行之前，无论行为人是否已被定罪，法院均可命令行为人上交下列其所持有的物品：

（a）未经授权的表演录制品，或该等录制品的复制件；或

（b）使用或打算使用的用以制作未经授权的表演录制品或该录制品的复制件的唱片或录制设备；

销毁或交付给有关表演者，或以法庭认为适当的方式处理。

第4分部　向国外扩大保护范围

第248U条　对国外的申请

（1）在不违反本条规定的情况下，条例可以下列任何一种或多种方式，对有相同规定的国外适用条例中的本部分的任何规定：

（a）以便有关规定以适用于在澳大利亚进行的表演的同样方式适用于在国外所进行的表演；

（aa）以便有关规定以适用于在澳大利亚制作的表演录制品的同样方式适用于在国外制作的表演录制品；

（ab）以便有关规定以适用于在澳大利亚制作的表演广播的同样方式适用于在国外制作的表演广播；

（b）以便有关规定以适用于澳大利亚公民的同样方式适用于国外公民或国民；

（c）以便有关规定以适用于居住在澳大利亚的人的同样方式适用于居住在国外的人；

（2）本部分规定的条例适用于国外：

（a）可不作例外或修改或限于此种例外或修改地适用该条例；

（b）可一般适用或就条例所指明的表演类别或其他类别的个案适用本条例。

（3）在总督为第（1）款的目的制定条例，将本部分的规定适用于国外之前：

（a）就本项规定而言，该国必须是为本条例规定指明的国际条约的成员；或

（b）部长必须确信根据该国法律，能够使表演者在表演上的权利获得或将获得充分的保护，则：

（ⅰ）受本法保护；且

（ⅱ）达到本部分的规定所涉及的范围。

第248V条　拒绝保护未给予澳大利亚表演足够保护的国家的公民

（2）除第（3）款另有规定外，条例可以一般情形或在条例规定的情况下，规定本部分不适用于在条例规定的日期之后进行的（可以是在条例生效前一日或本部分生效前一日），且在进行表演时表演者是条例规定的国外公民或国民的表演，但居住在澳大利亚的人除外。

（3）在总督为第（2）款的目的就国外制定条例之前：

（a）部长必须确信该国法律没有对澳大利亚的表演提供充分的保护［无论这种保护是否涉及第248U条第（1）款规定可能适用的所有或任何方式］；且

（b）部长必须考虑这种缺乏保护的性质和程度。

第12部分　条　　例

第249条　条　　例

◆ 一般条例制定权

（1）总督可制定与本法不抵触的条例，规定本法要求或允许规定的所有事项，或为执行或实施本法的所有必要或方便的事项，特别是规定对违反条例的行为处以不超过100美元的罚款。

◆ 与技术保护措施有关的条例

（2）在不限制第（1）款的情况下，总督可制定条例，为第116AN条第（9）款和第132APC条第（9）款的目的，规定某人做出某种行为。

注：关于按类别划分的法令和人员的规定，参见2003年立法法第13条第（3）款。

（3）总督不得制定规定某人实施某一行为的条例，除非部长建议规定该人实施该行为。

（4）部长只有在下列情况中才能建议规定某人的行为：

（a）提交文件（无论是在本条生效前还是生效后），以规定该人的行为；且

（b）该人的行为不会侵犯作品或其他客体的版权；且

（c）该人的行为与某一特定类别的作品或其他客体事项有关；

（d）已可信地证明对该人实施该行为所产生的实际或可能的不利影响；且

（e）如果规定由当事人实施该行为，则第5部分第2A分部第A次分部和第5部分第5分部第E次分部规定的保护的充分性和补救措施的有效性不会受到减损。

注：就（a）项而言，提交文件的人不一定是与所述行为相关的人。

（5）如果提交的文件规定某人作出某一行为，部长必须在收到文件后尽快作出决定，是否建议该人做出该行为的规定，但无论如何，必须在收到文件后4年内作出决定。

（6）总督可以制定更改或撤销根据第（2）款制定的条例。

（7）然而，除非部长建议更改或撤销该条例，否则总督不得制定条例，更改或撤销根据第（2）款制定的条例。

（8）根据第（2）款订立的条例，部长只有在下列情况中才能提出更改或撤销的建议：

（a）提交文件以更改或撤销该规例；且

（b）无法再明确证明受规管的人对行为的实施所产生实际或可能的不利影响；且

（c）如果不更改或撤销条例，则第5部分第2A分部第A次分部和第5部分第5分部第E次分部规定保护的充分性和补救措施的有效性会受到减损。

（9）如果根据第（2）款的规定提交了更改或撤销条例的文件，部长在收到文件后，必须尽快决定是否尽快建议修订或撤销条例，但在任何情况下，须在收到文件后4年内作出决定。

外观设计法

外观设计法*

（关于外观设计及相关目的法律）

第1章 序　　言

第1部分 前　　言

第1条 简　　称

本法可称为2003年外观设计法。

第2条 生　　效

（1）该表第1栏中所列条款自该表第2栏中规定的日期开始生效，或者视为已经生效。

生效信息		
第1栏	第2栏	第3栏
条　款	生　效	日期/详情
1. 第1条、第2条及所有本表未列明的本法的其他部分	本法获得批准之日	2003年12月17日
2. 第3条至第161条	在符合第（3）款规定的情况下，经宣告确定的日期	2004年6月17日

注：该表仅适用于最初经由议会通过并批准的本法条款，批准之后添加的条款不得扩张适用。

（2）该表第3栏是附加信息，不属于本法的一部分。

该信息可能包括于本法的任何发布版本中。

（3）该表第2项涵盖的条款没有在本法获得御准之日起6个月内生效的，

---

* 本译文根据澳大利亚立法网公布的澳大利亚外观设计法［Designs Act 2003（No. 147，2003；Compilation No. 15）］的英文版本翻译。——译者注

将于该期限届满后的第一天开始生效。

第 3 条　对官方的约束

（1）本法根据联邦、各州以及澳大利亚首都领地和北部领地的权利对官方具有约束力。

（2）本法中的任何规定都不得使官方承担因犯罪而被提起公诉的法律责任。

第 4 条　本法的适用性

本法引申适用于：

（a）各外部领地；和

（b）大陆架；和

（c）大陆架上方海域；和

（d）澳大利亚、各外部领地及大陆架上的领空。

第 2 部分　解　　释

第 5 条　定　　义

在本法中，除非出现相反情况：

机构，具有 1999 年公共服务法规定的含义。

艺术作品，具有 1968 年版权法规定的含义。

澳大利亚，包括各外部领地。

当局，就联邦、州或者领地而言，指根据联邦、州或者领地的法律为公共目的建立的机构。

审查证书，指根据第 5 章签发的注册外观设计审查证书。

联邦，包括联邦当局。

复杂产品，指至少包括两个可替换的组成部分，并且可拆卸和重新组装的产品。

大陆架，指澳大利亚的大陆架，具有 1973 年海洋和淹没土地法案规定的含义。

公约国，指第 5A 条规定的含义。

相应外观设计，就艺术作品而言，指 1968 年版权法第 3 部分第 8 分部规定的含义。

副注册主任，指根据第 123 条任命的副注册主任。

外观设计，就产品而言，指由产品的一个或多个视觉特征所构成的产品的整体外观。

注：另见第 8 条。

外观设计申请，指根据第 21 条提交的申请。

外观设计局，指根据第 125 条成立的外观设计局。

雇员，指除注册主任或者副注册主任以外，符合下列任一条件的人：

（a）根据 1999 年公共服务法被聘用，并且受雇于外观设计局；或

（b）不是上述人员但在外观设计局为联邦提供服务或者代表联邦提供服务。

权利人，就外观设计而言，指根据第 13 条有权在登记簿上记载为外观设计注册所有人的人。

审查，就外观设计而言，指根据第 65 条进行的外观设计审查。

联邦巡回法院，指澳大利亚的联邦巡回法院。

联邦法院，指澳大利亚的联邦法院。

提交（文件），指向外观设计局提交（文件）。

注：第 144 条涉及提交（文件）。

申请日，具有第 26 条规定的含义。

主管，就公约国外观设计局而言，指该外观设计局的官方负责人（无论实际称谓如何）。

侵权法律程序，指因侵犯注册外观设计而提起的诉讼或者法律程序。

原始申请，具有第 23 条规定的含义。

合法遗产代理人，就死者而言，指获得下列授权的人员：

（a）被授予死者的遗嘱认证的；或

（b）被授予死者遗产的遗产管理书的；或

（c）获得其他类似授权的；

无论授权是发生在澳大利亚还是其他任何地方。

法律执业者，指澳大利亚高等法院或者州、领地的最高法院中的出庭律师或者事务律师。

洛迦诺协定，指 1968 年 10 月 8 日在洛迦诺签订的《建立工业品外观设

计国际分类洛迦诺协定》。

最低申请要求，具有第 21 条规定的含义。

个人财产担保法（PPSA）担保权益担保物权，指 2009 年动产担保法所指的和适用该法的担保物权，但不包括该法所指的过渡性担保物权。

注 1：2009 年动产担保法适用于动产中的特定担保物权。

参见该法的下列条款：

（a）第 8 条（不适用该法的权益）；

（b）第 12 条（担保物权的含义）；

（c）第 9 章（过渡条款）。

注 2：过渡性担保物权的含义参见 2009 年动产担保法第 308 条。

指定法院指：

（a）澳大利亚联邦法院；

（aa）联邦巡回法院；

（b）州最高法院；

（c）澳大利亚首都领地最高法院；

（d）北部领地最高法院；

（e）诺福克岛最高法院。

现有技术，具有第 15 条规定的含义。

优先权日，就外观设计而言，指第 27 条项下的外观设计的优先权日。

产品，具有第 6 条规定的含义。

登记簿，指第 111 条所述的外观设计登记簿。

注册，指本法项下的注册。

注册外观设计，指在某一特定时间注册的外观设计。

注册所有人，具有第 14 条规定的含义。

注册专利律师，具有 1990 年专利法规定的含义。

注册商标律师，具有 1995 年商标法规定的含义。

可予注册的外观设计，具有第 15 条规定的含义。

注册主任，指根据本法任职的外观设计注册主任。

相关当事人，就第 5 章项下的外观设计审查而言，指：

（a）外观设计注册所有人；以及

（b）请求审查的人；以及

（c）记载在登记簿上与外观设计有利害关系的每一人。

相关法律程序，就注册外观设计而言，指因下列原因提起的法律程序：

（a）注册外观设计侵权的；或

（b）撤销外观设计注册的；或

（c）外观设计注册的有效性存在争议的。

说明，指体现外观设计的产品的附图、摹本或者样品，或者该等附图、摹本或者样品的照片。

州，包括州当局。

注册期限，具有第46条规定的含义。

领地，包括领地当局。

视觉特征，具有第7条规定的含义。

第5A条　公约国的含义

（1）在本法中：

公约国，指相关法规规定种类的国外或者地区。

（2）尽管有2003年立法法第14条第（2）款规定，但是为本条制定的相关法规可以通过适用、采纳或者合并（无论是否经修改）不时实施或存在的任何其他文书或者其他文件中所含的任何事项针对某一事项作出规定。

第6条　产品的含义

（1）在本法中，产品指用机器制造或者手工制作的物品［参见第（2）款、第（3）款和第（4）款］。

（2）复杂产品的组成部分与产品分开生产的，则属于本法中的产品。

（3）在本法中，具有一个或者多个不确定尺寸的物品，满足下列一个或者多个条件的，仅为一个产品：

（a）横穿任意不确定尺寸截取的横断面是固定的图案，或者依规律变化的图案；

（b）所有的尺寸是成比例的；

（c）无论该形状的尺寸是否随着比例或者一系列比例变化，断面形状始终保持一致的；

（d）具有重复的图案或者装饰的。

（4）组装后成为特定产品的成套元件视为该产品。

第7条　视觉特征的含义

（1）在本法中：

视觉特征，就产品而言，包括产品的形状、构造、图案和装饰。

（2）视觉特征可以但无须服务于产品的功能目的。

（3）下列内容不属于产品的视觉特征：

（a）产品的触感；

（b）产品所使用的材料；

（c）在产品具有一个或者多个不确定尺寸的情况下：

（ⅰ）不确定尺寸；且

（ⅱ）该产品也具有重复图案的——不止一次重复的图案。

第8条　在本法中提及的外观设计

在本法中提及的外观设计指产品的外观设计。

第2章　外观设计权、所有权和可予注册的外观设计

第1部分　第2章的简略纲要

第9条　简略纲要

本章的简略纲要如下：

本章列明了外观设计权的相关事项。

第2部分具体规定了注册外观设计的注册所有人的专有权。

第3部分具体规定了：

（a）谁有权注册成为未注册外观设计的所有人；以及

（b）谁是已注册外观设计的注册所有人。

第4部分定义了可予注册的外观设计、新颖性、独特性和实质性相似的基本概念。

这些概念的重要性体现于：

（a）根据第5章审查外观设计时，注册主任必须判定该外观设计与现有技术相比是否具有新颖性和独特性；以及

（b）法院在确定他人是否根据第6章侵犯注册外观设计时，必须考虑被

控侵权的外观设计是否在整体印象上与注册外观设计实质性相似。

第2部分　外观设计权

第10条　注册所有人的专有权

（1）注册外观设计的注册所有人在外观设计注册期限内享有下列专有权：

（a）就已注册的外观设计而言，制造或者许诺制造体现该外观设计的产品；以及

（b）将此类产品进口到澳大利亚销售，或者用于任何贸易或者商业用途；以及

（c）销售、出租或者以其他方式处置此类产品，或者许诺销售、许诺出租、许诺以其他方式处置此类产品；且

（d）以任何方式将此类产品用于任何贸易或者商业用途；以及

（e）为实施（c）项或（d）项所述的任何行为的目的，保存此类产品；以及

（f）授权他人实施（a）项、（b）项、（c）项、（d）项或（e）项所述的任何行为。

（2）第（1）款所述的专有权属于动产，并且可以根据遗嘱或者法律进行转让和转移。

（3）本法另有规定的除外。

第11条　外观设计权益的转让

（1）注册外观设计的注册所有人可以以书面形式转让其全部或者部分外观设计权益。

（2）第（1）款项下的转让必须由转让人和受让人或者其代表签字。

（3）第（1）款项下的转让可以针对某一特定的区域。

注：第114条涉及修改登记簿以记录外观设计权益的转让。

第12条　注册所有人处理注册外观设计的权力

（1）在与登记簿上出现的归属任何其他人的任何权利没有抵触的情况下，注册外观设计的注册所有人可以作为绝对所有人处理其在该外观设计上的权益，并且就此类交易的任何对价给予充分的责任解除。

(2) 但是，第 (1) 款不保护除支付对价且不知悉注册所有人存在任何欺诈的善意买受人以外而与注册外观设计的注册所有人交易的人。

(2a) 尽管有第 (1) 款的规定，但是登记簿上对 PPSA 担保物权的记录不会影响对注册外观设计权益的处理。

(3) 针对注册外观设计的权益可以对注册所有人强制实施，但不得损害支付对价的善意买受人的利益。

(4) 就属于 PPSA 担保物权的权益而言，第 (3) 款不适用。

注：2009 年动产担保法涉及动产（包括外观设计等知识产权）买受人受 PPSA 担保物权限制的权利。

该法还规定了 PPSA 担保物权的优先次序和强制执行。

参见该法的下列条款：

(a) 第 2.5 部分（在不受担保物权约束的情况下获得动产）；

(b) 第 2.6 部分（担保物权的优先次序）；

(c) 第 4 章（担保物权的强制执行）。

第 3 部分　外观设计所有权

第 13 条　谁有权注册成为外观设计注册所有人

(1) 下列各项所述之人都有权作为未注册过的外观设计的注册所有人记载在登记簿上：

(a) 创作外观设计的人（设计者）；

(b) 设计者在受雇工作期间或者根据合同创作外观设计的，则为该他人，但双方有相反约定的除外；

(c) 从 (a) 项或 (b) 项所述之人处取得外观设计所有权的人，或通过遗嘱或者法律规定的转移取得所有权的人；

(d) 在注册外观设计时，有权享有经转让取得的外观设计的专有权的人；

(e) (a) 项、(b) 项、(c) 项或 (d) 项所述之人死亡后的合法遗产代理人。

(2) 尽管有第 (1) 款的规定，但是下列人员不得作为一项尚未注册的外观设计的注册所有人记载在登记簿上：

(a) 该人将其在外观设计上的全部权利转让给他人的；或

(b) 该人在外观设计上的权利根据法律规定被转移给他人的。

（3）为避免产生疑问：

（a）有权作为外观设计的注册所有人记载在登记簿上的可能多于一人；以及

（b）除非出现相反情况，否则本法中提及的注册外观设计的注册所有人指该外观设计的每一注册所有人。

（4）除了第（1）款（a）项、（b）项、（c）项、（d）项或（e）项所述之人，其他任何人无权作为一项尚未注册的外观设计的注册所有人记载在登记簿上。

第 14 条　注册外观设计的所有权

（1）在某一特定时间，注册外观设计的注册所有人是：

（a）在该时间，作为外观设计的注册所有人记载在登记簿上的人；或

（b）在该时间，有 2 个以上此类人的，则为每一人。

（2）一项注册外观设计有 2 个以上注册所有人的：

（a）每个人都有权对该外观设计享有平等的、不可分割的专有权；以及

（b）在符合（c）项的规定下，每个注册所有人都有权为实现自己的利益而行使其外观设计专有权，无须向他人作出解释；且

（c）未经其他注册所有人同意，每个注册所有人都不得许可他人行使该外观设计专有权或者转让该外观设计上的权益。

（3）任何 2 个以上注册所有权人销售的体现注册外观设计的产品，买方或通过买方主张权利的人均可处理该产品，犹如其是全部注册所有人共同销售的一样。

（4）注册外观设计的注册所有人之间有相反约定的不受第（2）款的限制。

第 4 部分　可予注册的外观设计：有效性

第 1 分部　可予注册的外观设计

第 15 条　可予注册的外观设计

（1）可予注册的外观设计指一项外观设计同其优先权日之前存在的外观设计的现有技术相比具有新颖性和独特性。

（2）外观设计（被指定的外观技术）的现有技术包括：

（a）在澳大利亚公开使用的外观设计；且

（b）在澳大利亚国内或者国外的文件中公开的外观设计；且

（c）满足下列任一标准的外观设计：

（ⅰ）该外观设计在外观设计申请中被披露；

（ⅱ）该外观设计的优先权日早于被指定的外观设计；

（ⅲ）披露外观设计的文件根据第 60 条首次供公众查阅的时间是在被指定的外观设计的优先权日当天或者之后。

注：关于文件，参见 1901 年法律解释法第 2B 条。

第 16 条　完全相同或者整体印象实质性相似的外观设计

（1）除非一项外观设计同构成现有技术一部分的另一外观设计完全相同，否则该外观设计具有新颖性。

（2）除非一项外观设计在整体印象上同构成现有技术一部分的另一外观设计（参见第 19 条）实质性相似，否则该外观设计具有独特性。

（3）在符合第 15 条第（2）款（c）项规定的情况下，外观设计的新颖性和独特性不受在其优先权日当日或之后在澳大利亚对其单纯公开或者公开使用的影响，也不受另一个有相同或者更晚优先权日期的外观设计的注册的影响。

第 17 条　决定外观设计是否具有新颖性和独特性时不予考虑的特定事项

（1）为了决定外观设计是否具有新颖性和独特性，作出该决定的人不得考虑：

（a）在相关法规规定的情况下，任何经外观设计的注册所有人或者前任注册所有人的同意，对该外观设计的公开或者使用；且

（b）从外观设计的注册所有人或者前任注册所有人处取得或者获得该外观设计的人，未经外观设计的注册所有人同意，对该外观设计的任何公开或者使用；

但有关该外观设计的外观设计申请是在规定的期限内作出的。

（2）为了决定外观设计是否具有新颖性和独特性，作出该决定的人不得考虑：

（a）任何外观设计的注册所有人或者前任注册所有人仅针对下列人员或者机构提供或者同意提供的信息：

（ⅰ）联邦、州或者领地；

（ⅱ）被联邦、州或者领地授权调查外观设计的人；且

（b）任何以（a）项（ⅱ）目所述调查为目的作出的任何事情。

第 18 条　不得被视为不具有新颖性和独特性的特定外观设计

（1）本条适用于下列情形：

（a）艺术作品中存在 1968 年版权法项下的版权；且

（b）对相应外观设计的注册申请是版权所有人提出或者同意的。

（2）就本法而言，外观设计不得仅因该艺术作品存在在先使用而被视为不具有新颖性和独特性或者已公开，除非：

（a）在先使用包括或者包含工业应用该外观设计的产品的出售、出租或者为出售或出租而展出，该产品不包括根据第 43 条第（1）款（a）项制定的相关法规规定的产品；且

（b）该在先使用是艺术作品的版权所有人实施或者同意的。

（3）在本条中：

工业应用，具有 1968 年版权法第 77 条规定的含义。

第 2 分部　整体印象的实质性相似

第 19 条　评估整体印象的实质性相似时考虑的因素

（1）本法要求决定一项外观设计在整体印象上是否与另一外观设计构成实质性相似的，作出决定的人应更加重视二者之间的相似而非不同之处。

（2）该人还必须：

（a）考虑该外观设计的现有技术的发展状况；且

（b）披露外观设计的外观设计申请包括一项将特定视觉特征视为新颖性和独特性的声明（该声明具有新颖性和独特性）的：

（ⅰ）对此类特征予以特别考虑；且

（ⅱ）此类特征仅涉及部分外观设计的，对此部分予以特别考虑，但仍应将外观设计的内容视为一个整体；且

（c）仅有部分外观设计与其他外观设计实质性相似的，考虑该部分就整个外观设计而言的数量、质量和重要性；且

（d）考虑该外观设计的设计人创新的自由。

（3）披露外观设计的外观设计申请不包括一项与特定视觉特征有关的新颖性和独特性的声明的，该人必须将该外观设计的外观作为一个整体加以考虑。

（4）在适用第（1）款、第（2）款或第（3）款时，该人必须符合熟悉相关外观设计产品和与其相似的产品的人的标准（知情使用者标准）。

（5）在本条中所提及的人包含法院。

第3章　外观设计申请

第1部分　第3章的简略纲要

第20条　简略纲要

本章的简略纲要如下：

本章列明了外观设计申请的相关规则。

第2部分规定了提交的一份外观设计申请可以针对一项或者多项外观设计。

该外观设计申请符合最低申请要求的，则获得申请日，其披露的每一外观设计获得优先权日。

根据第4章，提交外观设计申请的人可以在规定期限内请求登记或者公开申请中披露的任何或者所有外观设计。

第3部分涉及外观设计申请的修改和撤回。

第4部分涉及外观设计申请的失效。

第2部分　外观设计申请

第1分部　申　请

第21条　个人可以提交外观设计申请

（1）个人可以就一项外观设计提出申请（外观设计申请）。

（2）外观设计申请必须符合下列规定：

（a）针对申请中披露的外观设计的说明，相关法规规定的要求；且

（b）相关法规规定的其他要求。

以上为最低申请要求。

（3）外观设计申请可以由多人提出。

（4）外观设计申请中必须写明所有针对该申请披露的外观设计享有权利的一人或者多人。

第22条　一项外观设计申请可以涉及多个外观设计

（1）一项外观设计申请可以涉及：

（a）针对一个产品的一项外观设计；或

（b）针对多个产品的一项共有外观设计；或

（c）针对一个产品的多项外观设计；或

（d）针对多个产品的多项外观设计，每一产品都属于洛迦诺协定中规定的同一分类。

（2）一项外观设计申请披露多项外观设计的，就每项外观设计而言，权利人必须是相同的。

注：这是指针对具有不同权利人的外观设计必须单独提交申请。

（3）为避免产生疑问，多个产品的共有外观设计是针对每一产品的外观设计。

第23条　涵盖被排除外观设计的外观设计申请

（1）如果：

（a）在一份外观设计申请（原始申请）中披露一项或者多项外观设计；且

（b）在提交原始申请之后，根据第28条对该些外观设计进行修改，排除其中一项或者多项外观设计；且

（c）原始申请尚未失效或者被撤回；且

（d）原始申请中的所有外观设计都尚未根据第57条注册或者公开；

申请人可根据第21条就一项或者多项被排除的外观设计提出外观设计申请。

（2）与一项或者多项被排除的外观设计有关的申请必须在相关法规规定的期限内提交。

（3）为避免产生疑问，与一项或者多项被排除的外观设计有关的申请不得包括根据第32条第（2）款在原始申请中被撤回的外观设计，也不得包括被拒绝注册或者被拒绝公开的外观设计。

第2分部　注册主任处理外观设计申请的方式

第24条　符合最低申请要求的外观设计申请

（1）如果外观设计申请符合第21条第（2）款所述的最低申请要求，注册主任必须向申请人发出书面通知，说明：

（a）该外观设计申请满足最低申请要求；且

（b）申请的提交日期；且

（c）外观设计申请未附有注册或者公开申请中披露的每一外观设计的请求的，可以根据第35条提出此类请求。

（2）外观设计申请不符合最低申请要求的，注册主任必须向申请人发出具此意思的书面通知。

（3）第（1）款或第（2）款项下通知的发出必须符合规定。

第25条　收到申请后的公开

针对符合最低申请要求的每一项外观设计申请，注册主任必须以相关法规规定的方式，公开相关法规规定的详情。

第3分部　申请日及优先权日

第26条　申请日

外观设计申请的申请日按照相关法规的规定确定。

第27条　优先权日

（1）在符合最低申请要求的外观设计申请中披露的外观设计的优先权日为：

（a）该外观设计申请的申请日；或

（b）在提交外观设计申请之前，有关保护该外观设计的申请已在公约国按照相关法规的规定提出的，为该法规规定之日；或

（c）相关法规规定另外日期作为优先权日的，为该相关法规规定的日期。

（2）一项外观设计申请中披露多项外观设计的，该等外观设计可以有不同的优先权日。

第3部分　外观设计申请的修改或者撤回

第28条　外观设计申请的修改

（1）若申请人请求，注册主任可以修改外观设计申请。

（2）第（1）款项下的请求必须按照相关法规规定的方式提出。

（3）尽管有第（1）款的规定，但是注册主任不得修改：

（a）外观设计申请中的任何说明；或

（b）外观设计申请中随附的任何其他文件；

只要其对外观设计申请中披露的外观设计的定义是通过纳入原外观设计申请、说明或者其他文件中未实质披露的事项而改变申请范围的。

（4）在本条中：

就在外观设计申请中披露的外观设计的说明而言，修改包括将一个说明替换为另一个说明。

（5）不服注册主任根据本条作出的决定的，可以向联邦法院或者联邦巡回法院提起上诉。

第29条　申请人之间的争议

（1）2个及以上申请人之间针对是否申请外观设计或者以何种方式进行申请出现争议的，适用本条。

（2）注册主任可以根据任何人根据法规提出的请求，作出任何其认为符合下列任何一项或者两项目的的裁定：

（a）使申请能够指明哪些人是针对该申请中披露的外观设计的权利人；

（b）规范申请的进行方式。

（3）第（1）款或第（2）款所述之人必须是：

（a）申请人；或

（b）声称其针对该申请中披露的外观设计是权利人的人。

第30条　可以要求外观设计申请以本人名义进行

（1）任何人可以请求注册主任指示一项外观设计申请写明其为：

（a）申请人；或

（b）针对该申请中披露的外观设计的权利人。

（2）该外观设计已注册的，如果该人根据转让或者协议或者根据法律规定有权获得下列权益的，注册主任可以作出指示：

（a）注册外观设计或者其中的权益；或

（b）注册外观设计中的不可分割份额或者此类权益中的不可分割份额。

（3）注册主任作出指示的：

（a）该人被视为针对该外观设计的申请人或者权利人（视情况而定）；且

（b）该申请被视为已作出相应的修改。

（4）根据第（1）款提出的请求必须符合法规规定。

第 31 条　修改申请的特定详情的公开

针对一项注册主任根据本部分修改的外观设计申请，注册主任必须根据相关法规的规定公开其详情。

第 32 条　外观设计的撤销和外观设计申请的撤回

（1）提交外观设计申请的人，可以在相关法规规定的期限内，通过提交书面通知撤回该申请。

（2）就多项外观设计提交外观设计申请的人，可以在相关法规规定的期限内，通过提交书面通知撤回该申请中的一项或者多项外观设计。

（3）外观设计申请是由多人共同提交的，除非每一人都同意发出通知，否则通知不产生效力。

（4）一项外观设计从外观设计申请中撤回的，撤回该外观设计的人其后不得根据第 4 章第 2 部分请求注册或者公开该外观设计，但该人根据第 21 条就该外观设计另行提出申请的除外。

第 4 部分　外观设计申请的失效

第 33 条　外观设计申请的失效

（1）在下列情况中，外观设计申请失效：

（a）在相关法规规定的期限内，没有根据第 4 章第 2 部分的规定提出登记或者公开申请中披露的外观设计的请求的；或

(b) 注册主任已根据第41条或者第57条就该申请向申请人发出通知，且申请人没有在相关法规规定的期限内：

(ⅰ) 请求修改该申请；或

(ⅱ) 按照第41条 (c) 项 (ⅱ) 目或者第57条第 (3) 款 (c) 项 (ⅱ) 目所述的规定 (视情况而定)，以书面形式答复；

以使注册主任信纳该申请符合第四章的相关要求。

(2) 注册主任根据第137条延长第 (1) 款所述事项的期限的，第 (1) 款中提及的期限指延长期限。

(3) 就第 (1) 款 (a) 项而言，该申请中披露的每一外观设计不包括下列内容：

(a) 根据第28条因修改而从申请中被排除的外观设计；

(b) 根据第32条第 (2) 款从申请中被撤回的外观设计。

(4) 注册主任必须发布通知说明一项外观设计申请已根据第 (1) 款失效。

该通知必须符合相关法规规定的形式。

第4章 外观设计的注册或者公开

第1部分 第4章的简略纲要

第34条 简略纲要

本章的简略纲要如下：

第2部分允许申请人请求注册或者公开外观设计申请中披露的全部或者部分外观设计。

外观设计符合具体要求的，注册主任必须根据第3部分或者第4部分注册或者公开该外观设计。

注册主任必须拒绝注册特定的外观设计 (参见第43条)。

外观设计注册期限最长为10年 (参见第3部分第3分部)。

外观设计注册可能因与权利人有关的理由被撤销 (参见第3部分第4分部)。

注册外观设计和相关文件应公开供公众查阅 (参见第5部分)。

第2部分　注册请求或者公开请求

第35条　注册请求或者公开请求

（1）申请人可以请求注册或者公开外观设计申请中披露的一项或者多项外观设计。

（2）该请求必须：

（a）包含在外观设计申请中；或

（b）在相关法规规定的期限内提出（参见第37条和第38条）。

（3）该请求必须符合相关法规规定的要求。

第36条　注册请求或者公开请求——涉及多项外观设计的申请

（1）一项外观设计申请中披露了多项外观设计的，第35条项下的请求：

（a）可以涉及其中一项或者多项外观设计；且

（b）可以请求注册其中的部分外观设计，并公开其他外观设计。

（2）但是，申请人仅就外观设计申请中披露的部分外观设计提出请求的，适用下列规则：

（a）申请人其后不得就未提出注册请求的外观设计再次提出注册请求，但注册主任按照相关法规的规定认定申请人可以提出请求的除外；

（b）申请人其后可以就未提出请求的外观设计提出公开请求。

第37条　关于在有关多项外观设计的申请中被排除的外观设计的请求

与在原始申请中被排除的外观设计有关的外观设计申请，必须包括注册或公开申请中披露的所有外观设计的请求。

第38条　将注册请求更改为公开请求

（1）申请人已根据第35条请求注册外观设计的，可以向注册主任发出书面通知，将注册请求更改为该外观设计的公开请求。

（2）该请求必须在相关法规规定的期限内提出。

（3）但是，申请人不得将外观设计的公开请求更改为注册请求。

第3部分　注　　册

第1分部　形式审查

第39条　形式审查——仅涉及一项外观设计的申请

（1）有下列情形之一的，本条适用于在外观设计申请中披露的外观设计：

（a）该外观设计是该申请中披露的唯一外观设计；且

（b）申请人已要求注册该外观设计。

（2）注册主任针对下列事项表示信纳的，必须注册该外观设计：

（a）该外观设计申请满足相关法规明确规定的形式审查要求；且

（b）外观设计据称是针对多个产品的共有外观设计的，该外观设计是针对每一产品的共有外观设计；且

（c）注册主任无须根据第43条第（1）款的规定拒绝注册该外观设计。

第40条　形式审查——涉及多项外观设计的申请

（1）有下列情形之一的，适用本条：

（a）一项外观设计申请披露多项外观设计的；且

（b）申请人要求注册一项或者多项上述外观设计的。

（2）注册主任对下列事项表示信纳的，必须注册请求注册的外观设计：

（a）与该外观设计相关的每一产品都属于洛迦诺协定中规定的同一分类；

（b）请求注册的外观设计据称是针对多个产品的共有外观设计的，该外观设计是针对每一产品的共有外观设计；

（c）该外观设计申请满足相关法规明确规定的形式审查要求；

（d）注册主任无须根据第43条第（1）款的规定拒绝注册该外观设计。

第41条　注册主任必须给予申请人改正瑕疵的机会

针对外观设计申请，注册主任不信纳其符合第39条或者第40条规定的，必须向申请人发出书面通知并说明：

（a）注册主任认为没有达到要求的有关事项；且

（b）申请人可以根据第28条请求注册主任修改申请；且

（c）该申请将根据第33条第（1）款（b）项，在相关法规规定的期限

届满时失效，除非在该期限内：

（ⅰ）申请被修改；或

（ⅱ）申请人以书面形式答复上述通知，说明其认为该申请无须修改的原因；

修改或者答复之后，注册主任信纳其符合第 39 条或者第 40 条的规定（视情况而定）。

第 42 条　注册主任根据第 41 条发出通知后

（1）本条适用于注册主任已根据第 41 条向申请人发出书面通知。

（2）申请人请求注册主任修改申请的，注册主任必须根据第 28 条对该请求予以考虑。

（3）申请人根据第 41 条（c）项（ⅱ）目所述以书面形式答复通知的，注册主任必须对该请求予以考虑。

（4）在考虑该请求或者答复之后，针对外观设计申请，注册主任信纳其符合第 39 条或者第 40 条规定的，必须根据上述任何一条的规定对在该申请中披露的一项或者多项外观设计进行注册。

（5）在考虑该请求或者答复之后，针对外观设计申请，注册主任不信纳其符合第 39 条或者第 40 条规定的，可以：

（a）根据第 43 条拒绝该外观设计注册；或

（b）根据第 41 条向申请人发出进一步通知。

第 43 条　注册主任必须拒绝的特定外观设计注册

（1）有下列情形之一的，注册主任必须拒绝外观设计注册：

（a）该外观设计是相关法规针对本项规定的外观设计或者同属一类的外观设计；或

（b）注册主任根据 1987 年奥林匹克标志保护法第 18 条不得注册的外观设计；或

（c）就产品而言，该外观设计是：

（ⅰ）1989 年电路设计图法规定的集成电路；或

（ⅱ）该集成电路的一部分；或

（ⅲ）用于制造此类集成电路的掩膜；或

（d）该外观设计受第108条规定的限制。

（2）在符合第42条规定的情况下，有下列任一情形的，注册主任必须拒绝在外观设计申请中披露的外观设计的注册，关于该申请，注册主任已根据第41条发出通知：

（a）申请人没有修改申请的；或

（b）申请人没有以书面形式答复上述通知，说明其认为申请无须修改的原因；

以使注册主任信纳该外观设计申请符合第39条或者第40条的规定的方式。

（3）注册主任必须以书面形式向申请人告知其根据第（1）款或第（2）款驳回申请。

该通知必须列明驳回的理由。

第44条　注册主任必须在驳回后对特定外观设计进行注册

尽管有第43条第（1）款（d）项的规定，但是如果：

（a）注册主任因外观设计受第108条规定的限制而拒绝外观设计注册；且

（b）该命令随后被撤销；且

（c）在命令被撤销之日，若非因第108条的实施，该外观设计本应获得注册；

则注册主任必须在相关法规规定的期限内对外观设计进行注册。

第2分部　注册程序

第45条　注册主任必须通知申请人注册事项并予以公告

（1）注册主任须根据本法注册外观设计的，适用本条。

（2）在其可予适用的范围内，注册主任必须在登记簿内记载第111条所述详情。

（3）注册主任必须授予申请人注册证书。证书必须符合相关法规规定的形式。

（4）注册主任必须发布通知，说明该外观设计已注册。该通知必须符合相关法规规定的形式。

第3分部　注册期限

第46条　注册期限

（1）外观设计的注册期限为：

（a）自首次披露该外观设计的外观设计申请的申请日起5年；或

（b）外观设计根据第47条续展注册的，自首次披露该外观设计的外观设计申请的申请日起10年。

（2）外观设计在原始申请中被排除的（参见第23条），根据第（1）款，首次披露该外观设计的外观设计申请视为原始申请。

第47条　续展注册

（1）注册外观设计的注册所有人可以申请续展外观设计的注册期限。

（2）申请必须在首次披露外观设计的外观设计申请的申请日之后规定期限内提出。

（3）申请符合相关法规规定形式的，注册主任必须续展该外观设计注册。

第48条　终止注册

（1）请求对外观设计进行审查时有下列情形之一的，外观设计注册终止：

（a）在第65条第（3）款（b）项规定的期限内，注册主任不信纳其满足第67条第（1）款（a）项或者第68条第（1）款（a）项的规定；或

（b）外观设计的注册所有人未在规定的缴费期限届满前缴纳规定的审查费用。

（2）外观设计注册也可在第46条第（1）款（a）项或（b）项（视情况而定）所述期限届满时终止。

（3）如果：

（a）在注册时，该注册外观设计是根据1968年版权法享有版权的艺术作品的相应外观设计；且

（b）除第18条规定外，根据本法不得注册该外观设计；且

（c）在该外观设计的注册失效（除本款规定外）前，1968年版权法项下的艺术作品版权期限届满；

艺术作品的版权期限届满时，外观设计的注册同时终止，并且此后不得延长。

（4）根据第（1）款终止外观设计注册的，在该注册终止时，该外观设计的有效审查证书必须视为同时被撤销。

第 49 条　放弃注册

（1）注册外观设计的注册所有人可以提议放弃外观设计注册。

（2）有多个外观设计注册所有人的，第（1）款项下的提议必须由全部注册所有人共同提出。

（3）第（1）款项下的提议：

（a）可在任何时间提出；且

（b）必须以书面形式做成并提交；且

（c）必须以相关法规规定的形式提出。

第 50 条　放弃注册的撤销

（1）注册主任收到第 49 条第（1）款项下放弃外观设计注册提议的，适用本条。

（2）注册主任必须：

（a）向相关法规规定的人通知该提议；且

（b）给予该人在相关法规规定的期限内以规定的方式进行陈述的机会。

（3）注册主任可以受理提议，撤销外观设计注册，并在完成第（2）款所述事项后根据第 115 条记载在登记簿上。

（4）针对外观设计的法律程序已被提起且尚未结束的，注册主任不得受理放弃外观设计注册的提议，除非：

（a）法院同意；或

（b）该法律程序的各方当事人同意。

（5）针对该外观设计存在有效强制许可的，注册主任不得受理放弃外观设计注册的提议。

（6）不服注册主任根据本条作出的决定的，可以向联邦法院或者联邦巡回法院提起上诉。

第4分部　与权利人有关的撤销注册理由

第51条　与权利人有关的撤销注册理由

（1）任何人可以根据第52条向注册主任申请撤销注册外观设计。

（2）根据第（1）款提出的申请必须：

（a）包括相关法规规定的信息；且

（b）以相关法规规定的形式提出。

第52条　申请程序

（1）任何人根据第51条提出撤销外观设计注册申请的，适用本条。

（2）如果注册主任信纳：

（a）一人或者多人在外观设计首次注册时是权利人，并且一个或者多个该外观设计的原注册所有人在当时不是权利人；或

（b）每一外观设计的原注册所有人在外观设计首次注册时都是权利人，但其他的一人或者多人在当时也是权利人；

注册主任可以作出书面声明，指明注册主任信纳其在外观设计首次注册时是权利人的人是本条项下的权利人。

（3）注册主任根据第（2）款作出声明的，必须：

（a）向相关当事人发出通知，说明该外观设计的注册被撤销；且

（b）根据第115条记载在登记簿上。

（4）注册主任还必须以相关法规规定的形式发布通知，说明该外观设计的注册已被撤销，并且该外观设计被视为从未注册过。

（5）除非注册主任给予每一原注册所有人合理的听证机会，否则不得根据本条撤销外观设计注册。

（6）在针对该外观设计的相关法律程序未决期间，注册主任不得根据本条撤销该外观设计的注册。

（7）不服注册主任根据本条作出的决定的，可以向联邦法院或者联邦巡回法院提起上诉。

第53条　在法律程序中被宣告为权利人的人提出的申请

（1）在针对外观设计的法律程序中，法院信纳下列情形之一的，适用

本条：

（a）一人或者多人在外观设计首次注册时是权利人，并且一个或者多个该外观设计的原注册所有人在当时不是权利人；或

（b）每一项外观设计的原注册所有人在外观设计首次注册时都是权利人，但其他的一人或者多人在当时也是权利人。

（2）除其在该法律程序中可能作出的任何其他命令外，法院可以宣告法院信纳其在外观设计首次注册时是权利人的人是本款项下的权利人。

（3）除非外观设计的注册已被撤销，否则法院不得根据第（2）款作出命令。

第 54 条　撤销下列放弃注册后权利人的申请

（1）本条适用于下列情形：

（a）注册主任根据第 50 条撤销外观设计注册的；且

（b）根据一人或者多人依据相关法律提出的申请，注册主任信纳：

（ⅰ）一个或者多个原注册所有人在该外观设计首次注册时不是权利人，并且其他的一人或者多人在当时是权利人；或

（ⅱ）每一外观设计的原注册所有人在外观设计首次注册时是权利人，但其他的一人或者多人在当时是权利人。

（2）注册主任可以作出书面声明，指明注册主任信纳其在外观设计首次注册时是权利人的人是本条项下的权利人。

（3）注册主任未首先给予每一原注册所有人合理的听证机会的，不得根据第（2）款作出声明。

（4）不服注册主任根据第（2）款作出或者拒绝作出声明的决定的，可以向联邦法院或者联邦巡回法院提起上诉。

第 55 条　提交申请之人声称其为权利人时外观设计的优先权日

根据第 52 条、第 53 条或者第 54 条声称其为一项外观设计的权利人的一人或者多人，可以根据第 21 条就该外观设计提交申请，并且如果其提交申请，该外观设计的优先权日与其首次披露的申请的优先权日相同。

第 56 条　原注册所有人的含义

在本条中：

原注册所有人，就一项外观设计而言，指该外观设计首次注册时，在登

记簿上记载为注册所有人的每一人。

第4部分 公 开

第57条 外观设计的公开

（1）申请人根据第35条、第36条、第37条或者第38条请求公开外观设计的，该外观设计申请中披露的外观设计适用本条。

（2）注册主任信纳外观设计申请中提供的文件符合相关法规规定的公开要求的，必须公开该外观设计。

（3）注册主任不信纳其满足第（2）款规定的，注册主任必须向申请人发出书面通知，说明：

（a）注册主任认为没有达到要求的有关事项；以及

（b）申请人可以根据第28条修改外观设计申请；以及

（c）该申请将根据第33条第（1）款（b）项，在相关法规规定的期限届满时失效，除非在该期限内：

（ⅰ）申请被修改；或

（ⅱ）申请人以书面形式答复上述通知，说明其认为该申请无须修改的原因；

以及修改或者答复之后，注册主任信纳其符合第（2）款的规定。

第58条 注册主任根据第57条发出通知后

（1）注册主任根据第57条第（3）款向申请人发出书面通知的，适用本条。

（2）申请人请求注册主任修改申请的，注册主任必须根据第28条对该请求予以考虑。

（3）申请人如第57条第（3）款（c）项（ⅱ）目所述以书面形式答复该通知的，注册主任必须考虑该答复。

（4）在考虑该请求或者回复之后，注册主任信纳其符合第57条第（2）款规定的，必须根据该款公开该外观设计。

（5）在考虑了申请或者回复后，注册主任不信纳其符合第57条第（2）款规定的，可以：

（a）根据第59条拒绝公布该外观设计；或

（b）根据第57条第（3）款向申请人发出进一步的通知。

第59条　拒绝公开

（1）在符合第58条规定的情况下，有下列情形之一的，注册主任必须拒绝公开外观设计：

（a）该外观设计在注册主任根据第57条第（3）款发出通知的外观设计申请中披露的；且

（b）申请人未对通知以注册主任信纳其符合第57条第（2）款规定的方式作出答复或进行修改的。

（2）注册主任根据第（1）款拒绝公开的，必须以书面形式向申请人发出通知。

该通知必须列明拒绝的理由。

第5部分　可供公众查阅的特定文件

第60条　公开注册外观设计的外观设计申请和相关文件以供公众查阅

（1）外观设计被注册或者公开之后，注册主任必须公开下列文件以供公众查阅：

（a）披露外观设计的外观设计申请；

（b）包含在外观设计申请中的任何说明；

（c）包含在外观设计申请中的任何关于该外观设计新颖性和独特性的声明；

（d）针对该外观设计提交的任何文件（无论在其注册或者公布之前还是之后）；

（e）注册主任发送给申请人或者注册所有人的与外观设计有关的任何文件（无论在其注册或者公开之前还是之后）；

（f）由外观设计局管辖的或者归其管辖的与外观设计申请相关的任何其他文件；

（g）相关法规规定的任何其他文件。

（2）尽管有第（1）款的规定，但是下列文件也不得供公众查阅：

（a）基于法律专业特权而在法律程序中免于出具的文件；

（b）受法院或者审裁处禁止披露文件或文件信息的命令规制的文件；

（c）根据第127条第（1）款（c）项要求出具的文件，注册主任信纳该文件或者文件信息不应公开以供公众查阅的；

（d）包含从（a）项、（b）项或（c）项规定的文件中获得的信息的文件。

（3）第（1）款所述文件已作出修改的，修改前后的文件都应供公众查阅。

（4）但是，如果：

（a）在外观设计申请中披露了多项外观设计；且

（b）存在下列任一情形：

（ⅰ）申请被修改以排除一项或者多项外观设计；

（ⅱ）一项或者多项外观设计在申请中被撤回；

（ⅲ）一项或者多项外观设计既未注册也未公开；

这些被排除或者撤回的或者既未注册也未公开的外观设计，以及在第60条第（1）款（b）项至（g）项中提及的专属于该等外观设计的文件或者部分文件，无须根据第（1）款供公众查阅。

第61条　无须公开的特定文件

（1）除本法另有规定外，第60条第（1）款所述类型的文件，不包括根据第60条第（1）款（g）项制定的法规规定的文件：

（a）不得公布或者向公众公开以供其查阅；且

（b）无须在注册主任席前或者法律程序中接受查阅或者出具，但经注册主任、法院或者任何有权命令查阅或者出具该文件的人允许的除外。

（2）必须向注册主任发出申请在法律程序中出具第（1）款所述类型文件的通知，注册主任有权就该申请进行听证。

（3）第（1）款的规定并不妨碍向文件相关的外观设计注册或公开申请人公开第60条第（1）款所述类型的文件。

第5章　外观设计审查

第1部分　第5章的简略纲要

第62条　简略纲要

本章的简略纲要如下：

第 5 章涉及注册主任对外观设计的审查。

注册主任可以在注册后根据申请或者自行主动审查外观设计。

在审查外观设计时，注册主任必须考虑是否存在撤销该外观设计注册的理由。

第 2 部分　审查的请求

第 63 条　外观设计的审查

（1）任何人请求或者法院命令注册主任审查外观设计的，注册主任必须审查曾在任何时间属于注册外观设计的外观设计。

（2）注册主任可以自行于任何时间对曾在任何时间属于注册外观设计的外观设计进行审查。

（3）针对外观设计的相关法律程序在法院待决的，注册主任不得审查该外观设计，但法院命令其审查的除外。

（4）如果：

（a）注册主任已开始审查外观设计；且

（b）针对该外观设计的相关法律程序已经开始；

注册主任不得继续审查该外观设计（包括考虑根据第 66 条提出的修改请求），但法院命令其继续审查的除外。

（5）在本条中，曾在任何时间属于外观设计的表述：

（a）不包括由于第 48 条第（1）款的实施注册被终止的外观设计；且

（b）不包括其注册已被撤销的外观设计，但权利人已根据第 52 条、第 53 条或者第 54 条针对该外观设计作出声明的除外。

第 64 条　外观设计审查请求的要求

（1）请求注册主任审查注册外观设计的，必须符合相关法规规定的任何要求。

（2）该请求可以包含针对外观设计新颖性和独特性的材料。

（3）本条项下请求中包含的与该外观设计新颖性和独特性相关的文件，注册主任必须使其可供公众查阅。

第3部分 审　查

第65条 注册主任审查外观设计的必做事项

(1) 注册主任收到审查注册外观设计的请求的，或决定审查注册外观设计的，必须考虑是否存在第(2)款项下的撤销理由。

(2) 下列理由是就本部分而言撤销注册外观设计的理由：

(a) 该外观设计是不可注册的外观设计；

(b) 相关法规规定的任何其他理由。

(3) 审查必须：

(a) 按照相关法规规定的程序进行；且

(b) 在相关法规规定的期限内完成。

第66条 修改注册

(1) 在审查注册外观设计的过程中，注册主任信纳撤销外观设计注册的理由已成立的，适用本条。

(2) 注册主任必须以书面形式向外观设计的注册所有人发出具此意义的通知。

(3) 外观设计的注册所有人可以请求注册主任修改登记簿，以消除撤销的理由。

(4) 第(3)款项下的请求必须以相关法规规定的方式提出。

(5) 注册主任必须以相关法规规定的方式考虑并处理该请求。

(6) 修改不得：

(a) 扩大外观设计注册的范围；或

(b) 通过纳入原外观设计申请、说明或者其他文件中未实质性披露的事项变更注册范围。

第67条 注册有效的审查证书

(1) 本条适用于针对注册外观设计的下列情况：

(a) 注册主任已审查外观设计，并信纳撤销外观设计注册的理由不成立，或如果登记簿按照根据第66条提出的请求的提议进行修改便可消除任何此种理由；且

（b）该外观设计的注册没有根据第 48 条第（1）款被终止。

（2）注册主任必须向相关当事人发出通知，说明：

（a）该外观设计已获审查；且

（b）注册主任信纳如果登记簿按照根据第 66 条作出的请求的提议进行修改，便可消除撤销理由的，该拟议修改的详情；且

（c）将要颁发审查证书。

（3）在给予相关当事人合理的陈词机会后，注册主任仍信纳其符合第（1）款（a）项的规定的，必须：

（a）以相关法规规定的形式向外观设计的注册所有人颁发审查证书；且

（b）在登记簿上记录该证书的颁发以及（如适用）注册主任信纳可以消除撤销理由的根据第 66 条提出请求所提议的修改；且

（c）以相关法规规定的形式发布通知，说明：

（ⅰ）对该外观设计的审查已经完成；且

（ⅱ）可以开始第 6 章项下关于侵权的法律程序。

（4）不服注册主任根据本条作出的决定的，可以向联邦法院或者联邦巡回法院提起上诉。

第 68 条　审查后对注册的撤销

（1）本条适用于针对注册外观设计的下列情况：

（a）注册主任已对外观设计进行了审查，并信纳撤销该外观设计注册的理由已成立，且如果登记簿按照根据第 66 条作出请求的提议进行修改不会消除该理由；且

（b）该外观设计的注册没有根据第 48 条第（1）款被终止。

（2）注册主任必须：

（a）向相关当事人发出通知，说明该外观设计的注册被撤销；且

（b）根据第 115 条记载在登记簿上。

（3）注册主任还必须以相关法规规定的形式发布通知，说明该外观设计的注册已被撤销，并且该外观设计被视为从未注册过。

（4）注册主任不得根据本条撤销外观设计注册，除非：

（a）注册主任已给予注册所有人合理的陈词机会；且

（b）在适当的情况下，注册主任已给予注册所有人修改相关注册外观设计的合理的机会以消除该注册外观设计被撤销的理由，但该注册所有人未进

行修改。

(5) 在针对该外观设计的相关法律程序未决期间，注册主任不得根据本条撤销该外观设计的注册。

(6) 不服注册主任根据本条作出的决定的，可以向联邦法院或者联邦巡回法院提起上诉。

第4部分　可以提供给注册主任的材料

第69条　可以提供给注册主任的特定材料

(1) 可以向注册主任提供第2章第4部分第1分部所指的与注册外观设计是否具有新颖性或者独特性相关的材料。即使该人并未根据第63条第（1）款请求审查外观设计，也可以提供该等材料。

(2) 材料的提交应符合相关法规规定。

(3) 根据第（1）款向注册主任提供材料的，注册主任必须：

(a) 告知外观设计的注册所有人该材料已被提供；且

(b) 将该材料的副本提供给外观设计的注册所有人。

(4) 本条任何规定均不得被视为请求注册主任根据第3部分审查外观设计。

(5) 根据第（1）款提交给注册主任的材料，注册主任必须提供副本供公众查阅。

第6章　侵　　权

第1部分　第6章的简略纲要

第70条　简略纲要

本章的简略纲要如下：

第6章关于侵权。

第2部分规定了行为人未经适当授权以特定方式处理体现外观设计的产品，或体现与其实质性相似的外观设计的产品的，构成注册外观设计侵权。

第2部分还规定了外观设计的注册所有人可以提起侵权法律程序。

被告可以提出反诉要求更正登记簿。

可获得各种救济，包括强制令、损害赔偿或者交出所得利润。

第3部分涉及侵权法律程序的不正当威胁。

第2部分　注册外观设计侵权

第71条　外观设计侵权

（1）在外观设计的注册期限内，未经外观设计的注册所有人的许可或者授权，行为人有下列情形之一的，构成注册外观设计侵权：

（a）制造或者许诺制造针对其注册外观专利的并且体现与注册外观专利完全相同或者整体印象上实质性相似的外观设计的产品；或

（b）将此类产品进口到澳大利亚销售，或用于任何贸易或者商业用途；或

（c）销售、出租或者以其他方式处置此类产品，或许诺销售、许诺出租、许诺以其他方式处置此类产品；或

（d）以任何方式将此类产品用于任何贸易或者商业用途；或

（e）为实施（c）项或（d）项所述的任何行为的目的，保存此类产品。

（2）尽管有第（1）款的规定，但是有下列情形之一的，不构成注册外观设计侵权：

（a）进口针对其注册外观专利的并且体现与注册外观设计完全相同或者整体印象上实质性相似的外观设计的产品；且

（b）该体现外观设计的产品得到了该外观设计的注册所有人的许可或者授权。

（3）法院在确定被控侵权的外观设计与注册外观设计在整体印象上是否实质性相似时，应考虑第19条明确规定的因素。

（4）侵权法律程序必须在被控侵权发生之日起6年内提起。

第72条　不侵犯注册外观设计的特定修复

（1）尽管有第71条第（1）款的规定，但是有下列情形之一的，不构成注册外观设计侵权：

（a）使用或者授权他人使用产品，该产品：

（ⅰ）针对其的外观设计已注册；且

（ⅱ）体现了与注册外观设计完全相同或者整体印象上实质性相似的外观设计；且

（b）该产品是复杂产品的组成部分；且

（c）使用或者授权是为了修复复杂产品，以使其全部或部分恢复整体外观。

（2）如果：

（a）使用或者授权他人使用产品，该产品：

（ⅰ）针对其的外观设计已注册；且

（ⅱ）体现了与注册外观设计完全相同或者整体印象上实质性相似的外观设计；且

（b）在侵权法律程序中主张由于第（1）款的实施，该使用或者授权并未侵犯注册外观设计；

外观设计的注册所有人承担证明被控侵权人知道或者理应知道其使用或者授权不是为了第（1）款（c）项所述目的的责任。

（3）在第（1）款中：

（a）紧接在修复之后的复杂产品的整体外观与原整体外观没有重大不同的，则该修复被视为全部恢复复杂产品整体外观的修复；且

（b）下列两者间存在重大不同的，则该修复被视为部分恢复复杂产品整体外观的修复：

（ⅰ）该复杂产品的原整体外观；且

（ⅱ）紧接在修复之后的复杂产品的整体外观；

且该不同完全归因于只有部分复杂产品被修复的事实。

（4）在适用第（3）款时，法院必须适用知情使用者标准。

（5）在本条中：

修复，就复杂产品而言，包括下列内容：

（a）将复杂产品腐朽或者损坏的组成部分恢复到良好或者完好的状态；

（b）用良好或者完好的组成部分替换复杂产品腐朽或者损坏的组成部分；

（c）在恢复或者更换复杂产品腐朽或者损坏的组成部分时，对附带物品的必要更换；

（d）对复杂产品进行维护。

知情使用者标准，就复杂产品的整体外观而言，指熟悉复杂产品或者与该产品相似的产品的人的标准。

使用，就产品而言，指：

（a）制造或者许诺制造该产品；或

（b）将该产品进口到澳大利亚销售，或用于任何贸易或者商业用途；或

（c）销售、出租或者以其他方式处置该产品，或许诺销售、许诺出租、许诺以其他方式处置该产品；或

（d）以任何其他方式将该产品用于任何贸易或者商业用途；或

（e）为实施（c）项或（d）项所述的任何行为的目的，保存此类产品。

第 73 条　侵权法律程序

（1）注册外观设计的注册所有人可以向他人提起诉讼，指控该人侵犯了其注册外观设计。

（2）侵权法律程序可以向指定法院或者其他针对该法律程序有司法管辖权的法院提起。

（3）但是，当出现下列情形时才可以根据第（1）款提起侵权法律程序：

（a）该外观设计已根据第 5 章获得审查；且

（b）已颁发审查证书。

（4）由于第 55 条的实施，根据第 21 条提交外观设计注册申请的，只可就在根据第 21 条提出申请之日后发生的侵权行为提起侵权法律程序。

第 74 条　反　　诉

针对注册外观设计提起侵权法律程序的被告，可以通过在法律程序中提起反诉的方式，申请根据第 93 条撤销该外观设计的注册。

第 75 条　侵权救济

（1）在不限制法院在侵权法律程序中可以给予救济的情况下，救济可以包括：

（a）受制于法院认为合适的条款的强制令；且

（b）应原告选择的损害赔偿或者交出所得利润。

（2）被告使法院信纳满足下列情况的，法院可以拒绝判给损害赔偿、减少本应判给的损害赔偿，或拒绝作出交出所得利润的命令：

（a）在直接侵权的情况下：

（ⅰ）在侵权时，被告不知道该外观设计已注册；且

（ⅱ）在侵权前，被告已采取一切合理措施确定该外观设计是否已注册；或

（b）在间接侵权的情况下，侵权时，被告不知道并且不能合理期待其知

道该外观设计已经注册。

(3) 考虑到侵权的昭彰程度和所有其他相关事项，法院可以判给其认为适当的额外损害赔偿。

(4) 体现与侵权法律程序相关的注册外观设计的产品或该产品的外包装已被标记以表明该外观设计已经注册的，是证明被告知道该外观已经注册的初步证据。

(5) 在本条中：

直接侵权，指第71条第（1）款（a）项所述种类的侵权。

间接侵权，指第71条第（1）款（b）项、（c）项、（d）项或（e）项所述种类的侵权。

第76条　注册主任参加法律程序

法院可以准许注册主任参加侵权法律程序。

第3部分　免于不正当威胁的救济

第77条　免于不正当威胁的救济申请

(1) 一人受到另一人（被申请人）针对外观设计以侵权法律程序或者其他类似法律程序威胁的，受害人（申请人）可以向指定法院或者其他具有司法管辖权审理和裁决该申请的法院申请作出下列裁决：

(a) 宣告该威胁不正当；且

(b) 禁止继续作出该威胁的强制令；且

(c) 追讨申请人因该威胁而遭受的损害赔偿。

(2) 第（1）款所述威胁可能以通告、公告或者其他方式作出。

(3) 尚未针对外观设计颁发审查证书的，就该外观设计提起侵权法律程序或者其他类似法律程序的威胁是本条规定的不正当威胁。

第78条　法院给予救济的权力

法院可以给予申请人根据第77条寻求的救济，但被申请人使法院信纳存在下列情况的除外：

(a) 有关设计已经注册、审查并且已经颁发审查证书；且

(b) 作出威胁的行为侵犯或者将会侵犯注册外观设计。

第79条　反　　诉

（1）第77条项下针对外观设计的法律程序的被申请人，可以通过提起反诉的方式，请求获得其在就该外观设计向申请人单独提起的侵权法律程序中有权获得的救济。

（2）被申请人根据第（1）款提起反诉的，申请人可以不根据第93条提出单独申请，申请撤销外观设计注册。

（3）本法中与侵权法律程序有关的规定，经必要的变通后，可适用于第（1）款项下的反诉。

（4）本法中与撤销外观设计注册的法律程序有关的规定，经必要的变通后，可适用于第（2）款项下的申请。

第80条　仅通告注册情况不构成威胁

仅通告注册外观设计的存在不构成本法第77条规定的侵权法律程序的威胁。

第81条　法律执业者、注册专利律师和注册商标律师

法律执业者、注册专利律师或者注册商标律师就其在第77条项下法律程序中以专业人员身份代表客户作出的行为不承担法律责任。

第7章　法院的司法管辖权和权力

第1部分　第7章的简略纲要

第82条　简略纲要

本章的简略纲要如下：

第7章涉及法院的司法管辖权。

在第2部分中，联邦法院和联邦巡回法院针对本法项下所产生的事项享有司法管辖权。

本法规定其他指定法院享有司法管辖权的，其应享有司法管辖权。

第3部分涉及指定法院在特定情形下签发强制许可和撤销外观设计注册的职责。

第4部分也涉及指定法院在其他特定情形下撤销外观设计注册的职责。

第2部分　司法管辖权

第83条　联邦法院的司法管辖权

（1）联邦法院对本法项下所产生的事项享有司法管辖权。

（2）联邦法院审理和裁决就注册主任的决定提起上诉的司法管辖权排除其他任何法院的司法管辖权，但不排除下列法院的司法管辖权：

（a）第83A条第（2）款项下的联邦巡回法院；且

（b）宪法第75条项下的高等法院。

（3）不得就违反本法的犯罪向联邦法院提起刑事诉讼。

第83A条　联邦巡回法院的司法管辖权

（1）联邦巡回法院对本法项下所产生的事项享有司法管辖权。

（2）联邦巡回法院审理和裁决就注册主任的决定提起上诉的司法管辖权排除其他任何法院的司法管辖权，但不排除下列法院的司法管辖权：

（a）第83条第（2）款项下的联邦法院；以及

（b）宪法第75条项下的高等法院。

（3）不得就违反本法的犯罪向联邦巡回法院提起刑事诉讼。

第84条　其他指定法院的司法管辖权

（1）除联邦法院或者联邦巡回法院外的每一所指定法院，对于针对法律程序本法项下所产生的可能向该指定法院提起法律程序的事项享有司法管辖权。

（2）第（1）款授予领地最高法院的司法管辖权如下：

（a）在宪法允许的范围内授予其司法管辖权，只要其涉及：

（ⅰ）侵权法律程序；或

（ⅱ）根据第74条提出的撤销外观设计注册的申请；且

（b）在其他任何案件中，所授予的司法管辖权仅限于由下列对象提起的法律程序：

（ⅰ）在提起法律程序时居住在该领地的自然人；或

（ⅱ）在提起法律程序时其主要营业地在该领地的法人。

第 85 条 司法管辖权的行使

第 83 条、第 83A 条或者第 84 条项下的指定法院的司法管辖权由独任法官行使。

第 86 条 法律程序移交等

(1) 在下列情况中，根据本法向其提起法律程序的法院，可以将该法律程序移交给另一享有司法管辖权审理和裁决该法律程序的指定法院：

(a) 如果法院认为适当；且

(b) 一方当事人在法律程序的任何阶段提出申请。

(2) 根据本条将诉讼从某一法院移交给另一法院的：

(a) 与该诉讼有关的全部记录文件都要送交该另一法院的司法常务官或者其他适当人员；且

(b) 该另一法院必须继续审理，犹如：

(ⅰ) 该法律程序是在该法院启动的；且

(ⅱ) 在该法院法律程序中所采取的步骤是在移交法院采取的步骤。

(3) 本条不适用于针对联邦法院与联邦巡回法院之间的诉讼移交。

注：关于从联邦巡回法院向联邦法院移交诉讼，参见 1999 年联邦巡回法院法第 39 条。

关于从联邦法院向联邦巡回法院移交诉讼，参见 1976 年联邦法院法第 32AB 条。

第 87 条 上　诉

(1) 针对下列法院的判决或者命令可以上诉至联邦法院：

(a) 本法项下行使司法管辖权的另一指定法院；或者

(b) 正在进行在第 73 条或者第 77 条中提及的法律程序的任何其他法院。

(2) 联邦法院或者联邦巡回法院的独任法官行使其司法管辖权，审理和裁决就注册主任的决定提起的上诉时，除非有联邦法院的许可，否则不得就该判决或者裁定向联邦法院的合议庭提起上诉。

(3) 经过高等法院的特别许可，可以就第 (1) 款提及的判决或者裁定向高等法院提起上诉。

(4) 除本条规定的情况外，不得就第 (1) 款提及的判决或者裁定向高等法院提起上诉。

第88条　联邦法院和联邦巡回法院在审理上诉时的权力

在审理就注册主任的决定或者指示提起的上诉时，联邦法院或者联邦巡回法院可以行使下列一项或者多项权力：

（a）以口头形式、誓章形式或者其他形式承认进一步的证据；

（b）准许对证人（包括已在注册主任席前作证的证人）进行询问和交叉询问；

（c）命令根据其指示对一项事实问题进行审理；

（d）维持、撤销或者改变注册主任的决定或者指示；

（e）在其认为合适的所有情况下，作出任何判决或者发出任何命令；

（f）命令一方当事人向另一方当事人支付费用。

第89条　注册主任可以在上诉中出庭

即使注册主任不是上诉的一方当事人，在就其作出的决定或者裁定向联邦法院或者联邦巡回法院提起上诉的庭审中，可以出庭并进行陈词。

第3部分　强制许可及撤销注册

第90条　可以向法院申请强制许可

（1）在规定的期限届满后，可以向指定法院申请作出命令，要求注册外观设计的注册所有人许可其实施第10条第（1）款（a）项至（e）条所规定的针对该外观设计的任何事项。

（2）除非已被授予审查证书，否则不得根据第（1）款提出申请。

（3）法院在对该申请进行听审后，如果信纳存在下列情形，可以作出上述命令：

（a）就案件情况而言，可合理相信体现该外观设计的产品不是在澳大利亚制造的；且

（b）外观设计的注册所有人没有针对其不行使外观设计的专有权提供令人满意的理由；且

（c）申请人曾在合理期限内尝试以合理的条款和条件，从外观设计的注册所有人处获得授权，授权其针对该外观设计实施第10条第（1）款（a）项至（e）项规定的事项，但未能成功。

第 91 条　强制许可的条款

（1）法院根据第 90 条作出授予许可的命令的，适用本条。

（2）该命令必须指示该许可：

（a）并未授予被许可人对该外观设计的任何专有权；且

（b）仅能连同与许可使用有关的企业或者商誉一起转让；

并且可以指示该许可的授予必须符合该命令中明确规定的任何其他条款。

（3）上述命令的效用，在不损害其他强制履行方法的情况下，犹如其被包含在一项授予许可的契据中并且由外观设计的注册所有人和全部其他的必要当事人签署。

（4）申请人应向外观设计的注册所有人支付：

（a）申请人和外观设计的注册所有人之间约定的数额；或

（b）如果（a）项不适用，则为由指定法院在考虑该许可的经济价值后确定的公平合理的数额。

（5）有下列情形的，外观设计的注册所有人或者指定法院可以撤销该许可：

（a）外观设计的注册所有人和被许可人协商一致，或者法院根据任何一方当事人提出的申请认定，证明该许可正当的情况已不复存在且不会再发生；且

（b）被许可人的合法权益不会因该撤销而受到不利影响。

第 92 条　授予强制许可后注册的撤销

（1）根据第 90 条授予强制许可的，利害关系人可以在规定期限届满后，申请指定法院作出撤销该外观设计注册的命令。

（2）法院在审理该申请后，如果信纳存在下列情形，可以作出上述命令：

（a）公众关于该外观设计的合理要求没有被满足；且

（b）外观设计的注册所有人无正当理由未行使外观设计的专有权。

第 4 部分　法院撤销注册的其他情况

第 93 条　撤销注册的其他情况

（1）任何人可以申请指定法院撤销外观设计的注册。

（2）第（1）款项下的申请只可以在该外观设计已根据第五章被审查并已颁发审查证书之后提出。

(3) 法院可以基于下列理由撤销外观设计的注册:

(a) 该外观设计是不可注册的外观设计; 或

(b) 一个或者多个原注册所有人在该外观设计首次注册时不是该外观设计的权利人; 或者

(c) 每一原注册所有人在该外观设计首次注册时均是该外观设计的权利人, 但其他一人或者多人在当时也是该外观设计的权利人; 或

(d) 该外观设计是通过欺诈、虚假声明或者虚假陈述获得注册的; 或

(e) 该外观设计是一项艺术作品的相应外观设计, 且该艺术作品的版权已经终止。

(4) 在本条中:

原注册所有人, 就一项外观设计而言, 指该外观设计首次注册时, 在登记簿上记载为注册所有人的每一人。

第8章　官　　方

第1部分　第8章的简略纲要

第94条　简略纲要

本章的简略纲要如下:

第2部分许可联邦或者州使用注册外观设计。

第3部分许可联邦获取注册外观设计。

第4部分授权注册主任禁止或者限制公开与外观设计申请相关的信息, 如果这样做对于联邦的国防是有必要的或者有利的。

第2部分　官方的使用

第95条　术语的含义

(1) 在本部分中, 提及的使用外观设计或者使用体现注册外观设计的产品, 指行使第10条第 (1) 款 (a) 项至 (e) 项中规定的外观设计的专有权。

(2) 在本部分中:

州包括下列地区:

(a) 澳大利亚首都领地、北部领地和诺福克岛;

（b）澳大利亚首都领地、北部领地或者诺福克岛的当局。

第 96 条 联邦或者州对外观设计的使用

（1）在一项披露外观设计的外观设计申请已提交或者一项外观设计已注册之后的任何时间，联邦或者州，或者联邦或者州书面授权的人，可以为联邦或者州服务而使用该外观设计。

（2）第（1）款项下的授权：

（a）可以在该外观设计注册之前或者之后进行；且

（b）可以涉及并追溯至该申请提交后给予授权前的行为；且

（c）可以给予某人，即使该人已经获得外观设计的权利人或者外观设计的注册所有人（视情况而定）可使用该外观设计的直接或者间接授权。

（3）在符合第 105 条规定的情况下，如果该外观设计的使用对于在澳大利亚境内适当提供该服务是必要的，则就本部分而言应视为为联邦或者州服务而使用该外观设计。

第 97 条 申请人、权利人和注册所有人的使用告知

（1）在根据第 96 条使用一项外观设计后，联邦或者州必须在切实可行的范围内尽快将该使用告知下列人员：

（a）在该外观设计尚未注册的情况下，该外观设计的每一注册申请人和该外观设计的每一权利人；

（b）在该外观设计已注册的情况下，注册所有人。

（2）当第（1）款（a）项至（b）项所述之人不时提出合理要求时，联邦或者州还必须向该每一人提供有关外观设计使用的信息，但联邦或者州认为这样做会违背公共利益的除外。

第 98 条 使用条款

（1）外观设计使用条款：

（a）由联邦或者州和外观设计的权利人或者外观设计的注册所有人（视情况而定）在使用开始前、进行中或者结束后约定；或

（b）无法达成约定的，由指定法院裁定。

（2）指定法院在裁定使用条款时，可以考虑该外观设计的利害关系人就该外观设计直接或者间接从联邦或者州获得的补偿。

(3) 除非已针对该外观设计颁发审查证书，否则不得申请指定法院作出第(1)款项下的裁定。

第99条　先前协议无效

(1) 订立了除联邦或者州外的人使用外观设计的条款的协议或者许可(无论其是在本条生效前还是生效后订立或者授予)，适用本条。

(2) 对于在本条生效后根据第96条使用外观设计的，该协议或者许可无效，但该协议或者许可已得到该州的部长或者总检察长批准的除外。

第100条　侵　　权

不得针对根据第96条使用外观设计提起侵权法律程序。

第101条　法院的声明

(1) 外观设计的注册所有人认为其外观设计已根据第96条被使用的，可以申请指定法院作出具此意思的声明。

(2) 除非已颁发审查证书，否则注册所有人不得根据第(1)款提出申请。

(3) 在第(1)款项下法律程序中，相关的联邦或者州是被告，并且其可以通过反诉申请根据第93条撤销该外观设计的注册。

第102条　根据法院命令停止使用外观设计

(1) 指定法院可以依注册所有人的申请，宣告联邦或者州对该外观设计的使用对于向联邦或者州适当地提供服务已无必要或者不再有必要。

(2) 法院信纳该声明在该案的所有情况下都是公平合理的，可以根据第(1)款作出声明。

(3) 法院可以进一步命令联邦或者州停止使用该外观设计：

(a) 自命令中指明之日起；且

(b) 符合命令中具体规定的任何条件。

(4) 法院在根据第(3)款作出命令时，应确保该命令不会对联邦或者州的合法权益造成不利影响。

(5) 除非已针对该外观设计颁发审查证书，否则不得申请指定法院作出第(1)款项下的裁定。

第 103 条　产品的销售

体现外观设计的产品在根据第 96 条使用外观设计期间被售出的，买方及任何通过买方主张权利的人均有权处置该产品，犹如联邦或者州是该外观设计的注册所有人一样。

第 104 条　被没收的产品

本部分中的任何规定都不得影响联邦、州或者任何直接或者间接地从联邦或者州取得所有权的人根据联邦或者州的法律销售或者使用被没收产品的权利。

第 105 条　联邦对国外的产品供应

（1）本条适用于下列情形：

（a）联邦已和国外达成协议，同意向该国供应体现已注册外观设计的产品；且

（b）该产品是该国的国防所必需的。

（2）联邦或者由联邦书面授权的人为供应该产品而使用该产品的，就本部分而言，被视为联邦为联邦服务而使用该产品。

（3）联邦或者该被授权的人可以：

（a）根据协议向该国销售产品；且

（b）向任何人销售任何不为制造目的所需要的产品。

第 3 部分　官方获得及向官方转让

第 106 条　联邦获取外观设计

（1）总督可以指示联邦获得外观设计申请中披露的外观设计或者注册外观设计。

（2）当指示作出之后，所有与该外观设计有关的权利都根据本条的效力转移并归属于联邦。

（3）该获得的通知必须以规定的方式公布，并发送给下列人员：

（a）在该外观设计尚未注册的情况下，每一该外观设计的注册申请人和每一该外观设计的权利人；

（b）在该外观设计已注册的情况下，注册所有人。

（4）联邦必须支付下列人员作为补偿：

（a）所有该外观设计的权利人或者该外观设计的注册所有人（视情况而定）；以及

（b）登记簿中记载的所有与该外观设计有利害关系的其他人；

补偿应为联邦和上述人员约定的数额，或未达成约定的，则由指定法院裁定。

（5）除非已针对该外观设计颁发审查证书，否则不得申请指定法院作出第（4）款项下的裁定。

第107条　向联邦转让外观设计

（1）外观设计的权利人或者外观设计的注册所有人可以向联邦转让其在外观设计上的权益，以及其在外观设计上已获得或者将要获得的专有权权益。

（2）该转让和所有该转让中的契约和协议：

（a）即使尚未支付有价对价，均属有效且有作用；且

（b）可以以部长的名义通过诉讼或者其他适当的法律程序强制履行。

第4部分　禁　令

第108条　禁止公开外观设计相关信息

（1）注册主任可以发出书面命令禁止或者限制公开外观设计申请客体的相关信息，只要其认为这么做对于联邦的国防利益是必要或者适宜的。

（2）注册主任根据第（1）款作出命令时应遵守部长的任何指示。

（3）针对申请的命令根据第（1）款有效的，该申请可以根据本法的规定予以处理，但不得注册或者公开该申请中披露的外观设计。

（4）如果：

（a）第（1）款项下的命令已被撤销；且

（b）在撤销命令之日，若非由于第（3）款的实施，该外观设计本应注册或者公开；

则该外观设计必须在规定期限内注册或者公开。

（5）本法中的任何规定均不得阻止向某一机构或者联邦当局披露外观设计的相关信息，以获得该机构或者联邦当局就本条项下的命令是否应发出、

修改或者撤销而提出的建议。

第109条　外观设计相关信息的公开

（1）任何人有下列行为的，即属犯罪：

（a）该人受制于第108条第（1）款项下的命令；且

（b）该人实施了某行为；且

（c）该人的行为违反了该命令。

处罚：2年监禁。

（2）该人已获得注册主任书面同意的，不适用第（1）款。

注：针对第（2）款中的事项，由被告承担举证责任，参见刑法典第13.3条第（3）款。

（3）在本条中，实施某一行为指：

（a）作为；或者

（b）不作为。

第9章　登记簿

第110条　简略纲要

本章的简略纲要如下：

第9章涉及外观设计的登记簿。

本章要求注册主任备存登记簿并在其中记载特定事项。

登记簿应可供公众查阅。

在指明的情况下可以对登记簿进行修改。

第111条　注册主任必须备存登记簿

（1）注册主任必须将外观设计的登记簿备存在外观设计局。

（2）关于注册外观设计的下列详情必须记载在登记簿上：

（a）已针对其外观设计进行注册的一项或者多项产品；

（b）有权作为外观设计的注册所有人记载在登记簿上的每一人的姓名；

（c）外观设计的说明；

（d）关于外观设计的审查证书是否已颁布；

（e）相关法规规定的任何其他详情。

(3) 所有已提交的与第 (2) 款规定的详情的记载有关的文件必须可供任何人在外观设计局开放业务期间查阅。

第 112 条　登记簿可以使用计算机备存

(1) 登记簿可以全部或者部分使用计算机备存。

(2) 登记簿全部或者部分使用计算机备存的:

(a) 本法中提及的登记簿上的记载，包括使用计算机备存的详情记录，该记录包含全部登记簿或者部分登记簿；且

(b) 本法中提及的详情被注册或者记载在登记簿上，包括使用计算机备存作为登记簿一部分的该等详情记录；且

(c) 本法中提及的修改、变更或者更正登记簿，包括修改、变更或者更正使用计算机备存的详情记录，该记录包含全部登记簿或者部分登记簿。

第 113 条　对登记簿的查阅

(1) 登记簿可供任何人在相关法规规定的时间内于外观设计局查阅。

(2) 使用计算机备存登记簿的，通过允许公众人员访问计算机终端，以使他们能够使用其查阅计算机备存的详情，视为遵守第 (1) 款的规定。

第 114 条　修改登记簿以记录所有权的变动

(1) 转让外观设计权益的注册外观设计的注册所有人或者该外观设计权益的受让人，可以要求注册主任记录该外观设计权益的转让。

(2) 通过遗嘱或者法律规定的转移成为注册外观设计的所有人的，可以要求注册主任记录该人在该外观设计上的权益。

(3) 根据第 (1) 款提出要求的，注册主任必须:

(a) 通知该请求的每一其他该外观设计的注册所有人；且

(b) 记录该转让;

但其他任何注册所有人在相关法规规定的期限内以书面方式通知注册主任其不同意该转让的除外。

(4) 第 (1) 款或第 (2) 款项下的要求的提出必须符合相关法规规定。

第 115 条　修改登记簿以执行特定决定

如果:

（a）注册主任决定根据第50条、第52条或者第68条撤销外观设计的注册；或

（b）法院发出命令撤销外观设计的注册；

注册主任必须记载在登记簿上，说明该外观设计的注册已被撤销，并且该外观设计被视为从未注册过。

第116条 重新颁发证书

修改登记簿后，注册主任必须：

（a）向外观设计的注册所有人颁发新的注册证书；且

（b）以相关法规规定的方式公布通知，指明对登记簿的修改；且

（c）在适当的情况下，公开该外观设计。

第117条 信托不得记载在登记簿上

注册主任不得接受信托通知或者将其记载在登记簿上，无论其是明示的、默示的或者推定的。

第118条 证据条款

（1）登记簿是其所记载详情的表面证据。

（2）登记簿全部或者部分通过使用计算机备存的，注册主任签发的提供构成登记簿的全部或者任何详情的书面文件或者其部分（视情况而定），在任何法律程序中都可以作为证明该等详情的可采信的表面证据。

（3）登记簿的签名副本或者签名摘录在任何诉讼中的可采信性等同于原件。

（3a）本条不适用于登记簿上针对PPSA担保物权的详情记录。

注：与2009年动产担保法项下的PPSA担保物权有关的特定注册相关详情是可采信的证据：参见该法第174条。

（4）在本条中：

签名，指由注册主任签名或者代表注册主任签名。

第119条 未注册利益的可采信

（1）与在登记簿上没有记载的事项有关的文件或者文书不能在法庭上作为证明享有该外观设计所有权或者外观设计权益的可采信的证据，但下列情

况除外：

（a）属于第120条项下申请情况的；

（b）有关法院指示该文件或者文书是可采信的。

（2）但是，第（1）款并不限制针对PPSA担保物权的文件或者文书在法庭上作为证据的可采信。

注：与2009年动产担保法项下的PPSA担保物权有关的特定注册相关详情是可采信的证据，参见该法第174条。

第120条 登记簿的更正

（1）因下列情况而侵害的人：

（a）应记载的事项没有记载在登记簿上；或

（b）某一事项被错误地记载在登记簿上；或

（c）登记簿上的记载有错误或者瑕疵；或

（d）某一事项错误地存在于登记簿上；

可以申请指定法院作出更正登记簿的命令。

（2）在审理第（1）款项下的申请时，法院可以：

（a）对有关更正登记簿所必要或者适宜作出决定的问题作出决定；且

（b）作出一项其认为合适的关于更正登记簿的命令。

（3）根据第（1）款提出申请的，法院必须通知注册主任，并且注册主任有权在针对该申请的法律程序中出庭并作出陈词。

（4）法院根据本条作出命令的：

（a）法院必须向注册主任送达该命令的副本；且

（b）注册主任必须实施该命令。

（5）除非已针对一项外观设计颁发审查证书，否则不得根据第（1）款申请指定法院针对该外观设计更正登记簿。

第10章 管　　理

第121条 简略纲要

本章的简略纲要如下：

第10章包含管理条款。

现根据本章设立外观设计注册主任和副注册主任的职位。

同时设立外观设计局。

第 122 条　注册主任

（1）本法设有一名外观设计的注册主任。

（2）外观设计注册主任有本法或者其他法律所授予的权力和职能。

第 123 条　副注册主任

（1）现设立至少一名副注册主任。

（2）除注册主任另行指示外，副注册主任具有注册主任在本法或者其他法律项下所具有的全部权力和职能，但不包括第 124 条项下注册主任的委托权。

（3）副注册主任行使或者履行注册主任在本法或者任何其他法律项下的权力或者职能的，就本法或者其他任何法律而言被视为由注册主任行使或者履行。

（4）副注册主任行使注册主任在本法或者任何其他法律项下的权力或者职能的，不妨碍注册主任的权力行使和职能履行。

（5）注册主任对权力或者职能的行使，或者本法或者任何其他法律规定的实施，取决于注册主任对某一事项的意见、信念或者心态的：

（a）副注册主任可以基于其对该事项的意见、信念或者心态而行使该权力或者该职能；且

（b）副注册主任可以基于其对该事项的意见、信念或者心态而实施该规定。

第 124 条　注册主任的委托

（1）注册主任可以通过由其签署的书面文件将本法、相关条例或者其他法律项下的注册主任的任何或所有权力或者职能委托给规定的一名或者一类雇员。

（2）委托文件有要求的，受托人必须在注册主任或者文件指定的雇员的指示或者监督下行使或者履行被委托的权力或者职能。

第 125 条　外观设计局

（1）现设立外观设计局。

（2）注册主任可酌情设立一个或者多个外观设计局分局。

(3) 注册主任可撤销以上分局。

第 126 条　外观设计局的印章

(1) 外观设计局应备有一个印章，并且该印章的印记必须予以司法认知。

(2) 外观设计局的印章可以以电子形式保存和使用。

第 127 条　注册主任的权力

(1) 就本法而言，注册主任可以：

(a) 传唤证人；且

(b) 在宗教式或者非宗教式宣誓后，接收书面或者口头证据；且

(c) 要求出示文件或者物品；且

(d) 判定其席前法律程序中一方当事人所承担的费用。

(2) 注册主任可以保护根据第（1）款（c）项秘密出示的文件或者物品的保密状态。

第 128 条　费用的追偿

注册主任针对一方当事人判给的费用是可追偿的债务。

第 11 章　杂　　项

第 1 部分　第 11 章的简略纲要

第 129 条　简略纲要

本章的简略纲要如下：

第 11 章包含杂项。

第 2 部分涉及费用。

第 3 部分包含犯罪条款。

第 4 部分列明了可由行政上诉裁判所复审的决定。

第 4A 部分规定，如果规定实施某行为的期间届满之日不是外观设计局或者其分局开放业务之日，则允许在该期间届满之日后实施该行为。

第 5 部分赋予注册主任可将必须实施特定行为的期间延长的权力。

第 6 部分列明了制定规章的权力和其他涉及杂项的条款。

第2部分　费　　用

第130条　费　　用

（1）相关法规可以规定根据本法或者相关法规应缴纳的费用。

（2）在不限制第（1）款规定的情况下，相关法规可以根据实施行为或者提交文件的时间，针对实施行为和提交文件规定不同的费用。

（3）规定费用的缴纳应符合相关法规的规定。

（4）相关法规可以规定不按照规定缴纳费用的后果。

（5）特别是，相关法规可以规定，就本法或者相关条例而言：

（a）未按照规定缴纳实施特定行为的费用的，不得实施该行为，或者视为未实施该行为；或

（b）未按照规定缴纳提交文件的费用的，不得提交该文件，或者视为未提交该文件；或

（c）未按照规定缴纳与注册外观设计的申请有关的费用的，该申请失效或者视为失效。

（6）第（4）款不受第（5）款限制。

第3部分　犯　　罪

第131条　在登记簿上虚假记载

（1）任何人有下列行为的，即属犯罪：

（a）在登记簿上记载或者导致记载记录项；且

（b）明知该记录项是虚假的，或者罔顾该记载是否是虚假的。

处罚：12个月监禁。

（2）任何人有下列行为的，即属犯罪：

（a）提交一份文件作为证据；且

（b）明知该文件被虚称为登记簿的副本或者摘录，或者罔顾该文件是否被虚称为登记簿的副本或者摘录。

处罚：12个月监禁。

第132条　虚假陈述外观设计已注册

（1）任何人有下列行为的，即属犯罪：

（a）陈述一项外观设计已经注册；且

（b）明知该陈述是虚假的，或者罔顾该陈述是否是虚假的。

处罚：60 个罚金单位的罚金。

（2）任何人有下列行为的，即属犯罪：

（a）陈述本人或者他人是注册外观设计的注册所有人；且

（b）明知该外观设计未注册，或者罔顾该陈述是否是虚假的。

处罚：60 个罚金单位的罚金。

（3）任何人有下列行为的，即属犯罪：

（a）销售体现一项外观设计的产品；且

（b）该产品上贴有、刻有或者印有或者以其他方式使用“在澳大利亚注册”或者“在澳大利亚注册的外观设计”的字样，或者其他明示或者暗示该外观设计已注册的字样；且

（c）该人明知该外观设计未注册，或者罔顾该外观设计是否已注册。

处罚：60 个罚金单位的罚金。

（4）第（3）款（b）项适用严格责任。

第 133 条　有关外观设计局的虚假陈述

（1）任何人有下列行为的，即属犯罪：

（a）该人：

（ⅰ）在其办公室或者业务所在地的建筑物上使用或者允许使用该字样；或

（ⅱ）在宣传其办公室或者业务时使用该字样；或

（ⅲ）在文件中使用该字样，作为对其办公室或者业务的介绍；或

（ⅳ）以其他方式针对该人的办公室或者业务使用该字样；且

（b）该字样为“注册外观设计局”，或者其他可能导致理性人相信该办公室或者业务是外观设计局或者与外观设计局有正式关联的字样；且

（c）该人明知其办公室或者业务与外观设计局无关，或者罔顾其办公室或者业务与外观设计局是否有关。

处罚：30 个罚金单位的罚金。

（2）第（1）款（b）项适用严格责任。

第 134 条　未遵守注册主任的要求

（1）任何人有下列行为的，即属犯罪：

（a）该人被要求实施下列行为：

（ⅰ）作为证人出现在注册主任席前，已就此获得了合理的费用；或

（ⅱ）回答注册主任提出的问题；或

（ⅲ）向注册主任出示文件或者物品；或

（ⅳ）在注册主任席前的法律程序中，作出宗教式或者非宗教式宣誓；且

（b）该人实施了该行为；且

（c）该人明知其行为违反了该要求，或者罔顾其行为是否违反了该要求。

处罚：30 个罚金单位的罚金。

（2）该人有合法理由的，不适用第（1）款。

注：针对第（2）款中的事项，由被告承担举证责任，参见刑法典第 13.3 条第（3）款。

（3）第（1）款（a）项的要求可能使其入罪或者受到惩罚的，该人可以免于履行该要求。

注：针对第（3）款中的事项，由被告承担举证责任，参见刑法典第 13.3 条第（3）款。

（4）在本条中：

实施行为指：

（a）作为；或

（b）不作为。

第 135 条　工作人员不得对外观设计进行非法交易等行为

（1）注册主任、副注册主任或者雇员销售、获取或者非法交易下列内容的，即属犯罪：

（a）注册外观设计，无论其是在澳大利亚还是其他任何地方被授予的；或

（b）注册外观设计的权利或者证书，无论该注册外观设计是在澳大利亚还是其他任何地方被授予的。

处罚：60 个罚金单位。

（2）违反本条规定签订或者订立的购买、销售、获取或者转让行为无效。

（3）本条不适用于外观设计的注册所有人，也不适用于通过遗嘱或者法律规定的获取。

注：针对第（3）款中的事项，由被告承担举证责任，参见刑法典第 13.3 条第（3）款。

第4部分　对注册主任决定的复审

第136条　由行政上诉裁判所进行复审

（1）可以申请行政上诉裁判所对注册主任的下列决定进行复审：

（a）根据第24条第（2）款拒绝未满足最低申请要求的申请；或

（b）根据第29条作出或者拒绝作出裁定；或

（c）根据第30条拒绝以该人名义进行外观设计申请的申请；或

（d）根据第43条拒绝注册外观设计；或

（e）根据第59条拒绝公开外观设计；或

（f）根据第108条禁止或者限制公开有关外观设计申请客体的信息；或

（g）根据第137条拒绝延长时间的申请。

（2）第（1）款中所述决定已经作出并且关于该决定的书面通知已经发给其利益会受到该决定影响的人的，该通知必须包含一份声明，其意是可以根据1975年行政上诉裁判所法申请行政上诉裁判所复审该决定。

（3）未遵守第（2）款中针对决定的规定不影响该决定的有效性。

（4）在本条中：

决定，具有1975年行政上诉裁判所法规定的含义。

第4A部分　在规定实施某行为的期限届满后实施该行为

第136A条　在规定实施某行为的期限届满后外观设计局重新开放时实施该行为

（1）本法（除本条外）或者相关法规规定实施某行为的期限的最后一日，是外观设计局或者外观设计局的分局（如有）不开放业务的一日，该行为可以在规定的情况下，在外观设计局或者其分局的下一开放业务日实施。

（2）就本条而言，外观设计局或者外观设计局的分局（如有）在下列日期视为不开放业务：

（a）相关法规声明其为外观设计局或者其分局不开放业务的一日；或

（b）由规定的人以规定的书面方式公布声明其为外观设计局或者其分局不开放业务的一日。

◆ 声　　明

（3）第（2）款（a）项或（b）项所述声明可以通过提及该日为由一州

或者领地的法律或者根据一州或者领地的法律宣告其为法定节假日的日期予以确定。

这并不限制该声明确定该日的方式。

（4）第（2）款（b）项所述声明：

（a）可以在该日之前、当日或者之后作出；且

（b）不是法律文书。

◆ 与其他法律的关系

（5）无论本法其余部分的规定如何，本条应有效。

（6）本条第（1）款所述行为，不适用1901年法律解释法第36条第（2）款规定。

◆ 规定行为的例外

（7）规定行为不适用本条。

注：1901年法律解释法第36条第（2）款与规定行为有关。

第5部分　延　　期

第137条　延　　期

（1）要求在特定时间内实施的相关行为，因下列人员的错误或者疏忽而没有或者不能实施的，注册主任必须延长作出相关行为的时间：

（a）注册主任或者副注册主任；或

（b）受雇于外观设计局的人；或

（c）为了外观设计局的利益提供服务或者计划提供服务的人。

（2）在下列情况中，注册主任可以根据符合规定的相关人员的申请，延长实施相关行为的时间：

（a）因为该人或者其被代理人的错误或者疏忽；或

（b）因为超出该人控制的情况；

要求在特定时间内实施的相关行为在该时间内没有实施或者不能实施。

（3）实施相关行为的时间无论是在期满之前还是期满之后，都可以被延长。

（4）对于3个月以上的延期申请，注册主任必须以相关法规规定的方式对该申请进行公告。

（5）在符合第（6）款规定的情况下，可以按照规定反对批准该申请。

（6）注册主任信纳即使没有第（5）款项下的反对，也不会批准第（2）款项下的申请的：

（a）注册主任无须按照第（4）款的规定对申请进行公告；且

（b）该申请不能被反对；且

（c）注册主任必须拒绝该申请。

（7）在本条中：

相关行为，指针对下列事项的行为（除规定行为外）：

（a）注册外观设计；或

（b）外观设计的注册申请或者公开申请；或

（c）本法项下的任何法律程序（除了诉讼程序）。

第 138 条　延期的后果

（1）如果：

（a）由于未实施（第 137 条所指的）相关行为，外观设计申请失效，或者外观设计的注册停止生效；且

（b）实施该行为的时间被延长；

该申请或者注册必须视为在批准延长之日恢复。

（2）根据第（1）款恢复申请或者注册的，注册主任必须：

（a）通知申请人或者注册所有人该申请或者注册已恢复；以及

（b）以相关法规规定的方式发布申请或者登记已恢复的通知。

第 139 条　对第三方的保护

（1）由于未实施（第 137 条所指的）相关行为，外观设计的注册停止生效，并且随后根据第 138 条恢复的，适用本条。

（2）在外观设计的注册停止生效之后，但在其恢复之前，采取明确的步骤对外观设计进行商业性使用的人可以：

（a）在注册恢复之后继续使用该外观设计；或

（b）向他人销售该外观设计的使用权。

（3）但是，该人不得许可他人使用该外观设计。

（4）购买第（2）款（b）项项下的权利的人，不得再向他人销售该外观设计的使用权，或者许可他人使用该外观设计。

（5）因为第（2）款（a）项的规定继续使用外观设计的，或者根据第（4）

款的规定在购买外观设计后曾对其进行使用的，不侵犯该注册外观设计。

第140条　侵权法律程序

不能就在下列时间实施的侵权行为提起侵权法律程序：

（a）在外观设计注册停止生效之后，恢复效力之前；或

（b）在外观设计申请失效之后，恢复效力之前。

第6部分　其　　他

第141条　代理人的权力

代理人可以代表任何他人实施与外观设计注册有关的行为。

第142条　注册专利律师和注册商标律师的留置权

相关法规可以规定，注册专利律师或者注册商标律师针对外观设计相关事项的客户的文件和财产，享有与事务律师针对客户的文件和财产享有的相同的留置权。

第143条　注册的撤销不影响撤销前的法院判决及根据合同完成的事项

外观设计注册的撤销，不影响撤销前法院判决的执行，也不影响撤销前根据合同完成的事项。

第144条　文件的提交

可以通过下列方式将文件提交至外观设计局：

（a）亲自送交文件或者通过邮寄将文件送交外观设计局或者外观设计局的分局（如有）；或

（b）任何其他规定的方式。

第145条　文件的送达

（1）本法规定应向某人送达、给予或者发送文件，且该人已向注册主任提供在澳大利亚或者新西兰的地址用于送达该文件的，该文件可以按规定的方式向该地址送达、给予或者发送给该人。

（2）在相关法规明确规定的时间后，本条中提及的地址包括电子地址。

（3）第（2）款中明确规定的时间必须晚于相关法规根据 2003 年立法法进行登记的日期。

（4）就本条而言，电子地址是否在澳大利亚境内的问题应当按照相关法规的规定确定。

（5）就本条而言，电子地址是否在新西兰境内的问题应按照相关法规的规定确定。

第 146 条　申请结束前申请人死亡的

注册或者公开外观设计的申请人在申请结束前死亡的，该人的遗嘱执行人可以继续该申请。

第 147 条　外观设计注册后的注册所有人死亡的

（1）外观设计注册后的任何时间，注册主任信纳在该外观设计获得注册前该注册所有人已死亡（或者，在其为法人的情况下，已不复存在）的，适用本条。

（2）注册主任可以用本应作为注册所有人被记载在登记簿上的人的名字代替注册所有人的名字，以此修改登记簿。

（3）注册主任根据本条进行的修改具有相应效力，并且应视为始终具有相应效力。

第 148 条　注册主任自由裁量权的行使

注册主任行使本法项下自由裁量权对他人造成影响的，应给予其合理陈词的机会。

第 149 条　相关法规

（1）总督可以制定法规以规定下列事项：

（a）要求或者允许被规定的；且

（b）对执行或者实施本法是必要或者适宜的；且

（c）对开展任何与外观设计局有关的业务是必要或者适宜的。

（2）在不限制第（1）款规定的情况下，该款包括制定下列法规的权力：

（a）要求他人就本法或者相关法规项下的申请作出法定声明，或者就本法项下的法律程序（诉讼程序除外）作出法定声明；且

（b）制定对于及关于代表某人根据本法作出声明或者实施行为的条款，该人是因未成年、生理缺陷或者智力障碍而不能作出声明或者实施行为的人；且

（c）规定全部或者部分退还根据本法缴纳的费用；且

（d）规定全部或者部分免除本应根据本法支付的费用；且

（e）制定对于及关于为了改正登记簿上记载的书写错误或者明显错误而进行修改的条款，或者为了其他目的而进行修改的条款；且

（f）授权注册主任要求某人在相关法规规定的期限内告知注册主任其是否希望根据本法的规定作出陈词；且

（g）授权注册主任要求希望根据本法的规定作出陈词的人在注册主任明确规定的日期、地点和时间出现在其席前；且

（h）规定披露一项或者多项外观设计的外观设计申请的内容，包括但不限于针对外观设计共同所有权的要求；且

（i）授权注册主任指示申请注册或者公开外观设计的申请人实施必要的行为，以确保该申请符合法规规定的申请要求；且

（ⅰ）规定在法规明确规定的期限内上述指示未被遵守的，该申请失效；且

（ⅱ）规定已失效申请的恢复；且

（j）规定针对注册主任根据相关法规作出的决定提起的上诉；且

（k）制定对于及关于指定法院在本法项下法律程序中的惯例和程序的条款，包括规定可以提起法律程序或者实施任何其他行为的时间，并且规定对该时间的延长；且

（l）制定因1906年外观设计法的废除和本法的颁布而必要或者适宜的过渡条款或者相应条款；且

（m）规定根据1906年外观设计法制定的相关法规为实现本法的具体目的而继续生效（经任何规定的修改之后）；且

（n）规定就本法或者相关法规而言通过电子设备或者通信方式实施某行为；且

（o）授权注册主任准备、公开和销售其认为适当的与外观设计有关的文件。

（3）尽管本法废除了1906年外观设计法，但是根据第（2）款（l）项制定的法规可以规定，针对规定的人或者事项或者在规定的情况下，继续施行1906年外观设计法的具体条款。

第 12 章　废除、过渡和保留条款

第 1 部分　废除 1906 年外观设计法

第 150 条　废　　除

现废除 1906 年外观设计法。

第 2 部分　过渡和保留条款

第 151 条　本法对特定外观设计的适用性

（1）本条适用于下列外观设计：

（a）紧接在生效日之前根据旧法*注册的外观设计；

（b）在生效日之后注册的外观设计，该外观设计的申请因第 153 条的规定继续适用旧法。

（2）外观设计：

（a）在下列情况中在下列时间视为根据本法注册：

（ⅰ）外观设计符合第（1）款（a）项所述情况的，自生效日起；且

（ⅱ）外观设计符合第（1）款（b）项所述情况的，自该外观设计注册之日起；且

（b）被视为已由注册主任根据第 5 章第 3 部分进行审查，且已根据第 67 条颁发了审查证书。

（3）尽管有第（2）款的规定，但是：

（a）为确定外观设计注册的有效性，旧法继续适用；且

（b）为确定外观设计注册的有效性，本法不适用；且

（c）不得根据第 5 章审查外观设计。

第 152 条　特定外观设计的注册期限

尽管有第 151 条的规定，但是：

（a）适用于该条的外观设计注册的期限，在如未废除旧法其根据旧法本

* 该旧法指已经废除的 1906 年外观设计法，下同。——译者注

应停止生效之日停止生效；且

（b）旧法的第27A条继续适用于该外观设计，犹如旧法没有被废除一样。

第153条　生效日前提出的申请

（1）旧法继续适用于在生效日之前根据旧法提出的申请，犹如旧法没有被废除一样，但根据第159条针对该申请提出转换请求的除外。

（2）但是，针对第（1）款所述申请的延长申请必须根据本法第137条提出。

（3）在处理旧法项下的申请之后，注册主任被要求注册与申请相关的外观设计的，必须遵守本法第45条关于外观设计注册的规定。

第154条　其他申请及法律程序

（1）自生效日起，本法适用于任何根据旧法提出或者提交但并未在生效日前最终处理的申请、请求、诉讼或者程序，犹如该申请、请求、诉讼或者程序是根据本法相应条文提出或者提交的。

（2）第（1）款不适用于：

（a）根据第153条继续适用旧法的申请；或

（b）根据第155条继续适用旧法的程序。

注：第152条涉及旧法第27A条的申请。

第155条　未决法律程序

（1）产生于根据旧法向法院提出申请的法律程序紧接在生效日之前未决的，应犹如旧法没有被废除一样对该事项进行裁决。

（2）但是，法院针对更正作出的任何命令必须与本法项下的登记簿有关。

第156条　旧法项下的侵权

（1）本条适用于下列外观设计：

（a）在任何时间根据旧法注册的且没有根据旧法从登记簿中删除的外观设计（无论该外观设计是否适用第151条）；以及

（b）在生效日之后注册的外观设计，该外观设计的申请因第153条的规定继续适用旧法。

（2）如果：

（a）发生下列任一情况：

（ⅰ）在生效日前，行为人侵犯旧法项下外观设计的独占权；

（ⅱ）在生效日后，若旧法仍然有效则行为人将侵犯旧法项下外观设计的独占权；且

（b）与该侵权有关的诉讼紧接在生效日之前并非未决；

可以根据本法对该外观设计侵权提起诉讼。

（3）但是，在第（2）款项下的诉讼中：

（a）为了确定行为人是否实施侵犯外观设计独占权的行为，旧法继续适用；且

（b）为了确定行为人是否实施侵犯外观设计独占权的行为，本法不适用；且

（c）任何人无权获得其根据旧法无权获得的禁止令或者其他救济。

（4）第（2）款受制于针对可提起该款所述类型诉讼期间的任何法律。

第157条　注册主任与副注册主任

紧接在生效日之前根据旧法担任注册主任或者副注册主任的人，自生效日起，根据本法继续担任注册主任或者副注册主任（视情况而定）。

第158条　登记簿

自生效日起，旧法所指的登记簿被视为本法所指的登记簿。

第159条　过渡性申请的转换

（1）已提出过渡性申请的人可以请求将该过渡性申请视为转换申请。该请求为转换请求。

（2）转换请求必须：

（a）在规定期限届满前提出；且

（b）书面作出并提交；且

（c）符合相关法规规定的任何要求。

（3）就过渡性申请提出转换请求的，根据旧法在作出请求之前针对该申请实施的任何行为，均不被视为构成第5章项下的审查。

（4）就过渡性申请提出转换请求的，该申请自转换请求提出之日起被视为是转换申请。

第160条　转换申请的效力

（1）转换申请视为是根据本法提出的申请，受制于本条所列明的修改。

（2）转换申请的申请日根据本法第26条被视为过渡性申请的申请日。

（3）转换申请中披露的外观设计的优先权日根据本法第27条被视为与其在过渡性申请中的优先权日相同。

（4）转换申请被视为符合本法第21条第（2）款规定的最低申请要求。

（5）转换申请被视为包括根据本法第35条请求注册转换申请中披露的每一项外观设计。

（6）转换申请中披露的外观设计的注册期限根据本法第46条被视为自本法第159条第（1）款项下的请求转换之日开始。

（7）根据旧法第22B条请求针对与转换申请相关的过渡性申请进行的修改，视为根据本法第28条请求的修改。

（8）如果：

（a）根据本法第28条修改转换申请以排除一项或者多项转换申请中披露的外观设计；且

（b）申请人根据本法第23条就一项或者多项被排除的外观设计提交外观设计申请；被排除的外观设计的注册期限自第159条第（1）款规定的请求转换之日开始。

第160A条　旧法第40A条第（6）款项下的批准

紧接在生效日之前根据旧法第40A条第（6）款有效的批准，自生效日起有效，犹如其是本法第99条第（2）款项下的批准一样。

第161条　解　　释

在本章中：

生效日，指本条生效的日期。

旧法，指1906年外观设计法。

过渡性申请，指外观设计的注册申请，该申请：

（a）是在生效日之前根据旧法提出的；且

（b）并非失效的申请；且

（c）并非针对一项已注册或者拒绝注册的外观设计。

商标法

·1995年第119号法律·

商标法*

第1部分　序　　言

第1条　简　　称

本法可称为1995年商标法。

第2条　生　　效

（1）第1部分于本法获得御准之日生效。

（2）除第1部分外，本法于1996年1月1日生效。

第3条　本法对官方具有约束力

（1）本法对联邦、各州、澳大利亚首都领地和北部领地的权利具有约束力。

（2）本法任何规定均不会使官方因犯罪而被提起公诉。

第4条　本法的适用

本法延伸适用于：

（a）圣诞岛；且

（b）科科斯（基林）群岛；且

（c）诺福克岛；且

（d）澳大利亚大陆架；且

（e）澳大利亚大陆架上方的水域；且

（f）澳大利亚大陆架上方的空域。

---

* 本译文根据澳大利亚立法网公布的澳大利亚商标法［Trade Marks Act 1995（No. 119，1995；Compilation No. 38)］的英文版本翻译。——译者注

第4A条　刑法典的适用

刑法典第2章适用于本法创设的所有犯罪。

第5条　1994年商标法的废除

1994年商标法被废除。

第2部分　解　　释

第6条　定　　义

(1) 在本法中，除非有反例，否则下列词汇的含义是：

行动期，就特定扣押货物而言，指根据第136C条向异议人发出解除货物申索通知书后实施条例规定的期间。

申请人，就申请而言，指正在处理的以其名义提出申请的人。

适用于和针对……适用于，具有第9条规定的含义。

批准表格，指由商标注册处处长在该术语所出现的规定中予以批准的表格。

转让，就商标而言，指有关当事方的转让。

澳大利亚包括下列外部地区：

(a) 圣诞岛；

(b) 科科斯（基林）群岛；

(c) 诺福克岛。

澳大利亚大陆架，具有1973年海洋和淹没土地法中规定的含义。

授权使用，就商标而言，具有第8条规定的含义。

授权使用人，就商标而言，具有第8条规定的含义。

跨塔斯曼知识产权代理委员会，具有1990年专利法中规定的含义。

证明商标，具有第169条规定的含义。

申索期，就特定扣押货物而言，指根据第134条将货物扣押通知书发送给指定所有人后实施条例规定的期间。

集体商标，具有第162条规定的含义。

委员会，指根据2010年竞争和消费者法设立的澳大利亚竞争和消费者委员会。

公司，指根据2001年公司法注册的公司。

海关总署署长，指根据2015年澳大利亚边境部队法第11条第（3）款或第14条第（2）款规定担任海关总署署长的人。

公约国，指实施条例规定类别的国外或地区。

注册日期指：

（a）就（b）项所适用的商标以外的特定商品或服务的商标注册而言，指该商品或服务的商标注册自该日起被视为已根据第72条第（1）款或第（2）款生效；或

（b）就适用第239A条第（3）款的商标而言，指第239A条第（4）款所指日期。

欺骗性类似，具有第10条规定的含义。

防御商标，具有第185条规定的含义。

注册处副处长，指商标注册处副处长。

指定管理人，具有1990年专利法中规定的含义。

指定所有人，就进口至澳大利亚的商品而言，指：

（a）根据1901年海关法第68条在与货物有关的条目中标记为货物所有人的人；或

（b）不存在该条目的，根据本法第133A条被确定为货物所有人的人。

分案申请，具有第45条规定的含义。

雇员，指除处长或副处长以外的其他人：

（a）是根据1999年公共服务法雇用的人员，并在商标局工作；或

（b）不是上述人员，但在商标局为联邦或代表联邦提供服务的人。

审查，就商标注册申请而言，指根据第31条针对申请进行审查。

现有注册商标，指在1996年1月1日之前在旧注册簿的A、B、C或D部分注册的商标，其根据废除法的注册应在该日之后到期。

联邦巡回法院，指澳大利亚联邦巡回法院。

联邦法院，指澳大利亚联邦法院。

申请，指向商标局申请。

申请日期指：

（a）就本定义另一款所指的申请以外的商标注册申请而言，提出申请的日期；或

（b）就商标注册的分案申请而言，与分案申请有关的作为母案申请的申请提交日期（第45条含义范围内）；或

（c）就适用第241条的申请而言，第241条第（5）款所指日期；或

（d）就根据第243条提出的申请而言，第243条第（6）款所指日期；或

（e）就规定的申请而言，以规定方式确定的日期。

地理标志，就商品而言，指将商品标识为原产于某个国家或该国某个地区或地方的标志，其中商品的特定质量、声誉或其他特征基本上可归因于其地理产地。

人的商品，指人在贸易过程中处理或提供的商品。

合并法律业务，指根据联邦、州或地区的法律认可为合并法律业务的法人团体（无论如何描述）。

合并商标代理人，具有第228A条第（6B）款规定的含义。

知识产权建议，具有第229条第（3）款规定的含义。

律师，指州或地区的高等法院或最高法院的出庭律师或事务律师。

限制，指对商标注册所赋予的商标专用权的限制，包括下列情况中的限制：

（a）使用方式；或

（b）在澳大利亚境内的领土范围内使用；或

（c）针对要出口的商品或服务的使用。

月，指根据第6A条计算出以月表示的时长。

已通知商标，指根据第132条发出的通知对其有效的商标。

异议人，就扣押的货物而言，指根据第132条发出对该等货物有效的通知的任何人。

官方公报，指第226条提及的商标官方公报。

旧注册簿，指根据已废除法律保存的商标注册簿。

反对人，就商标注册而言，指：

（a）已根据第52条提出反对商标注册通知的人；或

（b）适用第53条的，视为以其名义提出异议通知的人。

原产地，就葡萄酒而言，具有第15条规定的含义。

专利律师，指根据1990年专利法注册为专利律师的人。

未决，就商标注册申请而言，具有第11条规定的含义。

人，包括众人组成的团体，无论是否是法人。

个人信息，具有1988年隐私法规定的含义。

个人财产担保法（PPSA）担保权益，指2009年PPSA所指且该法适用的担保权益，但不包括该法意义上的过渡担保权益。

所有权前任人，就主张是商标所有人的人而言，指：

（a）如果该商标在转让或转移给该人前已转让或转移给一个或多个他人，则为该一个或多个他人中的任何一人；或

（b）如果（a）项不适用，则为将商标转让给该人的人或从其将商标转移给该人的人。

首选方式指：

（a）就向商标局提交文件而言，指第213A条第（4）款规定的方式；或

（b）就支付费用而言，指第223AA条第（4）款规定的方式。

规定法院，指就本法而言第190条项下规定的法院。

优先权日，具有第12条规定的含义。

注册簿，指根据第207条保存的商标注册簿。

注册所有人，就注册商标而言，指以其名义注册商标的人。

注册商标，指根据本法在注册簿中录入其详细信息的商标。

注册商标律师，指根据本法注册为商标律师的人。

处长，指商标注册处处长。

注册号，就注册商标而言，指根据第68条第（2）款给予其的编号。

从注册簿中删除，就商标而言，具有第13条规定的含义。

已废除法律，具有第16条规定的含义。

扣押货物，指根据第133条扣押的货物。

人的服务，指人在贸易过程中处理或提供的服务。

标志，包括下列内容或下列内容的任意组合，即，任何字母、单词、名称、签名、数字、图形、品牌、标题、标签、票据、包装方面、形状、颜色、声音或气味。

类似商品，具有第14条第（1）款规定的含义。

类似服务，具有第14条第（2）款规定的含义。

本法，包括相关条例。

商标，具有第17条规定的含义。

商标代理人总监，具有第228A条第（6C）款规定的含义。

商标作品，具有第157A条第（8）款规定的含义。

传送指：

（a）根据法律的传送；或

（b）移交死者的遗产代理人；或

（c）除转让外的任何其他转让形式。

商标的使用，其含义受第7条第（1）款、第（2）款和第（3）款影响。

针对商品使用商标，具有第7条第（4）款规定的含义。

针对服务使用商标，具有第7条第（5）款规定的含义。

单词，包括单词的缩写。

工作日，不包含下列日子：

（a）星期六；或

（b）星期日；或

（c）澳大利亚首都领地的公共假日。

世界贸易组织，指根据《世界贸易组织协定》于1994年4月15日在马拉喀什建立的机构。

（2）就本法而言，对国家的提述，包括对世界贸易组织成员的提述。

（3）尽管有2003年立法法第14条第（2）款的规定，但是为定义第（1）款中“公约国”的目的而制定的法规，仍可通过适用、采纳或并入（经修改或不经修改）不时有效或存在的任何其他文书或其他文件中所含事项而针对某一事项作出规定。

第6A条　以月份表示的期间

就本法而言，以某一事件开始且以月份表示的期间于下列日期结束：

（a）在随后的相关月份中与活动发生日期相同的日期；或

（b）如果随后的相关月份中没有相同编号的日期，则为该月最后一日。

第7条　商标的使用

（1）如果能够确定某人使用商标虽具有增补或更改但并未实质性影响商标本质，处长或规定法院在考虑个案情况后认为适当的，可决定该人使用了商标。

（2）为避免任何疑义，现声明，如果商标由下列内容或下列内容的任意组合组成，即任何字母、单词、名称或数字，则就本法而言，该商标的任何声音表示是对商标的使用。

（3）就本法而言，个人对商标的授权使用（参见第8条）被视为商标所有人对商标的使用。

（4）在本法中：

针对商品使用商标，指在商品（包括二手商品）上使用商标，或就商品的实体或其他方面而使用商标。

（5）在本法中：

针对服务使用商标，指就服务的实体或其他方面而使用商标。

第8条　授权使用人和授权使用的含义

（1）他人在商标所有人的控制下针对商品或服务使用商标的，该人是该商标的授权使用人。

（2）商标授权使用人对商标的使用，只有在其受商标所有人控制下使用商标的范围内，才是授权使用商标。

（3）如果商标所有人对商品或服务进行质量控制：

（a）且该商品或服务是由他人在交易过程中处理或提供；且

（b）针对该商品或服务使用商标；

就第（1）款而言，该人被视为在所有人的控制下针对商品或服务使用商标。

（4）如果：

（a）他人在交易过程中处理或提供针对其使用商标的商品或服务；且

（b）商标所有人对他人的相关交易活动实施财务控制，

就第（1）款而言，该人被视为在所有人的控制下针对商品或服务使用商标。

（5）第（3）款和第（4）款不限制第（1）款和第（2）款中在……控制下的含义。

第9条　适用于和针对……适用的含义

（1）就本法而言：

（a）商标是编织、压印、加工、粘贴或随附在商品、材料或物品上的，认为该商标适用于该商品、材料或物品；且

（b）在下列任一情况下，商标被认为针对商品或服务适用：

（i）如果适用于在贸易过程中或意图在贸易中处理或提供货物的任何覆

盖、文件、标签、卷轴或东西上；或

（ⅱ）如果以可能导致人们相信该商品是指、描述或指定该商品或服务的方式使用该商品；且

（c）以下列任一方式使用商标的，亦认为该商标针对商品或服务适用：

（ⅰ）在招牌或广告（包括电视广告）中；或

（ⅱ）在发票、酒单、目录、商务信函、商务文件、价目表或其他商业文件中；

且通过提述使用的商标提出请求或命令向他人交付货物或提供服务（视情况而定）。

（2）在第（1）款（b）项（ⅰ）目中：

覆盖，包括包装、框架、包装纸、容器、塞子、盖子或帽。

标签，包括带子或票证。

第10条　欺骗性相似的含义

就本法而言，商标与另一商标过于相似，以至于其很可能造成欺骗或混淆的，认为该商标与另一商标属于欺骗性相似。

第11条　未决的含义

◆ 本法项下的注册申请

（1）根据本法提出的商标注册申请从提交之日起至下列时间视为"未决"：

（a）失效（参见第37条和第54A条）、被撤销（参见第214条）或被拒绝（参见第33条）；或

（b）处长（根据第55条）拒绝注册商标且未对该决定提出申诉的，申诉期限到期之时；或

（c）处长（根据第55条）拒绝注册商标，且：

（ⅰ）对该决定提出申诉；且

（ⅱ）申诉确认该决定；

申诉确认该决定之日；或

（d）商标根据第68条注册。

◆ 根据已废除法律申请注册

（2）紧接1996年1月1日之前，根据该废除法案进行的商标注册申请，在该日期之前：

（a）申请没有失效［参见第48条第（1）款］，撤回［参见第40A条第（1）款］或被拒绝［参见第44条第（1）款］；且

（b）处长（根据第50条）未拒绝注册该商标，或其曾拒绝该商标的：

（ⅰ）允许对该决定提出申诉的期间尚未结束；或

（ⅱ）已对该决定提出申诉，但尚未作出决定；且

（c）该商标未根据第53条注册。

第12条　优先权日期的含义

针对特定商品或服务而注册商标的优先权日期：

（a）该商标已注册的，是该商标针对该等商品或服务的注册日期；或

（b）正在寻求注册商标的，是假使该商标已获注册，该商标针对该等商品或服务的注册日期的日期。

第13条　从注册簿中删除的含义

处长在注册簿中作出记载，表明注册簿中与该商标有关的所有记载均视为已从注册簿中删除的，该商标即视为已从注册簿中删除。

第14条　类似商品和类似服务的含义

（1）在本法中，有下列任一情形的，商品与其他商品类似：

（a）其与其他商品相同的；或

（b）其与其他商品的描述相同的。

（2）在本法中，有下列任一情形的，服务与其他服务类似：

（a）其与其他服务相同的；或

（b）其与其他服务的描述相同的。

第15条　与葡萄酒有关的原产地的含义

在本法中：

（a）只有当葡萄酒是由国外或澳大利亚境内某区域种植的葡萄酿制而成时，才被视为原产于国外或澳大利亚；且

（b）只有当葡萄酒是由国外或澳大利亚某地区或地方的葡萄酿制而成时，才会被视为原产于该地区或地方。

第16条　废除法的含义

（1）废除法指：

（a）在其废除前有效的1955年商标法；且

（b）在该法废除前有效的根据该法制定的条例。

（2）在本法中，除非有反例，否则对废除法特定条款的提述，包括对为该条目的而制定的、在本法被废除前有效的条例的提述。

第3部分　商标和商标权

第17条　商标的含义

商标，指用以将某人在贸易过程中交易或提供的商品或服务与他人交易或提供的商品或服务相区分而使用或意图使用的标志。

第18条　不得作为商标使用的标志

（1）条例可规定，条例所指明的标志不得作为商标或商标的一部分而使用。

（2）根据第（1）款制定的条例不影响在条例根据2003年立法法予以登记前的下列商标：

（a）曾是注册商标的；或

（b）就未注册商标而言，正善意使用的。

第19条　可以注册的商标

（1）可根据本法针对下列客体注册商标：

（a）商品；或

（b）服务；或

（c）商品和服务。

（2）可针对一类以上的商品或服务注册商标。

（3）条例可规定为本法的目的将商品和服务划分的类别。

第20条　商标注册赋予的权利

（1）商标已注册的，在符合本部分规定的情况下，针对商标注册的商品和/或服务，商标注册所有人享有下列专有权利：

（a）使用商标；且

（b）授权他人使用商标。

（2）商标受到侵犯的，商标注册所有人亦有权根据本法获得救济。

（3）自商标注册之日起，上述权利即被视为已归注册所有人享有。

（4）商标注册受条件或限制约束的，注册所有人的权利受该等条件或限制的约束。

（5）商标是以 2 人或 2 人以上的名义作为商标共同所有人注册的，根据本条赋予其的权利，由其行使，如同该等权利是一个人的权利一样。

第 21 条　注册商标的财产性质

（1）注册商标是个人财产。

（2）注册商标的衡平权利可按与任何其他个人财产的衡平权利相同的方式强制执行。

第 22 条　注册所有人处理商标的权利

（1）商标的注册所有人可在不影响注册簿上显示属于他人的权利的情况下，作为该商标的绝对所有人处理该商标，并善意地免除该处理的任何对价。

（2）与注册所有人进行交易但不符合下列条件的，不受本条保护：

（a）作为善意购买人进行有价交易；且

（b）未发现所有人有任何欺诈行为。

（2A）尽管有第（1）款的规定，但是在注册簿中登记属于 PPSA 担保权益的权利，并不影响对商标的交易。

（3）针对注册商标的衡平权利可针对注册所有人强制执行，但损害善意有价购买人权益的除外。

（4）针对属于 PPSA 担保权益的衡平权利，第（3）款不适用。

第 23 条　不同人注册类似商标时的权利限制

实质上相同或欺骗性近似的商标已被多于一人注册的（无论是针对相同或不同的商品或服务），其中任何一个商标的注册所有人无权阻止其中任何其他商标的注册所有人使用该商标，但前述所有人根据其商标注册授权使用的情况除外。

第 24 条　由被接受为描述物品的标志所组成的商标

(1) 注册商标由一项标志组成或含有一项标志，而该标志在该商标注册日期后，在有关行业内获普遍接受为描述某物品、物质或服务的标志或该物品、物质或服务的名称的，适用本条。

(2) 商标由该标志组成的，注册所有人：

(a) 没有任何专有权就下列事项使用或授权他人使用该商标：

(ⅰ) 该物品或物质或其他相同描述的商品；或

(ⅱ) 该服务或其他相同描述的服务；且

(b) 自法院根据第 (4) 款决定的日期起（包括该日），即视为已不再拥有该等专有权利。

(3) 该商标含有该标志的，注册所有人：

(a) 没有任何专有权就下列事项使用或授权他人使用该标志：

(ⅰ) 该物品或物质或其他相同描述的商品；或

(ⅱ) 该服务或其他相同描述的服务；且

(b) 自法院根据第 (4) 款决定的日期起，即视为已不再拥有该等专有权利。

(4) 就第 (2) 款和第 (3) 款而言，订明法院可决定某标志首次在有关行业内获普遍接受为描述有关物品、物质或服务的标志或作为该物品、物质或服务的名称的日期。

第 25 条　针对先前根据专利而制造的物品等的商标

(1) 有下列任一情况的，适用本条：

(a) 注册商标由描述下列事项或属于下列事项名称的标志组成，或含有该标志：

(ⅰ) 先前根据专利开发的物品或物质；或

(ⅱ) 先前作为专利方法提供的服务；且

(b) 该专利已期满或终止至少 2 年；且

(c) 该标志是描述或识别该物品、物质或服务的唯一为人所知的方式。

(2) 商标由该标志组成的，注册所有人：

(a) 不具有就下列事项使用或授权他人使用该商标的任何专有权：

（ⅰ）该物品或物质或其他相同描述的商品；或

（ⅱ）该服务或其他相同描述的服务；且

（b）自该专利期满或终止后的 2 年期间结束时起，即视为已不再拥有该等专有权。

（3）商标含有该标志的，注册所有人：

（a）没有任何专有权就下列事项使用或授权他人使用该标志：

（ⅰ）该物品或物质或其他相同描述的商品；或

（ⅱ）该服务或其他相同描述的服务；且

（b）自该专利到期或停止后的 2 年期间结束时起，即视为已不再拥有该等专有权。

第 26 条　注册商标授权使用人的权利

（1）在不抵触注册商标的注册所有人与该商标的授权使用人之间任何约定的情况下，该授权使用人可作出下列任何行为：

（a）授权使用人可在该商标所注册的商品和/或服务上使用该商标，但须受该商标注册的任何条件或限制的约束；

（b）授权使用人可在下列时间［在符合第（2）款的前提下］就商标侵权行为提起诉讼：

（ⅰ）经注册所有人同意，任何时间；或

（ⅱ）注册所有人在规定期间内拒绝提起该诉讼的，在规定期间；或

（ⅲ）注册所有人在规定期间内未提出诉讼的，在规定期间结束后。

（c）授权使用人可安排在商标注册商品上，或其包装上，或在向公众提供的容器上，显示禁止实施第 121 条第（2）款规定的与商品有关的禁止行为的通知；

（d）授权使用人可：

（ⅰ）向海关总署署长发出第 132 条项下的通知，反对进口侵犯该商标的商品；或

（ⅱ）撤销该通知；

（e）授权使用人可允许任何人对应用于任何商品的注册商标，或针对注册商标的任何商品或服务进行：

（ⅰ）更改或污损；或

（ⅱ）任何补充；或

（ⅲ）全部或部分删除、抹去或涂掉。

（f）授权使用人可允许任何人将商标应用于注册商标的商品，或针对商品或服务应用商标。

（2）授权使用人针对商标侵权提起诉讼的，授权使用人必须将该商标的注册所有人作为诉讼的被告。但是，注册所有人不参加诉讼的，不承担费用。

第4部分　申请注册

第1分部　一般规定

第27条　如何提出申请

（1）符合下列任一情况的，可申请针对商品和/或服务申请注册商标：

（a）该人声称是商标的所有人；且

（b）适用下列任一情况的：

（ⅰ）该人正在或意图在有关商品和/或服务上使用该商标；

（ⅱ）该人已授权或意图授权他人针对商品和/或服务使用商标；

（ⅲ）该人意图将该商标转让给他人即将成立的法人团体，以便该法人团体针对相关商品和/或服务使用该商标。

（2）申请必须：

（a）符合条例规定；且

（b）与任何规定的文件一起根据条例提交；且

（c）由具有法人资格的人提出。

（2A）尽管有第（2）款（c）项的规定，但是集体商标的注册申请无须由具有法人资格的人提出。

（3）在不限制可包括在申请中的细节的前提下，申请必须：

（a）包括该商标的图示；且

（b）根据条例指明寻求注册商标的商品和/或服务。

（4）为施行第（3）款（b）项而订立的条例，可适用、采纳或纳入由处长不时公布的任何商品和/或服务名录中所载的任何事项，该名录可供公众在商标局及其分处（如有）查阅。

（5）可就根据第19条第（3）款订立的条例所规定的一项或多项类别的商品和服务提出申请。

第28条　共同所有人的申请

除下列情况外，对商标具有利害关系的两人或多人之间的关系是，其中任何一人均无权使用该商标的：

（a）代表其中所有人；或

（b）就贸易过程中与其中所有人相关的商品和/或服务，其中所有人可根据第27条第（1）款共同申请商标注册。

第29条　已在某公约国寻求注册的商标的注册申请——主张优先权

（1）如果：

（a）已在一个或多个公约国提出商标注册申请；且

（b）在提出该申请或其中第一份申请之日后6个月内，该人或该人是所有权前任人的另一人（所有权继承人）向处长提出申请，要求就已在该国或该等国家申请注册的部分或全部商品和/或服务注册商标的，该人或该人的所有权继承人可在提交申请时，或在提交申请后但在申请被接受前的规定期限内，根据条例就任何或全部商品和/或服务主张商标注册的优先权。

（2）所主张的优先权是针对该商品或服务的商标注册：

（a）商标注册申请只在一个公约国提出的，从在该国提出申请之日（包括当日）起算；或

（b）商标注册申请是在一个以上的公约国提出的，从最早提出申请之日（包括当日）算起。

（3）条例可规定提交支持优先权主张的通知的文件，特别是规定提交在公约国提出的任何商标注册申请的核证副本。

第30条　公布申请详情

处长必须根据条例公布申请详情。

第31条　处长审查申请并就申请作出报告

处长必须根据条例审查并报告下列情况：

（a）申请是否根据本法提出；且

（b）是否存在本法项下的拒绝理由。

第 32 条　处长对有争议的商品分类等作出决定

对包含商品或服务的类别产生怀疑的：

(a) 该问题将由处长决定；且

(b) 处长的决定不可上诉，且不可在根据本法提出的上诉或其他程序中被质疑。

第 33 条　申请的接受或拒绝

(1) 处长在审查后必须接受申请，但处长信纳存在下列任一情况的除外：

(a) 申请未根据本法提出；或

(b) 存在本法项下的拒绝理由。

(2) 处长可在施加条件或限制的情况下接受申请。

(3) 处长信纳存在下列任一情况的，必须拒绝申请：

(a) 申请未根据本法提出的；或

(b) 存在本法项下的拒绝理由的。

(4) 处长不得在不给予申请人陈词机会的情况下拒绝申请。

第 34 条　告知决定

处长必须：

(a) 将其根据第 33 条作出的决定告知申请人；且

(b) 在政府公报上刊登该决定。

第 35 条　上　　诉

申请人可就处长的下列决定向联邦法院或联邦巡回法院提出上诉：

(a) 在施加条件或限制的情况下接受申请；或

(b) 拒绝申请。

第 36 条　延期接受

处长可在条例规定的情况下和期间内，延期接受申请。

第 37 条　未及时接受时申请的失效

(1) 除第 (2) 款另有规定外，申请未在规定期间或按照条例延长的规定期间内被接受的，即失效。

（2）在规定期间或经延长的规定期间（视情况而定）届满后，处长根据第224条延长接受申请的期间的，该申请：

（a）视为在规定期间届满时并未失效；且

（b）在延长的期限内未被接受的，即失效。

第38条 接受的撤销

（1）在商标注册前，处长信纳存在下列情况的，可撤销对该商标注册申请的接受：

（a）考虑到申请被接受时存在的所有情况（无论处长当时是否知道该等情况的存在），该申请本不应被接受；且

（b）经考虑所有情况后，撤销接受是合理的。

（2）处长撤销对申请的接受的：

（a）申请视为从未被接受；且

（b）处长必须根据第31条对申请进行必要审查和报告；且

（c）第33条和第34条再次针对该申请适用。

第2分部 拒绝申请的理由

第39条 含有某些标志的商标

（1）商标含有根据为第18条制定的条例不得作为商标使用的标志或由其组成的，必须拒绝该商标的注册申请。

（2）商标含有下列标志或由下列标志组成的，可拒绝该商标的注册申请：

（a）为本款目的而规定的标志；或

（b）与下列标志极为相似以致相当可能会被视为该标志的标志：

（i）（a）项所述的标志；或

（ii）第（1）款所述的标志。

第40条 不能以图形表示的商标

商标不能以图形表示的，必须拒绝该商标的注册申请。

第41条 商标不能区分申请人的商品或服务

（1）商标的注册申请不能将申请人寻求商标注册的商品或服务（指定商

品或服务）与他人的商品或服务相区分的，必须拒绝该商标的注册申请。

（2）只有在第（3）款或第（4）款适用于某商标的情况下，该商标才被视为不能够将指定商品或服务与他人的商品或服务相区分。

（3）商标存在下列情况的，适用本款：

（a）商标没有在任何程度上本身适合将指定的商品或服务与他人的商品或服务相区分；且

（b）申请人在提交日期前没有就该申请使用该商标，以致该商标实际上能将指定的商品或服务区分为申请人的商品或服务。

（4）商标存在下列情况的，适用本款：

（a）商标在某种程度上（并非充分地）本身适合将指定的商品或服务与他人的商品或服务相区分；且

（b）在考虑到下列因素的综合影响后，该商标没有也不会将指定的商品或服务区分为申请人的商品或服务：

（ⅰ）该商标本身适合将商品或服务与他人的商品或服务相区分的程度；

（ⅱ）申请人对商标的使用或意图使用；且

（ⅲ）任何其他情况。

（5）就本条而言，商标注册申请人的所有权前任人对商标的使用，视为申请人对商标的使用。

第42条　商标具有诽谤性或其使用违反法律规定

商标存在下列情况的，必须拒绝商标注册申请：

（a）该商标含有诽谤性内容或由其组成；或

（b）其使用违反法律。

第43条　可能欺骗或造成混淆的商标

由于商标或商标所包含的标志具有某种内涵，在商品或服务上使用该商标将有可能欺骗或造成混淆的，必须拒绝针对该等商品或服务的商标注册申请。

第44条　相同商标

（1）第（3）款和第（4）款另有规定外，有下列任一情况的，必须拒绝针对商品（申请人的商品）的商标（申请人的商标）注册申请：

（a）申请人的商标与下列商标实质上相同或具欺骗性地相似：

（ⅰ）他人就类似商品或密切相关的服务而注册的商标；或

（ⅱ）他人正在就类似商品或密切相关服务申请注册的商标；且

（b）申请人针对申请人的商品的商标注册优先权日期，不早于针对类似商品或密切相关的服务的另一商标注册的优先权日期。

（2）除第（3）款和第（4）款另有规定外，有下列任一情况的，必须拒绝针对服务（申请人的服务）提出的商标（申请人的商标）注册申请：

（a）其与下列商标实质上相同或具欺骗性地相似：

（ⅰ）他人就类似服务或密切相关的商品而注册的商标；或

（ⅱ）他人正在就类似服务或密切相关的商品申请注册的商标；且

（b）申请人针对申请人的服务的商标注册优先权日期，不早于针对类似服务或密切相关的商品的另一商标注册的优先权日期。

（3）处长在上述任何一种情况下信纳存在下列任一情况的，可在施加处长任何适当的条件或限制的情况下，接受申请人的商标注册申请：

（a）该两项商标曾被诚实地同时使用的；或

（b）由于其他情况，这样做是适当的。

申请人的商标仅在特定地区使用的，相关限制可包括该商标的使用仅限于该特定地区。

（4）处长在上述任何一种情况下，信纳申请人或者申请人和申请人的所有权前任人已连续使用该商标一段期间：

（a）该期间在针对下列商品或服务注册商标的优先权日期之前开始：

（ⅰ）类似商品或密切相关的服务；或

（ⅱ）类似服务或密切相关的商品；且

（b）在申请人商标注册的优先权日期结束；

处长不得因另一商标的存在而拒绝该申请。

第3分部　分案申请

第45条　分案申请

（1）针对特定商品和/或服务注册商标的一项申请（母申请）未决期间，申请人可提出另一申请（分案申请），要求针对母申请所申请注册的部分商品和/或服务注册该商标。

（2）为避免疑义，母申请本身可以是分案申请。

第46条　关于分案申请的规则

(1) 分案申请必须：

(a) 是为了注册母申请所涉及的商标；且

(b) 指明与之相关的商品和/或服务；且

(c) 指明留在母申请中的商品和/或服务。

(2) 进行分案申请的，除非母申请已失效，否则处长必须对母申请进行修订，排除分案申请所涉及的商品和/或服务。

第4分部　系列商标的注册申请

第51条　系列商标的申请

(1) 商标在重要事项上相似，仅在下列一项或多项事项上不同的，可根据第27条第（1）款，就商品和/或服务提出一项申请：

(a) 针对使用或意图使用该等商标的商品或服务所作的陈述或申述；

(b) 关于数量、价格、质量或地名的陈述或申述；

(c) 商标任何部分的颜色。

(2) 如果：

(a) 申请符合本法所有要求的；且

(b) 处长须（根据第68条）注册该等商标的；

其必须在一项注册中将该等商标作为一个系列进行注册。

第51A条　连接系列申请

(1) 符合下列条件的，适用第（2）款：

(a) 在本条生效前，已提出两项或多项申请（系列申请），每项申请均寻求就不同类别的商品或服务注册相同的两项或多项商标；且

(b) 每项系列申请的提交日期相同；且

(c) 每项商标的所有人是同一人。

(2) 有关商标的所有人可向处长提出书面申请，要求：

(a) 对系列申请；或

(b) 在向处长提出的申请中所确定的众多系列申请；

根据本法进行处理，如同其是就系列申请或已确定的系列申请中指明的

所有商品和服务提出的商标注册申请一样。

（3）申请根据第（2）款提出的，处长必须根据该款处理属于该申请客体的系列申请，如同其是一项申请一样。

第5部分　注册异议

第1分部　一般规定

第52条　异　　议

（1）处长已接受商标注册申请的，任何人均可提交异议通知对注册表示异议。

（2）异议通知必须：

（a）以条例规定的格式提交；且

（b）在规定期间内提交，或在根据条例或根据第（5）款延长的期间内提交。

（3）为第（2）款（a）项或（b）项目的而订立的条例，可就异议通知的不同部分（如有）作出不同的规定。

（3A）第（3）款不限制1901年法律解释法第33条第（3A）款的规定。

（4）商标注册可基于本法规定的任何理由而非其他理由提出异议。

（5）如果：

（a）获准延长异议通知的提交时间；且

（b）在提交异议通知前，该人本可据以提交异议通知的权利或利益已归属另一人；且

（c）该另一人以书面形式通知处长该权利或利益已归属于该另一人的；

（d）该另一人被视为已获准延长异议通知的提交时间；且

（e）该延期在（a）项所述的延期结束时结束。

第52A条　意图就注册异议作出抗辩的通知

（1）根据第52条提交异议通知的，申请人可提交意图就商标注册申请进行抗辩的通知。

（2）该通知必须在规定的期限内提交，或在处长根据条例延长的期限内提交。

第53条　可以以提交通知的人以外的人的名义提出异议的情况

(a) 提出提交异议通知后，该人提出异议通知所依据的权利或利益归属另一人；且

(b) 该另一人：

(ⅰ) 以书面形式通知处长该权利或利益归属于该另一人；且

(ⅱ) 不撤回异议的；

对异议的处理，如同该异议通知是以该另一人的名义提出的一样。

第54条　异议程序

(1) 处长必须给予异议人和申请人就该异议进行陈词的机会。

(2) 在符合第（1）款规定的情况下，处理异议的程序必须符合条例。

(3) 在不限制第（2）款的情况下，条例可规定处长可驳回异议的情况。

第54A条　未针对申请提交答辩通知的，异议申请失效

(1) 除第（2）款另有规定外，有下列情况的，申请失效：

(a) 提交商标注册异议通知的［参见第52条第（1）款］；且

(b) 申请人未在规定期间或延长期间（参见第52A条）内，就商标注册申请提交答辩意图的。

(2) 规定期间届满后，处长延长提交申请答辩通知期限的（参见第52A条）：

(a) 该申请视为在规定期间届满时并未失效；且

(b) 未在延长期限内提交申请答辩通知的，该申请失效。

第55条　决　定

(1) 除非第（3）款适用于相关程序，否则处长必须在程序结束时，在顾及对申请提出异议的理由获确立的程度（如有）的情况下，决定：

(a) 拒绝注册商标；或

(b) 就申请中当时指明的商品和/或服务注册该商标（施加或不施加条件或限制）。

(2) 在不限制第（1）款的前提下，申请因第62条（a）项规定的理由（该申请或为支持该申请而提交的文件修改后违反本法）而遭受异议的，处长

可撤销对该申请的接受，并根据第 31 条重新审查该申请。

（3）有下列任一情况的，本款适用于相关程序：

（a）程序被中止；或

（b）诉讼被驳回；或

（c）申请因第 54A 条的实施而失效（该条涉及未针对申请提交答辩通知的，异议申请失效）。

第 56 条　上　　诉

申请人或异议人可根据第 55 条对处长的决定向联邦法院或联邦巡回法院提出上诉。

第 2 分部　对注册提出异议的理由

第 57 条　对注册提出异议的理由可以与拒绝接受的理由相同

对商标注册提出异议的理由可以与根据本法拒绝商标注册申请的理由相同，但不能以图形表示商标的理由除外。

第 58 条　申请人不是商标所有人

可以以申请人不是商标所有人为由，对商标注册提出异议。

第 58A 条　异议人在先使用类似商标

（1）本条适用于因下列原因而获接受注册申请的商标（第 44 条商标）：

（a）第 44 条第（4）款；或

（b）为第 17A 部分的目的而制定的条例的类似规定。

（2）第 44 条商标的注册可基于下列理由提出异议，即该实质上相同或具欺骗性相似的商标（相似商标）的所有人或所有权前任人：

（a）在第 44 条商标的所有人或与该第 44 条商标有关的所有权前任人首次使用该第 44 条商标之前首先针对下列内容使用了该相似商标：

（ⅰ）类似商品或密切相关的服务；或

（ⅱ）类似服务或密切相关的商品；且

（b）自首次使用以来，已针对该等商品或服务连续使用类似商标。

第 59 条　申请人无意图使用商标

可基于下列理由对商标注册提出异议，即申请人无意图针对申请中指明的商品和/或服务：

（a）在澳大利亚使用或授权使用该商标；或

（b）将该商标转让给某法人团体，由该法人团体在澳大利亚使用。

第 60 条　与在澳大利亚已获得声誉的商标相似的商标

针对特定商品或服务的商标注册，可基于下列理由提出异议：

（a）另一商标在上述针对该等商品或服务的商标注册的优先权日之前，已在澳大利亚获得了声誉；且

（b）由于该另一商标的声誉，使用上述商标很可能会造成欺骗或混淆。

第 61 条　含有虚假地理标志或由其组成的商标

（1）有关商品与指定商品相似，或针对有关商品使用商标可能欺骗或造成混淆的，针对特定商品（有关商品）的商标注册可基于下列理由提出异议，即该商标含有源于下列地区的商品（指定商品）的地理标志或由其组成：

（a）某国或某国的某地区或某地，而非有关商品的原产国；或

（b）有关商品原产国的某地区或某地，而非有关商品的原产地区或地点。

（2）申请人证明存在下列情况的，以第（1）款所述理由提出的异议不成立：

（a）有关商品源自该地理标志所指明的国家、地区或地点；或

（aa）该标志在指定商品的原产国不被承认为指定商品的地理标志；或

（b）该标志在指定商品的原产国已不再用作指定商品的地理标志；或

（c）申请人或申请人的所有权前任人在下列时间之前就有关商品善意地使用该标志，或就有关商品善意地申请注册该商标：

（ⅰ）1996 年 1 月 1 日；或

（ⅱ）该标志在原产国被承认为指定商品的地理标志之日；

以较晚者为准；或

（d）针对葡萄酒或烈酒（有关的葡萄酒或烈酒）寻求商标注册的，该标志与于 1995 年 1 月 1 日在有关的葡萄酒或烈酒的原产国内，用作生产有关的葡萄酒或烈酒的葡萄品种的惯用名称相同。

（3）申请人证明存在下列情况的，以第（1）款所述理由提出的异议亦不成立：

（a）虽然该标志是指定商品的地理标志，但它亦是有关商品的地理标志；且

（b）申请人没有且并未意图以相当可能在有关商品的来源方面欺骗或混淆公众人员的方式针对有关商品使用该商标。

（4）申请人证明存在下列情况的，以第（1）款所述理由提出的异议亦不成立：

（a）该标志由属于地理标志的词语或术语组成；

（b）该词语或术语是通用的英文词语或术语；且

（c）申请人没有且并未意图针对有关商品以很可能在有关商品的来源方面欺骗或混淆公众的方式使用该商标。

第62条　申请有瑕疵

可基于下列任何理由对商标注册提出异议：

（a）申请或为支持申请而提交的文件修改后违反本法的；

（b）处长根据在重要细节上存在虚假的证据或陈述接受注册申请的。

第62A条　恶意申请

可基于申请是恶意提出的对商标注册提出异议。

第6部分　商标注册申请及其他文件的修改

第63条　修改商标注册申请

（1）处长可应申请人或其代理人的要求，根据第64条、第65条或第65A条修改商标注册申请。

（2）如果：

（a）商标注册申请可根据第65条修改的；且

（b）申请人没有要求修改该申请的；

处长可为下列目的根据条例对该申请进行必要修改：

（c）删除可拒绝该申请的任何理由；或

（d）确保申请是根据本法提出的。

第 64 条　申请详情公布前的修改

（a）申请详情尚未根据第 30 条公布的；且

（b）修改的要求是在规定期限内提出的；

可以进行修改，以更正文书错误或明显错误。

第 65 条　申请详情公布后的修改——请求对修改不予公告

（1）申请详情已根据第 30 条公布的，该申请可根据本条规定予以修改。

（2）对商标图示的修改在该申请详情公布时并不实质影响该商标本质的，可对商标表述进行修改。

（3）可对适用第 51 条的申请进行修改，以从该申请中删除一项或多项商标。

（4）可进行修改以更正申请中指明的商品或服务的分类错误。

（5）处长认为在申请中指明的商品或服务类别中加入一项或多项其他类别的商品或服务，在所有情况下是公平和合理的，可进行修改。

（6）可进行修改，以更改申请中所寻求的注册类别（例如，将某商标注册为证明商标的申请可修改为将该商标注册为集体商标的申请）。

（7）可对申请中指明的任何其他详情进行修改，除非该修订具有扩大申请人如获批注册会在该项注册下拥有的权利（除该修订外）的效力。

（8）在不限制第（7）款的原则下，申请指明的申请人不具法人资格的，可根据该款进行修改，将对该指明申请人的提述，改为对具有法人资格的人的提述，如果该人可被识别为提出该申请。

第 65A 条　申请详情公布后的修改——请求对修改进行公告

（1）存在下列情况的，适用本条：

（a）申请详情已根据第 30 条公布的；且

（b）所要求的修改并非可根据第 65 条作出的修改。

（2）处长认为根据本条进行修改，在有关个案的所有情况下是公平和合理的，可对申请进行修改，以改正申请中的文书错误或明显错误。

（3）在符合第（5）款规定的情况下，处长须在官方公报中公布有关修改要求。

（4）在符合第（5）款规定的情况下，任何人可按规定的方式对修改要求的批准提出异议。

（5）处长信纳即使没有根据第（4）款提出异议，也不会批准修改要求的：

（a）处长无须根据第（3）款公告该要求；且

（b）尽管有第（4）款的规定，但是不能反对该请求的；且

（c）处长须拒绝批准该要求。

第 66 条　其他文件的修改

（1）应为本法目的提交申请（除商标注册申请外）、通知或其他文件的人的要求，或应该人的代理人的要求，处长可修改该申请、通知或文件：

（a）以更正文书错误或明显错误；或

（b）处长认为在有关个案的所有情况下，这样做是公平和合理的。

（2）第（1）款不适用于由异议人就下列事项提交的异议通知：

（a）根据第 52 条对商标注册提出的异议；或

（b）根据第 92 条对申请提出的异议。

第 66A 条　处长可规定特定要求须以书面提出

处长认为根据第 63 条或第 66 条提出的要求并非轻微修改的，可要求该要求以书面提出。

第 67 条　上　　诉

对处长根据本部分作出的决定，可向联邦法院或联邦巡回法院提出上诉。

第 7 部分　商标的注册

第 1 分部　初始注册

第 68 条　注册的义务

（1）有下列任一情况的，处长必须在条例规定的期限内，对接受注册的商标进行注册：

(a) 没有人对注册提出异议的；或

(b) 有人提出异议的：

(ⅰ) 处长决定，或（在对处长的决定提出上诉的情况下）上诉后的决定是该商标应予注册；或

(ⅱ) 异议被撤回的；或

(ⅲ) 异议已根据第222条或为施行第54条第（2）款而订立的条例（如有）被驳回的。

否则，商标注册申请即失效。

(2) 注册商标时，处长须给予该商标一个可供识别的号码。

第69条　注册如何生效

(1) 商标注册必须：

(a) 以注册申请人的名义注册；且

(b) 针对注册时申请中指明的商品和/或服务；且

(c) 受处长在接受该商标的注册申请或决定注册该商标时所施加的条件（如有）及限制（如有）的约束。

处长须在注册簿中记录该等详情。

(2) 处长亦须在注册簿中记录下列内容：

(a) 商标图示；且

(b) 注册号；且

(c) 本法规定应记录注册簿的任何其他详情。

(3) 两人或多人共同申请商标注册的（参见第28条），申请人必须作为商标共同所有人注册。

第70条　注册商标的颜色

(1) 商标注册时，可对颜色作出限制。

(2) 该等限制可就该商标的全部或部分作出。

(3) 商标注册时没有颜色限制的，视为针对所有颜色注册。

第71条　注册通知

商标获注册的，处长必须：

(a) 在官方公报上对该注册进行公布；且

（b）以核准格式向商标注册所有人发出注册证书。

第72条　注册日期和期限

（1）除第（2）款另有规定外，针对注册商标的商品和/或服务的商标注册，视为自该商标的注册申请的提交日期起（包括当日）生效。

（2）如果：

（a）该申请涉及的商标已在一个或多个公约国家申请注册；且

（b）申请人针对特定商品或服务对商标注册享有第29条项下优先权的；且

（c）该商标是根据本法注册的；

针对该等商品或服务的商标注册视为于下列时间生效：

（d）商标注册申请仅在一个公约国提出的，自该国提出申请之日（包括本日）起；或

（e）商标注册申请在多个公约国提出的，自最早提出申请之日（包括本日）起。

（3）除非该商标被提前注销，或提前从注册簿中删除，否则该商标的注册在其注册申请提交日期后10年届满。

第73条　停止注册

存在下列任一情况的，商标注册即停止：

（a）该商标根据第78条或第80F条或根据第9部分从注册簿中删除；或

（b）该商标注册被撤销。

第74条　权利放弃

（1）商标注册申请人或注册商标的注册所有人，可通过向处长发出书面通知，放弃使用或授权使用该商标特定部分的任何专有权。

（2）该弃权仅影响本法在商标注册时给予该商标注册所有人的权利。

（3）处长在注册商标或接收权利放弃通知时（以较后者为准），必须在注册簿上记录该权利放弃的详情。

（4）妥为作出的权利放弃不得撤销。

第2分部　注册的续展（一般规定）

第74A条　本分部的适用

存在下列任一情况的，注册商标适用本分部规定：

（a）注册详情在该项注册申请提交日期后的10年期限结束前，已根据第69条登录注册簿；或

（b）同时符合下列两项条件：

（ⅰ）（a）项不适用；且

（ⅱ）注册已根据第3分部展期，展期期间包括根据第3分部将注册详情登录注册簿的日期。

第75条　续展请求

（1）任何人均可在商标注册期满前规定期限内，要求处长对注册进行展期。

（2）该请求必须：

（a）符合核准的格式；且

（b）根据条例提交。

第76条　到期续展通知

在规定期限开始时，处长没有收到商标注册续展申请的，必须根据条例通知商标注册人到期续展。

第77条　注册期满前续展

（1）根据第75条提出商标注册续展要求的，处长必须将该商标注册续展10年，自该商标注册如不续展则到期之日算起。

（2）处长须根据条例将续展一事通知该商标的注册所有人。

第78条　未续展

商标的注册未根据第77条续展的：

（a）在不违反第79条和第80条的情况下，该注册在到期时停止生效；且

（b）除非注册根据第 79 条续展的，否则处长须在注册期满之日后 6 个月内将该商标从注册簿中删除。

第 79 条　在注册期满后 6 个月内续展

商标注册期满后 6 个月内根据第 75 条第（2）款要求处长将商标注册续展的，处长须自商标注册期满之日起续展 10 年。

第 80 条　未续展商标的状态

（a）商标注册（未续展商标）未根据第 77 条或第 79 条续展的；且

（b）商标注册申请是由非注册为未续展商标所有人的人提出或已提出的；

就该申请而言，该未续展商标在本可根据第 79 条续展的任何时间均视为注册商标。

第 3 分部　注册的续展（在提交日期后延迟 10 年或以上的注册）

第 80A 条　本分部的适用

（1）根据第 69 条将商标注册详情登录注册簿之日（注册簿登录之日）发生在注册申请的提交日之后 10 年期间结束后，商标适用本分部规定。

（2）就本分部而言，下列各项期间均可能成为注册商标的续展期间：

（a）在注册申请提交日期后 10 年开始的 10 年期间（首个潜在续展期）；

（b）任何连续 10 年的期间，即在注册簿登录之日前开始的期间。

（3）就本分部而言，规定期间是符合下列规定的期间：

（a）在条例中指明；且

（b）在注册簿登录之日开始。

第 80B 条　注册期满

为避免疑义，商标注册视为在提交注册申请日期后 10 年届满。

第 80C 条　续展通知

在注册簿登录之日后，处长必须根据条例在切实可行的范围内尽快通知商标注册人，可以提出续展注册的要求。

第 80D 条　续展要求

(1) 任何人可在规定的期间内，要求处长续展或连续续展商标注册，为请求中指明的一个或多个潜在续展期间。

(2) 指明期间必须至少涵盖首个潜在续展期。

(3) 指明期间涉及多个潜在续展期的，指明期间必须涵盖连续的期间。

(4) 该要求必须：

(a) 符合核准的格式；且

(b) 根据条例提交。

第 80E 条　在规定期间内续展

(1) 根据第 80D 条提出商标注册续展要求的，处长须续展或连续续展商标注册，为请求中指明的一个或多个潜在续展期间。

(2) 处长须根据条例将续展情况通知商标注册所有人。

第 80F 条　未能续展

商标注册未根据第 80E 条续展，或未根据第 80E 条在每个潜在的续展期间获得续展的：

(a) 除第 80G 条及第 80H 条另有规定外，该注册于下列时间不再有效：

(ⅰ) 注册未根据第 80E 条续展的，在该注册根据第 72 条第 (3) 款届满时；或

(ⅱ) 注册根据第 80E 条就一个或多个潜在续展期间续展的，在该等期间的最后一期结束时；且

(b) 除非根据第 80G 条对注册续展的，否则处长须在规定期间结束后 10 个月内将该商标从注册簿中删除。

第 80G 条　在规定期间结束后 10 个月内续展

(1) 如果：

(a) 商标注册未根据第 80E 条续展的；且

(b) 在规定期间结束后的 10 个月内，要求处长续展或连续续展商标注册，为请求中指明的一个或多个潜在续展期间的；

处长须续展或连续续展商标注册，为要求中涉及的一个或多个潜在续展

期间。

（2）规定期间必须至少涵盖首个潜在续展期。

（3）规定期间涉及多个潜在续展期间的，规定期间必须涵盖连续的期间。

（4）该要求必须：

（a）符合核准的格式；且

（b）根据条例提交。

第 80H 条　未续展商标的状态

（a）商标注册未根据第 80E 条续展的；且

（b）商标（未续期的商标）注册未根据第 80G 条续展的；且

（c）商标注册申请是由非注册为未续展商标所有人的人提出或已提出的；

就该申请而言，在该未续展商标的注册本可根据第 80G 条续展的任何时间，该未续展商标须视为注册商标。

第 8 部分　修改、取消及撤销注册

第 1 分部　处长的行为

第 A 次分部　修改注册簿

第 81 条　更正注册簿

处长可主动纠正在注册簿登录有关商标注册任何详情的任何错误或遗漏。

第 82 条　调整分类

处长可根据条例修改注册簿（无论是通过添加、删除还是更改条目），调整已注册商标的商品或服务的名称，以反映为本法目的而对商品或服务的分类所作出的任何改变。

第 82A 条　关联系列注册

（1）存在下列情况的，适用第（2）款：

（a）在本条生效前，提出两项或多项申请，且每项申请均寻求就不同类别的商品或服务注册同样的两项或多项商标；且

（b）每项申请的提交日期相同；且

（c）就本法而言，该等商标是同一注册所有人的注册商标。

（2）注册所有人可向处长提出书面申请，要求根据本法处理该等商标或在向处长提出的申请中确定的商标，如同该等商标或被确定的商标已就其注册的所有商品和服务作为一个系列进行一次注册一样。

（3）申请根据第（2）款提出的，处长须将该等商标或已确定的商标作为一项注册处理。

第83条　对登录注册簿中的商标详情进行修改

（1）除第11部分另有规定外，处长可应注册商标的注册所有人的书面要求：

（a）修改已登录注册簿的商标图示，但前提是该修改对该商标在根据第30条公布的注册申请详情时的本质并无重大影响；或

（b）修改已登录注册簿的有关商标注册的任何商品或服务的详情，但前提是该修改不具有扩大所有人在该项注册下所拥有的权利（除修改外）的效力；或

（c）修改或在注册簿中登录商标的任何其他详情，但前提是该修改或登录不具有扩大所有人在该项注册下所拥有的权利（除修改或登录外）的效力。

（2）对处长根据第（1）款作出的决定，可向联邦法院或联邦巡回法院提出上诉。

第83A条　因与国际协定不一致而修改注册商标

（1）存在下列情况的，注册商标适用本条规定：

（a）就商标注册的任何或全部商品或服务使用该商标，会与澳大利亚根据国际协定承担的任何相关义务相抵触；且

（b）在该商标的注册详情登录注册簿时，该义务并不存在。

（2）注册商标的注册所有人可书面要求处长作出下列任一行为：

（a）修改登录注册簿的商标图示，以删除或替换部分（而非全部）图示；

（b）修改针对商标登录注册簿的详情，以删除或替换任何或全部详情。

（3）处长必须在官方公报中公布修改要求。

（4）可按规定，以该商标在作出修改后会与下列商标实质上相同或具欺骗性的相似为理由，对批准修改要求提出异议：

（a）以该人的名义就类似或密切相关的商品或类似或密切相关的服务而注册的商标；或

（b）该人正针对类似或密切相关的商品或类似或密切相关的服务而使用的商标。

（5）处长信纳修改是合理的，可批准修改要求，但须考虑到：

（a）修改涉及不一致性的程度；且

（b）修改是否涉及以使用该商标的行业所认可的另一术语取代某项术语（现有术语）；且

（c）有人根据第（4）款对修订要求提出异议的，反对该要求的理由在多大程度上（如有）已获确立；且

（d）在任何情况下，任何其他相关情况。

（6）即使修订存在下列任一情况，处长仍可批准修改要求：

（a）实质性影响商标本质；或

（b）扩大注册所有人根据注册享有的权利。

（7）处长信纳即使不存在第（4）款项下的异议，同样不会批准修改要求的：

（a）处长无须根据第（3）款公告该要求；且

（b）尽管有第（4）款的规定，但是无法针对该要求提出异议；且

（c）处长必须拒绝批准该项要求。

（8）提出修改请求的注册所有人，或根据第（4）款对请求提出异议的人，可针对处长根据本条作出的决定向联邦法院或联邦巡回法院提出上诉。

第B次分部　取消注册

第84条　取消注册

（1）注册所有人书面要求取消商标注册的，处长必须根据条例规定取消商标注册。

（2）在取消商标注册前，处长须根据条例通知下列人员：

（a）根据第11部分记录为对该商标主张权利或权益的人；且

（b）如果：

（ⅰ）已向处长提出申请，要求将该商标转让或转移给他人的记录登录注

册簿的（参见第109条）；且

（ⅱ）该转让尚未记录的；

向其转让或转移该商标的人。

第C次分部　撤销注册

第84A条　注册可撤销

◆ 撤销权

（1）处长信纳存在下列情况的，可撤销商标注册：

（a）考虑到商标注册时存在的所有情况（无论处长当时是否知道该等情况），该商标本不应注册的；且

（b）经考虑所有情况后，撤销登记是合理的。

（2）根据第（1）款（a）项须考虑的情况包括：

（a）直接或间接导致注册的任何错误（包括判断错误）或遗漏；

（b）澳大利亚根据国际协定承担的任何相关义务；

（c）使下列行为成为适当的任何特殊情况：

（ⅰ）不注册该商标；或

（ⅱ）只有在商标注册受条件或限制约束的情况下才能注册商标，而实际上注册并未受相关条件或限制约束。

（3）根据第（1）款（b）项须考虑的情况包括：

（a）商标曾被使用的情况；

（b）任何过去、当前或拟进行的涉及该商标作为注册商标或该商标注册的法律程序；

（c）针对该商标作为注册商标而采取的其他行为；

（d）使下列行为成为适当的任何特殊情况：

（ⅰ）撤销商标注册；或

（ⅱ）不撤销登记。

◆ 作出撤销决定的先决条件

（4）处长只有在商标注册后12个月内，将拟议撤销通知下列每一人，方可撤销商标注册：

（a）商标的注册所有人；

（b）根据第11部分记录为针对商标主张权利或利益的人。

（5）处长不得在未给予下列每一个人陈词机会的情况下，撤销商标注册：

（a）商标的注册所有人；

（b）根据第 11 部分记录为针对商标主张权利或利益的人。

◆ 无责任考虑是否撤销商标

（6）无论是否有人要求处长考虑是否根据本条撤销相关注册，处长均无责任如此行事。

第 84B 条　注册过程中未考虑异议的，必须撤销注册

在下列情况中，处长必须撤销商标注册：

（a）下列两种情况之一：

（ⅰ）根据第 52 条第（2）款已提交注册异议通知；或

（ⅱ）在注册前，根据条例申请延长提出注册异议通知的期限；且

（b）处长在决定商标注册时未考虑异议或申请；且

（c）处长在提交通知或提出申请后 1 个月内意识到该情况。

撤销必须在该月内进行。

第 84C 条　撤销注册的效力

（1）处长根据第 84A 条或第 84B 条撤销商标注册的，适用本条。

（2）本法一般性适用，如同该注册从未发生过一样，但是：

（a）第 129 条第（4）款的适用，如同该商标在被撤销时已停止注册；且

（b）海关总署署长声称根据第 13 部分采取行动，扣押了在撤销前已注册商标的商品的，联邦对因扣押而遭受的任何损失或损害不负赔偿责任，但下列情况除外：

（ⅰ）处长向海关总署署长发出撤销的书面通知；且

（ⅱ）扣押发生在向海关总署署长发出通知之后；且

（c）第 14 部分的适用，如同该商标在撤销时已停止注册一样；且

（d）第 230 条第（2）款针对在撤销前是该商标注册所有人的被告而适用，如同该商标在撤销时已停止注册一样；且

（e）第 230 条第（2）款针对在撤销前是该商标授权使用人的被告而使用，如同该商标在被告知悉撤销时已停止注册一样。

（3）为避免疑义，存在第（2）款（b）项（ⅰ）目和（ⅱ）目所述情况的，第（2）款（b）项本身并不使联邦承担责任。

（4）本法的适用，如同在紧急撤销后：

（a）该商标的注册申请反映了该商标注册簿中紧急撤销前的详情；且

（b）该商标的注册申请人是该商标在紧急撤销前以其名义注册的人。

（5）处长在撤销注册后，撤销接受商标注册申请的，本款具有效力。处长在拒绝申请前，可以（但无须）根据第31条再次审查该申请。尽管有第38条第（2）款（b）项的规定，但是本条仍有效力。

第84D条　针对撤销注册提出上诉

针对处长根据第84A条撤销商标注册的决定，可向联邦法院或联邦巡回法院提出上诉。

第2分部　法院的行为

第85条　为更正错误或遗漏而作出修改

订明法院可根据被侵害人申请，命令通过下列方式更正注册簿：

（a）在注册簿内加入被错误遗漏的详情；或

（b）更正注册簿内任何记录项的错误。

第86条　以违反条件等为理由而修改或取消

订明法院可根据被侵害人或处长的申请，以违反注册簿内就该商标登录的条件或限制为理由，命令通过下列方式更正注册簿：

（a）取消商标注册；或

（b）删除或修改注册簿内关于该商标的任何记录项。

第87条　修改或取消——丧失使用商标的专有权

（1）第24条或第25条适用于某注册商标的，订明法院可应被侵害人或处长的申请，在符合第（2）款及第89条的规定下，命令通过下列方式更正注册簿：

（a）取消商标注册；或

（b）删除或修改注册簿中关于该商标的任何记录项；

但要顾及第24条或第25条（视情况而定）对该商标的注册所有人就特定商品或服务使用该商标或属该商标一部分的任何标志的权利的影响。

（2）第24条或第25条因该商标载有符合下列说明的标志而针对该商标适用的：

（a）已在有关行业内获普遍接受为描述某物品、物质或服务的标志，或是该物品、物质或服务的名称；或

（b）描述了下列内容或者是下列内容的名称：

（i）以前根据专利开发的物品或物质；或

（ii）以前作为专利方法提供的服务；

法院可决定不根据第（1）款作出命令，并容许该商标就下列内容在注册簿上保留：

（c）该物品或物质或属相同描述的商品；或

（d）相同描述的服务；

但应受法院所施加的任何条件或限制的约束。

第88条　修订或取消——其他规定理由

（1）在符合第（2）款及第89条规定的情况下，订明法院可根据任何被侵害人或处长的申请，命令通过下列方式更正注册簿：

（a）取消商标注册；或

（b）删除或修改注册簿上错误登录或仍留在注册簿上的记录项；或

（c）登录任何应登录的影响商标注册的条件或限制。

（2）申请可基于下列任何理由提出，而不得基于其他理由：

（a）根据本法可以针对商标注册提出异议的任何理由；

（b）商标注册申请的修改是由于欺诈、虚假建议或虚假陈述而获得的；

（c）由于提出更正申请时适用的情况，该商标的使用很可能产生欺骗或造成混淆；

（e）申请针对的是注册簿中记录项的，该记录项是由于欺诈、虚假建议或虚假陈述而作出或先前已被修订。

第88A条　处长的申请

除非处长认为就公众利益而言，该申请是可取的，否则不得根据第86条、第87条或第88条提出申请。

第89条　注册所有人并无过错的，在特定情况下不可批准作出更正

（1）法院可决定不批准根据下列理由提出的更正申请：

（a）第87条；或

（b）以该商标有可能欺骗或混淆为由［可对注册表示异议的理由，参见第88条第（2）款（a）项］；或

（c）第88条第（2）款（c）项，条件是商标注册所有人使法院信纳，申请人所依据的理由不是由于注册所有人的任何行为或过错而产生的。

（2）在根据第（1）款作出决定时，法院：

（a）还必须考虑到任何订明事项；且

（b）可考虑法院认为相关的任何其他事项。

第90条　处长的职责和权力

（1）被侵害人根据本分部向订明法院提出申请的，必须将该项申请通知处长。

（2）针对被侵害人提出的申请，处长可以自行酌情出庭陈情，但法院指示处长出庭的除外。

（3）申请由被侵害人提出的，申请人须向处长提供法院根据本分部作出的任何命令的副本。

（4）处长须遵守法院根据本分部作出的任何命令。

第3分部　注册证书的修改

第91条　注册证书的修改

处长在修改注册簿中针对商标登录的任何详情时，如认为适当，亦可修改注册证书。

第9部分　因不使用而将商标从注册簿中删除

第92条　申请将商标从注册簿中删除等

（1）除第（3）款另有规定外，可向处长申请将已注册或可注册的商标从注册簿中删除。

（2）该申请：

（a）须符合条例；且

（b）可针对商标注册或可注册的任何或全部商品和/或服务提出。

（3）涉及商标的诉讼在订明法院待决的，不得根据第（1）款向处长提出申请，但该人可向法院申请命令，指示处长将该商标从注册簿中删除。

（4）根据第（1）款或第（3）款提出的申请（不使用申请），可基于以下任何一项或两项理由提出，而不得基于其他理由：

（a）在提交商标注册申请当日，针对未使用申请所涉及的商品和/或服务，注册申请人并没有真诚的意图：

（ⅰ）在澳大利亚使用该商标；或

（ⅱ）授权他人在澳大利亚使用该商标；或

（ⅲ）将该商标转让给法人团体，由该法人团体在澳大利亚使用；

且在截至未使用申请提交之日 1 个月前的任何时间，针对该等商品和/或服务，该注册所有人：

（ⅳ）未在澳大利亚使用该商标；或

（ⅴ）未在澳大利亚善意地使用该商标；

（b）截至提出未使用申请之日前 1 个月该商标已连续注册 3 年，且在这期间，当时的注册所有人在任何时间均未针对与该申请有关的商品和/或服务：

（ⅰ）在澳大利亚使用该商标；或

（ⅱ）在澳大利亚善意地使用该商标。

（5）某人据以提出未使用申请的权利或权益归属于另一人的，该另一人在向处长或法院（视情况而定）发出有关事实的通知后，可代替前述之人成为申请人。

第 93 条　提出申请的时间

（1）基于第 92 条第（4）款（a）项所述理由提出未使用申请的，可在商标注册申请的提交日期后任何时间提出。

（2）基于第 92 条第（4）款（b）项所述理由提出未使用申请的，只可在自商标详情根据第 69 条登录注册簿的日期起计的 3 年后提出。

第 94 条　转介法院

（a）已根据第 92 条第（1）款向处长提出申请的；且

（b）处长认为该事项应由订明法院决定的，处长可将该事项转介法院，法院可审理和裁定该事项，如同申请是根据第 92 条第（3）款向法院提出一样。

第 95 条　申请的通知

（1）根据第 92 条向处长提出申请的，处长须根据条例提供申请副本。

（2）针对已登录注册簿的商标提出申请的，处长须在官方公报中公布该申请。

（3）针对正在申请注册的商标提出申请的，只有在商标已注册的情况下，处长才须在官方公报中公布该申请。

第 96 条　异议通知

◆ 向处长提出申请

（1）任何人均可向处长提交异议通知，对第 92 条第（1）款所指申请提出异议。

（2）第（1）款所指异议通知须：

（a）以条例规定的格式提交；且

（b）在规定的期间内提交。

（3）为第（2）款（a）项或（b）项的目的而制定的条例，可就异议通知的不同组成部分（如有）作出不同的规定。

（4）第（3）款并不限制 1901 年法律解释法第 33 条第（3A）款。

◆ 向订明法院提出申请

（5）任何人均可向法院提交异议通知，对第 92 条第（3）款所指申请提出异议。

（6）第（5）款所指异议通知：

（a）须采用法院批准的格式；且

（b）须根据法院规则提交。

第 96A 条　可以以提交通知以外的人的名义进行异议程序的情况

如果：

（a）某人提出异议通知后，其据以提出异议通知的权利或权益归属于另一人的；且

（b）该另一人：

（ⅰ）以书面形式通知处长或法院（视情况而定）该权利或利益归属于该人；且

（ⅱ）不撤回异议的；

该异议将继续进行，如同该异议通知是以该另一人的名义提交一样。

第97条　申请无异议等情况下，将商标从注册簿中删除

（1）如果：

（a）无人对根据第92条第（1）款向处长提出的申请提出异议的；或

（b）根据该款提出的申请异议已被驳回的（参见第99A条），处长须针对该申请所指明的商品和/或服务从注册簿中删除该商标。

（2）无人对根据第92条第（3）款向法院提出的申请提出异议的，法院须命令处长就该申请所指明的商品和/或服务从注册簿中删除该商标。法院须安排将该命令的副本送达处长，而处长须遵从该命令。

第98条　在延长期间内提交异议通知的，商标恢复登录注册簿

如果：

（a）因为没有在条例规定的期限内提交异议通知，处长根据第97条第（1）款将商标从注册簿中删除；且

（b）处长随后延长提交通知的期限；且

（c）异议通知在延长的期限内提出的；

处长须将商标恢复登录注册簿。同时，该商标视为未从注册簿中删除。

第99条　处长席前的程序

向处长提出的申请遭受异议的，处长须根据条例处理。

第99A条　驳回向处长提出的异议

（1）处长可在规定情况下，驳回根据第96条第（1）款向处长提出的异议。

（2）可向行政上诉审裁处提出申请，要求复核处长根据第（1）款驳回异议的决定。

第100条　异议人证明商标使用等的责任

（1）在涉及被异议申请的任何程序中，异议人须反驳：

（a）根据第92条第（4）款（a）项提出的任何主张，即在该商标的注册申请提交当日，针对被异议申请相关的商品和/或服务，注册申请人并未善意意图：

（ⅰ）在澳大利亚使用该商标；或

（ⅱ）授权他人在澳大利亚使用该商标；或

（ⅲ）将该商标转让给某法人团体，由该法人团体在澳大利亚使用；或

（b）根据第92条第（4）款（a）项提出的任何主张，该商标在截至被异议申请提交之日止的前1个月期间之前，未被其注册所有人针对相关商品和/或服务使用或善意使用；或

（c）根据第92条第（4）款（b）项提出的任何主张，即该商标在截至被异议申请提交之日前1个月的3年内的任何时间，未被其注册所有人针对相关商品和/或服务使用或善意使用。

（2）就第（1）款（b）项而言，在下列情况中，异议人须视为已反驳关于该商标的主张，即该商标在该款所提述的期间之前的任何时间，未被其注册所有人针对相关商品和/或服务使用或善意使用：

（a）异议人已证实，在该期间之前，商标的注册所有人已针对该等商品或服务善意地使用了该商标或经添加或更改后对其特性无实质性影响的商标；或

（b）该商标已被转让，但该转让的记录未登录注册簿的：

（ⅰ）异议人已证实，在该期间之前，受让人已针对该等商品或服务善意地使用该商标或经添加或更改后未对其特性产生实质性影响的商标，且该使用符合转让条款；且

（ⅱ）处长或法院经考虑有关个案的所有情况后，认为将受让人在该段期间之前使用该商标视为注册所有人针对该等商品或服务使用该商标是合理的。

（3）就第（1）款（c）项而言，在下列情况中，异议人须视为已反驳关于该商标的主张，即该商标在该款所提述的期间之内的任何时间，未被其注册所有人针对相关商品和/或服务使用或善意使用：

（a）异议人已证实，在该期间之内，商标的注册所有人已针对该等商品或服务善意地使用了该商标或经添加或更改后对其特性无实质性影响的商

标；或

（b）该商标已被转让，但该转让的记录未登录注册簿的：

（ⅰ）对方已证实，在该期间之内，受让人已针对该等商品或服务善意地使用该商标或经添加或更改后未对其特性产生实质性影响的商标，且该使用符合转让条款；且

（ⅱ）处长或法院经考虑有关个案的所有情况后，认为将受让人在该段期间之内使用该商标视为注册所有人针对该等商品或服务使用该商标是合理的；或

（c）异议人已证实，在该期间之内，由于妨碍使用该商标的情况（无论是影响一般商人还是只影响该商标的注册所有人），该商标的注册所有人在该期间未针对该等商品和/或服务使用该商标。

第 101 条　被异议申请的确定——一般规定

（1）除第（3）款和第 102 条另有规定外：

（a）与被异议申请相关的程序并未中止或被撤销的；且

（b）处长信纳据以提出申请的理由已获证实的；

处长可决定针对该申请所涉及的任何或所有商品和/或服务，将该商标从注册簿中删除。

（2）在符合第（3）款和第 102 条的规定下，在涉及被异议申请的程序结束时，法院信纳据以提出该申请的理由已获确立的，法院可命令处长针对该申请所涉及的任何或所有商品和/或服务，将商标从注册簿中删除。

（3）即使提出申请的理由已获确立，如果处长或法院信纳是合理的，处长或法院仍可决定不将该商标从注册簿中删除。

（4）在不局限处长根据第（3）款决定不将某商标从注册簿中删除时可考虑的事项的原则下，处长可考虑该商标的注册所有人是否曾就下列事项使用该商标：

（a）类似商品或密切相关的服务；或

（b）类似服务或密切相关的商品。

第 102 条　被异议申请的裁定——商标的本地化使用

（1）本条适用于下列情况，即将商标（异议商标）从注册簿中删除的申请是基于第 92 条第（4）款（b）项所述理由提出的，且

（a）申请人是某商标的注册所有人，而该商标与异议商标实质上相同或欺骗性地相似，且针对该申请所指明的商品和/或服务而注册，但该商标的使用须受下列条件或限制约束：

（ⅰ）在澳大利亚某地（指定地点）经营或提供的商品和/或服务（不用于从澳大利亚出口）；或

（ⅱ）将出口到某一特定市场（指定市场）的商品和/或服务；或

（b）处长或法院认为该商标可在附有该条件或限制的情况下以申请人的名义妥为注册。

（2）处长或法院信纳：

（a）异议商标在第 92 条第（4）款（b）项所述期间内保持注册状态；且

（b）在该期间内，没有在下列情况中使用或善意使用异议商标：

（ⅰ）在指定地点经营或提供的商品或服务；或

（ⅱ）将出口至指定市场的商品或服务；处长可决定，或法院可命令，不将异议商标从注册簿中删除，但该商标的注册应受处长或法院认为必要的条件或限制约束，以确保该注册不延伸至就下列事项使用该商标：

（c）在指定地点经营或提供的商品或服务；或

（d）将出口至指定市场的商品或服务。

第 103 条　处长须遵从法院命令

法院根据第 101 条或第 102 条作出命令，须安排将命令的文本送达处长，而处长须遵从该命令。

第 104 条　上　　诉

对于处长根据第 101 条或第 102 条作出的决定，可向联邦法院或联邦巡回法院提出上诉。

第 105 条　证书——商标使用

（1）在涉及异议申请的任何程序中，处长或法院认定：

（a）商标在特定期间内被善意地使用的；或

（b）商标在特定期间内未被使用，完全是由于存在阻碍其使用的情况的；

如该商标的注册所有人提出要求，处长或法院须向该注册所有人发出针对该认定的证明。

（2）在主张商标未使用的任何后续程序中：

（a）该证明一经出示，即为其中所述事实的证据；且

（b）相关程序作出有利于异议人的裁定，且在提交异议通知之时或之前，异议人将证明的内容告知申请人的，除非处长或法院另有指示，否则异议人有权要求申请人支付异议人的全部费用。

第10部分　商标的转让和转移

第106条　商标的转让等

（1）已注册或正寻求注册的商标，可根据本条进行转让或转移。

（2）该转让或转移可以是部分的，即可以只适用于申请注册或已注册商标的部分商品和/或服务，但不得就某一特定领域的商标使用进行部分转让或转移。

（3）转让或转移可带有或不带有相关商品和/或服务涉及的企业商誉。

第107条　申请对寻求注册商标的转让等进行记录

（1）正在寻求注册的商标被转让或转移的：

（a）该商标的注册申请人；或

（b）获转让或转移的人；须向处长申请将该项转让或转移进行记录。

（2）该申请须：

（a）符合核准的格式；且

（b）连同任何订明文件根据条例提交。

第108条　对寻求注册商标的转让等进行记录

（1）申请符合本法的，处长须：

（a）在条例规定的时间或在条例规定的时间内，以处长认为合适（但未在注册簿中规定）的方式记录转让或转移的详情；且

（b）根据条例公布转让或转移的详情。

（2）在处长记录转让或转移详情之日和之后，就本法而言，接受该商标转让或转移的人即被视为该商标的注册申请人。

第109条　申请将注册商标的转让等记录登录注册簿

（1）注册商标被转让或转移的：

（a）注册为该商标所有人的人；或

（b）接受该商标转让或转移的人，须向处长申请将该转让或转移的记录登录注册簿。

（2）该申请须：

（a）符合核准的格式；且

（b）连同任何订明文件根据条例提交。

第110条　注册商标的转让等的记录

（1）申请符合本法的，处长须在条例规定的时间或在条例规定的时间内：

（a）在注册簿中登记转让或转移详情；且

（b）将向其转让或转移商标的人（受益人）针对转让或转移对其具有效力的商品和/或服务注册为该商标的所有人。

（2）有关详情须视为已于提交申请的日期登录注册簿，且将受益人注册为商标所有人须视为自该日（包括本日）起生效。

（3）处长须在官方公报上公布：

（a）转让或转移记录；且

（b）将受益人注册为商标所有人。

第111条　向被记录为主张商标权益的人发出申请通知等

根据第107条或第109条提出的有关商标转让或转移的申请符合本法的，处长须根据条例通知根据第11部分记录的主张对该商标拥有权益或权利的人。

第11部分　对商标权益和权利主张的自愿记录

第1分部　一般规定

第112条　本部分的目的

本部分针对下列事项作出规定：

(a) 在注册簿中记录无法根据另一部分进行记录的注册商标的权益和权利主张；且

(b) 处长记录寻求注册的商标权益和权利主张。

第2分部　注册商标的权益和权利

第113条　申请注册商标的权益或权利

◆ **范　　围**

(1) 注册商标的权益或权利无法根据第10部分登录注册簿的，本条就该权益或权利而适用。

◆ **申请注册权益或权利**

(2) 主张有关权益或权利的人可向处长申请将该项主张的详情登录注册簿。

(3) 该申请须：

(a) 符合核准的格式；且

(b) 附有令处长合理地满意的证明，证明申请人有资格享有所主张的权益或权利；且

(c) 根据条例进行提交。

第114条　权益主张等的记录

(1) 根据第113条提出申请的，处长须在注册簿内登录该申请所列主张的详情。

(2) 如果：

(a) 商标已注册的；且

(b) 在紧接注册之前，已根据第3分部对商标权益或权利主张的详情进行记录的，处长须将该等详情登录注册簿。

第115条　修改和取消

条例可就修改和取消根据本分部登录注册簿的详情作出规定。

第116条　记录并非权利等存在的证明

已根据本部分在注册簿中记录某人主张注册商标的权益或权利的事实，

不是该人拥有该权利或权益的证明或证据。

第3分部　未注册商标的权益和权利

第117条　申请记录商标权益或权利

♦ 范　　围

(1) 已申请商标注册的，本条就该商标的权益或利益而适用。

♦ 申请记录权益或权利

(2) 主张有关权益或权利的人可向处长申请对该主张进行记录。

(3) 该申请须：

(a) 符合核准的格式；且

(b) 附有令处长合理地满意的证明，证明申请人有资格享有所主张的权益或权利；且

(c) 根据条例进行提交。

第118条　权益主张等的记录

根据第117条提出申请的，处长须以他认为合适（但未在注册簿中规定）的方式记录该申请所列主张的详情。

第119条　修改和取消

条例可就修改和取消根据本分部记录的详情作出规定。

第12部分　侵犯商标权

第120条　何时会侵犯商标权

(1) 针对注册商标的商品或服务使用与该商标实质上相同或欺骗性地相似的标志作为商标的，即属侵犯该注册商标。

(2) 针对下列内容使用与该商标实质上相同或欺骗性地相似的标志作为商标的，即属侵犯该注册商标：

(a) 与该商标所注册的商品（注册商品）的描述相同的商品；或

(b) 与注册商品密切相关的服务；或

(c) 与该商标所注册的服务（注册服务）描述相同的服务；或

（d）与注册服务密切相关的商品。

但是，能够证明使用该标志的行为不太可能使人受骗或导致混淆的，不被视为侵犯商标权。

（3）存在下列任一情况的，即属侵犯注册商标：

（a）该商标在澳大利亚广为人知；且

（b）该人就下列事项使用与该商标实质相同或欺骗性地相似的标志作为商标：

（ⅰ）与注册商标的商品（注册商品）描述不同或与注册商标的服务（注册服务）没有密切关系的商品（无关商品）；或

（ⅱ）与注册服务描述不同或与注册商品没有密切关系的服务（无关服务）；且

（c）由于该商标广为人知，该标志很可能被视为表明无关商品或服务与该商标的注册所有人之间的联系；且

（d）因此，注册所有人的利益很可能受到不利影响。

（4）为了第（3）款（a）项的目的，在决定商标是否在澳大利亚广为人知时，必须考虑该商标在相关公众领域内的知名程度，无论是由于该商标的宣传还是由于任何其他原因。

第 121 条　违反特定限制的商标侵权行为

（1）注册商标的注册所有人或该商标的授权使用人安排在该商标注册的商品（注册商品）上，或在商品包装上，或在向公众提供的容器上，显示禁止［根据第（2）款属针对商品的禁止行为的］任何行为的公告的，本条适用于该注册商标。

（2）下列各项均属禁止行为：

（a）将该商标应用于注册商品，或在该等商品的实物关系中使用该商标，而该等商品原先向公众提供时的状态、状况、装束或包装已被改变；

（b）更改、部分删除或抹去应用于注册商品或在实际关系上使用该商标的任何图样；

（c）商标已应用于注册商品，或在与该等商品有实际关系的情况下使用，连同显示注册所有人或获授权使用人已处理该等商品的其他事项的，全部或部分删除或抹去该商标的任何图样，但未完全删除或抹去其他事项；

（d）将另一商标应用于注册商品，或在实际关系上使用另一商标；

（e）商标已应用于注册商品，或在与该等商品有实际关系的情况下，在该等商品、该等商品的包装或容器上使用任何相当可能损害该商标信誉的物品。

（3）除第（4）款另有规定外，存在下列情况的，即属侵犯本条所适用的商标：

（a）该人是注册商品的所有人；且

（b）在贸易过程中，或为了在贸易过程中进行商品交易：

（ⅰ）作出禁止通知所禁止的行为；或

（ⅱ）授权他人实施该行为。

（4）商品所有人有下列行为的，不构成商标侵权行为：

（a）善意获得商品，且不知道禁止通知的；或

（b）凭借从如此获得该商品的人所衍生的所有权而成为该商品的所有人。

第122条　何时不会侵犯商标权

（1）尽管有第120条的规定，但是下列情况不构成注册商标侵权行为：

（a）善意使用：

（ⅰ）自己的姓名或其营业地点的名称；或

（ⅱ）该人的业务前任人的姓名或前任人的营业地点的名称；或

（b）该人善意使用标志，以显示：

（ⅰ）商品或服务的种类、质量、数量、预期目的、价值、地理来源或其他特征；或

（ⅱ）生产商品或提供服务的时间；或

（c）该人善意使用该商标，以显示商品（特别是作为配件或零件）或服务的预期用途；或

（d）该人将该商标用于比较性广告的目的；或

（e）该人行使根据本法给予该人的商标使用权；或

（f）法院认为，如果该人提出申请，该商标将以其名义获得注册；或

（fa）同时符合下列两项条件：

（ⅰ）该人使用与前述商标实质上相同或欺骗性地相似的商标；且

（ⅱ）法院认为，如果该人提出申请，就会以其名义获得实质上相同或欺骗性相似的商标注册；或

（g）该人在以该款规定的方式使用第120条第（1）款、第（2）款或第

（3）款所述标志时，因为该商标的注册受某项条件或限制的约束，而不会侵犯注册所有人使用该商标的专有权。

（2）尽管有第120条的规定，但是针对注册商标的某部分登记权利放弃的，使用该部分商标不构成商标侵权。

第122A条　针对商品用尽注册商标

（1）尽管有第120条的规定，但是存在下列情况的，针对商品使用注册商标的不构成商标侵权：

（a）该商品与注册商标的商品相似；且

（b）在使用前，该人已针对该商标作出合理查询；且

（c）在使用时，理性人在作出该等查询后，会得出结论认为该商标已由他人（有关人员）或经其同意应用于该商品或针对该商品进行应用，而该人在申请或同意时（视情况而定）是：

（ⅰ）该商标的注册所有人；或

（ⅱ）该商标的授权使用人；或

（ⅲ）经注册所有人允许使用该商标的人；或

（ⅳ）有权根据第26条第（1）款（f）项给予许可的授权使用人允许使用该商标的人；或

（ⅴ）对注册所有人或授权使用人使用该商标有重大影响的人；或

（ⅵ）（ⅰ）目、（ⅱ）目、（ⅲ）目、（ⅳ）目或（ⅴ）目中提到的相关人员的关联实体（2001年公司法所指的含义）。

（2）在第（1）款（c）项中，对同意在商品上应用商标或针对商品应用商标的提述，包括但不限于对下列行为的提述：

（a）有条件限制的同意（例如，该商品只在国外销售的条件）；以及

（b）可从相关人员的行为中合理推断出的同意。

（3）在确定第（1）款（c）项（ⅲ）目或（ⅳ）目所述相关人员是否获准使用该商标时，无须理会该许可是如何产生的，例如：

（a）该许可是直接或间接产生的；或

（b）该许可是通过所有人利益、合同、安排、谅解、其组合或其他方式产生的。

（4）在确定第（1）款（c）项（ⅴ）目所述相关人员是否对商标使用有重大影响时，无须理会该影响是如何产生的，例如：

(a) 该影响是直接或间接产生的；或

(b) 该影响是通过所有人利益、合同、安排、谅解、其组合或其他方式产生的。

第123条　已由注册所有人应用或经注册所有人同意应用注册商标的服务

尽管有第120条的规定，但是针对与注册商标的服务相似的服务而使用注册商标，且该商标是由该商标的注册所有人或经其同意针对服务应用的，不构成商标侵权行为。

第124条　在先使用相同的商标等

(1) 针对下列内容使用与注册商标实质相同或欺骗性相似的非注册商标的，不构成注册商标侵权行为：

(a) 与注册商标的商品（注册商品）相似的商品；或

(b) 与注册商品密切相关的服务；或

(c) 与注册商标的服务（注册服务）相似的服务；或

(d) 与注册服务密切相关的商品；

如果该单独人或该人和该人的所有权前任人共同自下列时间之前，已在贸易过程中针对该等商品或服务连续使用该未注册商标：

(e) 注册商标的注册日期；或

(f) 注册商标的注册所有人或所有权前任人，或根据废除法是该商标的注册使用人的人，首次使用该商标；

以较早者为准。

(2) 未注册的商标仅在澳大利亚的某一地区连续使用的，第(1)款仅适用于该人在该地区使用该商标。

第125条　可以审理注册商标侵权诉讼的法院

(1) 注册商标侵权诉讼可在规定法院提出。

(2) 第(1)款并不妨碍在任何其他有管辖权审理该诉讼的法院提起注册商标侵权诉讼。

第126条　可以从法院获得的救济

(1) 法院在注册商标侵权诉讼中可给予的救济包括：

（a）禁令，可受制于法院认为合适的任何条件；且

（b）损害赔偿或追缴利润，由原告选择，但应符合第127条规定。

（2）在评估注册商标侵权损害赔偿时，法院在顾及下列各因素后，认为适宜加入额外款额的，可在评估中加入该款额：

（a）侵权行为的公然性；且

（b）阻止类似注册商标侵权行为的需要；且

（c）注册商标侵权人在下列时间的行为：

（ⅰ）其行为构成侵权后；或

（ⅱ）其被告知诉称已侵犯注册商标后；且

（d）证明该方因侵权行为而获得的任何利益；且

（e）所有其他相关事项。

第127条　特殊情况——原告无权要求损害赔偿等

（a）在侵犯就特定商品或服务而注册的商标的诉讼中，法院裁定被告侵犯该商标的；且

（b）符合下列任一条件：

（ⅰ）被告已根据第92条第（3）款向法院申请作出命令，指示处长针对该等商品或服务从注册簿中删除该商标；或

（ⅱ）被告已根据第92条第（1）款向处长提出申请，要求针对该等商品或服务将该商标从注册簿中删除，而该事项已根据第94条提交法院；且

（c）法院裁定，由于该商标的注册所有人在某段期间（关键期间）内没有针对该等商品或服务善意使用该商标，因此有理由［根据第92条第（4）款］将该商标从注册簿中删除的；

法院不得就在关键期内发生的任何侵犯该商标的行为，以损害赔偿或追缴利润的方式向原告提供救济。

第128条　不可提起诉讼的情况

（1）商标注册在期满后6个月内根据第79条获得续展的，不得就下列行为提起诉讼：

（a）侵犯商标的行为；且

（b）在注册期满后但在续展前实施的行为。

（2）商标注册在规定期间结束后的10个月内根据第80G条获得续展的，

不得就下列行为提起诉讼：

（a）侵犯商标的行为；且

（b）是在规定的期限结束后但在注册续展前实施的行为。

（3）在第（2）款中，规定期间的含义与第 7 部分第 3 分部中的含义相同。

第 129 条　申请免于无理威胁

（1）以他人（受威胁的人）侵犯了下列商标为由，威胁要对其提起诉讼的：

（a）注册商标；或

（b）宣称将要注册的商标；

任何因该威胁而被侵害的人（原告）可针对作出该威胁的人（被告）（在规定法院或任何其他有司法管辖权的法院）提起诉讼。

（2）诉讼的目的是向法院获得：

（a）宣告该威胁是无理的；且

（b）禁止被告继续发出威胁的禁令。

原告也可追讨其因被告的行为而蒙受的任何损害赔偿。

（2A）在评估原告因被告的行为而蒙受的损害赔偿时，法院在顾及下列各因素后，认为适宜加入额外款额的，可在评估中加入该款额：

（a）威胁的公然性；且

（b）阻止类似威胁的需要；且

（c）被告在作出威胁后发生的行为；且

（d）证明被告因该威胁而获得的任何利益；且

（e）所有其他相关事项。

（3）无论被告是否是被宣称受侵犯商标的注册所有人或授权使用人，均可提出诉讼。

（4）被告令法院信纳存在下列情况的，法院不得作出有利于原告的裁定：

（a）该商标已注册的；且

（b）被告威胁提起诉讼所针对的受威胁人的行为构成商标侵权的。

（6）本条并不使律师、注册商标律师或专利律师须就以专业身份代表客户作出的行为而承担法律责任。

第 130 条　侵权的反诉

被告在根据第 129 条提起的诉讼中有权针对原告提起注册商标侵权诉讼的（侵权诉讼）：

（a）被告可向法院提出针对原告的反诉，要求获得被告在侵权诉讼中有权获得的任何救济；且

（b）本法中适用于侵权诉讼的规定适用于反诉，如同该反诉是被告对原告提起的侵权诉讼一样。

第 130A 条　仅告知存在注册商标不构成威胁

仅告知存在注册商标并不构成第 129 条所指的威胁提起诉讼。

第 13 部分　进口侵犯澳大利亚商标的商品

第 131 条　本部分的目的

本部分的目的是，通过制定条款，允许海关总署署长在进口到澳大利亚的商品侵犯或看似侵犯注册商标的情况下，扣押和处理该商品，以保护注册商标。

第 132 条　反对进口的通知

（1）注册商标的注册所有人可向海关总署署长发出书面通知，反对在通知日期之后进口侵犯该商标的商品。该通知须与任何规定的文件一起发出。

（2）如果：

（a）注册商标的注册所有人没有根据第（1）款发出通知的；或

（b）根据第（1）款发出的任何通知不再有效的；有权根据第（1）款发出通知的商标授权使用人可要求注册所有人就该商标发出该通知。

（3）授权使用人可于下列时间向海关总署署长发出通知：

（a）随时，但应经注册所有人同意；或

（b）在规定期间内，如注册所有人在规定期间内某次拒绝遵从该要求；或

（c）在规定期间结束后，如注册所有人未在规定期间内发出该通知。

获授权使用人亦须将该通知连同下列文件送交海关总署署长：

(d) 为 (1) 款的目的而规定的任何文件；且

(e) 任何其他规定文件。

(4) 商标注册所有人发出的通知，自该通知发出之日起计 4 年内有效，除非在该段期间结束前由当时为该商标的注册所有人的人向海关总署署长发出书面通知，否则将该通知撤销。

(5) 商标的授权使用人发出的通知，除非在该期限结束前由下列人员以书面通知海关总署署长的方式撤销，否则该通知的有效期为 4 年：

(a) 授权使用人有权撤销该通知的，由授权使用人撤销；或

(b) 在任何其他情况下，由当时是该商标的注册所有人的人撤销。

第 133 条　海关总署署长可没收侵犯商标的商品

(1) 本条适用于在澳大利亚境外制造的商品，且该商品：

(a) 进口到澳大利亚的；且

(b) 根据 1901 年海关法受海关管制。

(2) 本条所适用的商品：

(a) 已在其上或与之有关的商品上使用了海关总署署长认为与已通知商标基本相同或欺骗性相似的标志；且

(b) 是已注册通知商标的商品的；

除非海关总署署长信纳没有合理理由相信该等商品的进口侵犯了已通知商标，否则其必须扣押该等商品。

(3) 除第 (3A) 款另有规定外，海关总署署长可决定不扣押商品，除非异议人（或 1 名或多名异议人）向海关总署署长作出可接受的书面承诺，向联邦偿还扣押商品的费用。

(3A) 存在下列情况的，海关总署署长可决定不扣押商品，除非其已得到异议人（或 1 名或多名异议人）提供的担保，而非承诺，担保的金额是海关总署署长认为足以向联邦偿还扣押商品的费用：

(a) 根据异议人（或 1 名或多名异议人）就其他商品作出的承诺所应支付的金额没有按照该承诺支付；且

(b) 海关总署署长认为在所有情况下要求提供担保是合理的。

(3B) 海关总署署长书面同意异议人提出的书面请求的，承诺可予撤回或更改。

(4) 根据本条扣押的商品须根据海关总署署长的指示存放在安全的地方。

（5）在本条中，扣押商品的费用，指如果商品被扣押，联邦可能产生的费用。

第133A条　关于商品所有人的确定

如果某人是商品所有人［在1901年海关法第4条第（1）款规定的含义内］，海关官员［参见1901年海关法第4条第（1）款］可为“指定所有人”中（b）项的目的确定某人是商品的所有人。

第134条　扣押通知

（1）在根据第133条扣押商品后，海关总署署长必须在实际可行的情况下尽快通过任何通信手段（包括电子手段）向指定所有人和异议人发出通知（扣押通知），以确定商品并说明确定商品已被扣押。

（2）存在下列情况的，扣押通知须述明该等商品会被释放予指定所有人：

（a）指定所有人在主张期内提出释放商品的主张；且

（b）在诉讼期结束前，异议人没有：

（ⅰ）就该商品提起侵犯通知商标的诉讼；且

（ⅱ）向海关总署署长发出关于该诉讼的书面通知。

（3）扣押通知还必须：

（a）规定商品的主张期；且

（b）规定商品的诉讼期，并说明只有在指定所有人提出商品释放要求时，诉讼期才开始；且

（c）通知是发给异议人的，注明指定所有人的姓名和营业地点或住所（如已知），但海关总署署长出于保密理由，信纳不宜如此行事的，不在此限；且

（d）通知是发给指定所有人的，注明下列人员的姓名及营业地点或住所的地址：

（ⅰ）异议人；或

（ⅱ）异议人已为本部分的目的指定某人作为异议人的代理人或代表的，该人；

但海关总署署长出于保密理由，信纳不宜如此行事的，不在此限。

（4）海关总署署长可在扣押商品后的任何时间，向异议人提供：

（a）代表指定商品所有人安排将商品运到澳大利亚的任何个人或机构

(无论是在澳大利亚境内还是境外）的名称和营业地点或居住地，或海关总署署长所掌握并有合理理由认为可能有助于识别和确定该个人或机构的任何信息；且

(b）海关总署署长有合理理由认为可能与识别和确定商品进口商有关的任何信息（包括个人信息)；且

(c）海关总署署长有合理理由认为可能与识别和确定商品指定所有人有关的任何信息（包括个人信息)。

第134A条　检查、释放被扣押商品

(1）海关总署署长可允许异议人或指定所有人检查被扣押的商品。

(2）异议人向海关总署署长作出必要承诺的，海关总署署长可允许异议人从海关总署署长的保管中拿走一个或多个被扣押商品的样品，供异议人检查。

(3）指定所有人向海关总署署长作出所需承诺的，海关总署署长可允许指定所有人从海关总署署长的保管中拿走一个或多个将被扣押商品的样本，供指定所有人检查。

(4）所需承诺是以书面形式作出的承诺，即作出承诺的人将：

(a）在海关总署署长满意的特定时间，将样本归还海关总署署长；且

(b）采取合理的谨慎措施，防止样本商品受到损害。

(5）海关总署署长允许异议人根据本条规定检查被扣押商品或拿走样本商品的，联邦对指定所有人因下列原因而遭受的任何损失或损害不负任何责任：

(a）检查期间对任何被扣押商品造成的损害；或

(b）异议人或任何其他人对从海关总署署长保管的样本所作的任何行为，或与该等样本有关的任何行为，或异议人对该等样本的任何使用。

第135条　同意放弃被扣押商品

(1）任何被扣押商品的指定所有人，可在异议人就该商品侵犯通知商标提起诉讼前的任何时候，向海关总署署长发出书面通知，同意将该商品没收归联邦所有。

(2）指定所有人发出上述通知的，该商品没收归联邦所有。

第136条　主张释放被扣押商品

（1）指定所有人可向海关总署署长主张释放被扣押商品。

（2）主张须在商品主张期结束前提出。

（3）主张须：

（a）符合条例规定的格式（如有）；且

（b）包括条例规定的资料。

第136A条　扣押商品未被认领即被没收

（1）扣押商品没有在商品主张期内提出释放商品要求的，没收归联邦所有。

（2）但是，海关总署署长允许对商品提出逾期主张的（参见第136B条），不视为商品被没收。

第136B条　逾期主张释放被扣押商品

（1）海关总署署长可允许指定所有人在商品主张期结束后向海关总署署长提出释放扣押商品的主张（逾期主张）。

（2）只有存在下列情况的，海关总署署长才可允许逾期主张：

（a）尚未就该商品提出侵犯通知商标的诉讼的；且

（b）海关总署署长认为在这种情况下是合理的；且

（c）该商品没有根据第139条予以处理。

（3）可向行政上诉审裁处提出申请，要求复核海关总署署长根据第（1）款作出的拒绝批准逾期主张释放被扣押商品的决定。

第136C条　将主张通知异议人

（1）指定所有人提出释放被扣押商品要求的，海关总署署长必须在实际可行的情况下尽快将该要求通知异议人。

（2）该通知：

（a）必须以书面形式作出；且

（b）可包括海关总署署长有合理理由认为可能相关的任何信息，以便识别和确定下列任何一项或两项内容：

（i）商品的进口商；

（ⅱ）安排将商品带入澳大利亚的任何其他人或机构（无论是在澳大利亚境内还是境外）。

第136D条　释放被扣押商品

（1）存在下列情况的，海关总署署长必须将扣押商品释放给指定所有人：

（a）异议人向海关总署署长发出书面通知，说明异议人同意释放扣押商品；且

（b）该商品没有根据第139条进行处置。

（2）存在下列情况的，海关总署署长可随时将扣押商品释放给指定所有人：

（a）海关总署署长在考虑商品被扣押后获悉的信息后，确信没有合理理由相信该商品的进口侵犯了通知商标；且

（b）异议人没有就该商品提出侵犯通知商标的诉讼。

（3）存在下列情况的，海关总署署长必须将被扣押商品释放给指定所有人：

（a）指定所有人已提出释放商品的主张；且

（b）在诉讼期结束前，异议人没有：

（ⅰ）就该商品提起侵犯通知商标的诉讼；且

（ⅱ）向海关总署署长发出关于该诉讼的书面通知。

（4）存在下列情况的，海关总署署长必须将扣押商品释放给指定所有人：

（a）指定所有人已提出释放商品的主张；且

（b）已就该商品侵犯通知商标提起诉讼；且

（c）在自提起该诉讼之日开始的20个工作日的期间结束时，提起诉讼的法院没有发出阻止释放商品的生效命令。

（5）除第140条另有规定外，本条具有效力。

第136E条　已释放但未收取的商品须予以没收

存在下列情况的，扣押商品将被没收归联邦所有：

（a）海关总署署长将商品释放给指定所有人的；且

（b）指定所有人没有在释放后90日内接收该商品的。

第137条　侵犯商标的诉讼

（1）异议人可就扣押商品提起侵犯通知商标的诉讼。

（2）审理该诉讼的法院：

（a）可应他人申请，允许将该人作为被告加入诉讼；且

（b）必须允许海关总署署长出庭作证。

（3）除法院在本条以外可给予的任何救济外，法院还可：

（a）在任何时候，如其认为公正，可命令将扣押商品释放给指定所有人，但须遵守法院认为适合施加的条件（如有）；或

（b）命令将扣押商品没收归联邦所有。

（4）如果：

（a）法院裁定商品进口没有侵犯该商标的；且

（b）商品的指定所有人或任何其他被告令法院信纳其因该等商品被扣押而蒙受损失或损害的；

法院可命令异议人就该损失或损害中可归因于提起该诉讼当日或之后的任何期间的任何部分，向指定所有人或其他被告支付补偿，金额由法院确定。

（6）法院命令释放商品的，在符合第 140 条的前提下，海关总署署长必须遵守该命令。

第 138 条　授权使用人提起的侵权诉讼

通知商标的授权使用人是针对任何扣押商品的异议人的，该授权使用人可在规定的期限内就该商品提起商标侵权诉讼，无须首先确定注册所有人是否愿意提起诉讼。

第 139 条　对没收归联邦所有的扣押商品的处置

（1）没收归联邦所有的商品必须以下列方式处置：

（a）按条例规定的方式处置；或

（b）条例没有规定处置方式的，按海关总署署长的指示处置。

（2）然而，根据第 136A 条没收的商品，在没收后 30 日内不得处置。

（3）第（1）款不要求处置与商标侵权诉讼有关的商品。

◆ 特定情况下的补偿权

（4）尽管扣押商品已被没收归联邦所有，但是仍可根据本条向有管辖权的法院申请对商品的处置要求赔偿。

（5）下列情况下，产生赔偿权：

（a）商品没有侵犯异议人的通知商标；且

(b) 该人能够证明，并使法院信纳：

(ⅰ) 其在商品被没收前是商品的所有人；且

(ⅱ) 存在有合理理由不提出释放商品主张的情况。

(6) 存在第 (4) 款所指赔偿权的，法院必须命令联邦向该人支付相当于商品在处置时市场价值的金额。

第 140 条　海关总署署长保留对商品控制的权力

尽管有本部分的规定，但是如果根据联邦任何其他法律，海关总署署长被要求或被允许保留对商品的控制，海关总署署长：

(a) 不得释放或处置任何扣押商品；或

(b) 不得对商品采取任何行动，以执行法院根据第 137 条发出的任何命令。

第 141 条　担保不足

根据第 132 条就某一商标发出通知的异议人根据第 133 条第 (3A) 款提供的担保，不足以支付联邦因海关总署署长根据本部分就该通知采取行动而产生的费用的，该费用与担保金额之间的差额：

(a) 是异议人共同或其中每一异议人单独应向联邦承担的债务；且

(b) 可以通过在具司法管辖权的法院提起诉讼追讨。

第 141A 条　未遵从承诺等

(1) 根据承诺就根据第 132 条发出的通知所涵盖的商品所应支付的金额没有按照该承诺支付的，海关总署署长可决定不扣押该通知所涵盖的商品，直至欠款支付为止。

(2) 根据承诺未支付的金额：

(a) 是异议人共同或其中每一异议人单独应向联邦承担的债务；且

(b) 可在具司法管辖权的法院提起诉讼追讨。

(3) 就根据第 132 条发出的通知所涵盖的商品而根据承诺支付的款额符合该承诺，但不足以支付联邦因海关总署署长根据本部分就该通知采取行动而产生的费用的，该等费用与所支付款额之间的差额：

(a) 是异议人共同或其中每一异议人单独应向联邦承担的债务；且

(b) 可借在具有司法管辖权的法院提起诉讼追讨。

第 142 条　联邦对因扣押而遭受的损失等不负责任

联邦对他人因下列原因遭受的任何损失或损害不负责任：

（a）海关总署署长根据本部分扣押或未扣押商品的；或

（b）释放任何被扣押的商品。

第 143 条　要求提供信息的权力

（1）如果：

（a）根据本部分可能被扣押的商品被进口到澳大利亚的；且

（b）海关总署署长根据所获信息，基于合理理由信纳，应用于该等商品或与该等商品有关的商标使用具有欺诈性的；

海关总署署长可要求该等商品的进口商或进口商的代理人：

（c）出示其所拥有的与商品有关的任何文件；且

（d）提供下列信息：

（ⅰ）将商品运至澳大利亚的委托人的姓名和地址；且

（ⅱ）澳大利亚境内受托人的姓名和地址。

（2）进口商或其代理人未在规定期间内遵从该要求的，即属犯罪，一经定罪，可处以不超过 6 个月的监禁。

第 144 条　与诺福克岛等有关的修改

条例可就本部分在适用于下列情况时的修改或适应作出规定：

（a）诺福克岛；或

（b）圣诞岛；或

（c）科科斯（基林）群岛。

第 14 部分　犯　　罪

第 145 条　伪造或移除注册商标

◆ **可公诉罪**

（1）任何人实施下列行为的，即属犯罪：

（a）将注册商标应用于商品或针对商品或服务而应用；且

（b）该商品或服务正在或将要在贸易过程中经营或提供；且

（c）该人：

（ⅰ）更改或污损该商标；或

（ⅱ）对该商标作任何补充；或

（ⅲ）全部或部分移除、擦除或抹去该商标；且

（d）该人实施上述行为：

（ⅰ）未经商标注册所有人或授权使用人许可；或

（ⅱ）未经本法、处长指示或法院命令的要求或授权。

处罚：监禁5年或550个罚金单位的罚金，或两者并处。

◆ 即决犯罪

（2）任何人实施下列行为的，即属犯罪：

（a）将注册商标应用于商品或针对商品或服务而应用；且

（b）该商品或服务正在或将要在贸易过程中经营或提供；且

（c）该人：

（ⅰ）更改或污损该商标；或

（ⅱ）对该商标作任何补充；或

（ⅲ）全部或部分移除、擦除或抹去该商标；且

（d）该人实施上述行为：

（ⅰ）未经商标注册所有人或授权使用人许可；或

（ⅱ）未经本法、处长指示或法院命令的要求或授权。

处罚：监禁12个月或60个罚金单位的罚金，或两者并处。

（3）第（2）款（a）项、（b）项和（d）项的过错要件为疏忽。

第146条　虚假应用注册商标

◆ 可公诉罪

（1）任何人实施下列行为的，即属犯罪：

（a）在商品上或针对商品或服务适用标记或标志；且

（b）该商品或服务正在或将要在贸易过程中经营或提供；且

（c）该标记或标志是注册商标或与其实质上相同；且

（d）该人应用该标记或标志：

（ⅰ）未经商标注册所有人或授权使用人许可；或

（ⅱ）未经本法、处长指示或法院命令的要求或授权。

处罚：监禁 5 年或 550 个罚金单位的罚金，或两者并处。

◆ **即决犯罪**

（2）任何人实施下列行为的，即属犯罪：

（a）在商品上或针对商品或服务适用标记或标志；且

（b）该商品或服务正在或将要在贸易过程中经营或提供；且

（c）该标记或标志是注册商标或与其实质上相同；且

（d）该人适用该商标或标志：

（ⅰ）未经商标注册所有人或授权使用人许可；或

（ⅱ）未经本法、处长指示或法院命令的要求或授权。

处罚：监禁 12 个月或 60 个罚金单位的罚金，或两者并处。

（3）第（2）款（b）项、（c）项和（d）项的过错要件为疏忽。

第 147 条　制作模具等用于商标犯罪

◆ **可公诉罪**

（1）任何人实施下列行为的，即属犯罪：

（a）制造印模、印版、机器或仪器；且

（b）该印模、印版、机器或仪器很可能被用于犯罪或在犯罪过程中使用；且

（c）该行为是违反第 145 条或第 146 条的犯罪行为。

处罚：监禁 5 年或 550 个罚金单位的罚金，或两者并处。

（2）第（1）款（c）项适用严格责任。

◆ **即决犯罪**

（3）任何人实施下列行为的，即属犯罪：

（a）制造印模、印版、机器或仪器；且

（b）该印模、印版、机器或仪器很可能被用于犯罪或在犯罪过程中使用；且

（c）该行为是违反第 145 条或第 146 条的犯罪行为。

处罚：监禁 12 个月或 60 个罚金单位的罚金，或两者并处。

（4）第（3）款（b）项的过错要件为疏忽。

（5）第（3）款（c）项适用严格责任。

第147A条　图纸等商标用于犯罪

◆ **可公诉罪**

（1）任何人实施下列行为的，即属犯罪：

（a）绘制或用计算机或其他装置编程绘制注册商标或部分注册商标；且

（b）该注册商标或部分注册商标很可能被用于犯罪，或在犯罪过程中使用；且

（c）该行为是违反第145条或第146条的犯罪行为。

处罚：监禁5年或550个罚金单位的罚金，或两者并处。

（2）第（1）款（c）项适用严格责任。

◆ **即决犯罪**

（3）任何人实施下列行为的，即属犯罪：

（a）绘制或用计算机或其他装置编程绘制注册商标或部分注册商标；且

（b）该注册商标或部分注册商标很可能被用于犯罪，或在犯罪过程中使用；且

（c）该行为是违反第145条或第146条的犯罪行为。

处罚：监禁12个月或60个罚金单位的罚金，或两者并处。

（4）第（3）款（b）项的过错要件为疏忽。

（5）第（3）款（c）项适用严格责任。

第147B条　持有或处置物品用于商标犯罪

◆ **可公诉罪**

（1）任何人实施下列行为的，即属犯罪：

（a）持有或处置：

（ⅰ）印模、印版、机器或仪器；或

（ⅱ）计算机或其他装置，其程序用以绘制注册商标或部分注册商标；或

（ⅲ）注册商标或部分注册商标图示；且

（b）该印模、印版、机器、仪器、计算机、装置或图示很可能被用于犯罪或在犯罪过程中使用；且

（c）该行为是违反第145条或第146条的犯罪行为。

处罚：监禁5年或550个罚金单位的罚金，或两者并处。

（2）第（1）款（c）项适用严格责任。

◆ **即决犯罪**

（3）任何人实施下列行为的，即属犯罪：

（a）持有或处置：

（ⅰ）印模、印版、机器或仪器；或

（ⅱ）计算机或其他装置，其程序用以绘制注册商标或部分注册商标；或

（ⅲ）注册商标或部分注册商标图示；且

（b）该印模、印版、机器、仪器、计算机、装置或图示很可能被用于犯罪或在犯罪过程中使用；且

（c）该行为是违反第 145 条或第 146 条的犯罪行为。

处罚：监禁 12 个月或 60 个罚金单位的罚金，或两者并处。

（4）第（3）款（b）项的过错要件是疏忽。

（5）第（3）款（c）项适用严格责任。

第 148 条　带有虚假商标的商品

◆ **可公诉罪**

（1）任何人实施下列行为的，即属犯罪：

（a）该人：

（ⅰ）出售商品；或

（ⅱ）陈列商品以供出售；或

（ⅲ）为贸易或制造目的持有商品；或

（ⅳ）为贸易或制造目的向澳大利亚进口商品；且

（b）下列任何一项适用：

（ⅰ）商品上有注册商标；且

（ⅱ）商品上有与注册商标实质上相同的标记或标志；且

（ⅲ）商品上的注册商标已被更改、污损、增补、全部或部分移除、抹去或涂改；且

（c）该注册商标、标识或标志被应用、更改、污损、添加、全部或部分移除、抹去或涂改（视情况而定）：

（ⅰ）未经该商标注册所有人或授权使用人许可；或

（ⅱ）未经本法、处长指示或法院命令的要求或授权。

处罚：监禁 5 年或 550 个罚金单位的罚金，或两者并处。

◆ **即决犯罪**

(2) 任何人实施下列行为的，即属犯罪：

(a) 该人：

(ⅰ) 出售商品；或

(ⅱ) 陈列商品以供出售；或

(ⅲ) 为贸易或制造目的持有商品；或

(ⅳ) 为贸易或制造目的向澳大利亚进口商品；且

(b) 下列任何一项适用：

(ⅰ) 注册商标已应用于商品；且

(ⅱ) 与注册商标实质上相同的标记或标志已应用于商品；且

(ⅲ) 应用于该商品的注册商标已被更改、污损、增补、全部或部分移走、抹去或涂改；且

(c) 该注册商标、标识或标志被应用、更改、污损、添加、全部或部分移除、抹去或涂改（视情况而定）：

(ⅰ) 未经该商标注册所有人或授权使用人许可；或

(ⅱ) 未经本法、处长指示或法院命令的要求或授权。

处罚：监禁12个月或60个罚金单位的罚金，或两者并处。

(3) 第(2)款(b)项及(c)项的过错要件为疏忽。

第150条　帮助和教唆犯罪

(1) 如果一个人：

(a) 帮助、教唆、怂恿或促致；或

(b) 在明知的情况下以任何方式直接或间接地牵涉或参与；

在澳大利亚境外实施的行为，且该行为如果在澳大利亚实施，将构成违反本法的犯罪行为的，视为该人实施了该犯罪行为，并可据此受到惩罚。

(2) 第(1)款不影响刑法典第11.2条或第11.2A条的施行。

第151条　关于商标的虚假陈述

(1) 任何人不得作出意为某商标是注册商标的陈述，除非该人知道或有合理理由相信该商标在澳大利亚注册。

处罚：60个罚金单位的罚金。

(2) 任何人不得作出意为某注册商标的某部分已注册为商标的陈述，除

非该人知道或有合理理由相信该部分在澳大利亚注册。

处罚：60个罚金单位的罚金。

（3）任何人不得作出意为某商标已针对商品或服务注册的陈述，除非该人知道或有合理理由相信该商标在澳大利亚针对该等商品或服务注册。

处罚：60个罚金单位的罚金。

（4）任何人不得作出意为商标注册赋予专有权使用该商标的陈述，而在考虑到注册簿中所记载的条件或限制后，该注册并未赋予该等权利，除非该人有合理理由相信该注册确实赋予该专有权。

处罚：60个罚金单位的罚金。

（5）就本条而言，在澳大利亚针对商标使用：

（a）注册字样；或

（b）任何其他（明示或暗示）提及注册的文字或符号；

视为陈述该商标针对其使用的商品或服务在澳大利亚注册，除非商标针对该等商品或服务在澳大利亚以外的国家注册，且

（c）该文字或符号本身表明该商标已在该其他国家或澳大利亚以外的国家注册；或

（d）该文字或符号与相同或更大的其他文字或符号一起使用，表明该商标在该其他国家或澳大利亚以外的国家注册；或

（e）该文字或符号是针对向该国出口的商品使用的。

第152条　在注册簿上作虚假登记等

不得故意：

（a）在注册簿中作虚假记项；或

（b）促致在注册簿中作虚假记项；或

（c）提交伪称是注册簿内某项记项或商标局某文件的复制品或摘录的文件作为证据。

处罚：监禁2年。

第153条　不服从传唤等

（1）如果一个人：

（a）被传唤以证人身份出现在处长席前；且

（b）已向其支付合理金额负担相关费用的，不得拒绝针对传唤作出回应。

处罚：10 个罚金单位的罚金。

（2）如果一个人：

（a）处长要求出示任何文件或任何其他物品；且

（b）已向其支付合理金额负担相关费用的，不得拒绝出示该文件或物品。

处罚：10 个罚金单位的罚金。

（2A）有合理理由的，第（1）款和第（2）款不适用。

（3）本条规定犯罪行为属于严格责任犯罪行为。

第 154 条　拒绝提供证据等

（1）以证人身份出现在处长席前的不得：

（a）拒绝宣誓或拒绝作出誓言；或

（b）拒绝回答依法应回答的问题；或

（c）不出示依法应出示的任何文件或物品。

处罚：10 个罚金单位的罚金。

（1A）有合理理由的，第（1）款不适用。

（2）本条规定犯罪行为属于严格责任犯罪行为。

第 156 条　未经注册而充当或显示为商标律师

♦ 个　　人

（1）任何个人实施下列行为的，即属犯罪：

（a）将自己描述为、显示为或允许自己被描述为或显示为商标律师；且

（b）该个人不是注册商标律师。

处罚：30 个罚金单位的罚金。

（2）任何个人实施下列行为的，即属犯罪：

（a）将自己描述为、显示为或允许自己被描述为或显示为商标代理人；且

（b）该人不是注册商标律师、专利律师或律师。

处罚：30 个罚金单位的罚金。

♦ 公　　司

（3）公司实施下列行为的，即属犯罪：

（a）将公司描述为、显示为或允许将公司描述为或显示为商标律师；且

（b）该公司不是注册商标律师。

处罚：150 个罚金单位的罚金。

(3A) 公司实施下列行为的，即属犯罪：

(a) 将公司描述为、显示为或允许将公司描述为或显示为商标代理人；且

(b) 该公司不是注册商标律师、专利律师或法人律师事务所。

处罚：150 个罚金单位的罚金。

◆ **一般规则**

(4) 尽管有 1914 年刑法典第 15B 条的规定，但是针对本条犯罪提出指控的，可在犯罪发生后 5 年内提出。

(6) 本条规定犯罪行为属于严格责任犯罪行为。

第 157 条　关于商标局的虚假陈述

(1) 个人：

(a) 不得：

(ⅰ) 在办公室所在建筑物上放置或允许放置；或

(ⅱ) 在宣传其办公室或业务时使用；或

(ⅲ) 对其办公室或业务的描述在文件上放置商标局或商标注册局等字样，或具有类似含义的字样（无论是单独还是连同其他文字）；或

(b) 不得以任何其他方式在其业务中使用可能合理导致他人相信其办公室是商标局或与商标局有正式联系的文字。

处罚：30 个罚金单位的罚金。

(2) 本条规定犯罪行为属于严格责任犯罪行为。

第 157A 条　法人型商标律师必须有商标律师主任

◆ **犯罪——未告知缺乏商标律师主任**

(1) 法人型商标律师存在下列任一情形的，即属犯罪：

(a) 没有商标律师主任；且

(b) 未在 7 日内通知指定管理人。

处罚：150 个罚金单位的罚金。

◆ **犯罪——7 日后在无商标律师主任的情况下行事**

(2) 法人型商标律师存在下列任一情形的，即属犯罪：

(a) 没有商标律师主任；且

(b) 在之前的 7 日内没有商标律师主任；且

（c）将其描述为、显示为或允许将其描述为或显示为商标律师。

处罚：150 个罚金单位的罚金。

◆ 指定管理人可指定注册商标律师

（3）法人型商标律师没有商标律师主任的，指定管理人可通过书面形式委任另一注册商标律师负责该法人型商标律师的商标工作。

（4）该项委任须经该另一注册商标律师同意方可做出。

◆ 委任的效力

（5）就本法而言，根据第（3）款获得委任的注册商标律师（委任律师）视为该法人型商标律师的商标律师主任。

（6）就 2001 年公司法而言：

（a）委任律师不会仅因下列原因而成为法人型商标律师的董事：

（ⅰ）委任律师负责该法人型商标律师的商标工作；且

（ⅱ）就本法而言，委任律师视为该法人型商标律师的商标律师主任；且

（b）指定管理人不会仅因由其对委任律师进行委任而成为该法人型商标律师的董事。

◆ 指定管理人可将法人型商标律师从注册簿中删除

（7）法人型商标律师没有商标律师主任的，指定管理人可将该法人型商标律师从注册簿中删除。

◆ 商标工作的含义

（8）商标工作是指代表他人为获得利益而进行的下列一项或多项工作：

（a）在澳大利亚或其他任何地方申请或获得商标；

（b）为本法或其他国家的商标法的目的准备商标申请或其他文件；

（c）就商标有效性或商标侵权行为提供建议（科学或技术性建议除外）。

◆ 开始起诉的时间

（9）尽管有 1914 年刑事典第 15B 条的规定，但是针对本条犯罪提出指控的，可在犯罪发生后 5 年内提出。

第 159 条　根据犯罪所得相关立法发出的没收令

（1）检察长以外的人就违反本部分的可公诉罪对另一人提起诉讼的，适用没收令的规定，如同该等规定中对犯罪所得当局（或负责当局）的提述包括对提起诉讼之人的提述。

（2）在本条中，没收令规定指：

（c）2002 年犯罪收益法第 2－2 部分；和

（d）2002 年犯罪收益法第 2－3 部分。

第 160 条　自然人的雇员和代理人的行为

（1）本条适用于对下列犯罪的检控：

（a）本法规定的犯罪；或

（b）1914 年刑事典第 6 条规定的与本法有关的犯罪；或

（c）违反刑法典第 11.1 条、第 11.4 条或第 11.5 条与本法有关的犯罪。

（4）有必要证明某人对某项行为具有特定心理状态的，只需证明下列事项即可：

（a）该行为是由该人的雇员或代理人在其实际或表面权限范围内实施的；且

（b）该雇员或代理人具有相关心理状态。

（5）该人的雇员或代理人在其实际或表面权限范围内代表该人从事的任何行为，应视为该人也从事了该行为，除非该人证明其采取了合理预防措施，并尽了适当勤勉避免该行为。

（6）如果：

（a）个人被判定犯有本法规定犯罪的；且

（b）如果未制定第（4）款和第（5）款规定，该人就不会被判定犯有该犯罪的；

则不会针对该犯罪被判定承担监禁刑。

（7）在本条中，

从事行为，包括没有或拒绝从事行为。

心理状态，就某人而言，包括：

（a）该人的知识、意图、意见、认知或目的；和

（b）该人针对该意图、意见、认知或目的的理由。

第 15 部分　集体商标

第 161 条　本部分的目的

本部分：

(a) 界定了集体商标的定义；且

(b) 规定本法中有关商标的规定适用于集体商标的范围，以及应受到何种修改或补充。

第162条　集体商标的含义

集体商标是指一个协会成员在贸易过程中经营或提供的商品或服务上使用或意图使用的标志，以区别于非协会成员经营或提供的商品或服务。

第163条　本法的适用

(1) 在符合本部分规定的情况下，本法有关商标的规定［第10部分（商标的转让和转移）除外］适用于集体商标，且其适用如同：

(a) 对商标的提述包括对集体商标的提述；且

(b) 提述某人为注册商标而做某事，包括提述为注册集体商标而做该事的组织；且

(c) 提述个人注册的商标包括提述协会注册的集体商标。

(2) 就本法而言：

(a) 作为集体商标注册申请人的协会成员对集体商标的使用，被认为是申请人对集体商标的使用；且

(b) 由属该集体商标的注册所有人的协会成员使用该注册集体商标，须视为该注册所有人使用该集体商标。

(3) 第41条（商标不能区分申请人的商品或服务）针对集体商标适用，如同对申请人的提述是对申请注册该集体商标的协会成员的提述。

第164条　申请注册

申请注册集体商标必须由该商标所属的协会提出。

第165条　对注册集体商标所赋予权利的限制

以其名义注册集体商标的协会成员无权阻止该协会的另一成员根据该协会规章（如有）使用该集体商标。

第166条　集体商标的转让等

集体商标不得转让或转移。

第 167 条　侵犯集体商标的行为

在以其名义注册集体商标的协会就侵犯该集体商标的行为寻求救济的诉讼中，该协会在主张损害赔偿时，可考虑该协会成员因该侵权行为而遭受或招致的任何损害或利润损失。

第 16 部分　证明商标

第 168 条　本部分的目的

本部分：

（a）界定了证明商标的含义；且

（b）规定本法中有关商标的规定适用于证明商标的范围，以及应受到何种修改或补充；且

（c）概述委员会在监管证明商标方面的作用。

第 169 条　证明商标的含义

证明商标是指用于或意图用于将下列商品或服务的标志：

（a）在贸易过程中经营或提供的商品或服务；且

（b）由某人（证明商标所有人）或由该人认可的另一人就质量、准确度或其他特征［包括（就商品而言）原产地、材料或制造方式］作出的证明，与在贸易过程中经营或提供但未经如此证明的其他商品或服务相区分。

第 170 条　本法的适用

在符合本部分规定的情况下，本法有关商标的规定［不包括第 8 条、第 26 条、第 27 条第（1）款（b）项、第 33 条、第 34 条、第 41 条、第 121 条、第 127 条；第 9 部分（因不使用而从注册簿中删除）和第 17 部分（防御商标）］适用于证明商标，且其适用如同对商标的提述包括对证明商标的提述。

第 171 条　注册证明商标所赋予的权利

第 20 条针对证明商标适用，如同省略了第（1）款而代之以下列规定一样：

"（1）注册证明商标的，在符合本部分的规定下，注册所有人具有就该证明商标所注册的商品和/或服务而使用该证明商标及允许其他人使用该证明商标的专有权利。但是，注册所有人只能按照调整该证明商标使用的规则使用该证明商标。"

第 172 条　证明商标获准使用人的权利

注册证明商标的注册人允许他人（获准使用人）就其注册的商品或服务使用该证明商标时，获准使用人有权根据该证明商标的使用规则针对该等商品或服务使用该证明商标。

第 173 条　证明商标的使用规则

（1）已提交证明商标注册申请的人必须按照条例提交一份调整证明商标使用的规则文本。该规则文本须与根据第 27 条第（2）款规定的任何文件一起提交。

（2）该规则须指明：

（a）商品和/或服务要适用证明商标必须符合的要求（证明要求）；且

（b）确定商品和/或服务是否符合证明要求的程序；且

（c）成为获准评估商品和/或服务是否符合证明要求的人（获准证明人）必须具备的资质；且

（d）证明商标的所有人或获准使用人要在商品和/或服务上使用该证明商标必须满足的要求；且

（e）关于证明商标所有人或获准使用人使用该证明商标的其他要求；且

（f）解决关于商品和/或服务是否符合证明要求的争议的程序；且

（g）解决有关该证明商标的任何其他问题的争议的程序。

（3）规则还必须包括委员会要求列入的任何其他事项。

（4）规则还可包括委员会允许列入的任何其他事项。

第 174 条　处长向委员会发送文件

处长必须根据条例向委员会发送与申请有关的订明文件。

第 175 条　委员会的证明

（1）委员会须根据条例考虑该申请及根据第 174 条收到的任何文件。

(2) 如委员会信纳:

(a) 任何人成为获准证明人所需具备的资质, 足以使该人能够胜任地评估商品和/或服务是否符合证明要求; 且

(b) 第173条所提述的规则:

(ⅰ) 不会对公众不利; 且

(ⅱ) 在顾及为施行本段而订明的准则后, 是令人满意的;

委员会须为此发出证明, 并将证明副本送交处长。委员会亦须将该等规则的核证文本送交处长。

(3) 委员会可要求申请人对该规则作出其认为必要的修改或变更。

(4) 委员会不信纳第(2)款所列情况的:

(a) 委员会须将其不发出证明的决定, 以书面通知申请人和处长。

(b) 处长须根据条例在官方公报上刊登有关事项。

(5) 可向行政上诉法庭提出申请, 要求复核委员会拒绝颁发证书的决定。

第176条　接受或拒绝申请

(1) 符合下列条件的, 处长须接受申请:

(a) 申请是根据本法提出的; 且

(b) 没有理由拒绝申请; 且

(c) 除非委员会已根据第175条第(2)款发出证明, 否则处长须拒绝该申请。

(1A) 但是, 处长在仅因第(1)款(a)项及(b)项中的一项或两项条件不符合而拒绝申请前, 须给予申请人陈词的机会。

(2) 处长可在施加条件或限制的情况下接受该申请。

(3) 处长须:

(a) 将处长根据本条作出的决定通知申请人; 且

(b) 在官方公报上公布该决定。

第177条　驳回申请或反对注册的额外理由——证明商标不区分所证明的商品或服务

(1) 除下列任何其他理由外:

(a) 证明商标的注册申请可能被拒绝; 或

(b) 对证明商标的注册提出异议; 如果该商标不能将申请人或获准证明

人的证明的商品或服务与未证明的商品或服务相区分，必须驳回申请，或者对注册提出异议。

（2）处长在决定证明商标是否能如此区别经申请人或获准证明人认证的商品或服务时，必须考虑下列情况：

（a）该证明商标本身适合识别商品或服务的程度；或

（b）由于其使用或任何其他情况，该证明商标变得适合识别商品或服务的程度。

第178条　规则的更改

（1）除第（2）款另有规定外，调整注册证明商标使用的规则可根据条例予以更改。

（2）未经委员会批准，不得更改该等规则。

（3）在决定批准某项更改前，委员会须信纳经更改的规则：

（a）不会对公众造成损害；且

（b）在顾及为第175条第（2）款（b）项的目的而订明的准则后，令人满意。

（4）委员会须根据规则通知批准更改或不批准更改的决定。

（5）可向行政上诉审裁处提出申请，要求复核批准更改或不批准更改的决定。

第179条　处长须公布规则

处长必须根据条例公布调整证明商标使用的规则。

第180条　注册证明商标的转让

（1）注册证明商标只有在委员会同意的情况下才能转让。

（2）向委员会提出同意转让注册证明商标的申请，必须符合本条例的规定。

（3）委员会在决定是否给予同意时，须顾及条例规定的事项。

（4）可向行政上诉法庭提出申请，要求复核委员会拒绝给予同意的决定。

第180A条　未注册证明商标的转让

（1）如果：

（a）已提出注册证明商标申请的；且

（b）申请的副本已送交委员会，但该证明商标尚未注册的；

该证明商标只有在委员会同意的情况下方可转让。

（2）向委员会申请同意转让证明商标的，必须符合条例的规定。

（3）委员会在决定是否给予同意时，必须考虑条例规定的事项。

（4）可向行政上诉法庭提出申请，要求复核委员会拒绝给予同意的决定。

第 181 条　借法院命令更正注册簿

（2）订明法院除具有第 8 部分第 2 分部所赋予的涉及证明商标的权力外，还可应被侵害人的申请，基于下列理由，通过取消某证明商标的注册，或删除或修订注册簿中关于该证明商标的记录项，命令更正注册簿：

（a）注册所有人或获准证明人不再有能力证明该商标所注册的任何商品和/或服务；或

（b）调整证明商标使用的规则对公众不利；或

（c）注册所有人或获准证明人未遵守调整证明商标使用的规则的任何规定。

（3）向订明法院提出申请的通知，须向处长和委员会各发送一份。

（4）除法院指示处长出庭的案件外，处长可自行酌情出庭陈情。

（5）除法院指示委员会出席的案件外，委员会代表可自行酌情出庭陈情。

（6）法院根据本条作出的任何命令须向处长发送一份，处长须遵从该命令。

第 182 条　借法院命令更改规则

（1）订明法院可应被侵害人申请，作出其认为合适的命令，以更改调整证明商标使用的规则。

（2）向订明法院提出的申请，须向委员会发出通知。

（3）除法院指示委员会出庭的案件外，委员会代表可自行酌情出庭陈情。

（4）法院根据本条作出的任何命令，须向委员会发送一份。

（5）法院命令更改规则的，证明商标注册所有人须向处长提供一份经更改的规则文本，该文本须经委员会核证为真实文本。

第 183 条　委员会权力和职能的委托

委员会可借决议将其在本部分项下的所有或任何权力和职能委托给委员会的成员。

第 17 部分　防御商标

第 184 条　本部分的目的

本部分：

（a）就某些商标注册为防御商标作出规定；且

（b）规定本法中有关商标的规定适用于防御商标的范围，以及应受到何种修改或补充。

第 185 条　防御商标

（1）注册商标已就其所注册的全部或任何商品或服务而使用，且该商标就其他商品或服务的使用，很可能会被视为表明该等其他商品或服务与该商标注册所有人有关联的，该商标可根据该注册所有人的申请，就任何或全部该等其他商品或服务注册为防御商标。

（2）即使注册所有人针对该等商品或服务不使用或不意图使用该商标，该商标仍可就该等商品或服务注册为防御商标。

（3）即使商标已针对该等商品或服务以申请人的名义注册为防御商标以外的商标，该商标仍可就该等商品或服务注册为防御商标。

（4）针对特定商品或服务注册为防御商标的商标，可随后以注册所有人的名义针对相同商品或服务注册为防御商标以外的商标。

第 186 条　本法的适用

在符合本部分规定的情况下，本法的规定［不包括第 20 条第（1）款、第 27 条第（1）款(b）项、第 41 条、第 59 条、第 121 条和第 127 条、第 9 部分（因不使用商标而从注册簿中删除）和第 16 部分（证明商标）］适用于防御商标，且其适用如同对商标的提述包括对防御商标的提述。

第 187 条　驳回注册申请或反对注册的额外理由

除下列任何其他理由外：

（a）将商标注册为防御商标的注册申请可能被拒绝；或

（b）对将商标注册为防御商标提出异议；

存在下列任一情况的，须驳回申请：

（c）商标没有以申请人的名义注册为商标的；或

（d）就注册商标而言，针对寻求将该商标注册为防御商标的商品或服务而使用该商标，不大可能会被视为表明该等商品或服务与注册所有人之间有关联的。

第 189 条　处长取消注册

商标没有以其他方式以防御商标注册所有人的名义注册的，处长可以取消该商标作为防御商标的注册。

第 17A 部分　《马德里议定书》项下受保护的国际商标

第 189A 条《马德里议定书》实施条例

（1）条例可规定必要的事项，使澳大利亚能够履行《马德里议定书》规定的义务，或为澳大利亚获得任何优势或利益。

（2）特别是［但不限制第（1）款］，条例可涉及下列事项：

（a）通过商标局中介向国际局提交商标国际注册申请的处理程序；

（b）将商标国际注册所产生的保护扩及澳大利亚的申请处理程序；

（c）在澳大利亚对受保护国际商标给予保护；

（d）保护终止的情况及在终止保护的情况下须采取的程序；

（e）根据《马德里议定书》第 6 条的规定，应澳大利亚要求取消国际注册；

（f）注销国际注册的效力。

（3）为本节的目的而制定的条例：

（a）可与本法相抵触；且

（b）就该不一致之处优先于本法（包括根据本法制定的任何其他条例或

其他文书)。

(4) 在本条中:

国际局，指世界知识产权组织的国际局。

商标国际注册，指在国际局注册簿上注册该商标。

《马德里议定书》，指1989年6月28日在马德里签署的《商标国际注册马德里协定有关议定书》。

受保护国际商标，指根据条例在澳大利亚对该商标国际注册所产生的保护范围扩大的商标。

第18部分 法院的管辖权和权力

第190条 订明法院

就本法而言，下列法院均为订明法院:

(a) 联邦法院;

(aa) 联邦巡回法院;

(b) 州最高法院;

(c) 澳大利亚首都领地最高法院;

(d) 北部领地最高法院;

(e) 诺福克岛最高法院。

第191条 联邦法院的管辖权

(1) 联邦法院对根据本法产生的事项拥有管辖权。

(2) 对于处长决定、指示或命令提出的上诉，联邦法院拥有审理和裁定的专属管辖权，但下列法院的管辖权除外:

(a) 联邦巡回法院根据本法第191A条第(2)款享有的管辖权；且

(b) 高等法院根据宪法第75条享有的管辖权。

(3) 不得在联邦法院对违反本法的犯罪行为提起诉讼。

第191A条 联邦巡回法院的管辖权

(1) 联邦巡回法院对根据本法产生的事项拥有管辖权。

(2) 对于处长决定、指示或命令提出的上诉，联邦巡回法院拥有审理和裁定的专属管辖权，但下列法院的管辖权除外：

（a）联邦法院根据本法第 191 条第（2）款享有的管辖权；且

（b）高等法院根据宪法第 75 条享有的管辖权。

（3）不得在联邦巡回法院对违反本法的犯罪行为提起诉讼。

第 192 条　其他订明法院的管辖权

（1）各订明法院（联邦法院和联邦巡回法院除外）对根据本法可在订明法院提起诉讼或程序的事项拥有管辖权。

（2）第（1）款赋予各领地最高法院的管辖权，是在宪法针对下列诉讼或事项允许的范围内所赋予的：

（a）商标侵权诉讼；或

（b）根据第 129 条提起的诉讼；或

（c）根据本法产生的、可在该诉讼过程中审理和裁定的事项。

（3）在任何其他情况下，管辖权仅赋予由诉讼或程序开始时是该领地居民的自然人或主要营业地在该领地的公司提起的诉讼或程序。

第 193 条　管辖权的行使

第 191 条、第 191A 条或第 192 条所指的订明法院的管辖权，须由一名法官行使。

第 194 条　程序的移交

（1）根据本法提起诉讼或程序的订明法院，可根据一方在任何阶段提出的申请，通过命令将该诉讼或程序移交给另一有管辖权的订明法院，由其审理和裁定该诉讼或程序。

（2）法院将诉讼或程序移交另一法院的：

（a）向原法院提交的所有相关记录文件，须由处长或原法院的其他适当人员送交另一法院；且

（b）诉讼或程序须在另一法院继续进行，如同：

（ⅰ）该诉讼或程序是在该法院开始的；且

（ⅱ）在原法院采取的所有步骤已在另一法院采取。

（3）本条不适用于联邦法院与联邦巡回法院之间的程序移交。

第195条　上　　诉

（1）针对下列法院的判决或命令，可向联邦法院提出上诉：

（a）根据本法行使管辖权的另一订明法院；或

（b）根据第12部分提出诉讼的任何其他法院。

（2）非经联邦法院许可，不得针对联邦法院或联邦巡回法院一名法官在行使其审理和裁定对处长决定或指示提出上诉的管辖权时作出的判决或命令，向联邦法院合议庭提出上诉。

（3）经高等法院特别许可，可针对第（1）款所述判决或命令向高等法院提出上诉。

（4）除非本条另有规定，否则不得针对第（1）款所述判决或命令提出上诉。

第196条　处长可出席上诉

在审理针对处长决定或指示而向联邦法院或联邦巡回法院提出的上诉时，处长可出庭作证。

第197条　联邦法院和联邦巡回法院在审理上诉时的权力

联邦法院或联邦巡回法院在审理针对处长决定或指示的上诉时，可实施下列任何一项或多项行为：

（a）以口头、宣誓书或其他形式采纳证据；

（b）允许询问和交叉询问证人，包括曾向处长作证的证人；

（c）命令按其指示审理事实问题；

（d）确认、推翻或更改处长的决定或指示；

（e）作出其认为在所有情况下适当的任何判决或命令；

（f）命令一方向另一方支付费用。

第198条　订明法院的惯例和程序

条例可就订明法院在本法项下的诉讼或程序中的惯例和程序作出规定，包括下列规定：

（a）规定开始诉讼或程序或作出任何其他行为或事情的时间；或

（b）时间延长。

第19部分　行政管理

第199条　商标局和办事分处

（1）就本法而言，应设立称为商标局的办公室。

（2）处长可在其认为适当的情况下，设立一个或多个商标局分处。

（3）处长可取消任何该等分处。

第200条　商标局的印章

商标局应刻制印章，须对印文盖印进行司法认知。

第201条　商标处长

（1）应设立商标处长一职。

（2）处长拥有本法或任何其他法律（包括根据该法制定的条例）赋予其的权力和职能。

第202条　处长的权力

就本法而言，处长可：

（a）传唤证人；且

（b）接受经宣誓或确认的书面或口头证据；且

（c）要求出示文件或物品；且

（d）判处向处长提起程序的一方支付费用；且

（e）将其认为应提请任何人注意的任何事项通知该人。

第203条　处长行使权力

处长不得在未给予申请行使该权力的人合理陈词机会之前，以任何方式行使本法项下对该人造成不利影响的权力。

第204条　处长须在切实可行范围内尽快行事

（a）根据本法要求处长作出任何行为或事情的；且

（b）没有规定作出该作为或事情的时间或期限的；

处长须在实际可行的情况下尽快作出该行为或事情。

第205条　商标副处长

（1）应至少设立一名商标注册副处长。

（2）除处长的任何指示外，副处长具有处长的所有权力及职能，但第206条所指的委托权力除外。

（3）处长的权力或职能由副处长行使的，视为由处长行使。

（4）副处长行使处长的权力或职能的，并不妨碍处长行使该权力或职能。

（5）处长行使权力或职能是取决于处长就某事项的意见、信念或心态的，该权力或职能可由副处长按其就该事项的意见、信念或心态行使。

（6）本法或其他法律的某项规定的施行，取决于处长就某事项所持的意见、信念或心态，该规定可根据副处长就该事项所持的意见、信念或心态而施行。

第206条　处长权力和职能的委托

（1）处长可借经签署的文书，将其全部或任何权力或职能委托给指定雇员或指定类别的雇员。

（2）如委托文书要求，受委托人必须在下列人员的指示或监督下，行使或执行委托的权力或职能：

（a）处长；或

（b）该文书所指明的人，即第（1）款所提述的人。

第20部分　注册簿和正式文件

第207条　注册簿

（1）商标局应备存一份商标注册簿。

（2）处长须根据本法在注册簿中登记：

（a）对废除法进行废除时旧注册簿上的所有注册商标、证明商标和防御商标的细节和所有其他事项，但与商标注册用户有关的细节和其他事项除外；且

（b）根据本法必须注册的商标、证明商标、集体商标和防御商标以及所

有其他事项的细节；且

（c）其他规定事项。

（3）2 个或 2 个以上商标在旧注册簿内登录为关联商标的，不得在注册簿内记入将其命名为关联商标的相等记项。

（4）根据第（2）款（a）项登录注册簿的所有详情，视为于 1996 年 1 月 1 日登录。

第 208 条　注册簿可在计算机上保存

（1）注册簿可使用计算机保存全部或部分内容。

（2）为备存注册簿的目的而使用计算机就某一特定事项或其他事项作出的任何记录，须视为注册簿的记项。

第 209 条　查阅注册簿

（1）注册簿必须在商标局办公时间内供任何人查阅。

（2）注册簿或注册簿的任何部分使用计算机备存的，欲查阅注册簿或该部分注册簿的人获准访问计算机终端，并可通过从该终端在屏幕上阅读或取得注册簿或该部分注册簿所记录的详情或其他事项的打印文本，即符合第（1）款规定。

第 210 条　证据——注册簿

（1）注册簿是记入其中的任何特定或其他事项的表面证据。

（2）经处长核证为真实记录或摘录的注册簿文本或摘录，可在任何法律程序中获接纳为证据，如同其为原件一样。

（3）注册簿或部分注册簿以计算机备存的，经处长核证为以书面复制注册簿或注册簿该部分所包含的所有或任何详情的计算机记录的文件，可在任何法律程序中获接纳为该等详情的表面证据。

（4）对于针对 PPSA 担保权益记入注册簿的任何详情或事项，不适用本条。

第 211 条　证据——文件的核证副本

（1）由处长签署的证明，说明：

（a）本法或废除法所要求或允许做的任何事情在或截至某一特定日期已

做或未做；或

（b）本法或废除法所禁止的任何事情，在或截至某一特定日期已做或未做；或

（c）某文件在指定日期或指定期间在商标局供公众查阅；

是上述事项的表面证据。

（2）任何存放于商标局的文件的副本或摘录，经处长核证为真实副本或摘录的，在任何法律程序中可予接纳，如同该文件是正本一样。

第21部分　杂　　项

第1分部　申请和其他文件

第212条　提出和签署申请等

本法规定或允许某人提出或签署的申请、通知或请求，可由任何其他人代表该人提出或签署。

第213条　文件的提交

就本法而言，文件可通过根据第213A条第（1）款在文书中确定的方式向商标局提交。

第213A条　经批准的文件提交方式

（1）就第213条而言，处长可通过书面形式确定一种或多种向商标局提交文件的方式。

（2）该方式可以是电子方式或任何其他方式。

（3）处长须在官方公报上公布该决定。

（4）处长可在根据第（1）款作出的决定中，指明一种或多种向商标局提交文件的方式是优选方式。

（5）根据第（1）款作出的决定并非立法文书。

第213B条　处长对文件提交的指示

（1）处长可以书面形式发出指示，指明根据本法提交文件的形式。

（2）第（1）款不适用于必须采用核准格式的文件。

（3）处长须在官方公报中刊登有关指示。

（4）第（1）款所指的指示并非立法文书。

第213C条　处长针对提交证据的指示

（1）处长可通过书面形式就根据本法产生的某一事项的证据提交问题作出指示。

（2）在不限制第（1）款的情况下，根据该款作出的指示可涉及下列事项：

（a）提交证据的份数；

（b）提交证据的形式（包括文件以外的实物物品获准或不获准提交的情况）；

（c）提交证据的方式。

（3）在不限制第（2）款（b）项的原则下，第（1）款所指的指示可规定书面证据须采用声明的形式。

（4）处长须在官方公报刊登第（1）款所指的指示。

（5）第（1）款所指的指示不是立法文书。

第214条　撤回申请等

（1）已提交申请、通知或要求的人，可在处长考虑该申请、通知或要求时，按照条例随时撤回该申请、通知或要求。

（2）如果：

（a）该人据以提交申请、通知或要求的权利或权益已归属另一人；且

（b）该另一人书面通知处长，该权利或权益归属该另一人；

该另一人可根据第（1）款的规定撤回申请、通知或要求。

第214A条　处长根据本法发出的通知

（1）根据本法要求或允许处长：

（a）通知某人相关事项的；或

（b）通知某人须作出某事的；处长可借任何通信方式（包括电子方式）通知该人。

（2）然而，该通知所采用的通信方式，必须能使该通知的内容易于查看，以供日后参考。

第215条　送达地址

(1) 申请、通知或请求提交人的送达地址是:

(a) 申请、通知或请求中所述送达地址;或

(b) 该人其后以书面通知处长另一地址的,该另一地址。

(2) 当:

(a) 商标已注册的;或

(b) 对所拥有的注册商标的利益或权利主张已记入注册簿的;

处长须将注册所有人或该人的下列地址作为送达地址记入注册簿:

(c) 如果(d)项不适用的,注册所有人或该人根据第(1)款向处长提供或最后提供的地址;或

(d) 处长注册商标或记录利益或权利主张前,注册所有人或其他人以书面形式向处长提供另一地址作为其送达地址的,该另一地址。

(3) 注册商标的注册所有人或注册簿中记录其商标利益或权利主张的人,如其送达地址有任何更改,须书面通知处长,处长须据此修订注册簿。

(4) 下列人员的送达地址:

(a) 注册商标的注册所有人;或

(b) 注册簿中记录其商标利益或权利主张的人,是指注册簿中不时列出的地址,作为送达注册所有人或其他人的地址。

(5) 送达地址必须是澳大利亚或新西兰境内的地址。

(6) 本法规定向某人送达、给予或送交文件的:

(a) 如果该人有送达地址,该文件可通过规定的方式送达、给予或送交至该人的地址;或

(b) 如该人没有送达地址,该文件可送达该人在澳大利亚或新西兰的代理人,或以订明方式送往处长所知的该人在澳大利亚或新西兰的任何地址。

(7) 第(6)款不影响1901年法律解释法第28A条的实施。

(8) 在条例规定的时间后,本条中对地址的提述包括对电子地址的提述。

(9) 根据第(8)款规定的时间必须晚于根据2003年立法法登记该条例的日期。

(10) 就本条而言,电子地址是否在澳大利亚境内,应根据条例确定。

(11) 就本条而言,电子地址是否在新西兰境内,应根据条例确定。

第 216 条　姓名的变更

（1）申请、通知或请求提交人的姓名发生变更的，该人必须将变更以书面形式通知处长。

（2）下列人员的姓名或名称发生变更的：

（a）注册商标的注册所有人；或

（b）注册簿中记录其商标利益或权利主张的人，该注册所有人或该人须将该项变更书面通知处长，处长须据此修订注册簿。

第 217 条　申请人死亡等

（1）商标注册申请人在申请获准注册前死亡的，其法定代表人可继续处理该申请。

（2）在商标获注册后任何时间，处长信纳以其名义注册该商标的人在获批注册前已去世［或（如属法人团体）已不存在］的，处长可修订注册簿，以应为该商标注册所有人的姓名取代记入注册簿的姓名。

第 217A 条　供公众查阅的商标相关订明文件

（1）处长须在商标申请注册详情根据第 30 条公布之时或之后，允许公众查阅存放于商标局的商标相关订明文件。

（2）为施行第（1）款，可全部或部分提述某文件不载有第 226A 条规定所涵盖的数据，而将该文件视为订明文件。这并不限制为该等目的而订明文件的方式。

第 2 分部　处长席前或法院的程序

第 218 条　注册商标的描述

在与注册商标有关的起诉书、公诉书、诉状或程序中，可通过其注册号识别该商标。没有必要复制或描述该商标。

第 219 条　贸易惯例作为证据

在与商标有关的诉讼或程序中，可接受相关贸易惯例和其他人合法使用的任何相关商标、商号或包装的证据。

第220条　处长席前法律程序的一方当事人死亡

处长席前待决程序的一方当事人死亡的，处长：

(a) 如信纳死亡当事人的权益已转至另一人，可应要求在该程序中以该另一人代替死亡当事人；或

(b) 如处长认为未亡当事人已充分代表死亡当事人利益，允许该法律程序继续进行，而无须任何替代。

第221条　处长判给费用

(1) 处长可针对条例所规定的事项和数额判处向其提起法律程序的任何一方当事人支付费用。

(2) 任何一方当事人如欲获得费用，须根据条例向处长申请。

(3) 一方当事人被命令支付另一方的费用，可在有司法管辖权的法院作为对方所欠债项予以追讨。

第222条　费用的保证

既不在澳大利亚居住，也不在澳大利亚开展业务的人：

(a) 根据第52条或第65A条第（4）款、第83A条第（4）款或第224条第（6）款发出异议通知的；或

(b) 根据第9部分向处长申请将某商标从注册簿中删除的，处长可要求该人就该法律程序的费用提供保证；该人不提供保证的，处长可驳回该法律程序。

第2A分部　计算机决策

第222A条　计算机决策

(1) 处长可安排在处长的控制下，为处长根据本法可以或必须达到的任何目的使用计算机程序：

(a) 作出决定；或

(b) 行使任何权力或遵守任何义务；或

(c) 作出与作出（a）项适用的决定有关的任何其他事情，或与行使（b）项适用的权力或遵守（b）项适用的义务有关的任何其他事情。

(2) 就本法而言，处长须视为已：

（a）作出决定；或

（b）行使权力或履行义务；或

（c）作出与作出决定、行使权力或遵守义务有关的其他事情，而该决定、权力或义务是在根据第（1）款作出的安排下通过操作计算机程序作出、行使、遵从或完成的。

◆ 替代决定

（3）处长认为通过操作计算机程序作出的决定不正确的，可另行作出决定以替代处长根据第（2）款（a）项视为已作出的决定。

◆ 复　　核

（4）如果：

（a）处长被视为已根据第（2）款（a）项作出决定（初步决定）的；且

（b）根据本法其他规定，可向行政上诉审裁处提出申请，要求复核初步决定；且

（c）处长根据第（3）款以某项决定替代该初步决定的，可向行政上诉审裁处申请复核被替代的决定。

第3分部　一般规定

第223条　费　　用

（1）条例可规定为本法的目的应支付的费用，并可根据作出某项行为的时间规定不同费用。

（2）订明费用须按照条例缴付。

（2A）在不限制第（1）款的原则下，可根据文件提交的方式，针对向商标局提交文件规定不同费用。

（2B）在不限制第（1）款的原则下，可根据支付费用的方式规定不同的费用金额。

◆ 缴费方式

（2C）应向处长缴纳的费用，应以根据第223AA条第（1）款在文书中决定的方式缴纳。

◆ 不缴费的后果

（3）条例可规定（就本法而言）未按照条例缴费的后果。

（4）特别是，就本法而言，条例可规定：

(a) 未按照条例针对作出某项作为缴费的，不得作出该项作为，或视为未作出该项作为；或

(b) 未按照条例缴纳文件归档费的，不得对该文件进行归档，或该文件视为未归档；或

(c) 未按照条例缴纳商标注册申请费的，申请失效，或视为失效。

(5) 第（4）款规定不限制第（3）款规定。

第223AA条　核准的缴费方式

(1) 就第223条第（2C）款而言，处长可书面决定一种或多种缴费方式。

(2) 缴费方式可以是电子方式或任何其他方式。

(3) 处长应在官方公报中刊登有关决定。

(4) 处长可在根据第（1）款作出的决定中，指明一种或多种缴费方式是优先方式。

(5) 根据第（1）款作出的决定并非立法文书。

第223A条　在本来规定作出作为的期间结束后商标局重新营业后作出作为

(1) 本法（本条除外）规定的作为期间的最后一日是商标局或商标局分处（如有）不开放营业的日子的，该作为可在规定的情况下在商标局或商标局分处的下一营业日作出。

(2) 就本条而言，商标局或商标局分处在下列日子视为不开放营业：

(a) 条例宣布其为商标局或商标局分处不营业的日子；或

(b) 由规定人员书面以规定方式公布，宣布其为商标局或商标局分处不营业的日子。

♦ 声　明

(3) 第（2）款（a）项或（b）项所述的声明可参照国家或地区的法律宣布或根据国家或地区的法律宣布该日为公共假日来确定该日。但这并不限制该声明确定该日的方式。

(4) 第（2）款（b）项所述的声明：

(a) 可在该日之前、当日或之后作出；且

(b) 不是立法文书。

◆ **与其他法律的关系**

(5) 尽管存在本法的其余部分，但是本条仍具有效力。

(6) 1901 年法律解释法第 36 条第（2）款不适用于本条第（1）款所述行为。

◆ **订明行为的例外**

(7) 本条不适用于订明行为。

第 224 条　延长时间

(1) 本法规定须在某段时间内实施的有关行为，因下列人员的错误或不作为而没有或不能在该段时间内实施的，处长须延长实施该行为的时间：

(a) 处长或副处长；或

(b) 雇员；或

(c) 为商标局的利益提供或拟提供服务的人。

(2) 因下列原因：

(a) 相关人员或其代理人的错误或不作为；或

(b) 相关人员无法控制的情况；本法要求在某期间内完成的有关行为没有或无法在该期间内完成的，处长可应相关人员根据条例的申请，延长实施行为的期间。

(3) 如果：

(a) 本法要求在特定期间内实施的相关行为没有或不能在该期间内实施的；且

(b) 在该人根据条例提出申请后，处长认为存在特殊情况，有理由延长该期间的；

处长可延长实施该行为的期间。

(3A) 处长已撤销商标注册的，可延长实施本法要求在特定期间内实施的与申请注册该商标有关的行为的期间。

(4) 无论在该时间之前或之后，均可以延长实施相关行为的期间。

(5) 根据第（2）款或第（3）款提出申请，要求将时间延长超过 3 个月的，处长须在官方公报中刊登该申请。

(6) 任何人可按订明规定反对批准该申请。

(7) 任何人可向行政上诉审裁处提出申请，要求复核处长不延长实施相关行为的期间的决定。

（8）在本条中，相关行为指：

（a）针对某商标实施的任何行为（订明行为除外）；或

（b）提交任何文件（订明文件除外）；或

（c）任何程序（法院程序除外）。

第225条　公约国家

（2）如果：

（a）条例宣布，根据2个或2个以上公约国之间存在的条约条款，在其中一个国家提出的商标注册申请等同于在其中另一国家提出申请的；且

（b）商标注册申请是在公约国之一提出的，就本法而言，该商标的注册申请亦被视为在另一公约国或其他公约国（视情况而定）提出。

（3）如果：

（a）条例宣布，根据公约国的法律，在另一国家提出商标注册申请等同于在公约国提出申请的；且

（b）商标注册申请是在该另一国家提出的，就本法而言，该商标的注册申请亦被视为已在该公约国提出。

第226条　官方公报的发布等

（1）处长须按其确定的时间间隔定期发布（电子版或其他方式）商标官方公报，内容包括：

（a）本法要求在官方公报中公布的事项；且

（b）处长认为合适的任何其他事项。

（3）处长可按其认为合适的方式拟备、公布（电子或其他方式）和出售与商标有关的文件。

第226A条　对于商标局所持数据的保密处理规定

（1）根据条例，处长可：

（a）要求商标局以保密方式保存已提交或将提交的商标相关文件中的特定信息；

（b）使该要求受特定条件和/或限制的约束；

（c）更改或撤销上述要求、条件或限制。

（2）条例可就作出、更改或撤销本条所指的要求或该等要求的条件或限

制所须遵循的程序作出规定。

（3）某项要求是根据本条以书面作出的，该项要求不属立法文书。

第226B条　特定法律程序不存在

不得针对处长、副处长或雇员因合理且善意地发布或以其他方式提供本法规定或准许发布或以其他方式提供数据而提出刑事或民事诉讼或程序。

第227条　关于行政上诉审裁处复核决定的通知

（1）根据本法规定可向行政上诉审裁处申请复核决定的：

（a）必须将该决定书面通知受其影响的任何人；

（b）通知必须包括一项声明，大意是：在不违反1975年行政上诉审裁处法的情况下，其利益受该决定影响的人或其代表可向行政上诉审裁处申请复核该通知所涉及的决定。

（2）未针对相关决定遵守第（1）款的，不影响该决定的有效性。

（3）在本条中，决定与1975年行政上诉审裁处法中规定的含义相同。

第228条　在出口贸易中使用商标

（1）如果：

（a）某商标在澳大利亚：

（ⅰ）应用于将从澳大利亚出口的货物（出口货物）或针对出口货物进行应用；或

（ⅱ）针对从澳大利亚出口的服务（出口服务）进行应用；或

（b）在澳大利亚为出口货物或出口服务而作出的任何其他行为，如果是针对在澳大利亚贸易过程中经营或提供的货物或服务作出的，将构成在澳大利亚使用该商标的；

就本法而言，该商标的应用或实施的其他行为被视为构成针对出口货物或出口服务的商标使用。

（2）第（1）款适用于1996年1月1日之前实施的行为，如同适用于该日或之后作出的行为一样，但其不影响：

（a）法院在该日之前作出的决定；或

（b）对该决定的上诉裁定。

第 228A 条　商标律师的注册

（1）商标律师登记册由指定管理人备存。

（2）商标律师登记册可全部或部分使用计算机备存。

（3）商标律师登记册全部或部分使用计算机备存的，本法中对商标律师登记册中条目的提述，应理解为包括提述使用计算机备存的详情记录，视为由商标律师登记册或部分商标律师登记册组成。

◆ 个人登记

（4）指定管理人须将符合下列条件的个人登记为商标律师：

（a）持有条例指明或根据条例确定的资格；且

（b）具有良好的名声、诚信和品格；且

（c）在过去 5 年内未被认定犯有规定罪行；且

（d）未因规定罪行被判处监禁；且

（e）符合条例规定的任何其他要求。登记的方式是将该个人的姓名记入商标律师登记册。

（5）为施行第（4）款（a）项而订立的条例所指明或根据该等条例确定的资格，可包括通过委员会举办的考试。本款不限制第（4）款（a）项。

（6）第（4）款（c）项及（d）项不限制第（4）款（b）项。

◆ 公司登记

（6A）指定管理人须将符合下列条件的公司登记为商标律师：

（a）至少有一名商标律师主任；且

（b）已经以核准格式向指定管理人发出书面通知，表明其有意作为商标律师行事；且

（c）符合条例规定的要求（如有）。

登记的方式是在商标律师登记册上输入公司名称。

（6B）登记为商标律师的公司是法人商标律师。

（6C）公司的商标律师主任是同时具备下列两项条件的个人：

（a）是注册商标律师；且

（b）是该公司的有效委任董事。

（7）任何人可向行政上诉审裁处申请复核指定管理人不将该人登记为商标律师的决定。

（8）本条对定罪的提述，包括对根据 1914 年刑事典第 19B 条或某州或某

地区的法律的相应条文就该犯罪作出的命令的提述。

第 228B 条　撤销商标律师的登记

登记为商标律师的人的姓名可按订明方式和订明理由从商标律师登记册中删除。

第 229 条　商标律师和专利律师的特权

（1）为注册商标律师向当事人提供知识产权意见的主要目的而作出的通信，与为律师向当事人提供法律意见的主要目的而作出的通信，以同等方式且在同等范围内享有特权。

（1A）为注册商标律师向当事人提供知识产权意见的主要目的而制作的记录或文件，与为律师向当事人提供法律意见的主要目的而制作的记录或文件，以同等方式且在同等范围内享有特权。

（1B）在第（1）款或第（1A）款中对注册商标律师的提述，包括对根据另一国家或地区的法律获授权进行商标工作的个人的提述，但该人提供的知识产权意见的类型应以其获授权提供的类型为限。

（2）条例可规定，注册商标律师或专利律师在与商标有关的事项中，针对客户的文件和财产享有的留置权，与律师针对客户的文件和财产享有相同的留置权。

（3）知识产权意见，指针对下列事项提供的意见：

（a）专利；或

（b）商标；或

（c）外观设计；或

（d）植物育种人权利；或

（e）任何有关事项。

（4）本条并不授权注册商标律师拟备将由法院发出或在法院备存的文件，或在法院处理业务或进行法律程序。

第 229AA 条　指定管理人可向委员会披露信息

指定管理人可向委员会披露下列个人信息：

（a）关于注册商标律师的个人信息；且

（b）指定管理人认为与委员会的职能有关的信息。

第229A条　指定管理人可向澳大利亚证券及投资委员会披露信息

指定管理人可向澳大利亚证券及投资委员会披露下列信息（包括1988年隐私法所指的个人信息）：

（a）与委员会的职能有关的信息；且

（b）由指定管理人因针对法人商标律师而履行职能和职责或行使权力而获得的信息。

第229B条　注册商标律师个人信息的公布

（1）委员会可在其网站上公布下列有关注册商标律师的任何或全部个人信息：

（a）律师的姓名；

（b）律师工作地址所在国；

（c）律师工作地址位于澳大利亚境内的，律师工作地址所在的州或领地；

（d）律师工作地址位于国外的，律师工作地址所在国的州、领地、省、区域或其他政治分区（无论如何命名）；

（e）律师的工作电子邮件地址。

（2）第（1）款并不妨碍委员会在获得律师书面同意的情况下，在其网站上公布有关注册商标律师的其他个人信息。

第230条　仿冒商标的诉讼

（1）除第（2）款规定外，本法不影响有关仿冒商标的法律。

（2）在因被告使用注册商标而引起的仿冒商标诉讼中：

（a）被告是该注册商标的注册所有人或授权使用人；且

（b）该注册商标与原告的商标实质上相同或具欺骗性地相似；

被告令法院信纳存在下列情况的，不得判令被告支付损害赔偿：

（c）被告开始使用该商标时，不知道且没有合理途径发现原告的商标正在使用；且

（d）被告知道原告商标的存在和性质后，立即停止就原告使用该商标的商品或服务使用该商标。

第231条 条 例

（1）总督可制定条例：

（a）规定本法要求或允许规定的事项；或

（b）规定为执行或实施本法而需要或方便规定的事项；或

（c）订明为进行与商标局或商标局分处有关的任何业务而需要或方便规定的事项。

（2）在不限制第（1）款的原则下，条例可：

（a）针对处长根据本条例作出的决定而提出的上诉作出规定；且

（b）要求个人作出法定声明，以支持根据本法提出的任何申请、通知或请求；且

（ba）为下列事项及针对下列事项作出规定：

（ⅰ）根据本法提交文件的要求［包括要求该文件必须采用根据第213B条所作指示中指定的格式（如有）］；

（ⅱ）文件不符合核准格式或不符合（ⅰ）目所述要求的后果；且

（bb）针对不遵从根据第213C条所作指示的后果作出规定；且

（c）为代表因属于未成年人或身体或精神上无能力而无法作出声明或实施行为的人根据本法作出声明或实施行为作出规定；且

（d）为在特殊情况下退还全部或部分根据本法支付的费用作出规定；且

（e）为减免指明类别人支付全部或部分费用作出规定；且

（f）为向出席处长席前程序的证人或其他人支付费用和津贴作出规定；且

（g）赋予处长下列权力：

（ⅰ）在特定情况下，要求根据第9部分申请将某一商标从注册簿中删除的人就该程序可能产生的任何费用提供担保；且

（ⅱ）不提供担保的，不继续处理该申请；且

（ⅲ）向申请人退还作为担保而未用于清偿判给申请人的费用的任何款项；且

（ha）就管制注册商标律师的职业行为和执业活动作出规定，并为此目的针对下列所有或任何内容作出规定：

（ⅰ）就注册商标律师的专业行为进行投诉和聆讯指控；且

（ⅰa）参照委员会不时制定的执业标准，评估注册商标律师的专业

行为；

（ⅱ）对注册商标律师作出处分（包括训诫、暂停或取消注册）；且

（ⅲ）传唤证人；且

（ⅳ）要求相关人员宣誓作证（无论是口头或其他方式）；且

（ⅴ）向作证的人监誓（无论是口头或其他方式）；且

（ⅵ）要求相关人员出示文件或物品；且

(i) 规定对违反条例的行为处以不超过10个罚金单位的罚金；且

(j) 因废除废除法和颁布本法而作出必要或方便的过渡性或相应规定；且

(k) 规定根据废除法制定的条例为本法的特定目的（在订明修改的情况下）继续有效。

(3) 在不限制第（1）款的原则下，条例可规定与根据第52条、第65A条、第83A条和第96条提出的异议意见有关的事项，包括下列内容：

(a) 关于提交和送达异议相关文件的规则；

(b) 关于修订针对异议提交的文件的规则；

(c) 处长可驳回异议的情况；

(d) 对行政上诉审裁处复核处长根据条例作出的决定进行规定。

第231A条　条例可针对2011年烟草普通包装法作出规定

(1) 条例可针对2011年烟草普通包装法和根据该法制定的任何条例的实施对下列内容的影响作出规定：

(a) 本法的规定；或

(b) 根据本法制定的条例，包括：

（ⅰ）适用本法某项规定的条例；或

（ⅱ）以修改后的形式适用本法某项规定的条例。

(2) 在不限制第（1）款的前提下，为该款的目的而制定的条例可以澄清或说明2011年烟草普通包装法和根据该法制定的任何条例对本法规定或根据本法制定的条例的影响，包括认为或视为：

(a) 某事已发生（或未发生）；或

(b) 某事是实际情况（或不是实际情况）；或

(c) 某事具有特定效果（或不具有特定效果）。

(3) 为第（1）款目的而制定的条例：

（a）可与本法相抵触；且

（b）在不一致的范围内优先于本法（包括根据本法制定的任何其他条例或其他文书）。

第22部分　废除和过渡

第1分部　废　　除

第232条　废　　除

废除1955年商标法。

第2分部　根据废除法注册的商标

第233条　根据本法自动注册

（1）所有在紧接1996年1月1日之前，在旧注册簿的A部分或B部分，或同时在A部分和B部分注册的商标，就本法目的而言，均为注册商标。

（2）所有在紧接1996年1月1日之前在旧注册簿C部分注册为证明商标的商标，就本法目的而言，均为注册证明商标。

（3）所有在紧接1996年1月1日之前，在旧注册簿D部分注册为防御商标的商标，就本法而言，均为注册防御商标。

第234条　注册于7年后具有决定性

（1）本条针对下列事项适用：

（a）符合下列要求的注册商标：

（ⅰ）在紧接1996年1月1日之前已在旧注册簿的A部分注册；且

（ⅱ）在该日或之后的任何时候均为停止注册；且

（b）符合下列要求的注册商标：

（ⅰ）其在旧注册簿A部分的注册申请已根据废除法被接受，并且在1996年1月1日之前仍未决；且

（ⅱ）在该日或之后的任何时间均为停止注册。

（2）在任何法律程序中：

（a）第（1）款（a）项提及的商标根据废除法进行的原注册；或

（b）第（1）款（b）项所述商标根据本法进行的原注册；

在自该商标注册之日起7年后，在各方面均被视为有效，除非有证据表明：

（c）原注册是以欺诈手段获得的；或

（d）注册该商标将违反废除法第28条；或

（e）在法律程序开始时，该商标没有将注册所有人使用该商标的商品或服务与其他人的商品或服务相区分。

第235条　注册期限

现有注册商标的注册有效期于废除法未被废除时根据废除法本应到期之日到期。

第236条　续　　展

（1）第7部分第2分部适用于现有注册商标的注册续展。

（2）在1996年1月1日之前，处长已（根据废除法第69条）将在该日或之后到期的商标注册续期14年：

（a）就本法而言，该续展没有效力；且

（b）处长须将该商标的注册续展10年，自该商标如不续期则注册届满之日算起。

第237条　在注册于1996年1月1日前12个月内届满的情况下，将详情恢复至注册簿及将注册续展

（1）根据废除法注册的商标在1996年1月1日前12个月内届满的，适用本条。

（2）处长须：

（a）在注册簿中作出记录项，内容是将（因为该商标没有续展）根据废除法从旧注册簿中删除的商标所有详情恢复至注册簿中；且

（b）将该等详情记入注册簿。

（3）在商标注册期满之日起12个月内根据本法提出续展申请的，处长须将该商标注册续展至1996年1月1日开始的期间，该期间加上该商标根据废除法未注册的期间，等于10年。

（4）商标注册没有根据第（3）款续展的，处长须在该商标注册届满当

日后12个月内，将该商标从注册簿中删除。

第238条　卸责声明

如果根据第207条第（2）款（a）项针对现有注册商标在注册簿中登记的详情包括该商标的注册所有人（根据废除法第32条）就使用该商标的某一特定部分的专有权作出的卸责声明详情的，该卸责声明的效力如同根据本法第74条作出卸责声明一样。

第239条　调整使用在旧注册簿C部分注册的证明商标的规则

在紧接1996年1月1日之前，调整当时在旧注册簿C部分注册为证明商标的商标使用的任何规则：

（a）适用于在该日或之后对证明商标的使用，如同其是根据本法制定的规则一样；且

（b）可根据第178条更改。

第239A条　关联商标

（1）存在下列情况的，适用第（2）款：

（a）同一商标在1996年1月1日之前已就不同类别的商品或服务注册；且

（b）所有商标申请均在同一天向商标局提出（或根据废除法视为已提出）；且

（c）就本法而言，该等商标为同一注册所有人的注册商标。

（2）注册所有人可向处长提出书面申请，要求根据本法处理该等商标或在申请中确定的商标，犹如该等商标或确定的商标就其注册的商品或服务而言是一项注册商标。

（3）根据第（2）款提出申请的，处长须将该等商标或确定的商标当作一项商标处理。

（4）该商标的注册日期，须视为根据废除法向商标局提交或视为已提交第（1）款（b）项所述申请（视情况而定）的日期。

第3分部　在紧接废除法废除前的未决事项

第240条　申请、通知等——一般规定

（1）除本分部的规定外：

（a）根据废除法向处长提出的申请、通知或请求；且

（b）在紧接1996年1月1日之前未决的申请、通知或请求，须按照本法处理。

（2）该申请、通知或请求被视为已根据本法提交。

第241条　申请商标注册

（1）在紧接1996年1月1日之前，在旧注册簿A或B部分的商标注册申请仍未决的，适用本条。

（2）该申请已根据废除法被接受，且该接受在紧接1996年1月1日之前有效的，适用下列规定：

（a）除第（4）款的规定外，废除法［除第45条第（1）款（b）项外］继续针对该申请适用；

（b）在根据废除法处理申请后，根据该法第53条要求处长在旧注册簿上注册该商标的，处长应根据本法第7部分注册该商标。

（3）在紧接1996年1月1日之前申请未被接受的，适用下列规定：

（a）除第240条第（2）款和第（5）款的规定外，该申请应根据本法处理；

（b）如果：

（ⅰ）无人反对注册的；或

（ⅱ）有人反对注册，但处长决定或（在对处长决定提出上诉的情况下）上诉决定该商标应予注册的，针对商标注册适用第7部分。

（4）在根据第（2）款（a）项的规定处理根据废除法提出的申请时，处长根据该法第44条第（3）款撤回对申请的接受的，适用下列规定：

（a）在不违反本条第240条第（2）款和第（5）款的情况下，该申请应根据本法处理，就像该申请是根据第38条第（1）款被撤销接受的申请一样。

（b）如果：

（i）没有人反对注册的；或

（ii）有人反对注册，但处长决定或（在对处长决定提出上诉的情况下）上诉决定是该商标应予注册的，针对商标注册适用第7部分。

（5）该申请的提交日期为：

（a）如果（b）项不适用的，根据废除法向商标局提交申请的日期；或

（b）废除法第43条适用于该申请，且处长已作出适当指示的，该申请被

视为已根据废除法向商标局提交的日期。

第 242 条　针对待决申请的分案申请

(1) 在紧接 1996 年 1 月 1 日之前，在旧注册簿上注册商标的申请（初始申请）未决且未被接受的，适用本条。

(2) 如果：

(a) 在 1996 年 1 月 1 日后 6 个月内的任何时间，初始申请仍未决的；且

(b) 该商标的某部分本身可注册为商标的；

在符合第 (4) 款的规定下，申请人可就初始申请所指明的任何或全部商品或服务，提出将该部分注册为商标的申请（分案申请）。

(3) 初始申请：

(a) 根据废除法进行修改，以排除在修改前申请中指明的某些商品和/或服务的；且

(b) 在 1996 年 1 月 1 日后 1 个月内的任何时间，仍未决的；

在符合第 (4) 款的规定下，申请人可就任何或所有不包括在初始申请中的商品和/或服务，提出商标注册申请（分案申请）。

(4) 初始申请根据第 4 部分被接受的，在公报刊登该接受后，不得提出分案申请。

第 243 条　在同一天针对相同商标注册提交多份申请

(1) 如果：

(a) 在 1996 年 1 月 1 日之前提出多份申请，每份申请均寻求针对不同类别的商品或服务注册相同商标的；且

(b) 所有申请是在或根据废除法被认为是在同一天向商标局提出的；

在本条中该等申请被称为关联申请。

(2) 在紧接 1996 年 1 月 1 日之前有多份商标注册关联申请未决且未被接受的，适用本条。

(3) 在 1996 年 1 月 1 日或之后的任何时间有关联申请未决的，申请人可在符合第 (4) 款规定的情况下，向处长申请根据本法处理部分或全部该等申请，如同该等申请中所规定的所有商品和服务是一份商标注册申请一样。

(4) 如果：

(a) 其中一项关联申请已根据第 4 部分被接受的；且

（b）该接受已在官方公报中刊登的，该申请不得包括在根据第（3）款向处长提出的申请。

（5）申请是根据第（3）款提出的，处长须处理该等关联申请，如同其是在1996年1月1日提出的单一商标注册申请一样。

（6）根据第（5）款视为已提出的单一申请的提交日期，是根据废除法向商标局提交或视为提交（视情况而定）关联申请的日期。

第244条　申请注册已在公约国申请注册的商标

（1）存在下列情况的，适用本条：

（a）根据废除法第109条，申请在澳大利亚注册的商标，其注册已在一个或多个公约国申请的；且

（b）在紧接1996年1月1日之前，该申请仍未决的。

（2）如果：

（a）就废除法而言，处长被告知已在该公约国或该等公约国提出商标注册申请的；且

（b）该商标是根据本法注册的，第72条第（2）款适用于该注册，如同根据第29条针对该商标注册已主张优先权一样。

（3）就废除法而言，处长没有被告知已在该公约国或该等公约国提出商标注册申请的，申请人须在1996年1月1日后6个月内，但在不违反第（5）款的情况下，根据第29条主张商标注册优先权，以便从该申请或最早申请在公约国提出的日期起获得注册。

（4）如果：

（a）申请人根据第（3）款主张商标注册优先权的；且

（b）该商标已根据本法注册的；

第72条第（2）款适用于该注册。

（5）申请根据第4部分被接受的，在官方公报上公布接受后，申请人不得根据第29条主张优先权。

第245条　旧注册簿C部分的注册商标申请

（1）除第16部分另有规定外，第241条适用于将商标注册为旧注册簿C部分中的证明商标申请，如同第（1）款中对旧注册簿A或B部分的提述，是对该注册簿C部分的提述一样。

（2）除第16部分另有规定外，第242条至第244条适用于要求将商标注册为旧注册簿C部分中的证明商标申请。

第246条　在旧注册簿D部分注册商标的申请

（1）除第17部分另有规定外，第241条适用于在旧注册簿D部分中注册为防御商标的申请，如同第（1）款中对旧注册簿A或B部分的提述，是对该注册簿D部分的提述一样。

（2）除第17部分另有规定外，第242条至第244条适用于要求将商标注册为旧注册簿D部分中的防御商标的申请。

第247条　变更申请——指明商品或服务

（1）存在下列情况的，适用本条：

（a）在紧接1996年1月1日之前，在旧注册簿A、B、C或D部分注册商标的申请（根据废除法第39条提出的申请除外）未决且未被接受的；且

（b）该申请先前已被变更的；且

（c）经变更的申请不涉及该申请在变更前所指明的所有商品或服务。

（2）存在下列情况的，申请人可在1996年1月1日后6个月内，向处长申请对申请再次进行变更，以便涉及根据废除法变更前申请中所规定的部分或全部商品或服务：

（a）申请根据本法仍未决的，且：

（ⅰ）申请未被接受的；或

（ⅱ）已接受但未在官方公报上公布接受情况的；且

（b）废除法仍有效的，其第43条第（3）款将适用于针对原申请中所含商品或服务提出的商标注册的进一步申请。

（3）申请根据第（2）款进行变更的，须（如有必要）同时进行变更以符合第4部分的规定。

第248条　对1996年1月1日之前已失效的商标注册申请恢复

（1）如果：

（a）根据废除法提出的商标注册申请［根据该法第48条第（1）款］已经失效的；且

（b）存在下列情况的，该申请在紧接1996年1月1日之前本应处于未

决的：

（ⅰ）已根据废除法向处长提出申请，要求延长接受注册申请的时间的；且

（ⅱ）处长已根据该法允许延长该时间的；

申请人可向处长提出书面申请，要求宣布恢复申请。

（2）处长认为在有关个案的整体情况下，批准该申请是公平和合理的，须批准该申请。

（3）处长宣布恢复申请的，申请须视为在紧接1996年1月1日之前未决的申请处理。

第249条　转让等的登记申请

在紧接1996年1月1日之前，在旧注册簿上注册现有注册商标的转让或转移的申请仍未决的，针对该申请适用本法，如同：

（a）其是根据第109条提出的要求将转让或转移记入注册簿的申请；且

（b）该申请于1996年1月1日提交。

第250条　更正注册簿

在紧接1996年1月1日之前，根据废除法第22条（更正注册簿）向法院提出的申请所引起的法律程序仍未决的，该事项将根据废除法进行裁决，如同旧注册簿将被更正一样，但法院作出的任何命令只能是关于注册簿的更正。

第251条　以不使用为由从注册簿中删除商标的诉讼

在紧接1996年1月1日之前，因根据废除法第23条（关于不使用商标的规定）向处长或法院提出申请而引起的法律程序仍未决的，废除法：

（a）针对该等程序继续适用；且

（b）为对处长或法院根据该条发出的命令或指示提出的任何上诉的目的继续适用；

如同第23条第（1）款中对注册簿的提述是对本法所指的注册簿的提述。

第252条　侵犯商标等的诉讼

针对紧接1996年1月1日之前的侵犯商标诉讼，废除法第62条至第67条和第78条继续适用。

第 253 条　根据本法对废除法项下的商标侵权行为提起诉讼

(a) 在 1996 年 1 月 1 日之前对根据废除法注册的商标实施商标侵权行为；且

(b) 在紧接 1996 年 1 月 1 日之前，与该侵权行为有关的诉讼仍未决；且

(c) 就本法而言，该商标是现有注册商标的；

在不违反提出该诉讼的诉讼时效法的情况下，可根据本法对该商标侵权行为提起诉讼，但根据本法不享有根据废除法本不应享有的任何禁令或其他救济。

第 254 条　不构成侵犯现有注册商标的行为

(1) 存在下列情况的，适用本条：

(a) 在紧接 1996 年 1 月 1 日之前实施的行为不构成对根据废除法注册的商标的侵犯；且

(b) 就本法而言，该商标是现有注册商标；且

(c) 该人在该日或之后持续实施且正在实施该行为；且

(d) 该行为是对本法规定的现有注册商标的侵犯。

(2) 尽管有第 120 条的规定，但是该人并非因实施该行为而侵犯现有注册商标。

第 254A 条　不构成侵犯商标的行为——根据废除法的未决申请

(1) 存在下列情况的，适用本条：

(a) 在 1996 年 1 月 1 日之前，根据废除法提出的商标注册申请仍未决的；且

(b) 在紧接 1996 年 1 月 1 日之前实施的行为，如果在 1996 年 1 月 1 日之前根据废除法注册商标则不构成商标侵权的；且

(c) 该人在该日或之后持续实施和正在实施该行为的；且

(d) 该商标成为本法规定的注册商标的；且

(e) 该行为是对本法规定的注册商标的侵犯的。

(2) 尽管有第 120 条的规定，但是该人不因实施该行为而侵犯该注册商标。

第254B条　B部分抗辩——侵犯现有注册商标

（1）存在下列情况的，适用本条：

（a）在紧接1996年1月1日之前，实施构成侵犯根据废除法注册的商标的行为的；且

（b）就本法而言，该商标是现有注册商标的；且

（c）该商标于1996年1月1日之前在旧注册簿的B部分注册的；且

（d）在该日或之后持续实施和正在实施该行为的；且

（e）该行为是对本法项下现有注册商标的侵犯。

（2）在侵犯现有注册商标的诉讼中（不包括因第121条所述行为而发生的侵权行为），该人证明并使法院信纳该标识的使用不可能产生下列情况的，不得授予禁令或其他救济：

（a）欺骗或引起混淆；或

（b）被视为表明在贸易过程中，该商标所注册的商品及/或服务与作为注册所有人或授权使用者而有权使用该商标的人之间存在联系。

第254C条　B部分抗辩——侵犯商标（根据废除法提出的申请未决）

（1）存在下列情况的，适用本条：

（a）在紧接1996年1月1日之前，在旧注册簿B部分注册商标的申请仍未决的；且

（b）在紧接1996年1月1日之前实施的行为，如果在1996年1月1日之前在旧注册簿B部分注册商标则构成商标侵权的；且

（c）该人在该日或之后持续实施且正在实施该行为的；且

（d）该商标成为本法规定的注册商标的；且

（e）该行为是对本法规定的注册商标的侵犯的。

（2）在侵犯注册商标的诉讼中（不包括因第121条所述行为而发生的侵权行为），该人证明并使法院信纳该标识的使用不可能产生下列情况的，不得授予禁令或其他救济：

（a）欺骗或引起混淆；或

（b）被视为表明在贸易过程中，该商标所注册的商品和/或服务与作为注册所有人或授权使用者而有权使用该商标的人之间存在联系。

第 255 条　本法的适用——一般规定

（1）如果：

（a）为废除法目的而有效提起的诉讼或程序在紧接 1996 年 1 月 1 日之前仍未决的；且

（b）如果本法在提起该诉讼或程序时已生效则可根据本法提起该诉讼或程序的，除本分部或条例另有规定外，针对该诉讼或程序适用本法，如同其是在 1996 年 1 月 1 日根据本法有关规定有效提起的诉讼或程序一样。

（2）为该诉讼或程序的目的而根据废除法作出的任何事情，均视为：

（a）于 1996 年 1 月 1 日作出；且

（b）根据本法作出。

第 256 条　费　　用

根据本法无须就根据废除法作出但被视为根据本法作出的行为支付费用。

第 4 分部　一般规定

第 257 条　处长和副处长

在紧接 1996 年 1 月 1 日之前担任商标注册处处长和副处长的人，在该日及之后继续担任各自的职务。

第 258 条　处长根据废除法第 74 条收到的保密信息

在紧接 1996 年 1 月 1 日之前废除法第 74 条第（7）款要求处长确保不得向任何其他人披露为申请将某人注册为商标注册使用人而提供的任何文件、信息或证据的，处长必须继续确保不披露该文件、信息或证据，但有订明法院命令的除外。

第 259 条　根据废除法保存的文件

处长应根据本法继续保存紧接 1996 年 1 月 1 日之前由处长根据废除法保存的所有文件。

第 260 条　送达地址

（1）在紧接 1996 年 1 月 1 日之前，根据废除法第 132 条第（1）款或第

(2) 款，商标注册申请人或注册异议人的送达地址（现有地址）在澳大利亚境内的，该地址仍是本法中申请人或异议人的送达地址，直至其根据第 215 条向处长通知另一地址为止。

(2) 商标注册申请人或注册异议人的现有地址不是在澳大利亚境内的，申请人或异议人须以书面形式向处长提供一个澳大利亚境内的地址作为其送达地址。

(3) 在紧接 1996 年 1 月 1 日之前，现有注册商标所有人就废除法第 70 条第 (1) 款而言在澳大利亚有代理人的，该代理人的地址就本法而言就是该商标注册所有人的送达地址，直至该注册所有人根据第 215 条通知处长另一地址为止。

(4) 如果：

(a) 在紧接 1996 年 1 月 1 日之前，现有注册商标所有人没有为废除法第 70 条第 (1) 款的目的而在澳大利亚设立代理人的；且

(b) 当时在旧注册簿中作为所有人地址输入的地址是在澳大利亚境内的；

就本法而言，该地址是商标注册所有人的送达地址，直至注册所有人根据第 215 条向处长通知另一地址为止。

(5) 如果：

(a) 在紧接 1996 年 1 月 1 日之前，现有注册商标所有人在澳大利亚没有为废除法第 70 条第 (1) 款的目的而设立代理人的；且

(b) 当时在旧注册簿上作为所有人地址登记的地址不是在澳大利亚境内的，该地址不得用作商标注册所有人的送达地址，注册所有人须以书面形式向处长提供澳大利亚境内的地址作为其送达地址。